JN063485

非居住者税制と
源泉徴収質疑応答集
【第四版】

法令出版

はじめに

　我が国は、資源のない狭い国土に1億人を超える人口を抱えており、日本経済を支えていくために、国外との交易を盛んにしていくこととなります。こうした交易が盛んになるにしたがって、人的交流も当然に増加してまいります。日本人が日本企業の国外拠点で就業するばかりでなく、外国人の方々が日本において、日本企業において職を得るという状況も増えてきております。

　こうした人的交流の増加に伴い、企業においては、外国勤務者、又は国内勤務で、税法上、非永住者、非居住者に区分される社員に対する源泉徴収業務が当然のように増加してまいります。現状、課税庁による源泉税調査においても、必ずと言ってよいほど、国際源泉徴収の適否が問題として提起される状況にあります。このことは、今後ますます企業における国際源泉徴収に対する取り組みが重要となってくるという側面があります。源泉徴収業務に携わる方々においては、所得税法等の国内法の規定に加えて、租税条約との関係についての理解が求められておりますが、そうした知識等の習得の一助となればと考え、本書は企画され、今回、税制改正事項を折込んだ第四版の発刊に至りました。

　本書は、理論編と実務編に分けて、質疑応答として構成しています。

　理論編については、平成23年、東京税理士会研修部において開催された、日本人社員が外国に出向く場合、外国人が日本にやってくる場合における非居住者関係の源泉徴収についての講演要旨を基礎としております。

　実務編については、基本的には、令和3年3月31日現在の法令に沿って、より実務担当者のお役に立つよう整理しました。しかしながら、実務問題は年々事例が複雑化してきており、居住者判定をはじめ税法解釈、適用も困難性を増しております。その中で、個々の事例についての答（Answer）について、全面的に検討・見直しをして記述しております。

　検討に当たって不十分な点があると思いますが、内容的には課税庁における標準的な扱いについて記述するように心がけております。なお、あく

までも本書の内容の意見、法令解釈等は私見であることをご承知いただければと存じます。

　本書が、国際源泉徴収、特に、企業の実務を担当される方々に少しでもお役に立てれば幸いと思っております。

令和4年11月

第Ⅰ部　理論編　吉川 保弘

第Ⅱ部　実務編　永田 金司

目　次

第Ⅰ部 ◇ 理論編　―非居住者課税の基本的な仕組みと考え方―

第4章　恒久的施設の区分と課税範囲

第5章　租税条約と国内法との関係

第Ⅱ部◇実務編　—非居住者課税の実務における取扱例と考え方—

第1章　日本人社員の海外派遣等

第2章　非居住者である社員等に支給する退職金

第3章　現地社員の日本派遣等

【凡例】

1. 法令は令和3年3月31日現在によっています。

2. 本書において使用する法令・通達の略称は次の例によるものとします。

《法令・通達》

所得税法	所法
所得税法施行令	所令
所得税法施行規則	所規
法人税法	法法
法人税法施行令	法令
相続税法	相法
相続税法施行令	相令
相続税法施行規則	相規
租税特別措置法	措法
租税特別措置法施行令	措令
租税特別措置法施行規則	措規
租税条約の実施に伴う所得税法、法人税法及び地方税法の特例等に関する法律	実施特例法
租税条約の実施に伴う所得税法、法人税法及び地方税法の特例等に関する法律の施行に関する省令	実施特例省令
所得税基本通達	所基通
租税特別措置法関係通達	措基通
法人税基本通達	法基通
国税通則法	通則法

3. 本書における略称等の使い方は次のとおりです。

条……1、2、3

項……①、②、③

号……一、二、三

第I部 ◇ 理論編
―非居住者課税の基本的な仕組みと考え方

第1章　非居住者課税の概要

Question 1 【居住者及び非居住者の区分と納税義務の範囲】

　居住者及び非居住者はどのような基準で区分されるのでしょうか。また、居住者及び非居住者とでは納税義務の内容に違いがあるのでしょうか。

要 点

1．居住者及び非居住者の区分と課税範囲
2．居住地の判定（居住者・非居住者の区分）
3．居住者・非永住者・非居住者の区分チャート
4．永住者・非永住者の意義

Answer

1　居住者及び非居住者の区分と課税範囲

（1）居住者及び非居住者の区分とその必要性

　個人は、所得税法上「居住者」と「非居住者」に区分され、「居住者」は「永住者」と「非永住者」に区分されます。

　なぜ区分が必要かというと、対象となる課税範囲が異なるからです。つまり、永住者である居住者にはあらゆる所得に対して、非永住者である居住者には国内源泉所得と一部の国外源泉所得に対して、非居住者には国内源泉所得のみに対して課税することとしているからです。

（2）課税範囲

　所得税法では、居住者については無条件で納税義務あり（所法5①）とし、非居住者については「国内源泉所得を有するとき」という条件付きで納税義務（所法5②一）を規定しています。

　また所法7条では、居住者を区分して、

①　非永住者以外の居住者は、全ての所得（所法7①一）

② 　非永住者（注）は、国内源泉所得と一部の国外源泉所得（国内で
支払われた若しくは国外から送金されたもの）（所法 7 ①二）

　（注）　昭和 30 年までは、居住外国人に対しては、送金課税方式と半額
　　　課税方式を骨子とする軽減措置が取られていました。送金課税方式
　　　とは、所得のうち日本国内で支払われた分と国外でなされた支払の
　　　うち日本に送金された部分のみを課税対象とするものです。半額課
　　　税方式とは、日本経済の再建に寄与する特定の産業の従事者等の給
　　　与を課税上 350 万円までは半額控除するというものです。この送金
　　　方式が非永住者の課税スタイルに影響を与えています。

③ 　非居住者は、恒久的施設の有無により課税範囲は異なりますが、
国内源泉所得のみ（所法 7 ①三）と規定しています。

≪居住者・非永住者・非居住者と課税範囲≫

納税義務者の区分		課税所得の範囲	条文
居住者	所法 2 ①三	全世界所得	所法 7 ①一
非永住者	所法 2 ①四	国内源泉所得 ＋ 一部の国外源泉所得	所法 7 ①二
非居住者	所法 2 ①五	国内源泉所得	所法 7 ①三

2　居住地の判定（居住者・非居住者の区分）

(1)　居住地の判定基準

　所得税法は、居住者とは「国内に住所を有し、又は現在まで引き続
いて 1 年以上居所を有する個人をいう」としています（所法 2 ①三）。

　つまり、所得税法は、居住者に当たるかどうかの基準を「住所」や
「居所」で判定することとしているということです。

　しかし所得税法では、「住所」や「居所」を定義していませんから、
「住所」や「居所」は、固定概念ではなく借用概念ということです。

　民法 22 条は「各人の生活の本拠をその者の住所とする」と規定し
ています。また同 23 条は「住所が知れない場合には、居所を住所と

みなす」としています。居住者に当たるかどうかの基準となる住所の意義については、所得税法においても民法と同義に解されており、裁判例においても生活の本拠を意味するものと判示されています（東京地判昭和56年3月23日）。

　所得税法では、住所とは客観的事実に基づき判定される「生活の本拠」と解されています（所基通2－1）。

　「客観的事実に基づき」とした点については、制度導入時の趣旨として、仮に「生活の本拠」を主観的な意思に委ねた場合に、定住の意思は必ずしも常に存在するものでないこと、定住の意思は外部からは判断しがたいこと、意思無能力者についての法定住所の定めがない我が国の法制度では住所を決定できなくなる等の問題を避けたものと言われています。

　次に、居所とは、一般に生活の本拠とまではいえないが、ある程度継続して住んでいる場所を意味すると解されています。

(2)　推定居住者・非居住者の判定基準

　そして、「住所を有する場合」に該当するものとして、所令14条（この規定は外国人が来日したときの判定基準となります。）では、国内において継続して1年以上居住することを通常必要とする職業を有するなどの事情がある場合には、国内に住所があるものと推定するとしています。この規定から、原則、当該外国人は居住者として我が国の課税に服することとなります。

　「職業を有している」場合には、契約などで在留期間が予め1年未満であることが明らかなケースを除き「継続して1年以上居住するもの」として扱われます（所基通3－3）。

　すなわち、明示的な契約がなければ、職業がある場合には国内に住所があるものと推定されることとなります。推定規定なので反証があれば推定が取り消されることになります。

　「住所を有しない場合」として、所令15条（我が国の居住者が海外勤務者となる場合を想定した規定です。）は、「国内に住所を有していない者と推定する」として、次のいずれかに該当するものを規定してい

ますので留意してください。

・国外に継続して1年以上居住することを通常必要とする職業を有すること
・外国国籍又は外国永住権を有し、かつ、国内において生計を一にする配偶者等を有しないこと、その他国内における職業及び資産の有無等の状況に照らし、再び国内に帰り、主として国内に居住するものと推測するに足る事実がないこと

このような場合には、非居住者として我が国の課税に服することとなります。

非永住者とは、「居住者のうち、日本の国籍を有しておらず、かつ、過去10年以内において国内に住所又は居所を有していた期間の合計が5年以下である個人を非永住者という。」とされています（所法2①四）。

3　居住者・非永住者・非居住者の区分チャート

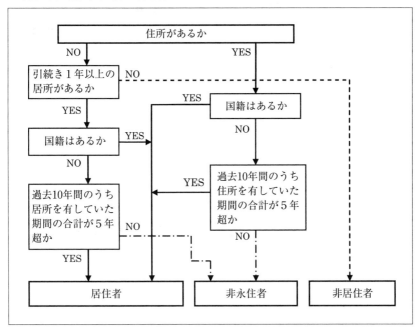

　注意すべきは、居住者か非居住者かを税法上は、国籍、住民登録の有無、外国人登録の有無等を基準にして区別することになっていないことです。

> 　我が国の居住者が国外勤務になった時に1年未満の契約があるから、直ちに居住者として判定されるのではなくて、推定であるから、その認定に対して反証がある場合には、原則に戻って、その者の生活の本拠が国外勤務の期間、国内にあるのかどうかによって国内に住所があるかどうかを検討することとなります。
> 　来日外国人が6か月契約で非居住者と推定される場合であっても、反証があれば、原則により生活の本拠が国内にあるかどうかの検討を行うということになります。

　我が国においては以上の基準で居住者か非居住者かを区分していますが、米国のように、住所を有するだけでなく、住所の有無を問わず市民権を有する者にも全世界所得課税を及ぼす国もあることから、法人と同様に個人においても複数の国から居住者として全世界課税を受ける可能性があります。

4　永住者・非永住者の意義
　所得税法2条1項4号では、「居住者のうち、日本の国籍を有しておらず、かつ、過去10年以内において国内に住所又は居所を有していた期間の合計が5年以下である個人」を非永住者と規定しています。
　この現行規定は平成18年度の所得税法において改正導入されたものですが、従前の規定によれば、「居住者のうち、日本国内に永住する意思がなく、かつ、現在まで引き続いて5年以下の期間国内に住所又は居所を有する個人は非永住者とされる。」とし、居住者とは異なる課税の扱いを受けていました（上記1(2)参照）。
　つまり、本人の意思により、永住者である居住者か、非永住者である居住者かを決定していました。そのため、我が国に国籍を持つ者が帰国したときに、非永住者を選択すると国外源泉所得の一部しか納税義務が発生しないなど、居住者に比較して有利な扱いとなっていたという事情がありました。

＜参考法令＞

所得税法

第3条（居住者及び非居住者の区分）　国家公務員又は地方公務員（これらのうち日本の国籍を有しない者その他政令で定める者を除く。）は、国内に住所を有しない期間についても国内に住所を有するものとみなして、この法律（中略）の規定を適用する。

（以下略）

第5条（納税義務者）　居住者は、この法律により、所得税を納める義務がある。

2　非居住者は、次に掲げる場合には、この法律により、所得税を納める義務がある。

　一　第161条第1項（国内源泉所得）に規定する国内源泉所得（中略）を有するとき（後略）。

　二　その引受けを行う法人課税信託の信託財産に帰せられる内国法人課税所得（中略）の支払を国内において受けるとき又は当該信託財産に帰せられる外国法人課税所得（中略）の支払を受けるとき。

（以下略）

第7条（課税所得の範囲）　所得税は、次の各号に掲げる者の区分に応じ当該各号に定める所得について課する。

　一　非永住者以外の居住者　全ての所得

　二　非永住者　第95条第1項（外国税額控除）に規定する国外源泉所得（中略）以外の所得及び国外源泉所得で国内において支払われ、又は国外から送金されたもの

　三　非居住者　第164条第1項各号（非居住者に対する課税の方法）に掲げる非居住者の区分に応じそれぞれ同項各号及び同条第2項各号に定める国内源泉所得

（以下略）

所得税法施行令

第13条（国内に住所を有するものとみなされる公務員から除かれる者）　法
　　第3条第1項（居住者及び非居住者の区分）に規定する政令で定める者は、
　　日本の国籍を有する者で、現に国外に居住し、かつ、その地に永住する
　　と認められるものとする。

第14条（国内に住所を有する者と推定する場合）　国内に居住すること
　　なつた個人が次の各号のいずれかに該当する場合には、その者は、国内に
　　住所を有する者と推定する。
　　一　その者が国内において、継続して1年以上居住することを通常必要と
　　　する職業を有すること。
　　二　その者が日本の国籍を有し、かつ、その者が国内において生計を一に
　　　する配偶者その他の親族を有することその他国内におけるその者の職業
　　　及び資産の有無等の状況に照らし、その者が国内において継続して1年
　　　以上居住するものと推測するに足りる事実があること。
　2　前項の規定により国内に住所を有する者と推定される個人と生計を一に
　　する配偶者その他その者の扶養する親族が国外に居住する場合には、これ
　　らの者も国内に住所を有する者と推定する。

所得税基本通達

3－2（学術技芸を習得する者の住所の判定）　学術、技芸の習得のため国内
　　又は国外に居住することとなった者の住所が国内又は国外のいずれにある
　　かは、その習得のために居住する期間その居住する地に職業を有するもの
　　として、令第14条第1項《国内に住所を有する者と推定する場合》又は第
　　15条第1項《国内に住所を有しない者と推定する場合》の規定により推定
　　するものとする。

東京地判昭和56年3月23日
　所得税法上の「住所」とは、個人の生活の本拠、すなわちその者の社会生活上の諸問題を処理する拠点となる地をいうのであり、その意味ではLSTは単なる勤務場所にすぎず、これを住所ということはできない。LST乗組員のような船員の場合は、配偶者その他生計を一にする親族が居住し、あるいはその者が勤務外の期間中通常滞在する地が住所に該当すると解されるところ、LST乗組員は、右のような住所を日本国内に有していたものと認められるのであって、所得税法上の居住者に該当するものというべきである。

Question 2 【課税管轄】

　非居住者が我が国の課税に服するのは国内で発生した国内源泉所得ですが、この場合の「国内」とは具体的にどのような地域を示すのでしょうか。

要　点

1．課税管轄、国内
2．所得税法施行地
3．納税地

Answer

1　課税管轄、国内

　課税管轄とは、国家が課税権を支配できる範囲、課税権を行使しうる範囲をいいます。課税管轄においては、国家は誰に対して課税しうるか、どの所得に対して課税しうるか、という点が問題となります。次に国内について、所法2条1項1号では、国内とは「この法律の施行地をいう。」と規定しています。

2　所得税法施行地

　所得税法施行地については、所得税法上において具体的な地域は規定されていません。

　この件で参考となるのは、大陸棚と法人税法施行地との関係で争われた訴訟の判決です（東京高裁昭和59年3月14日判決　税務訴訟資料135号 p.287）。

　この判決で裁判所は、「法律の施行地とは、必ずしも包括的・全体的な日本国の統治権の及ぶ領土・領海・領空などの区域と解釈する必要はなく、主権的権利の内容が慣習国際法上一定の目的・範囲に限定されているが、そのように制約された権利を一定の地域に行使することができ、かつ、課税権もその権利の範疇に包摂される限りにおいては、国内的に課税権の根

拠となり、その要件、効果等を定める租税法令がその地域に適用されることになるから、その地域はその法令の「施行地」となる。」と述べています。

すなわち、属地的管轄権の及ぶ大陸棚は、特別の定めがない以上、法人税法上の施行地になるとしました。このような考え方は、所得税法施行地との関係においても同様に解することができるものと考えます。所得税の納税地については、国内に住所を有する場合は、その住所地、国内に住所を有せず、居所を有する場合は、その居所地となります。

3　納税地

住所及び居所を有する場合を除いて、国内に恒久的施設を有する非居住者については、恒久的施設の所在地が納税地となります（所法15三）。

住所及び居所を有する者が住所及び居所を有しないこととなった場合は、恒久的施設に準ずるものを有せず、その納税地とされていた場所にその者の親族その他その者と特殊な関係にある者等がその者に代わって居住している場合は、その場所が納税地となります（所法15四）。

これらに該当しない納税義務者で、不動産の貸付等の対価を受けるもの（船舶又は航空機の貸付は除きます。）は資産の所在地とされています（所法15五）。

なお、これらによらない特殊な場合の納税地は、次のように規定されています（所法15六、所令54）。

(1)　所法15条の規定に該当しなくなった者……該当しなくなった時の直前の納税場所（所令54一）

(2)　上記(1)の場合を除き、外国法人が国に対して法人税に関する申告、請求その他の行為をする場合……その者が選択した場所（所令54二）

(3)　上記(1)(2)以外の場合……麹町税務署の管轄区域内の場所（所令54①）

Question 3 【国内源泉所得の決定】

　非居住者は、国内源泉所得に対してのみ納税義務を負うとのことですが、国内源泉所得の範囲はどのように定められているのでしょうか。

要　点

1．所得税法上の国内源泉所得の決定基準
2．非居住者が適用される国内源泉所得の範囲
3．源泉地国における課税方式

Answer

1　所得税法上の国内源泉所得の決定基準

　何が国内源泉所得となるのかを決定する基準を「ソース・ルール」と呼びます。

　ソース・ルールには、非居住者の国内源泉所得の範囲を決定する機能に加えて、外国税額控除の限度計算を行う場合の国外所得の範囲を決定する機能もありますが、両者は必ずしも一致していないことに注意する必要があります。

　国際課税においては、源泉地国課税が居住地国課税に先だって優先的に行われることから、居住地国が課税できる範囲にも当然に影響を及ぼすことになります。

2　非居住者が適用される国内源泉所得の範囲

　所法161条にソース・ルールに関する規定を置いています。所得税法の構成を概観します。

番号	所得の種類	条文
1	事業所得	所法161 ①一
2	資産所得（運用保有に拠る所得）	所法161 ①二

3	譲渡所得	所法 161 ①三
4	組合契約事業利益の配分	所法 161 ①四
5	土地等の譲渡対価	所法 161 ①五
6	人的役務提供事業の対価	所法 161 ①六
7	不動産の賃貸料等	所法 161 ①七
8	利子等	所法 161 ①八
9	配当等	所法 161 ①九
10	貸付金利子	所法 161 ①十
11	使用料等	所法 161 ①十一
12	給与その他の人的役務提供に対する報酬、公的年金等、退職手当等	所法 161 ①十二
13	事業の広告宣伝のための賞金	所法 161 ①十三
14	生命保険契約に基づく年金等	所法 161 ①十四
15	定期積金の給付補てん金等	所法 161 ①十五
16	匿名組合契約等に基づく利益の分配	所法 161 ①十六
17	その源泉が国内にある所得	所法 161 ①十七

3　源泉地国における課税方式

　外国投資家が我が国において投資を行う場合、支配を伴わない投資と支配を伴う投資があります。資産運用投資（ポートフォリオ投資）は、支配を伴わない投資です。一方、源泉地国に支店を置いて事業活動を展開するというような投資は、支配を伴う投資となります。前者の場合は源泉徴収による課税方式が採用されており、後者の場合には申告納税方式が取られています。

　2つの課税方式が存在する理由としては、所得源泉地国との関係の結びつきの強弱により課税方式が異なるものと考えられています（増井良啓・宮崎裕子『国際租税法』（東京大学出版会）p.15）。

　すなわち、国内において恒久的施設を有しない非居住者の場合において

は、単に資産運用投資からの果実（例えば、利子・配当等）を得る者は、その国との結びつきが弱いため、投資の呼び込みを行っている立場からは、そうした者に複雑かつ正確な所得を計算し納税してもらうことまで必要としないため、簡便な方法で課税関係を終了させることが実際的であるからです。

　他方、国内において恒久的施設を有している場合には、国内で事業展開している居住者と同じ扱いをすることが税制の中立性を保つ上で重要であり、かつ、外国投資家にしても、必要経費を控除するなど正確に所得計算をすることで、源泉徴収の場合はグロス課税であるところ、ネットでの所得課税となる申告納税方式の場合は過大な納付が避けられる場合があるということです。

第2章　非居住者恒久的施設帰属所得(事業所得)の総括規定の構成と課税方式

Question 4【非居住者課税の総括規定の概要（1号所得）】

　　所法 161 条 1 項 1 号は、「非居住者が恒久的施設を通じて事業を行う場合において、当該恒久的施設が当該非居住者から独立して事業を行う事業者であるとしたならば、当該恒久的施設が果たす機能、当該恒久的施設において使用する資産、当該恒久的施設と当該非居住者の事業場等との間の内部取引その他の状況を勘案して、当該恒久的施設に帰せられるべき所得」と規定していますが、この条文の意味について説明してください。

要　点

1．非居住者に対する課税の方法
2．国内において行う事業から生じる所得の範囲

Answer

1　非居住者に対する課税の方法

　非居住者に対して課税される所得の範囲は、国内源泉所得に限られ、恒久的施設があれば総合課税、ない場合は分離課税となります。

2　国内において行う事業から生じる所得の範囲

(1)　事業所得課税の基本原則

　　国際課税においては、「恒久的施設」(Permanent Establishment ＝ PE) を通じて事業所得を稼得する場合に限り、相手国で課税され、それ以外の場合に課税されることはありません。

　　「PE なければ課税なし」、これを事業所得課税の基本原則（小松芳

明著『租税条約の研究 新版』（有斐閣）p.15）といい、租税条約におい
て確立された原則であり、我が国の所得税法（法人税法も同様です。）
においても OECD モデル条約においても採用されています。

(2) 恒久的施設の範囲
1. 所得税法2条八の四
　　次に掲げるものをいいます。ただし、租税条約に次に掲げるものと
　異なる場合には、その条約が適用される非居住者及び外国法人につい
　ては、その条約に定める恒久的施設となると規定しています。
　　イ　非居住者の国内にある支店、工場その他の事業を行う一定の場
　　　　所
　　ロ　非居住者又は外国法人の国内にある建設若しくは据付工事又は
　　　　これらの指揮監督の役務の提供を行う場所その他これに準ずるも
　　　　のとして政令で定めるもの
　　ハ　非居住者又は外国法人の国内に置く自己のために契約を締結す
　　　　る権限のある者その他これに準ずる者で政令で定める者
2. 所得税法施行令1条の2①（所得税法2条八の四イの政令規定）
　　イ　事業の管理を行う場所、支店、事務所、工場又は作業所
　　ロ　鉱山、石油又は天然ガスの坑井、採石場その他の天然資源を採
　　　　取する場所
　　ハ　その他事業を行う一定の場所
　　その他事業を行う一定の場所として、所基通161－1は次のように
　規定しています。
　　倉庫、サーバー、農園、養殖場、植林地、貸ビル等のほか、非居住
　者又は外国法人の国内においてその事業活動の拠点としているホテル
　の一室、展示即売場その他これらに類する場所が含まれるとしており
　ます。
3. 所得税法施行令1条の2②（所得税法2条八の四ロの政令規定）
　　非居住者又は外国法人の国内にある1年を超えて行われる長期建設
　工事現場等とします。

　1年を超える建設工事等について、所基通161－2は次のように規定しています。

　　(イ)　建設工事等に要する期間が1年を超えることが契約等からみて明らかであるもの

　　(ロ)　一の契約に基づく建設工事等に要する期間が1年以下であっても、これに引き続いての他の契約等に基づく建設工事等を行い、これらの建設工事等に要する期間を通算すると1年を超えることになるもの

　　　　なお、機械設備等を販売したことに伴う据付工事等であっても当該建設工事等に該当する。また、契約により1年未満であっても、その期間等がPE認定の人為的回避規定(所令1の2③)に該当する場合は1年を超えて行われるものに該当することとなります。

4. 所得税法施行令1条の2④

　当該場所が「事業遂行上、準備的又は補助的な性格である」場合は恒久的施設に含まれません。

　　(イ)　当該非居住者に属する物品又は商品の保管、展示又は引越しのためにのみ施設を使用する場合

　　(ロ)　当該非居住者に属する物品又は商品の在庫を保管、展示又は引越しのために保有することのみに使用する場合

　　(ハ)　当該非居住者に属する物品又は商品の在庫を事業者である他の者による加工のみに使用する場合

　　(ニ)　その事業のために物品又は商品を購入し、又は情報を収集することのみを目的として(イ)に掲げる場所を保有する場合

　　(ホ)　(イ)から(ニ)以外の活動を行うことのみを目的として保有する場合

　　(ト)　(イ)から(ニ)までの活動及び当該活動以外の活動を組み合わせた活動を目的として保有する場合

　準備的な性格の意義について、所基通161－2は次のように規定しています。

　本質的かつ重要な部分を構成する活動の遂行を予定し当該活動に先

行して行われる活動をいうとしております。先行活動に該当するかどうかは、活動期間の長短に拠らないとされています。

　また、補助的な性格の意義について同通達161－1の3は次のように規定しています。

　本質的かつ重要な部分を構成しない活動で、その本質的かっ重要な部分を支援するために行われるものをいうのですから、次のような活動はこれに該当しません。

　　(イ)　事業を行う一定の場所、事業目的が非居住者又は外国法人の事業目的と同一である当該事業を行う一定の場所で行う活動（注1）

　　(ロ)　非居住者又は外国法人の資産又は従業員の相当部分を行う活動（注2）

　　(ハ)　顧客販売した機械設備等の維持、修理等（当該機械設備等の交換部品を引き渡すためだけの活動を除きます。）（注3）

　　(ニ)　専門的な技能又は知識を必要としない商品仕入（注4）

　　(ホ)　地域統括拠点としての活動（注5）

　　(ヘ)　他の者に対して行う役務提供（注6）

5．恒久的施設の細分化活動における租税回避防止規定（所令1条の2⑤一）

　　(イ)　当該場所が建設現場及び当該非居住者の恒久的施設に該当すること

　　(ロ)　組み合わせることで、その事業の遂行上準備的又は補助的な性格のものでないこと

6．非居住者の特殊関係者（代理人を含む。）を利用した租税回避防止規定（所令1条の2⑤二）

　　(イ)　当該場所が建設現場及び当該非居住者の恒久的施設に該当すること

　　(ロ)　組み合わせることで、その事業の遂行上準備的又は補助的な性格のものでないこと

7．一定の場所があり、かつ関連者が他の場所で事業場の活動をする場合の規制（所令1条の2⑤三）

　　(イ)　当該場所が建設現場及び当該非居住者の恒久的施設に該当する
　　　　こと

　　(ロ)　組み合わせることで、その事業の遂行上準備的又は補助的な性
　　　　格のものでないこと（注7）

8．代理人が次の契約等のために主要な役割を果たす者の場合は、恒久
　　的施設有りとされます（所法2条①四号ハ、所令1条の2⑦）。

　　非居住者又は外国法人に代わって、その事業に関し、反復して次に
　掲げる契約を締結し、又は当該非居住者又は外国法人によって重要な
　修正が行われることなく日常的に締結される次に掲げる契約のために
　反復して主要な役割を果たす者（ただし、その活動が非居住者又は外国
　法人にとって準備的、補助的な性格のもののみの場合は除かれます（ただ
　し、上記5項各号に該当するPE回避のための細分化活動の場合は除かれ
　ます。）。契約締結代理人等といいます。）とされています。

　　(イ)　契約締結

　　(ロ)　非居住者の財産の移転、使用の権利を与えるための契約

　　(ハ)　非居住者による役務提供のための契約

　　ただし、独立して行う場合は除外されるが、当該者が専ら又は主と
　して特殊関係者に代わってする場合は除かれます。この場合の特殊関
　係とは、50％を超える株式等を保有する関係をいいます。

　　なお、契約を締結するとは、契約書に調印することのほか、契約内
　容について実質的に合意することが含まれるとされています（所基通
　161－3）。

　　また、主要な役割を果たす者とは、契約が締結されるという結果を
　もたらす役割をいい、例えば、非居住者又は外国法人の商品について
　販売契約を成立させるための営業活動を行う者がこれに該当します
　（所基通161－4）。

　　非居住者又は外国法人に代わって行動する範囲について、この代理
　契約は短期的であるが、2以上の代理契約に基づいて反復して一の非
　居住者又は外国法人に代わって行動する者が含まれます（所基通161－
　5）。

おって、独立して行動する者（独立代理人）とは、次の要件をすべて満たす代理人をいいます（所基通161－6）。

　㈠　代理人として当該業務を行う上で、詳細な指示や包括的な支配を受けず、十分な裁量権を有するなど本人である非居住者又は外国法人から法的に独立していること

　㈡　当該業務に係る技能と知識の利用を通じてリスクを負担し、報酬を受領するなど本人である非居住者又は外国法人から経済的に独立していること

　㈢　代理人として当該業務を行う際に、代理人自ら通常行う業務の方法又は過程において行うこと

9．所得税法施行令1条の2⑧

　国内において非居住者又は外国法人に代わって行動する者が、その事業に係る業務を当該非居住者又は外国法人に対して独立して行い、かつ、通常の方法により行う場合は、当該者は、契約締結代理人とはなりません。

　平成26年税制改正前においては、総合主義を採用していたので、複数国にまたがって事業を展開する場合の国内源泉所得基準は事業ごとに規定していましたが、帰属主義の導入で、国内の恒久的施設に帰属するものが我が国の所得税課税の対象となり、その結果、区分基準は廃止されました。

（注1）　事業目的が特許権等の使用許諾である外国法人が国内に事務所を有しその使用許諾のためだけに使用している場合

（注2）　インターネット販売を行う外国法人が国内に大規模な倉庫を保有し商品の保管、引渡の活動に多数の従業員を従事させている場合

（注3）　機械販売を行う外国法人が国内に修理サービス拠点を保有し、販売した機械のアフターサービスを行っている場合

（注4）　自国で農作物の販売を行う外国法人が国内に購入事務所を保有し特定の農産物についての専門的知識を有したバイヤーを従事させている場合

（注5）　国内を含むアジア各国に子会社を有して事業展開している外国法人
　　　　が国内に事務所を保有し、その事務所がこれら子会社を統括するため
　　　　の拠点として監督機能及び調整機能を果たしている場合

（注6）　製品販売を行う外国法人が国内に事務所を保有し自社製品の広告宣
　　　　伝を行うとともに、他社製品の広告宣伝を行う場合（以上、十訂版法
　　　　人税基本通達逐条解説 p1767 ～ 1769）

（注7）　外国法人が長期にわたって建設工事等を行う場合は、これを建設PE
　　　　として課税しようというものであるから複数の契約に基づく建設工事
　　　　等の期間を通算したところで期間の判定を行うものと解される（同逐
　　　　条解説 P1773）。

Question4-2【総合主義と帰属主義の違い】

　非居住者等に対する課税において、総合主義と帰属主義とでは、どのような違いがあるのでしょうか。

Answer[1]

　税制調査会資料（財務省）[注1]によれば、以下のことが示されております。例示では、外国法人があげられていますが、非居住者においても同様の扱いとなります。

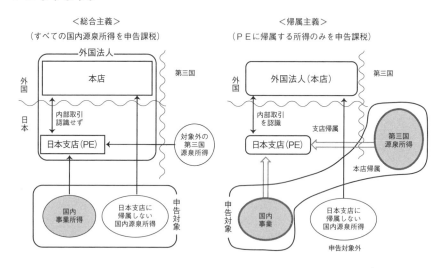

【解説】

　非居住者が日本にある恒久的施設を通じず直接香港と日本の取引先（例えば、証券会社、内国法人等）と取引する（一般にこれを直取引といいます。）場合には、総合主義の場合は、国内源泉所得と日本のPEに帰属しない取引を合算して申告しなければなりませんが、帰属主義の場合は、非居住者

（注1）　平成25年10月24日「税制調査会（国際課税DG①）帰属主義への見直し」財務省 p16

が直接香港と日本の取引先と行う直取引は日本にある恒久的施設に帰属しない事業所得となり申告不要となります。ただし、日本にある PE が第三国、例えば、韓国と取引をし、その取引は PE に帰属していたとします。この場合には、総合主義では日本国内で発生した国内事業に係る国内源泉所得ではないので、課税対象とはなりませんが、帰属主義の下では PE に帰属する所得として、国内事業に加えて申告する義務が生じます。

　この制度は平成 26 年度税制改正で行われましたが、適用関係は、非居住者については、平成 29 年分以後の所得税に適用し、平成 28 年度分以前は従前どおりとされています。

Question4-3【非居住者課税に関する *OECD* 承認アプローチの考え方】

外国法人、非居住者の事業所得に関して帰属主義を採用することと
なりましたが、そのときに、AOA すなわち、OECD 承認アプローチ
に基づき帰属所得の計算、内部取引額の算定、資本の配賦・PE の支
払利子控除制限が行われるとされています。OECD 承認アプローチ
の考え方について説明してください。

Answer

　税制調査会資料（財務省）[注2] によれば、以下のことが示されております。
1．企業が支店（PE）形態で国際的な事業活動を行う場合、PE 所在地国
　における課税権は、PE が本店等から分離・独立した企業であると擬制
　した場合に、その PE に帰属する所得とするのが、OECD 承認アプロー
　チによる国際的な課税権の配分ルールです。
2．所法 161 条（国内源泉所得）①は「恒久的施設を通じて事業を行う場
　合に、当該恒久的施設が独立の第三者の事業者であったとしたならば、
　当該恒久的施設が果たす機能、同施設において使用する資産、同施設と
　非居住者の事業所等（当該恒久的施設とは別の事業場その他これに準ずる
　ものとして政令で定めるもの）との間の内部取引その他の状況を勘案し
　て、当該恒久的施設に帰せられるべき所得」と規定しています。
　　具体的には、例えば、香港在住非居住者が、香港本店と日本支店との
　間の取引に関してあたかも双方が第三者であるがごとく取引をした場合
　に、日本支店に帰属する売上等を決定するという考え方です。すなわち、
　独立企業間原則によって、日本支店で稼得した収益及び要した費用、必
　要とされる資金を独立企業間原則からみた場合における日本支店に帰属
　する額を測定して日本における国内源泉所得の申告をすることとなりま
　す（所法 161 ①）。

（注2）　平成 25 年 10 月 24 日「税制調査会（国際課税 DG ①）帰属主義への見直し」財務省 p17

　従って、これまで内部取引として認識しなかった本支店間取引、例えば、貸借に伴う利息、使用料は認識することとなります。ただし、資本認識をしますので、支払利子の控除は制限される場合があります。

3．各国が、この課税権配分のルールに従うことによって、企業の国際的な事業活動に係る国際的な二重課税や二重非課税のリスクの軽減が期待されます。この制度は平成26年度税制改正で行われましたが、適用関係は、非居住者については、平成29年分以後の所得税に適用し、平成28年度分以前は従前どおりとされています。

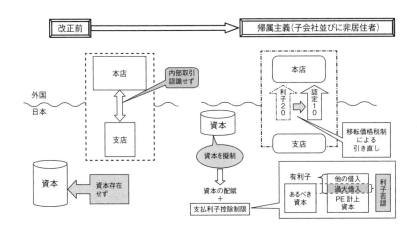

Question 5【国内にある資産の運用・保有により生じる所得（2号所得）】

「国内にある資産の運用・保有により生じる所得」が国内源泉所得となるのは理解しますが、国内にあるというのはどのようなことを意味するのでしょうか。また、公社債等が対象とされていますが、他にどのようなものがあるのでしょうか。

また、源泉徴収は行われるのでしょうか。

要 点

1. 国内にある資産の運用・保有の対象となる資産
2. 所得税基本通達 161－12 において対象となる資産
3. 「国内にある資産の運用・保有により生じる所得」は申告納税の対象

Answer

1 国内にある資産の運用・保有の対象となる資産

次に掲げる所得が該当します（所令280①）。

(1) 国債、地方債、内国法人の発行する債券、内国法人の発行する約束手形の運用・保有所得

(2) 居住者に対する非事業用資金の貸付けによる所得

(3) 生命保険契約、旧簡易生命保険契約、損害保険契約その他これらに類する保険契約に基づく保険金の支払又は剰余金の分配を受ける権利から生ずる所得

　非居住者の有する資産が、国内にあるかどうかがポイントとなります。所得税法では、所令281条、同282条の規定ぶりから、別段の定めのあるものを除き、有する資産が国内にあるかどうかで源泉地を判定する資産所在地主義を採用しているものと考えます。

　なお、居住者に対する事業用資金の貸付けによる利子は2号所得となり

ません。6号所得となることに留意してください（所令280②）。

2　所得税基本通達161−12において対象となる資産

　所基通161−12は、「非居住者の有する資産（棚卸資産である動産を除く。）が国内にあるかどうかは、所令280条又は同281条に定めるところによるもののほか、おおむね次に掲げる資産の区分に応じ、それぞれ次に掲げる場所が国内にあるかどうかにより判定する」と規定しています。

⑴　動産……その所在地。ただし、国外又は国内に向けて輸送中の動産については、その目的地とします。

⑵　不動産又は不動産の上に存する権利……その不動産の所在地

⑶　登録された船舶又は航空機……その登録機関の所在地

⑷　鉱業権、租鉱権又は採石権……その権利に係る鉱区又は採石場の所在地

　また、振替公社債等の運用又は保有は、国内にある資産に含まれるとされています（所基通161−13）。

　さらに、次に掲げるものは国内にある資産に該当するとされています（所基通161−14）。

⑴　公社債を国内において貸し付けた場合の貸付料及び所令280①一に掲げる国債、地方債、債券若しくは資金調達のために発行する約束手形に係る償還差益又は発行差金

⑵　所令280①二に掲げる債権の利子及び当該債権又は所法161①十に規定する貸付金に係る債権をその債権金額に満たない価額で取得した場合のその満たない部分の金額

⑶　国内にある供託金について受ける利子

⑷　個人から受け取る動産（当該個人が国内において生活用に供するものに限ります。）の使用料

3　「国内にある資産の運用・保有により生じる所得」は申告納税の対象

　2号所得の内容は、3号以下の所得と重なっている部分がありますが、

これは源泉徴収の対象となるものを３号以下で別掲（括弧書で「除く」と
している部分に当たります。）しているので、我が国において源泉徴収にな
じまない各種所得が２号所得として残されているということになります。
この場合には、所法165条①の適用を受けて総合課税の対象となる国内源
泉所得に該当しますので、確定申告が必要となります。

Question 6 【国内にある資産の譲渡により生じる所得（3号所得）】

「国内にある資産の譲渡により生じる所得」というのは、具体的にはどのような資産の譲渡が国内源泉所得となるのでしょうか。

要　点

1. 「国内にある資産の譲渡」の対象となる資産の範囲
2. 「株式の買集め」とは
3. 「内国法人の特殊関係株主等の譲渡」とは
4. 「不動産関連法人」とは
5. 「不動産関連法人株式の譲渡」とは
6. 「不動産関連法人株式に係る特殊関係株主等」とは
7. 「買集めに係る特殊関係株主等」とは

Answer

1　「国内にある資産の譲渡」の対象となる資産の範囲

次に掲げるものが該当します（所令281①）。

(1) 国内にある不動産

(2) 国内にある不動産の上に存する権利、鉱業権、採石権

(3) 国内にある山林の伐採

(4) 内国法人が発行する株式その他内国法人の出資者の持分の譲渡で次に掲げるもの

　① 同一銘柄の内国法人の株式等の買集めをし、その所有者である地位を利用して、当該株式等をその内国法人若しくはその特殊関係者に対し、又はこれらの者若しくはその依頼する者のあっせんにより譲渡するもの

　(注) 特殊関係者には当該内国法人の役員又は主要な株主等これらの親族、これらの者の支配する法人、その内国法人の主要な取引先その他内国法人とこれらに準ずる特殊関係にある者をいいます（所令281③）。

---

② 内国法人の特殊関係株主等である非居住者が行うその内国法人の株式等

　(注)　特殊関係株主等とは下記7を参照してください。

(5)　不動産関連法人の株式

(6)　国内にあるゴルフ場の所有又は経営に係る法人の株式又は出資を所有することがそのゴルフ場を一般の利用者に比して有利な条件で継続的に利用する権利を有する者となるための要件とされている場合の株式又は出資

(7)　国内にあるゴルフ場その他の施設の利用に関する権利

(8)　非居住者が国内に滞在する間に行う国内にある資産の譲渡の対象となる資産

2　「株式の買集め」とは

　金融商品取引所又は認可金融商品取引業協会が、その会員に対し、特定の銘柄の株式につき、価格の変動その他売買状況等に異常な動きをもたらす基因となると認められる相当数の株式の買集めがあり、又はその疑いがあるものとして、その売買内容等につき報告又は資料の提出を求めた場合における買集めその他これに類する買集めをいいます（所令281②）。

3　「内国法人の特殊関係株主等の譲渡」とは

　次に掲げる要件を満たしたもので、当該非居住者の当該譲渡の日の属する年（以下「当該年」といいます。）における次の(2)に規定する株式又は出資の譲渡をいいます（所令281⑥）。

(1)　譲渡年以前3年内のいずれかの時において、当該特殊関係株主等がその内国法人の発行済株式又は出資の25％以上を所有していたこと。

(2)　譲渡年において、最初に譲渡直前のその内国法人の発行済株式又は出資の5％以上を譲渡したこと。

4　「不動産関連法人」とは

その株式の譲渡の日から起算して365日前の日から当該譲渡の直前の時

までの間のいずれかの時において、当該法人が有する資産の価額の総額のうちに、次に掲げる国内にある土地等の価額の合計額の占める割合が50％以上である法人をいいます（所令281⑧）。

(1)　国内にある土地等（土地、土地の上の権利、建物及びその附属設備若しくは構築物が含まれます。以下同じ。）

(2)　その有する資産の価額の総額のうちに、国内にある土地等の価額の合計額の占める割合が50％以上である法人の株式

(3)　(1)又は(4)に掲げる株式を有する法人の株式

(4)　(3)に掲げる株式を有する法人の株式

5　「不動産関連法人株式の譲渡」とは

次に掲げる株式又は出資の譲渡に限られます（所令281⑨）。

(1)　譲渡年の前年の12月31日（以下「基準日」といいます。）において、その株式又は出資（上場株式等に限ります。）に係る特殊関係株主等が発行済株式又は出資の5％超を有し、かつ、その株式又は出資の譲渡をした者が当該特殊関係株主等である場合の譲渡

(2)　基準日において、その株式又は出資（上場株式等を除きます。）の特殊関係株主等が当該不動産関連法人の発行済株式又は出資の2％を超える数又は金額の株式を有し、かつ、その株式又は出資の譲渡をした者が当該特殊関係株主等である場合の譲渡

6　上記5でいう「不動産関連法人株式に係る特殊関係株主等」とは

次に掲げる者をいいます（所令281⑩）。

(1)　当該不動産関連法人の一の株主等

(2)　(1)の一の株主等と法人税法施行令4条（同族関係者の範囲）に規定する特殊の関係その他これに準ずる関係のある者

(3)　(1)の一の株主等が締結している組合契約（次に掲げるものを含みます。）に係る組合財産である株式につき、その株主等に該当することとなる者

①　一の株主等が締結している組合契約による組合が締結している組

合契約

② ①又は③に掲げる組合契約による組合が締結している組合契約

③ ②に掲げる組合契約による組合が締結している組合契約

7 「買集めに係る特殊関係株主等」とは

次に掲げる者をいいます（所令281④）。

(1) 当該内国法人の一の株主等

(2) (1)の一の株主等と法人税法施行令第4条（同族関係者の範囲）に規定する特殊の関係その他これに準ずる関係のある者

(3) (1)の一の株主等が締結している組合契約（次に掲げるものを含みます。）に係る組合財産である株式につき、その株主等に該当することとなる者

① 一の株主等が締結している組合契約による組合が締結している組合契約

② ①又は③に掲げる組合契約による組合が締結している組合契約

③ ②に掲げる組合契約による組合が締結している組合契約

Question 7【復興特別所得税の創設に伴う実効税率】

　東日本大震災からの復興に充てるために、必要な財源確保の観点か
ら復興特別所得税が創設されたと聞いておりますが、実際に源泉徴収
すべき金額は、どのようなりますか。

　　要　点
....
　1．源泉徴収すべき所得税及び復興特別所得税の額
　2．具体的な計算と合算税率表

Answer

1　源泉徴収すべき所得税及び復興特別所得税の額
　源泉徴収すべき復興特別所得税の額は、源泉徴収すべき所得税に対して
2.1％相当額とされており、源泉徴収すべき所得税及び復興特別所得税の
額は、所得税の源泉徴収の際に併せて源泉徴収することとされています。
期間は平成25年1月から平成49年12月31日までの間です。
　徴収した金額は、所得税徴収高計算書で納付します。

2　具体的な計算と合算税率表
　算出額に1円未満の端数があるときは、その端数は切り捨てます。

【具体的な合算税率表】

所得税率	5％	7％	10％	15％	16％	18％	20％
合算税率	5.106％	7.147％	10.21％	15.315％	16.336％	18.378％	20.42％

　本書においては、実務者の便宜を考慮し、合算税率で表現することとし
ます。
　なお、租税条約において限度税率が国内法（所得税法、租税特別措置法）
に規定する税率以下となるものについては、復興特別所得税を併せて源泉
徴収する必要はありません（復興財源法33③一）。

　したがって、上場株式配当等のように租税条約の限度税率よりも国内法の税率が低い場合には、特別復興所得税を併せて源泉徴収する必要があります。

【参考】源泉徴収の対象となる国内源泉所得と税率等

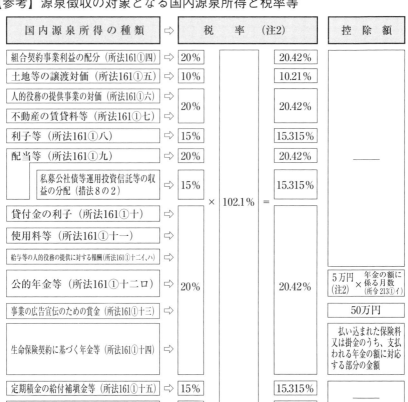

（注）1　国内源泉所得の金額に税率を乗じて算出された源泉徴収すべき所得税及び復興特別所得税の額に1円未満の端数があるときは、その端数を切り捨てます。
　　　2　年齢が65歳以上の人が受ける年金については、5万円とあるのは、9.5万円に月数を乗じて計算した額を控除した残額に源泉税率を乗じることとなります（措法41の15の3③）。

第3章　非居住者課税の個別規定

Question 8 【恒久的施設を通じて行う組合事業から生ずる利益（4号所得）】

　所法161条1項4号所得について、その内容及び源泉徴収の有無について説明してください。

要　点

1．対象となる組合契約
2．源泉徴収の対象となる非居住者の範囲
3．租税条約による取扱いの概要

Answer

1　対象となる組合契約

　所法161条1項4号所得とは、「民法第667条第1項（組合契約）に規定する組合契約に基づいて恒久的施設を通じて行う事業から生ずる利益で当該組合契約に基づいて配分を受けるもののうち政令で定めるもの」とされています。

　具体的には、以下の契約が該当します（所令281の2①）。

(1)　投資有限責任組合契約
(2)　有限責任事業組合契約
(3)　外国における次に掲げる契約に類する契約
　　①　民法667条1項に規定する組合契約
　　②　(1)(2)に掲げる契約

　「組合契約に基づいて配分を受ける利益」とは、組合契約に基づき恒久的施設を通じて行う事業から生ずる収入から費用を控除した残額につき、組合員が組合契約に基づいて配分を受けるものです（所令281の2②）。

　この場合は、原則 20.42％の源泉徴収がなされます（所法 213 ①）。

2　源泉徴収の対象となる非居住者の範囲

　非居住者で、恒久的施設を有しているが、その恒久的施設に帰属しない場合は、課税の対象外となるので源泉もありません。また、恒久的施設を有していない非居住者も同様の扱いとなります。

3　租税条約による取扱いの概要

　租税条約では、組合契約事業には、事業所得条項が適用されます。租税条約において、事業所得は非居住者等が恒久的施設を通じて事業を行う場合に、その恒久的施設に帰属する部分のみに課税されます。したがって、恒久的施設が存在していても組合契約事業から生ずる利益が、恒久的施設に帰属していない場合は、我が国において課税されません。

　この取扱いは、外国居住所者等所得相互免除法が適用される場合において、同じ取り扱いとなります（外国居住者等所得相互免除法 7 条①）。

　なお、外国居住者等所得相互免除法 4 の 2 において、台湾居住者等については、同法において、恒久的施設に相当するものとして日台民間取決めに規定する国内事業所等を国内法上の恒久的施設とすることとされています。

Question 9【外国組合員に対する（国内源泉所得の）課税の特例】

　ベンチャー企業や再生企業等にファンドを通じた海外資金を呼び込むため、平成21年度の税制改正により投資事業有限責任組合及びこれに類する外国組合（リミテッドパートナシップ等）に出資を行う特定の非居住者・外国法人に対し、課税の特例が講じられました。外国組合員で投資事業有限責任組合員は、金銭出資を行うのみで、組合の業務を執行せず、その実態が投資家に近いことから特定の要件を満たす場合には一定の国内源泉所得については、所得税、法人税を課さないこととされています。令和3年度の税制改正において、この一定要件についての適用要件の見直しが行われたようですが、この改正について教示してください。

要　点

1．制度改正の背景
2．外国組合員に対する（国内源泉所得の）課税の特例制度の概要
3．用語の意義（措法41条の21④）
4．特例適用申告書の添付要件（措法41条の21⑤）
5．特例を受ける場合の不適用規定
6．投資事業有限責任組合に係る組合員所得に関する計算書に記載すべき事項
7．業務執行としての行為等（措令26条の30）の意義
8．源泉所得税の課否

Answer

1　制度改正の背景

　所基通164－4は、「組合契約事業は組合員の共同事業であるから、組合員である非居住者が恒久的施設を有している組合員に該当するかどうかについては、各組合員がそれぞれ国内における組合事業を直接行っている

ものとして判定する。」としております。したがって、組合契約事業の拠点等が恒久的施設に該当する場合には、すべての組合員が国内に恒久的施設を有しているとして扱われることとなります。

　このため我が国においては、非居住者又は外国法人が無限責任組合員であるか有限責任組合員であるかにかかわらず、組合契約に係る事業利益の分配については、組合員自身が国内で事業をしているものとされて、国内源泉所得として源泉徴収され、課税されることとなります。

　こうした税制から海外からの日本への投資資金流入の制約になっているとの指摘がありました[注1]。

2　外国組合員に対する（国内源泉所得の）課税の特例制度の概要

　投資組合契約を締結している組合員である非居住者又は外国法人で、当該投資組合契約に基づいて恒久的施設を通じて事業を行うもののうち、次に掲げる要件を満たすものが有する所法161条1項（1号及び4号に掲げる国内源泉所得に限ります。）に規定する国内源泉所得で当該恒久的施設に帰せられるものについては、所得税を課さないこととされています（措法41条の21①)。

① 　有限責任組合員であること
② 　投資組合事業に係る業務執行を行わないこと
③ 　投資組合の組合財産に対する持分の割合が25％未満であること
④ 　無限責任組合員と特殊の関係にある者でないこと
⑤ 　投資組合契約に基づいて恒久的施設を通じて事業を行っていないとしたならば所法161条1項1号（事業所得）に掲げる国内源泉所得を有しないこと

　なお、当該非居住者が締結している投資組合契約に基づいて恒久的施設を通じて行う事業（特例適用組合事業という。）による対象国内源泉所得に係る損失の額は、所得税法等の適用に関してはないものとして扱われます（措法41条の21②)。

（注1）　経済産業省「平成21年度税制改正について」p36

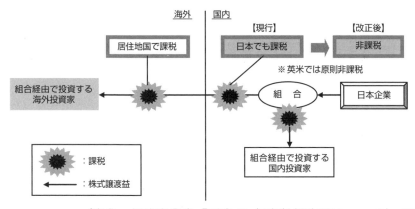

（出典：経済産業省「平成 21 年度税制改正について」p36）

　おって、措法 41 条の２①の適用を受ける非居住者が有する所法 161 条
１項１号（事業所得）に掲げる国内源泉所得で、適用対象組合事業に係る
恒久的施設に帰せられるものは、所法 161 条１項１号（事業所得）に掲げ
る国内源泉所得に該当しないものとして所得税法等の適用に関して扱われ
ます（措法 41 条の２③）。

3　用語の意義（措法 41 条の 21 ④）

①　投資組合契約

　　投資事業有限責任組合契約法３条①に規定する投資事業有限責任組
合契約及び外国組合契約

②　投資組合

　　投資事業有限責任組合契約法２条②に規定する投資事業有限責任組
合契約及び外国組合契約により成立するこれに類するもの

③　有限責任組合員

　　投資事業有限責任組合契約法２条②に規定する投資事業有限責任組
合契約及び外国組合契約により成立するこれに類する者

④　組合財産

　　投資事業有限責任組合契約法 16 条で準用する民法 668 条に規定す
る組合財産及び外国組合契約におけるこれに類する財産

⑤　無限責任組合員

　　投資事業有限責任組合契約法2条②に規定する投資事業有限責任組合の無限責任組合員及び外国組合契約におけるこれに類する者をいう。

⑥　外国組合契約

　　外国における投資事業有限責任組合契約法3条①に規定する投資事業有限責任組合契約に類する契約をいう。

4　特例適用申告書の添付要件（措法41条の21⑤）

　非居住者又は外国法人が適用を受ける旨、その者の氏名又は名称及び住所その他の事項^(注2)を記載した特例適用申告書に、上記3①から③までに掲げる要件を満たすものであることを証する書類^(注3)を添付して、これを投資組合契約に係る投資組合の無限責任組合員で配分の取扱者を経由して、所轄税務署長へ提出しており、かつ、当該投資組合契約の締結の日からその提出の日まで継続して上記3①から⑥までに掲げる要件を満たしている場合に限り、その提出以後の期間について、本制度が適用されます（措法41条の21⑤）。

　特例適用申告書を提出した者が上記3①から⑥までに掲げる要件のいずれかを満たさなくなった場合には、その日以後、特例適用申告書に係る投資組合の解散その他の政令^(注4)で定める事由が生じる日までの間は、適用されないこととなります（措法41条の21⑥）。

　特例適用申告書が税務署長に提出されたときは、当該特例適用申告書に係る配分の取扱者においてその受理がされた日に提出があったものとみな

（注2）　措規19の12①　住所等、適用を受けようとする旨、法の要件を満たしている旨、組合の所在地・事業内容・存続期間・配分取扱者の氏名又は名称、損益配分割合に関する事項、措令26の30⑭を受ける場合のその旨、満たすこととなる年月日、事業所の名称及び所在地、措令26の30⑮を受ける場合のその旨等、納税管理人に関する事項、その他参考となる事項

（注3）　措規19の12②「特例適用申告書に係る特例適用投資組合契約の契約書の写し」

（注4）　措令26の30⑩「投資組合の解散、投資組合の組合員でなくなること」

（注5）　措規19の12③「官公署から発行され、又は発給された書類又はこれに類するもの（特例適用申告書を提出する者の氏名又は名称及び住所等又は本店若しくは主たる事務所の所在地の記載のあるものとし、配分の取扱者の提示する日前6月以内に作成されたものに限る。）」とされております。

すこととしております（措法41条の21⑦）。

　特例適用申告書を提出する者は、その提出の際、その経由する配分の取扱者にその者が非居住者及び外国法人に該当することを証する書類^(注5)を提示しなければなりません。そして、当該配分取扱者は、当該特例適用申告書に記載されている氏名又は名称及び住所を当該書類により確認しなければなりません（措法41条の21⑧）。

　特例適用申告書提出後に次の項目に掲げる場合に該当することとなった場合には、その者が該当することとなった日以後最初に特例適用申告書に係る投資組合契約に基づいて所法161条1項4号に掲げる国内源泉所得の同法212条5項（源泉徴収義務）の規定により支払があったものとみなされる日の前日までに、次に掲げる申告書に添付書類を添付して、これを配分の取扱者を経由して税務署長に提出しなければなりません（措法41条の21⑨）。

　　イ　当該特例適用申告書に記載した措法41条の21⑤に規定する事項又はロに掲げる申告書に記載した事項を変更した場合は、その変更後の氏名又は名称及び住所その他の財務省令で定める事項を記載した申告書

　　ロ　当該特例適用申告書を提出した日、イに定める申告書を提出した日又はこの号に定める申告書を提出した日のいずれか遅い日の翌日から5年を経過した場合は、当該特例適用申告書を提出した者の氏名又は名称及び住所その他の省令で定める事項を記載した申告書

5　特例を受ける場合の不適用規定

　措法41条の21①の特例を受ける場合は、次に掲げる規定は適用されません（措法41条の21⑭各号）。

　　①　措法3条の2（利子所得等に係る支払調書の特例）のうち非居住者及び外国法人に係る部分は適用されません。

　　②　措法8条の4④（上場株式等に係る配当等の課税の特例に係る支払調書の特例）のうち非居住者に係る部分は適用されません。

　　③　措法9条の4の2②（上場証券投資信託等の償還金等に係る課税の特

例）のうち外国法人に係る部分は適用されません。

④　措法9条の8（非課税口座内の少額上場株式等に係る配当所得の非課税）に規定する配当等については、同条及び9条の9（未成年者口座内の少額上場株式等に係る配当等の非課税）の規定は適用されません。

⑤　措法37条の11の2①（特定管理株式等が価値を失った場合の株式等に係る譲渡所得等の課税の特例）に規定する特定管理株式及び特定口座内公社債についてはこの規定は適用されません。

⑥　当該適用を受ける非居住者等が行う措法37条の11②（上場株式等に係る譲渡所得等の課税の特例）に規定する上場株式等の同37条の11の2②に規定する譲渡については、同37条の11の3（特定口座内保管上場株式の譲渡等に係る所得計算等の特例）から同37条の11の5（確定申告を要しない上場株式等の譲渡による所得）まで及び同37条の12の2（上場株式等に係る譲渡損失の損益通算及び繰越控除）の規定は適用されません。

⑦　当該適用を受ける非居住者等が行う措法37条の11の3②に規定する信用取引等については、同条の規定は適用されません。

⑧　当該適用を受ける非居住者等に対し支払をする同37条の11の4①（特定口座内保管上場株式等の譲渡による所得等に対する源泉徴収等の特例）に規定する差金決済に係る差益に相当する金額については、同条の規定は適用されません。

⑨　当該適用を受ける非居住者等に対し支払を同37条の11の6①（源泉徴収選択口座内配当等に係る所得計算及び源泉徴収等の特例）に規定する上場株式等の配当等については、同条の規定は適用されません。

⑩　当該適用を受ける非居住者等が同37条の13①（源泉徴収選択口座内配当等に係る所得計算及び源泉徴収等の特例）については、同条の規定は適用されません。

⑪　当該適用を受ける非居住者等が行う非課税口座内上場株式等の譲渡及び同37条の14④各号に掲げる事由による非課税口座内上場株式等の同項に規定する払出しについては、同条の規定は適用されません。

⑫　当該適用を受ける非居住者等が行う未成年者口座内上場株式等の譲

渡及び同 37 条の 14 ④各号に掲げる事由による非課税口座内上場株式等の同項に規定する払出しについては、同条の規定は適用されません。

⑬　措法 41 条の 10 ①（定期積金の給付補填金等の分離課税等）に規定する給付補填金等の支払をする者については、同条同項の適用を受ける外国法人に係る部分の適用はありません。

⑭　措法 41 条の 12 の 2 ⑧（割引債の差益金額に係る源泉徴収等の特例）に規定する償還金の支払者及び同条①2 号に規定する国外割引債取扱者については、同条⑧から⑬までの規定のうち同条同項の適用を受ける非居住者に係る部分の適用はありません。

⑮　当該適用を受ける外国法人が支払を受けるべき措法 41 条の 12 の 2 ⑥ 1 号に規定する割引債の同条① 1 号に掲げる償還金に係る措法 41 の 13 の 2 ②に規定する差益金額については、同項の規定は適用されません。

⑯　措法 41 条の 14 の 2 ①（先物取引に係る雑所得等の課税の特例）に規定する先物取引に係る同項に規定する差金等決済で当該適用を受ける非居住者が行うものについては、同条及び同法 41 条の 15（先物取引の差金等決済に係る損失の繰越控除）の規定は適用されません。

⑰　当該適用を受ける非居住者等が措法 41 条の 19 ①（特定新規中小会社が発行した株式を取得した場合の課税の特例）に規定する払込により同項に規定する取得をする特定新規株式については、同項の規定は適用されません。

⑱　所法 166 条（申告等）の適用については、「取引」は「取引（恒久的施設を有する非居住者にあっては、同 161 条 1 項 1 号（国内源泉所得）に規定する内部取引に該当するものを含む）」に、「前項」と」とあるのは「において」に、「場合」と同 145 条 2 号（青色申告の承認申請の却下）中「取引」とあるのは「取引（恒久的施設を有する非居住者にあっては、同 161 条 1 項 1 号（国内源泉所得）に規定する内部取引に該当するものを含む。同 148 条 1 項及び同 150 条 1 項 3 号（青色申告の承認の取消し）において同じ）」とあるのは「場合」と」とします。

⑲　所法 166 条の 2 ②（恒久的施設に係る取引に係る文書化）の規定は、

当該適用を受ける非居住者には適用されません。

⑳　当該適用を受ける外国法人が支払を受ける所法180条1項（恒久的施設を有する外国法人の受ける国内源泉所得に係る課税の特例）に規定する対象国内源泉所得については、同条の規定は適用されません。

㉑　所法212条1項の規定の適用については、同項中「180条1項（恒久的施設を有する外国法人の受ける国内源泉所得に係る課税の特例）又は180条の2①若しくは」とあるのは、「180条の2①又は」とします。

㉒　当該適用を受ける非居住者等が支払を受ける所法214条1項（源泉徴収を要しない非居住者の国内源泉所得）に規定する対象国内源泉所得については、同条の規定は適用されません。

㉓　所法225条1項10号又は12号から14号（支払調書及び支払通知書）までに掲げる者については、同項（10号又は12号から14号までの部分に限る。）のうち当該適用を受ける非居住者に係る部分の規定は適用されません。

㉔　所法232条の規定の適用については、同条1項中「取引（恒久的施設を有する非居住者にあっては、同161条1項1号（国内源泉所得）に規定する内部取引に該当するものを含む。次項において同じ）」とあるのは、「取引」とします。

6　投資事業有限責任組合に係る組合員所得に関する計算書に記載すべき事項

非居住者又は外国法人が締結している投資組合契約に係る配分の取扱者は、所法227条の2に規定する当該非居住者又は外国法人につき提出する投資事業有限責任組合に係る組合員所得に関する計算書に、特例適用申告書を提出している旨その他の事項(注6)を記載しなければなりません（措法41条の21⑮）。

(注6)　措規19の12⑪「提出している旨・その年月日、計算期間の中途で措法41の21①一～四までの用件を満たさなくなった場合には、その事情及び事情が生じた年月日」

7　業務執行としての行為等（措令26条の30）の意義

①　投資組合事業に係る業務執行を行わないことの具体的な行為

　投資組合事業に係る業務執行を行わないことの具体的な行為については、次に掲げる行為とされております（措令26条の30①）。

　イ　投資組合契約に基づいて行う事業に係る業務執行

　ロ　投資組合事業に係る業務執行の決定

　ハ　投資組合事業に係る業務執行又は業務執行の決定についての承認、同意その他これらに類する行為

　なお、平成22年改正により、次に掲げる行為についての承認、同意その他これらに類する行為をハから除くこととされました。

　ⅰ　業務執行を行う者との間において取引を行うことを内容とした投資組合事業に係る組合財産の運用を行うこと

　ⅱ　業務執行を行う者が金融商品取引法42条①に規定する権利者のため運用を行う金銭その他の財産との間において取引を行うことを内容とした投資組合事業に係る組合財産の運用を行うこと

②　適用を受ける非居住者及び外国法人が締結している当該投資組合契約の一組合員が締結している次に掲げる組合契約に係る投資組合財産に対する持分を有する者が、次に掲げる組合契約に基づいて行う事業の業務執行として次に掲げる行為をするときは、当該一の組合員が当該投資組合事業に係るこれらの行為を行ったとみなすとしております（措令26条の30②）。

　イ　当該一の組合員が直接に締結している組合契約

　ロ　イに掲げる組合契約による組合が直接に締結している組合契約

　ハ　ロ又はニに掲げる組合契約による組合が直接に締結している組合契約

　ニ　ハに掲げる組合契約による組合が直接に締結している組合契約

③　②に掲げる組合及び組合財産（措令26条の30③）

　イ　民法667条①に規定する組合契約をいい、組合財産とは、民法668条に規定するものをいう。

　ロ　投資事業有限責任組合法3条①に規定する投資事業有限責任組合

契約をいい、同法16条で準用する民法668条に規定する組合財産

ハ　有限責任組合契約法3条①に規定する有限責任組合契約をいい、同法56条で準用する民法668条に規定する組合財産

ニ　外国におけるイからハに掲げる契約に類する契約については、当該外国組合契約に係るイからハに規定する組合財産に類する財産

④　投資組合の組合財産に対する持分の割合が25％未満であることの計算

次の割合のうちいずれか高い割合とされております（措令26条の30④）。

イ　非居住者又は外国法人に係る各特殊関係組合員も持分の割合を合計した割合

ロ　特例適用投資組合契約に係る非居住者又は外国法人に係る各特殊関係組合員の損益分配割合を合計した割合

⑤　特殊組合員の範囲（措令26条の30⑤）

イ　特例適用投資組合契約を締結している組合員である一の非居住者又は外国法人

ロ　当該一の非居住者又は外国法人と特殊の関係にある者

ハ　当該一の非居住者又は外国法人が締結している措令26の30②に掲げる組合契約に係る組合財産として投資組合財産に対する持分を有する者（イ及びロを除く）

⑥　特殊の関係のある者（措令26条の30⑥）

イ　次に掲げる個人

(イ)　当該非居住者の親族

(ロ)　当該非居住者と婚姻届をしていないが事実上婚姻関係と同様の事情にある者

(ハ)　当該非居住者の使用人

(ニ)　(イ)～(ハ)までに掲げる者以外の者で当該非居住者から受ける金銭その他の資産によって生計を維持しているもの

(ホ)　(ロ)～(ニ)までの掲げる者と生計を一にするこれらの者の親族

(ヘ)　当該外国法人の役員及び当該役員に係る法令72条各号に掲げ

　　　る者
　　ロ　当該一の非居住者又は外国法人と他の者との間にいずれか一方の
　　　者が他の者を直接又は間接に支配する関係がある場合における当該
　　　他の者
　　ハ　当該一の非居住者と他の者（法人に限る）との間に同一の者が当
　　　該一の非居住者及び当該他の者を直接又は間接に支配する関係があ
　　　る場合における当該他の者
⑦　直接又は間接に支配する関係（措令26条の30⑦）
　次の関係をいいます。
　　イ　当該一方の者が法人を支配している場合における当該法人
　　ロ　イ又はハに掲げる法人又は当該一方の者及びイ又はハに掲げる法
　　　人が他の法人を支配している場合における当該他の法人
　　ハ　ロに掲げる法人又は当該一方の者及びロに掲げる法人が他の法人
　　　を支配している場合における当該他の法人
⑧　配分取扱者の特例適用申告書等の写しの作成と保存義務（措令26
　条の30⑪）
⑨　配分取扱者は、各人別に契約を締結した日その他財務省令で定める
　事項を帳簿に記載し、記録し、保存しなければならないとされており
　ます（措令26条の30⑫）。
⑩　特定適用となった非居住者は、総合課税に係る所得税の課税標準と
　されない国内源泉所得に係る所得の金額を有する場合には、当該国内
　源泉所得の明細等は有することとなった日の属する年の翌年3月15
　日までに税務署長に提出しなければなりません（措令26条の30⑬）。
⑪　「国内に投資組合事業以外の事業に係る恒久的施設を有していない
　こと」の要件を満たしていない者が満たすことになる場合に、継続し
　てこの要件以外の要件を満たしている場合は、所法41－21③の規定
　の適用については、「締結の日」を「満たすこととなった日」とし、
　2以上の投資組合契約を締結している組合員である非居住者又は外国
　法人が「国内に投資組合事業以外の事業に係る恒久的施設を有してい
　ないこと」の要件を満たしていない時に、満たすこととなった場合の

扱いが規定されています（措令26の30⑭⑮）。

8　源泉所得税の課否

　投資組合契約を締結している組合員である非居住者又は外国法人で、当該投資組合契約に基づいて恒久的施設を通じて事業を行うもののうち上記2「外国組合員に対する（国内源泉所得の）課税の特例制度の概要」の5つの組合契約の要件を満たすものが有する所法161条1項に規定する国内源泉所得（1号及び4号に限る。外国法人では4号に限る。）で、当該恒久的施設に帰せられるものは、所得税を課さないと規定されています（措法41の21①）。すなわち、源泉課税は課されません。

＜参考法令＞

> **租税特別措置法施行令**
> **第26条の30（外国組合員に対する課税の特例）　1～9　（略）**
> 10　法第41条の21第4項に規定する政令で定める事由は、次に掲げる事由とする。
> 　一　法第41条の21第4項の特例適用申告書に係る同条第2項第2号に規定する投資組合（次号及び次条において「投資組合」という。）の解散
> 　二　前号の特例適用申告書を提出した者が当該特例適用申告書に係る投資組合からの脱退その他の事由により当該投資組合の組合員でなくなること。

> **租税特別措置法施行規則**
> **第19条の12（外国組合員に対する課税の特例）　略**
> 2　法第41条の21第3項に規定する財務省令で定める書類は、特例適用申告書に係る特例適用投資組合契約（中略）の契約書（中略）で当該特例適用申告書を提出する者が同条第1項第1号から第3号までに掲げる要件を満たすものであることを証する事項の記載のあるものの写し（当該契約書が外国語で作成されたものである場合には、その翻訳文を含む。（中略））とする。
> 3　法第41条の21第6項に規定する財務省令で定める書類は、官公署から発行され、又は発給された書類その他これらに類するもの（特例適用申告

書を提出する者の氏名又は名称及び住所等又は本店若しくは主たる事務所の所在地の記載のあるもので、配分の取扱者に提示する日前6月以内に作成されたものに限る。）とする。

4～12　略

13　法第41条の21第9項に規定する財務省令で定める事項は、次に掲げる事項とする。

　一　法第41条の21第9項に規定する書類を提出する非居住者の氏名及び住所等（個人番号を有する者にあつては、氏名、住所等及び個人番号）

　二　特例適用投資組合契約に係る特例適用申告書等の提出年月日

　三　特例適用投資組合契約に関する第1項第4号イ及びニに掲げる事項

　四　法第41条の21第1項の規定の適用により所得税法第165条第1項に規定する総合課税に係る所得税の課税標準とされないこととなる同法161条第1項に規定する国内源泉所得の種類及び金額

　五　その他参考となるべき事項

14　法第41条の21第10項に規定する財務省令で定める事項は、次に掲げる事項とする。

　一　法第41条の21第10項に規定する非居住者又は外国法人が特例適用申告書等を提出している旨及びその提出年月日

　二　当該特例適用申告書等に係る特例適用投資組合契約に定める計算期間の中途において当該非居住者又は外国法人が法第41条の21第1項第1号から第4号までに掲げる要件を満たさないこととなつた場合には、その満たさないこととなつた事情の詳細及びその事情の生じた年月日

Question9-2【ファンド・オブ・ファンズにおける持分割合】

　親ファンドが子ファンドに投資する場合に、親ファンドに出資している外国組合員が事業所得の申告対象となるかは、親ファンドの出資割合に子ファンドの出資割合を合計して25%を超えるかどうかで判断をします。この場合に共同事業性が希薄であっても25%超のときは、事業所得として申告義務が生じますが、令和3年度の税制改正においてこの要件が緩和されたそうですが、その内容を説明してください。

要　点

　1．改正の趣旨
　2．令和3年度改正内容

Answer

1　改正の趣旨

　所得税、法人税における組合（任意組合等）における組合事業よる損益の取り扱いとして、当該事業により生ずる利益金額又は損失金額については、各組合員に直接帰属することとされています。

　所基通36・37共－19は、「組合事業に係る利益の額又は損失の額は、当該任意組合等の利益の額又は損失額のうち分配割合に応じて利益の分配を受ける金額又は損失を負担すべき金額とする。」と規定し、構成員に帰属したものを課税する構成員課税を明らかにしております。また、法基通14－1－1は「営なまれる事業から生ずる利益金額又は損失金額については各組合員に直接帰属する。」と規定しています。

　このような考え方は、非居住者又は外国法人に対しても適用されます。そうしますと、インバウンドで我が国に投資を呼び込む際に、組合が国内で事業を展開することとなりますと、当然に恒久的施設を有することとなり、各組合員は、我が国の恒久定施設を保持していないにもかかわらず組

合が稼得する事業所得につき確定申告をしなくてはならないということとなります。このことは外資を呼び込むときの障害とされていました。

　有限責任組合におけるファンドにおいては、投資促進の観点から、「組合としての共同事業性が希薄な場合には、事業家というよりも投資家に近い存在といえますので、業務執行の行わない組合員で損益分配割合が25％未満の場合は、組合が行う一定の国内源泉所得については、所得税及び法人税を課さないこととしております（旧措法41の21①、67の16①）。

　この25％の計算は、外国組合員が締結している組合契約に係る組合財産に係る持分割合又はその組合契約に係る損益分配割合に限定されており、組合契約に係る組合財産として投資組合財産に対する財産に対する持分を有する者（これはファンドがさらにファンドを有する場合をいい、ファンド・オブ・ファンズといい、組合契約によって成立する組合が連鎖する場合の各組合を指します。）に関しては、合計されません。つまり、持分割合の判定は子ファンド単位で一律に行われることとなることから、この特例が適用されないこととなる場合がありました。その結果、事業所得としての課税関係が生じるという問題がありました。

2　令和3年度改正内容

　ファンド・オブ・ファンズの場合の持分割合の判定上、投資組合財産に対する持分割合及び損益分配割合は、特定組合契約に係る組合財産として投資組合財産に対する持分を有する者のその特定組合契約に係る組合財産に係る持分割合を除外して計算することとされました（措令26の30④）。

　特定組合契約とは、次に掲げるファンド・オブ・ファンズとして組合契約によって成立する組合が連鎖する場合の各組合契約のうち特例適用投資組合契約を直接に締結している組合に係る組合契約をいいます。

　イ　特定適用投資組合契約を締結している一組合員が直接締結している
　　組合契約
　ロ　上記イに掲げる組合契約による組合が直接に締結している組合契約
　ハ　上記ロ又は下記ニに掲げる組合契約による直接に締結している組合
　　契約

ニ　上記ハに掲げる組合契約による直接に締結している組合契約

　次に、対象となる特定組合契約の範囲です。フアンド・オブ・ファンズの場合の持分要件の判定上、組合員単位で投資組合財産に対する持分割合及び損益分配割合を計算することとされる特定組合契約は、次のいずれにも該当するものとされております（措令26の30④）。

ホ　特殊関係組合契約以外の組合契約

ヘ　特定組合契約に係る組合財産に対する持分を有する者が、外国組合員が締結して上記イからニまでに掲げる組合契約に基づいて行う事業の執行として、その特例適用投資組合契約に係る業務の執行に係る行為（次に掲げる行為についての承認、同意その他これらに類する行為を除きます。）を行わない場合のその特定組合契約

　　(イ)　投資組合事業に係る業務の執行を行う者との間において取引を行うことを内容とした投資組合事業に係る組合財産の運用を行うこと

　　(ロ)　投資組合事業に係る業務の執行を行う者が金融商品取引法42条1項に規定する権利者のため運用を行う金銭その他の財産との間において取引を行うことを内容とした投資組合事業に係る組合財産の運用を行うこと

第三に、特殊関係組合契約の意義です。

　特殊関係組合契約とは、外国組合員が締結している上記イからニまでに掲げる契約で、次に掲げるものの区分に応じてそれぞれに定める組合契約をいいます（措令26の30⑩）。

ト　上記ホに掲げる組合契約……その組合契約に係る組合財産に対する外国組合員に係る特殊組合員の持分割合を合計した割合又は損益分配割合のいずれかが25％以上である場合における組合契約

チ　上記ホ、ヘ及び下記リの規定により特殊関係組合契約に該当する組合契約による組合が直接に締結している組合契約……その組合契約に係る組合財産に対する外国組合員に係る各特殊関係組合員の持分割合又は損益分配割合を合計した割合がいずれかが25％以上である場合のその割合

リ　上記ホ、へに掲げる組合契約以外の組合契約……その組合契約に係る組合財産に対する外国組合員に係る各特殊関係組合員の持分割合また損益分配割合を合計した割合のいずれかが25％以上である場合のその割合

Question10【外国組合員等による事業譲渡類似株式の譲渡課税の改正】

外国組合員等による事業譲渡類似株式の譲渡課税について、平成21年度において改正されたと聞きましたが、改正の趣旨及び制度の内容について説明してください。

要 点

1. 改正の趣旨（改正前制度とその問題点）
2. 改正内容

Answer

1 改正の趣旨（改正前制度とその問題点）

外国組合員の株式譲渡所得については、非課税が原則です。

しかし、日本企業株式の25％以上を保有する外国組合員が、その株式を年間5％以上譲渡した場合（この譲渡を「事業譲渡類似株式による譲渡」といいます。）、その株式譲渡益に対する課税について、恒久的施設を有しない海外個人投資家であっても、組合単位で恒久的施設に該当するかどうかを判定するとしているため、この要件を満たす場合は我が国で課税されることとされていました。すなわち、恒久的施設を有することとなると、恒久的施設に帰属する所得として確定申告義務が課されることとなります。

このため、租税条約非締結国の投資家などの場合、個人としては我が国にPEがなくても、新たな課税範囲が拡張し我が国への投資の障害となっていました。

2 改正内容

特定外国組合員等による1年以上の長期保有株式等（公的資金が注入された破綻金融機関を除きます。）の譲渡については、「組合単位」ではなく、次の「組合員単位」で事業譲渡類似株式の譲渡に該当するかどうかで判定

することとされました。すなわち、該当しない場合は、当該株式の譲渡益は非課税とされます。

(1)　一定の要件を満たす外国組合員が投資組合を通じて行う株式等の譲渡

(2)　国内に恒久的施設を有しない投資組合の外国組合員で有限責任組合員であるもの（投資組合の業務を執行しないものに限ります。）が投資組合を通じて行う株式等の譲渡（当該外国組合員ごとに計算した保有割合が25%未満であること）

平成21年4月1日以後に行われる株式等の譲渡に適用されます。

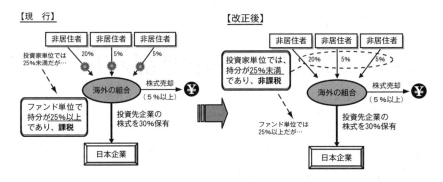

（出典：経済産業省「平成21年度税制改正について」p38）

Question11 【土地等の譲渡対価に係る所得（5号所得）】

　国内にある土地若しくは土地の上に存する権利又は建物及びその附属設備若しくは構築物の譲渡により受け取った対価については、どのような課税関係となるのか説明してください。

要　点
....

1．制度導入の背景
2．制度の概要（源泉徴収の課否）
3．対象となる土地等の範囲
4．土地等の譲渡者である非居住者等
5．租税条約による取扱いの概要

Answer

1　制度導入の背景

　平成2年の税制改正で導入されたもので、それまでは、非居住者等が国内不動産を売却した際に、我が国に申告納税をせずに国外に売り逃げることが可能でした。そこで、導入された制度です。

2　制度の概要（源泉徴収の課否）

　「国内にある土地若しくは土地の上に存する権利又は建物及びその附属設備若しくは構築物の譲渡による対価」（所法161①五）が、特別に源泉徴収（10.21％）の対象となっています（所法213①二）。

　ただし、譲渡対価が1億円以下であり、かつ、譲受人がその土地等を自己又は親族の居住の用に供する場合には、5号所得ではなく、1号所得に該当するので源泉徴収の対象とはなりません（所令281の3）。

　しかし、源泉徴収がなくても、恒久的施設を有しているがそれに帰属していない場合や、恒久的施設を有していない場合には、給与課税の対象となりますので、申告義務が生じます。また、この要件は「個人の居住用」

となっているので、譲受者が法人の場合は源泉徴収が必要となります。

　なお、例えば、当該土地等を譲り受けた後、居住の用に供していない場合でも、当該土地等を譲り受けた時の現況において自己又はその親族の居住の用に供するために譲り受けたことについて、合理的な理由があるときはこれに含まれます（所基通161-17）。

　おって、譲渡対価が1億円を超えるかどうかは、例えば、当該土地等を居住用とそれ以外の用とに供する場合は、合計額により判定することとされています（所基通161-18）。

3　対象となる土地等の範囲

　土地等の範囲が「国内にある土地若しくは土地の上に存する権利又は建物及びその附属設備若しくは構築物」となっていますから、「鉱業権、温泉を利用する権利、借地権、土石（砂）」は源泉徴収の対象外となります（所基通161-16）。

4　土地等の譲渡者である非居住者等

　源泉徴収は、非居住者等から土地等を譲り受けた場合に行うこととなりますが、この場合の非居住者等とは次の者をいいます。

(1)　非居住者

　　国内に住所を有しない個人で国内に引き続き1年以上居所を有しない者をいいます。

　　したがって、日本人であっても、海外企業への出向や海外勤務等で海外で継続して1年以上居住する予定で出国した人は、非居住者となります。

　　ただし、国内に居住する外国の大使及び外交官である大公使館職員は、人的非課税とされていますので、これらの人の有する土地等の譲渡による対価については源泉徴収をする必要はありません。

(2)　外国法人

　　国内に支店を有するかどうかにかかわらず、国内に本店や主たる事務所を有しない法人をいいます。

　ただし、平成 20 年 12 月 1 日において現に財務大臣の指定を受けている旧所法別表第 1 第 2 号に掲げる「非課税外国法人」が平成 25 年 11 月 30 日までに支払を受けるべき土地等の譲渡対価については、所得税の源泉徴収の必要はありません（旧所法 11 ②、平 20 改正法附則 2）。

5　租税条約による取扱いの概要

　租税条約では、土地等の譲渡による所得については、その土地等の所在地国に課税権を与える源泉地国課税が通例となっています。

　我が国が締結した租税条約では、多くの場合、不動産の譲渡等について、別途規定を定め、その適用に当たっては、個別に条約の規定を確認する必要があります。

（注）　外国居住者等相互免除法においては土地等の譲渡による所得は、軽減又は非課税の対象とされていませんので、台湾居住者等が国内にある土地等を譲渡した場合の譲渡対価については、国内法に基づき源泉徴収の対象となります。

Question12【人的役務提供に係る所得（6号所得）】

　所法161条1項6号所得「人的役務提供事業の対価」の課税関係について説明してください。

要　点

- 1．源泉徴収の課否
- 2．人的役務提供事業の範囲（所令282）
- 3．租税条約による取扱いの概要

Answer

1　源泉徴収の課否

　国内において人的役務の提供を主たる内容とする事業で次に掲げるものを行う個人（あるいは法人）が受ける対価は、国内源泉所得とされ（所法161①六、所令282）、20.42％の源泉税率が課されます（所法213①一）。

2　人的役務提供事業の範囲（所令282）

- (1)　映画・演劇の俳優、音楽家その他の芸能人又は職業運動家の役務の提供を主たる内容とする事業
- (2)　弁護士、公認会計士、建築士その他の自由職業者の役務の提供を主たる内容とする事業
- (3)　科学技術、経営管理その他の分野に関する専門的知識又は特別の技能を有する者の当該知識又は技能を活用して行う役務の提供を主たる内容とする事業（ただし、機械設備の販売その他の事業を行う者の主たる業務の付随的な当該事業、所法2条1項8号の4ロに規定する建設等を主たる内容とする事業は除きます。）

　したがって、非居住者個人自らが上記のような役務提供をした場合には、「人的役務の提供を主たる内容とする事業」の要件には該当せずに、12号の給与年金等になります。

　なお、著作隣接権の使用料が役務の対価と一緒に支払われる限り、その全部が役務の提供として取り扱われることとなります（所基通161-22）（注）。著作権の対価であれば7号所得ロにいう使用料となります。

　（注）　芸能人又は職業運動家の実演又は実技、当該実演又は実技の録音、録画につき放送、放映その他これらに類するものの対価として支払を受けるもので、当該実演又は実技に係る役務の提供に対する対価とともに支払を受けるものが含まれます。

　原則として、人的役務を提供するために要する往復の旅費、国内滞在費等の全部又は一部を支払者が負担する場合も対価となります。ただし、支出が人的役務の提供者に対して交付されるものでなく、航空会社、ホテル、旅館等に直接支払われ、かつ、その金額が通常必要であると認められる範囲内のものであるときは、課税はありません（所基通161-19）。

　主たる内容とする事業の判断ですが、その提供者（外国法人等）の事業全体から判断するのではなくて、個々の人的役務の提供についての契約内容によって判断されます。

　なお、国内において、所法161条1項6号に規定する人的役務の提供を主たる内容とする事業を行う者には、国内において当該事業を行う他の非居住者又は外国法人に対し、所令282条各号に掲げる人的役務の提供を主たる内容とする事業を行う非居住者又は外国法人も含まれます（所基通161-20）。

　人的役務提供事業の対価には、自己と雇用関係にある芸能人等を他の事業者に斡旋することなどの事業の対価が含まれますが、伴奏者、マネジャーを伴って芸能人自らが役務を提供することで得る対価は12号所得となります（所基通161-21）。

　ここでは、役務提供地を源泉地とする役務提供地基準が採用されているものと考えられます。

　上記(1)でいう職業運動家の範囲ですが、いわゆるアマチュア、ノンプロ等と称される者であっても、競技等の役務を提供することにより報酬を受ける場合には、これに含まれます（所基通161-23）。

運動家には、騎手、レーサーのほか、大会などで競技する囲碁、チェス等の競技者等が含まれます（所基通161-23注書）。

おって、上記(3)ただし書の「機械設備の販売その他の事業を行う者の主たる業務の付随的な当該事業」とは、具体的に、次に掲げるような行為に係る事業をいうとされています（所基通161-25）。

イ　機械設備の販売業者が機械設備の販売に伴い販売先に対し当該機械設備の据付け、組立て、試運転等のために技術者等を派遣する行為

ロ　工業所有権、ノーハウ等の権利者がその権利の提供を主たる内容とする業務を行うことに伴いその提供先に対しその権利の実施のために技術者等を派遣する行為

　　(注)　上記イ、ロのために派遣された者が国内において行った勤務に関して受ける給与は、所法161条1項12号イに掲げる給与に該当することとなります。

3　租税条約による取扱いの概要

人的役務の提供を主たる内容とする事業の対価については、国内法上は、一般の事業所得と区分して、別個の国内源泉所得としていますが、租税条約上は、一般の事業所得と同じく整理されています。

多くの租税条約では、人的役務の提供事業の対価を「企業の所得」又は「産業上又は商業上の所得」としてとらえています。そのような条約の場合には、国内に有する恒久的施設を通じて事業を行わない限り、原則として日本の租税は免除されることとなります。

ただし、あらかじめ所轄税務署長に免除に関する「租税条約に関する届出書」を提出する必要があります。

　　(注)　台湾居住者等が国内で行った芸能又は運動家の役務提供事業の対価については、外国居住者等所得相互免除法において芸能人等の役務提供事業の対価に軽減又は非課税とされていませんので、日本法に基づき源泉徴収の対象となります。

Question13【芸能法人に対する課税】

　日本国内に恒久的施設を有しない外国法人が、日本国内で芸能人(俳優、音楽家、芸能人、職業運動家等)の役務の提供を主たる内容とする事業を行う場合の課税関係について説明してください。

要　点

1. 芸能法人に対する課税原則
2. 免税芸能法人の扱い

Answer

1　芸能法人に対する課税原則

　芸能法人(俳優、音楽家、職業運動家の役務提供を主たる内容とする事業を行う法人)の扱いの考え方として、「恒久的施設を有しない外国法人は事業所得について課税を受けない」という原則が適用されます。

　しかし、芸能人には課税がなされますが、芸能人がダミーとして非課税となる芸能法人を介在させ、その課税を免れる弊害がありました。

　そこで、多くの租税条約には、芸能法人が派遣する芸能人が一方の国において役務提供する場合に、その国が芸能法人に対して課税する権限を認める規定を置いています。

　例えば、日英租税条約16条2項において芸能人の役務の提供について源泉地で課税するとしています。

　一般に、恒久的施設を有しない芸能法人が雇用する芸能人を日本に派遣して興業を行っても日本では課税を受けません。このような場合でも日英租税条約のように芸能人個人には申告納税義務があるのが通例です。

　しかし、芸能人が出国してしまえば、その納税義務を履行するとは限りません。さらに、芸能法人は、国内で芸能人に支払をすれば源泉徴収義務が生じます(所法212①)。国外での支払の場合は、国内に事務所等があれば源泉徴収義務が生じます(所法212②)が、事務所等がない場合には義

務は生じません。

2　免税芸能法人の扱い

(1)　免税芸能法人の定義

芸能法人のうち、租税条約の規定によって日本国内に恒久的施設を有しないことを理由に所得税が免除される法人を免税芸能法人といいます（措法41の22①）。

(2)　免税芸能法人への源泉徴収課税と還付手続き

一般に、租税条約上の免除を受ける外国法人は、対価の支払前に対価を支払う日本企業を経由して所轄税務署長に対して、「租税条約に関する届出書」を提出しておけば、源泉徴収の免除を受けることができます。

しかし、免税芸能法人はこのような免除を受けることはできず、支払者は15.315％の源泉徴収税率で徴収します（措法41の22③）。

免税芸能法人は、芸能人（非居住者）に対して給与又は報酬を支払うときは、その支払が国内でなされていなくても国外で行われても20.42％の税率で源泉徴収を行うこととなります（措法41の22①）。免税芸能法人は芸能人（非居住者）に対して源泉徴収した後に税務署長から還付されることとなります（実施特例法3②③）。

このような特例を設けて芸能人に対する課税漏れを防ぐこととしています。結果として、恒久的施設のない芸能法人が免税となることには変わりはありません。

所法161条1項6号該当のうち、源泉徴収を要しないものとして、不特定多数から支払われる役務提供の対価（所令328一）があります。

Question14【人的役務提供と著作権等の使用料との区分】

　芸能人の役務提供を主たる事業を行う外国法人に対して、公演の対価とは別にその公演に伴う録音等の支払うべき対価がある場合に、この支払も6号所得として取り扱われるのでしょうか。

要　点
....
　1．人的役務提供と著作権等の使用料の区分の違い
　2．区分基準
　3．芸能法人の取扱いの考え方

Answer

1　人的役務提供と著作権等の使用料の区分の違い

　人的役務提供に係る対価は、6号所得となり、20.42％の源泉税率が課されます（所法213①一）。他方、著作権等の使用料の場合は、11号所得となり、同様に20.42％の源泉税率が課されます。

　ともに同じ税率ですが、前者においては免税芸能法人に該当する場合には15.315％の源泉税率となり、著作隣接権の使用料の場合は、例えば、日米租税条約12条の1において、我が国での課税は免除され、米国においてのみ課税しうることが規定されています。

2　区分基準

　そこで、具体的区分基準ですが、芸能人の役務提供に対して支払う対価であっても、国内において当該事業を行う者が当該芸能人の実演、当該実演の録音、録画につき放送、放映その他これらに類するものの対価として支払を受けるもので、当該実演に係る役務の提供に対する対価とともに支払を受けるものが含まれることとされています（所基通161-22）。

　また、非居住者（自ら）が雇用契約（等）に基づいて上記のような役務提供をした場合には、「人的役務の提供を主たる事業」には該当せずに12

号所得にいう給与年金等になります。

　なお、著作隣接権の使用料が役務の対価と一緒に支払われる限り、その全部が役務の提供として扱わることとなります。また、著作権の対価であれば 11 号所得ロに該当し使用料となります。

　非居住者等のために負担する旅費等は、直接航空会社やホテル等への支払で通常必要であると認められる範囲内であれば課税はありません（所基通 161－19）。

　人的役務の提供を行う者の事業が、所法 161 条 1 項 6 号に規定する人的役務事業を主とする事業に当たるかどうかの判断ですが、その提供者（非居住者等）の事業全体から判断するのではなくて、個々の人的役務の提供についての契約ごとの内容によって判断されます（所基通 161－20）。通常、事業と判定するには繰返し継続することが要件となっています（所令 63十二）。主として芸能事業を念頭に置いているのでこうした規定ぶりとなっているものと思われます。

　以上をまとめると、人的役務提供事業とは、非居住者が営む自己以外の者の人的役務提供を主たる内容とする事業であることをいいます（所基通161－21）。したがって、自己と雇用関係にある芸能人等を他の事業者に斡旋することなどの事業の対価がここでの対象として含まれますが、伴奏者、マネジャーを伴って芸能人自らが役務を提供することで得る対価は 12 号所得（給与報酬年金等）の報酬に該当することとなります。

> 日米租税条約 7 条 1 項は、PE がない事業所得者に対して役務提供事業の対価を支払う場合は免税とされています。ただし、社員の場合は国内勤務があるので、国外払いに対しては、確定申告が必要となります。そのほか、人的役務提供の免税としては、短期滞在者免税があります。

3　芸能法人の取扱いの考え方

　芸能法人（俳優、音楽家、職業運動家の役務提供を主たる内容とする事業を行う法人）の扱いの考え方として、芸能法人に対しても「恒久的施設を有しない外国法人は事業所得について課税を受けない」という原則が適用されます。

しかし、芸能人（非居住者）がダミーとして芸能法人（外国法人）を介在させて課税を免れる弊害がありました。

そこで、多くの租税条約では芸能法人が派遣する芸能人が一方の国において役務提供する場合には、その国において芸能法人に対して課税する権限を認める特別の規定を置いています。例えば、日英租税条約16条②においても芸能人の役務の提供について源泉地国で課税するとしています。

所得及び譲渡収益に対する租税に関する二重課税の回避及び脱税の防止のための日本国とグレートブリテン及び北アイルランド連合王国との間の条約

第16条 （略）

2 一方の締約国内（日本）で行う芸能人又は運動家としての個人的活動に関する所得が当該芸能人又は運動家以外の者に帰属する場合には、当該所得に対しては、第7条（事業所得規定）及び第14条（給与所得規定）の規定にかかわらず、当該芸能人又は運動家の活動が行われる当該一方の締約国において租税を課することができる。 （括弧は筆者記入）

所得税法では、芸能法人が芸能人に対して国内で報酬を支払うときは、源泉徴収義務を負います（所法212①）。しかし、同法は、「国内において……支払う」と規定して国内払いのみに源泉徴収義務を課しているために、国外で支払うときは源泉徴収義務を負いません。そこで、徴収義務回避を防止するために、免税芸能法人等が支払う芸能人等の役務提供報酬等に係る源泉徴収の特例として、措法41条の22において、免除された対価の額から国外で芸能人等へ報酬等の支払を行う場合もその支払の際に源泉徴収することとなっています。

芸能法人のうち、租税条約の規定によって日本国内に恒久的施設を有しないことを理由に所得税が免除される法人を免税芸能法人といいます。

一般に、租税条約上の免除を受ける外国法人は、対価の支払前に対価を支払う日本企業を経由して所轄税務署長に対して、「租税条約に関する届出書」を提出しておけば、源泉徴収の免除を受けることができます。

しかし、免税芸能法人はこのような免除を受けることはできず、国内の支払者は15.315％の源泉徴収税率で徴収しなければなりません（措法42

③)。

　免税芸能法人は、芸能人（非居住者）に対して給与又は報酬を支払うときは、その支払が国内でなされずに国外で行われても 20.42% の税率で源泉徴収を行い、その徴収の日の属する月の翌月末日までに納付しなければなりません（措法41の22①）。

　その後、免税芸能法人は税務署長から源泉徴収税が還付されることとなります（実施特例法3③）。

　所法 161 条 1 項 6 号該当のうち、源泉徴収を要しないものとして、音楽家等が不特定多数の者から支払われる役務提供の対価（所令328一）があります。

＜参考法令＞

> 所得税基本通達
>
> 161 − 22（芸能人の役務の提供に係る対価の範囲）　令第 282 条第 1 号に掲げる芸能人又は職業運動家の役務の提供を主たる内容とする事業に係る法第 161 条第 1 項第 6 号に掲げる対価には、国内において当該事業を行う非居住者又は外国法人が当該芸能人又は職業運動家の実演又は実技、当該実演又は実技の録音、録画につき放送、放映その他これらに類するものの対価として支払を受けるもので、当該実演又は実技に係る役務の提供に対する対価とともに支払を受けるものが含まれる。
>
> （注）国内において当該事業を行う者が著作隣接権の対価として支払を受けるもので、上記の取扱いにより法第 161 条第 1 項第 6 号に掲げる対価とされるもの以外のものは、同項第 11 号ロに掲げる著作隣接権の使用料に該当する。

Question15【不動産の貸付の対価に係る所得（7号所得）】

不動産の貸付の対価に係る所得について課税の概要について説明してください。

要　点
....

1．対象となる不動産の貸付の範囲
2．船舶若しくは航空機の貸付の対価の意義
3．租税条約による取扱いの概要

Answer

1　対象となる不動産の貸付の範囲

次のものが国内源泉所得となり源泉徴収（20.42%）の対象となるとされています（所法161①七）。

(1)　国内における不動産、不動産の上に存する権利の貸付対価
(2)　採石法の規定による採石権の貸付による対価
(3)　鉱業法の規定による租鉱権の設定による対価
(4)　居住者・内国法人に対する船舶若しくは航空機の貸付による対価

2　船舶若しくは航空機の貸付の対価の意義

船舶若しくは航空機の貸付の対価とは、船体又は機体の賃貸借契約に基づく支払をいい、乗組員とともに利用させる定期用船（機）契約又は航海用船（機）契約に基づく支払はこれに該当しないとされています（所基通161-26）。

いわゆる恒久的施設を有する非居住者による定期用船契約又は航海用船契約に基づいて支払を受ける用船料は、運送事業により生ずる所得に該当するものとし、当該用船料に係る所得のうち国内業務について生ずる所得区分は、所法161条3項の運送の事業に該当します。すなわち、国内において乗船し、又は船積をした旅客又は貨物に係る部分の収入金額は国内源

泉所得として積地基準が採用されています（所基通 161−26 ㊟1）。

裸用船契約による船舶若しくは航空機の貸付により受ける用船料は、貸付先が居住者又は内国法人である限り、貸付の対象となった船舶若しくは航空機が専ら国外で運行される場合であっても、国内源泉所得に該当するものとなります（所基通 161−26 ㊟2）。

つまり、裸用船契約においては船舶若しくは航空機が使用される場所は、源泉地判定には関係がありません。

3　租税条約による取扱いの概要

(1)　所得源泉地

租税条約では、不動産の賃貸料による所得については、不動産の所在地国にも課税権を認めているのが一般的です。

また、我が国が締結した租税条約では、多くの場合、事業所得条項に優先して、不動産所得に関する規定を適用することとしています。恒久的施設に帰属するかどうかにかかわらず、その不動産の所在地国にも課税権を与えています。

(2)　船舶及び航空機の賃貸料

租税条約においては、船舶及び航空機の賃貸料は、不動産所得に含めないのが通例です。

多くの条約では、使用料条項で「設備の使用料」又は「船舶・航空機の裸用船（機）料」と規定されています。使用料条項がない場合は、通常、「事業所得」条項が適用されます。

また、国際運輸業所得については、源泉地国での課税を免除しているのが一般的ですので、このような条項が置かれている場合は、注意する必要があります。

なお、外国居住者等所得相互免除法7条①においても同様の扱いとなると規定しています。

(3)　台湾居住者等が支払う不動産等の賃貸料

外国居住者等所得相互免除法において、不動産の賃貸料が軽減又は免除されるという規定はないので、国内法に基づき源泉徴収の対象と

なります。

Question16【債券の利子等に係る所得（8号所得）】

債券の利子等に係る所得課税の概要について説明してください。

要　点
....

1．対象債券の利子の範囲
2．租税条約による取扱いの概要
3．外国居住者等所得相互免除法（台湾）の取扱い

Answer

1　対象債券の利子の範囲

所法23条1項に規定する利子のうち、次のものが国内源泉所得となり、源泉徴収（税率15.315%）の対象となります（所法161①八）。

(1) 国債、地方債、内国法人の発行する債券の利子
(2) 外国法人の発行する債券の利子のうち当該外国法人の恒久的施設を通じて行う事業に係るもの
(3) 国内にある営業所、事務所その他これらに準ずるもの（以下「営業所」といいます。）に預け入れられた預貯金の利子
(4) 国内にある営業所に信託された合同運用信託、公社債投資信託又は公募公社債等運用投資信託の収益の分配

2　租税条約による取扱いの概要

(1) 利子の範囲

　所得税法においては、債券の利子等については8号所得、貸付金の利子については10号所得と区別して規定していますが、租税条約においてはこれらを一体として取り扱っています。

　また、我が国が締結した租税条約の多くにおいて、債務者の居住地国を所得の源泉地とする債務者主義が一般的となっています。

(2) 割引債の償還差益

割引債の償還差益については、利子等として取り扱う条約と、特段の規定のない条約とがあります。

① 利子等として取り扱っている国等（アメリカ他64国・地域）

割引債の発行時に18.378％（特定のものは16.336％）の税率で源泉徴収し、償還時に所定の手続きを経た後、租税条約上の限度税率との差額について還付されることとなります。

② 我が国の国内法を適用する場合（エジプト他13国・地域）

租税条約上の規定がないか、条約のその他条項で源泉地国課税が認められる場合は、発行時に18.378％（特定のものは16.336％）の税率で源泉徴収する必要があります。

③ その他の所得に該当し居住地国課税となる場合（スペイン、フィンランド）

租税条約上その他の所得条項の適用により居住地国のみで課税となる場合には、割引債の発行時に18.378％（特定のものは16.336％）の税率で一度源泉徴収課税し、償還時に①の手続きにより、源泉徴収した所得税の全額を還付することにより、最終的には免税となります。

3　外国居住者等所得相互免除法（台湾）の取扱い

8号所得である利子等と10号所得である貸付金の利子は、同一のカテゴリーとして規定しています（同法15条㉙二）。

また、同法においても債務者主義が採用されています（同法15条㉚㉛）。

Question17【ダブルＳＰＣスキームを利用した場合の社債利子の課税】

　ダブル SPC（特定目的会社）スキームを利用した場合の社債の利子の課税回避の対策が平成 20 年度の税制改正で規定されたとのことですが、その内容について説明してください。

要　点

1．平成 20 年度税制改正趣旨
2．平成 20 年度税制改正内容

Answer

1　平成 20 年度税制改正趣旨

(1)　課税回避取引概要図

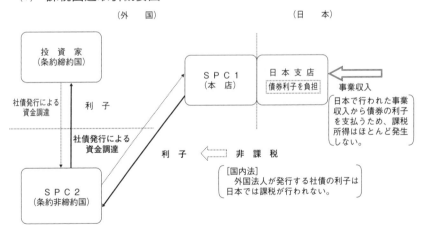

『平成 20 年度 税制改正の解説』（財務省）p.496

(2)　税制改正趣旨

　我が国で締結している多くの租税条約では、外国法人が発行する債券利子のうち我が国にある恒久的施設に帰属するものは、課税対象としています（例えば、日米租税条約 11 条 6 項）。

　国内法では、改正前においては、**Question**16（P71）の1(1)にあるように国債、地方債、内国法人の発行する債権の利子が課税対象とされていましたが、外国法人が発行する債券の利子に対しては課税されませんでした。そこで、直接的な取引では租税条約において課税となる場合に、条約非締約国にSPC2及びSPC1を設置し、SPC1の日本支店が日本での事業資金として債券利子を負担する仕組みを組成します。

　そうすると、日本支店では事業収入に対する費用とするため、課税所得がほとんど発生しなくなるとされています。

　さらに、国内法で外国法人が発行する社債利子の受取は非課税だったので、こうした仕組みを利用することで、我が国の課税を逃れるという問題があったのです。

2　平成20年度税制改正内容

　非居住者及び外国法人が受け取る他の外国法人が発行する利子のうち国内にある恒久的施設に帰せられるものは、国内源泉所得として15.315%の課税が行われることとなりました（措法6①②）。平成20年5月1日以後発行する債券の利子から適用されています（改正法附則5、23、経過措置令16）。

Question18【民間国外債等の利子の特例】

　非居住者及び外国法人が支払を受ける内国法人の発行する債券利子等の課税については、平成22年度において、適用期限等が撤廃されましたが、その趣旨と制度内容について説明してください。

要　点

1．非課税措置がある民間国外債等の利子の趣旨
2．民間国外債の利子に係る所得税の非課税
3．特定民間国外債の利子に係る所得税の非課税
4．指定民間国外債制度の廃止
5．国内金融機関等に対する民間国外債の利子に係る所得税の免除

Answer

1　非課税措置がある民間国外債等の利子の趣旨

　趣旨としては、本制度は我が国の国際収支の安定、外貨準備の増加を図ることを目的として昭和43年に創設された非課税制度です。その後、昭和60年に円の国際化を図る観点から円建債が加えられ、平成10年度の外為法の改正に伴う非課税措置の濫用防止のための非居住者確認制度が導入されました。

　これまでは、期限延長による課税の特例を図ってきましたが、制度として定着したとの趣旨から、平成22年度税制改正により適用期限が撤廃され恒久化されることとなりました。

2　民間国外債の利子に係る所得税の非課税

　民間国外債とは、法人により国外で発行された債券（外国法人により発行された債券にあっては当該外国法人が国内で行う事業に係るもの）で、その利子の支払が国外で行われるものをいいます（措法6①）。

　非居住者又は外国法人（軽課税国所在の実態のない外国法人は除かれます。）

が、平成 10 年 4 月 1 日以後に発行された民間国外債の利子の支払を受ける場合には、支払をする者は、15.315％の税率で所得税を徴収し、翌月 10 日までに納付しなければなりません（措法 6 ①②）。

　非居住者又は外国法人（軽課税国所在の実態のない外国法人は除かれます。）が、平成 10 年 4 月 1 日以後に発行された民間国外債の利子の支払を受ける場合に、その利子につき非課税の適用を受けようとする旨、その者の氏名又は名称及び国外にある住所、居所又は本店若しくは主たる事務所の所在地その他の一定の事項を記載した申告書（非課税適用申告書といいます。）を、その支払を受ける際に、その利子の支払者を経由してその所得税の所轄税務署長に提出したときは、その利子については所得税を課さないとしています（措法 6 ④）。

　ただし、当該利子のうち、国内に恒久的施設を有する非居住者が支払を受けるもので、所法 164 条 1 項 1 号イに規定する国内源泉所得に該当するものについては適用されません（措法 6 ⑥）。

　なお、措法 6 条 4 項の規定は、民間国外債の発行権者の特殊関係者が支払を受ける利子については適用されません（措法 6 ⑤）。

3　特定民間国外債の利子に係る所得税の非課税

(1)　非居住者又は外国法人が、平成 10 年 4 月 1 日以後発行された特定民間国外債を一定の方法によりその利子の支払の取扱者に保管を委託し、その支払の取扱者を通じてその利子を受ける場合に、その保管の委託を受ける支払の取扱者が次に掲げる区分に応じてその利子の受領者に関する情報（利子受領者情報といいます。）をその利子の支払者に対し通知し、その利子の支払者が通知を受けた利子受領者情報に基づき作成した利子受領者確認書を、その利子に係る所得税の所轄税務署長に提出したときは、その非居住者又は外国法人はその支払を受ける利子につき非課税適用申告書を提出したものとみなして、その利子については所得税を課さないとしています（措法 6 ⑩）。

①　当該利子の支払を受けるべき者がすべて当該特定民間国外債の発行をする者の特殊関係者でない非居住者又は外国法人である場合

　　　　……その旨

　②　当該利子の支払を受けるべき者に居住者、内国法人又は当該特定民間国外債を発行する者の特殊関係者である非居住者若しくは外国法人が含まれている場合……当該利子の支払を受けるべき者のうち、当該特定民間国外債の発行をする者の特殊関係者でない非居住者及び外国法人がその支払を受けるべき金額の合計額

⑵　特定民間国外債とは、民間国外債のうち次の要件を満たすものをいいます（措法6⑫）。

　①　民間国外債の発行をする者が締結する引受契約等（債券の発行に係る引受け、募集又は売出しの取扱いその他これらに準ずるもの（以下「引受け等」といいます。）に関する契約をいいます。）に、当該民間国外債の引受け等を行う者は、当該民間国外債を居住者、内国法人（国内金融機関等を除きます。）並びに当該民間国外債の発行をする者の特殊関係者である非居住者及び外国法人に対して当該引受契約等に基づく募集又は売出し、募集又は売出しの取扱いその他これらに準ずるものにより取得させ、又は売り付けてはならない旨の定めがあること。

　②　当該民間国外債の券面及びその発行に係る目論見書に、居住者、内国法人又は当該民間国外債の発行をする者の特殊関係者である非居住者若しくは外国法人がその利子の支払を受ける場合（国内金融機関が非課税適用申告書を提出している場合及び公共法人等が非課税適用申告書を提出している場合を除きます。）には、その利子について所得税が課される旨の記載があること。

平成20年度改正で追加された民間国外債

⑴　国内に支店、工場その他事業を行う一定の場所を有する外国法人が国外で発行した債券のうち、その利子の全部又は一部がその外国法人の国内において行う事業に帰せられる場合におけるその債券

⑵　国内において建設作業等を一年を超えて行う外国法人又は国内に代理店等を置く外国法人が発行する債券の利子のうち、その利子の全部又は一部がその外国法人の国内において行う事業に帰せられる場合におけるその債券

---

4 指定民間国外債制度の廃止

『平成20年度 税制改正の解説』（財務省）によれば、「民間国外債等の利子等の課税の特例は、非居住者又は外国法人による我が国企業の社債への投資を促進するため講じられているものであり、その趣旨を踏まえれば、居住者による制度の濫用を防止する観点から、本人確認を適切に行うことが重要です。このような観点からすると、本人確認を不要とする指定民間国外債制度は、スイスにおける金融機関の厳格な守秘義務と我が国企業にとってのスイス市場の有用性を考慮して設けられた極めて異例の措置であるといえます。また、昨今のG20等の国際的な議論においていわゆるタックスヘイブンへの不透明な資金の流れ等が問題視され、国際標準に基づく租税に関する実効的な情報交換の重要性が指摘されているところであり、このような状況の下で指定民間国外債制度を維持することは困難であると考えられます。そこで、スイス市場で起債する我が国企業への影響に配慮して2年間の経過措置を設けた上で、指定民間国外債制度は廃止されることとなりました。」(p.529) と説明しています。

5 国内金融機関等に対する民間国外債の利子に係る所得税の免除

国内金融機関等は、所定の適用手続きを要件として、民間国外債の発行者等に関する制限に関係なく、その支払を受ける民間国外債の利子について源泉徴収が免除されることとされました（措法6⑪）。

Question 19 【割引債の償還差益に対する源泉徴収】

割引債の償還差益の源泉徴収義務について説明してください。

要　点
....

1．概要
2．課税対象となる金額の算式
3．源泉徴収義務
4．租税条約による取扱いの概要

Answer

1　概要

　割引債の償還差益は、8号所得でいう利子等に係る所得に該当せずに、所法161条1項15号所得（15号所得）に該当します。

　ただし、この償還差益は、措法41条の12第1項により18.378％（一部のものについては16.336％）の源泉所得税を徴収することとされています。

　個人が取得する割引債の償還差益は他の所得と分離して課税され、発行時の源泉徴収だけで課税関係が終了します。内国法人又は外国法人は発行時に所得税の源泉徴収がされて（措法41の12②）、法人税の課税所得とされ、課税された所得税は保有期間に対応する部分については法人税から税額控除されます（措法41の12④、措令26の11①）。

　ここで対象となる割引債とは、割引の方法で発行される次の公社債をいい、償還差益とは、割引債の償還金額（買入償却が行われる場合にはその買入金額）がその発行価額を超える場合におけるその差益をいいます（措法41の12⑦、措令26の15①）。

（1）　国債及び地方債
（2）　内国法人が発行する社債（会社以外の内国法人が特別の法律により発行する債券を含む。）
（3）　外国法人が発行する債券（国外において発行する債券にあっては、次

に掲げるものに限ります。）（措令 26 の 15 三）

① 法法 141 条 1 号に掲げる外国法人が国外において発行する債券の社債発行差金の全部又は一部が当該外国法人の同号に規定する事業を行う一定の場所を通じて国内において行う事業に帰せられる場合における当該債券

② 法法 141 条 2 号に掲げる外国法人が国外において発行する債券の社債発行差金の全部又は一部が当該外国法人の同号に規定する事業を行う一定の場所を通じて国内において行う事業に帰せられる場合における当該債券

ただし、外貨債及び独立行政法人住宅金融支援機構、沖縄振興開発金融公庫又は独立行政法人都市再生機構が発行する債券は対象となりません（措法 41 の 12 ⑦、措令 26 の 15 ②）。

2 課税対象となる金額の算式

個人又は法人が取得する外国法人により国外において発行された割引債の償還差益は、その支払を受けるべき金額として外国法人の区分に応じて、次の算式により計算した金額に課税することとされました。

なお、非居住者が支払を受けるべき割引の方法で発行される公社債で外国法人が国外で発行する債券の償還差益については、国内源泉所得とみなして所得税の規定を適用することとされています（措令 26 の 9 の 2 ①）。

《算式》

(1) 法法 141 条 1 号に掲げる外国法人

$$償還差益の金額 \times \frac{社債発行差金のうち、外国法人の法法 141 条 1 号に規定する事業を行う一定の場所を通じて国内において行う事業に帰せられる場合における部分の金額}{社債発行差金}$$

(2) 法法 141 条 2 号・3 号に掲げる外国法人

$$\text{償還差益の}\atop\text{金額} \quad \times \quad \frac{\text{社債発行差金のうち、外国法人の法法 141 条 2 号に}\atop\text{規定する事業に帰せられる場合における部分の金額}}{\text{社債発行差金}}$$

3　源泉徴収義務

　国外において割引債を発行する外国法人は、割引債の発行の際にその割引債を取得する個人又は法人から、外国法人の区分に応じて上記2の算式により計算した金額に対して18.378％（特定割引債は16.336％）の税率により計算した所得税を源泉徴収し、これをその徴収の日の属する月の翌月の10日までにその外国法人の国内にある主たる事務所の所轄税務署長に納付しなければなりません（措法41の12③、措令26の9の2②、26の10②）。

4　租税条約による取扱いの概要

　割引債の償還差益については、利子等として取り扱っている条約を締結している国と特段の規定がない契約（いわゆる明示なき所得）を締結している国とがありますが、これらを区分すると次頁の表のとおりとなります。

　なお、国内法に基づき源泉徴収が行われる割引債のこれらの区分別の課税関係は、次のようになります。

（1）　利子等として取り扱っている国

　　　割引債の発行時に18.378％（特定のものは16.336％）の税率で源泉徴収し、償還時に所定の手続きを経た後、租税条約上の限度税率との差額について還付することとなります。

（2）　我が国の国内法を適用

　　　資産の運用又は保有による所得（1号所得）として、割引債の発行時に18.378％（特定のものは16.336％）の税率で源泉徴収をする必要があります。

（3）　明示なき所得に該当し、居住地国課税

　　　割引債の発行時に18.378％（特定のものは16.336％）の税率でいったん源泉徴収し、償還時に上記(1)同様の還付手続きにより、源泉徴収した所得税の全額を還付することにより、最終的に免税となります。

（表）割引債の償還差益の取扱い

利子等として取り扱っている国	アイルランド、アゼルバイジャン、アメリカ、アラブ首長国連邦、アルメニア、イギリス、イスラエル、イタリア、インド、インドネシア、ウクライナ、ウズベキスタン、エストニア（条約発効後）、オーストラリア、オーストリア（新条約発効後）、オマーン、オランダ、カザフスタン、カタール、カナダ、キルギス、クウェート、サウジアラビア、ザンビア、ジョージア、シンガポール、スイス、スロバキア、スロベニア、スウェーデン、セルビア、タイ、大韓民国、タジキスタン、チェコ、中華人民共和国、チリ、デンマーク、ドイツ、トルクメニスタン、トルコ、ニュージーランド、ノルウェー、パキスタン、ハンガリー、バングラデシュ、フィリピン、フランス、ブルガリア、ブルネイ、ベトナム、ベラルーシ、ベルギー（新条約発効後）、ポーランド、ポルトガル、香港、マレーシア、南アフリカ共和国、メキシコ、モルドバ、ラトビア、リトアニア（条約発効後）、ルクセンブルク、ルーマニア、ロシア、台湾
我が国の国内法を適用 （日本で課税）	エジプト、オーストリア（新条約発効前）、ガーンジー、ケイマン、サモア、ジャージー、スリランカ、バハマ、バミューダ、英領バージン諸島、フィジー、ブラジル、マカオ、マン島、リヒテンシュタイン
居住地国課税 （日本で免税）	フィンランド

（令和4年版「源泉徴収のあらまし」国税庁 p.303 より引用）

＜参考法令＞

所得税基本通達

161－14（資産の運用又は保有により生ずる所得）　法第161条第1項第2号に掲げる所得には、次のようなものが該当する。

(1)　公社債を国内において貸し付けた場合の貸付料及び令第280条第1項第1号に掲げる国債、地方債、債券若しくは資金調達のために発行する約束手形に係る償還差益又は発行差金

（以下略）

Question20【内国法人から受ける配当等に係る所得（9号所得）】

　内国法人から受ける配当等に係る所得課税の概要について説明してください。また、恒久的施設の有無により取扱いが異なる場合、国外で発行された投資信託等の扱い、上場株式の場合の取扱い等についても説明してください。

要　点
....

1．源泉徴収義務と税率
2．私募公社債等運用投資信託等の収益の分配に係る配当所得の分離課税等
3．国外で発行された投資信託等の収益の分配に係る配当等の分離課税等（参考）
4．上場株式等に係る配当所得の課税の特例
5．租税条約による取扱いの概要
6．外国居住者等所得相互免除法（台湾）の取扱い

Answer

1　源泉徴収義務と税率

　内国法人から受ける剰余金の配当、利益の配当、剰余金の分配、基金の利息、国内にある営業所に信託された投資信託、又は特定受益証券発行の収益の分配、外国特定目的信託の利益の分配は、国内源泉所得となり20.42％の源泉所得の対象となります（所法213①一、161①九）。

2　私募公社債等運用投資信託等の収益の分配に係る配当所得の分離課税等

　居住者又は国内に恒久的施設を有する非居住者が国内において、次に掲げる受益権の収益の分配に係るものの支払を受けた時は、15.315％の分離課税によって所得税を課されることとなります（措法8の2①）。

(1)　公社債等運用投資信託（公募により行われたものを除きます。）の受益権

(2)　特定目的信託（公募により行われたものを除きます。）の社債的受益権

　ただし、所法161条1項1号所得及び4号所得に該当しない場合には、この分離課税の規定は適用されません（措法8の2②）。

　非居住者、内国法人及び外国法人が平成28年1月1日以後支払を受けるべき私募公社債等運用投資信託等の収益の分配に係る配当所得に対する所法170条（分離課税税率）、175条（内国法人に係る所得税率）、179条（外国法人に係る所得税率）の規定の適用については、これらに規定する20.42％の税率は、15.315％の税率となります（措法8の2③）。

3　国外で発行された投資信託等の収益の分配に係る配当等の分離課税等（参考）

(1)　居住者が、平成28年1月1日以後支払を受けるべき国外で発行された上記2(1)(2)に掲げる受益権の収益の分配に係る剰余金の配当が国外で支払われたもので、その交付を国内の支払取扱者を通じて受ける場合には、15.315％の分離課税によって所得税を課されることとなります（措法8の3①）。

(2)　内国法人（公共法人を除きます。）が平成28年1月1日以後支払を受けるべき国外で発行された投資信託（公社債投資信託及び公募公社債等運用投資信託を除きます。）若しくは特定受益証券発行信託の受益権の配当等又は社債的受益権の収益の分配又は剰余金の配当に係る同法第24条第1項に規定する配当等（国外において支払われるものに限ります。以下「国外投資信託等の配当等」といいます。）について、国内の支払取扱者を通じてその交付を受ける場合には、次に掲げる区分に応じて分離課税によって所得税を課されることとなります（措法8の3②）。

①　国外私募公社債等運用投資信託等の配当等……15.315％

② ①以外の国外投資信託等の配当等……20.42％

なお、⑴および⑵において、支払の際に外国所得税（所法95条1項に定めるもの）が課された場合の扱いは、次のように定めるところとされています。

当該配当等が、国外私募公社債等運用投資信託等の配当等である場合は、15.315％の源泉徴収額から控除するものとし、所法95条に定める「外国税額控除」の適用はありません（措法8の3④一）。

次に、国外私募公社債等運用投資信託等の配当以外の国外投資信託等の配当の場合は、配当等の額から当該外国所得税を控除した残額に対して、20.42％の源泉所得税を課することとされています（措法8の3④二）。

おって、ここで控除された源泉所得税については、法法68条1項に規定する所得税控除の対象となります（措法8の3⑤）。

居住者が、上記⑵の②に該当する国外投資信託等の配当等を有する場合には、確定申告を要しない配当所得の規定が適用されるとしています（措法8の3⑥）。

4　上場株式等に係る配当所得の課税の特例

居住者又は国内に恒久的施設を有する非居住者が、平成28年1月1日以後に支払を受けるべき配当等で次に掲げるもの（以下「上場株式等の配当等」といいます。）を有する場合に、分離課税の特例等を受ける旨の確定申告書を提出した場合は、15.315％の所得税を課することとし、配当控除の規定は適用されません（措法8の4①②）。

⑴ 特定口座内保管上場株式等の譲渡等に係る所得計算の特例（措法37の11②一）に掲げる株式等の配当等で、保有総数又は総額が3％以上を有する内国法人から受ける配当等以外のもの

⑵ 特定株式投資信託以外の投資信託でその設定に係る受益権の募集が公募により行われたものの収益の分配

⑶ 特定投資法人の投資口の配当等

⑷ 特定受益証券発行信託の収益の分配

⑸ 特定目的信託の社債的受益権の剰余金の配当

(6)　措法3条1項1号に規定する特定公社債の利子

　おって、上場株式等の配当等の支払をする者は、支払の確定した日から1か月以内に、その支払を受ける者に対して支払通知書を交付しなければなりません（措法8の4④）。

　また、国内に恒久的施設を有する非居住者が平成28年1月1日以後に支払を受けるべき次に掲げる配当等については、配当所得の確定申告不要制度の適用が認められます（措法8の5①）。

①　内国法人から支払を受ける配当等（②から⑥までに掲げるものを除きます。）で、その内国法人から1回に支払を受けるべき金額が、10万円に配当計算期間（その配当等の直前にその内国法人から支払がされた配当等の支払に係る基準日の翌日からその内国法人から支払がされる当該配当等の支払に係る基準日までの期間をいいます。）の月数を乗じてこれを12で除して計算した金額以下であるもの

②　国若しくは地方公共団体又はその他の内国法人（⑦において「内国法人等」といいます。）から支払を受ける利子等又は配当等

③　内国法人から支払を受ける投資信託でその設定に係る受益権の募集が公募により行われたもの（特定株式投資信託を除きます。）の収益の分配

④　特定投資法人から支払を受ける投資口の配当等

⑤　特定受益証券発行信託（その信託契約の締結時において委託者が取得する受益権の募集が公募により行われたものに限ります。）の収益の分配

⑥　内国法人から支払を受ける特定目的信託（その信託契約の締結時において原委託者が有する社債的受益権の募集が公募により行われたものに限ります。）の社債的受益権の剰余金の配当

⑦　内国法人等から支払を受ける特定公社債の利子

5　租税条約による取扱いの概要

(1)　課税対象所得の範囲

　　配当等に対する課税方法については、国によって異なっていますので、条約上の規定ぶりも様々ですが、課税対象となる配当所得の範囲については、国内法とほぼ同じ内容になっています。

(2) 限度税率

　　配当等については、多くの租税条約では源泉地国と居住地国双方で課税できる旨を規定しています。

　　また、一定の親子会社間の配当については、支店形態との均衡から、軽減化を図っている規定を置いているのが通例となっています。

6　外国居住者等所得相互免除法（台湾）の取扱い

(1) 課税対象所得の範囲

　　おおむね国内法と同一となっています（同法 15 ㉙一）。

(2) 限度税率

　　我が国の国内源泉所得である配当等は、我が国において課税されます。しかし、同法は、親子会社間の配当について別途の規定はなく、一律 10％の軽減税率となっていることに留意することです（同法 15 ①）。

Question21【国内業務に係る営利貸付金の利子に係る所得（10号所得）】

　非居住者及び外国法人が国内で業務を営んでいる者に対して、資金の貸付等を行ったことにより支払を受ける利子に対する課税の概要を説明してください。

要　点

1．源泉徴収義務と税率
2．使用地主義
3．営利貸付金の範囲
4．船舶又は航空機の購入のための貸付金
5．債券現先取引の扱い
6．対象とならない貸付金の範囲
7．租税条約による取扱いの概要
8．外国居住者等所得相互免除法（台湾）

Answer

1　源泉徴収義務と税率

　国内において業務を行う者に対する貸付金で国内業務に係るものの利子が、国内源泉所得とされて、源泉所得税（20.42％）の対象となります（所法161①十、法法138①六）。

　ここでいう「業務」という概念は、事業より広い概念で国や地方公共団体の行う業務等を含むものとされています。10号所得として問題となるのは営利を目的とするものです。営利を目的としない例えば居住者に対する消費貸借等は、2号所得となります。売掛金の短期支払猶予、輸入ユーザンス金利、シッパーズユーザンス金利はここからはずれ、2号所得となります。

　ただし、次に掲げる債権のうち、その発生の日からその債務を履行すべき期間が6か月を超えないものの利子はこの規定から除かれます（所令

283①、法令 177②)。

(1) 国内において業務を行う者に対する資産の譲渡又は役務の提供の対価

(2) (1)に規定する対価の決済に関し、金融機関が国内において業務を行う者に対して有する債権

なお、ここに掲げる利子は恒久的施設を有する外国法人（非居住者）が行う事業から生ずる所得に含まれます（所法 164①一、法法 141 一ロ）。

2　使用地主義

所法 161 条 1 項 10 号は、非居住者が受ける貸付金利子のうち、国内において行う者に対して行う貸付金で、当該業務に係るものの利子のみが国内源泉所得となる〔　　　〕ます。いわゆる、使用地主義を採用したものです。

〔　　　〕て国内業務に使用されたかどうか判断が難しい〔　　　〕、所基通 161－29（当該業務に係るものの〔　　　〕務を行う者に対する所法 161 条 1 項 10 〔　　　〕当該国内において行う業務の用に供し〔　　　〕と規定して、その範囲を明示しています。

□ 貸付金の範囲

さらに、所基通 161－30 は、次に掲げるような債権は所法 161 条 1 項 10 号（貸付金に準ずるもの）に該当するとしています。

(1) 預け金のうち所法 161 条 1 項 8 号ハに掲げる預貯金以外のもの

(2) 保証金、敷金その他これに類する債権

(3) 前渡金その他これに類する債権

(4) 他人のために立替払をした場合の立替金

(5) 取引の対価に係る延払債権

(6) 保証債務を履行したことに伴って取得した求償権

(7) 損害賠償金に係る延払債権

⑻　当座貸越に係る債権

　おって、商品等の輸入代金に係る延払債権の利子相当額が商品等の代金に含めて関税の課税標準とされるものであるときは、当該利子相当額は、所法161条1項10号に掲げる貸付金の利子に該当しないものとして、すなわち源泉徴収の対象としないことができるとされています（所基通161－31）。

4　船舶又は航空機の購入のための貸付金

　最後に、内国法人及び居住者の業務のために供される船舶又は航空機の購入のためにその内国法人及び居住者に対して提供された貸付金は、所法161条1項10号に規定する貸付金とし、外国法人又は非居住者の業務のための供される船舶又は航空機の購入のためにその外国法人又は非居住者に対して提供された貸付金は、10号の規定外の貸付金とされます（所令283②）。

　すなわち、船舶又は航空機の購入のための貸付金については、それが国内の業務に係るものであるかどうかの判定にあっては、居住者（債務者）主義が採用されています。したがって、外国法人、外国人が同様の目的に使用するため外国法人非居住者に提供された貸付金は、10号の貸付金に該当しません。

　ここでいう業務という概念は、事業より広い概念で国や地方公共団体の行う業務等を含むものとされています。10号所得として問題となるのは営利を目的とするものです。

　内国法人、居住者の業務の用に供される船舶、航空機の購入のために内国法人、居住者に提供された貸付金は、10号に該当します（所令283②）。

5　債券現先取引の扱い

　平成21年度税制改正により、国内において業務を行う者に対する貸付金で当該業務に係るものの利子に、債券の買戻又は売戻条件付売買取引から生ずる差益も当該利子に含まれることとなりました。

　債券の買戻又は売戻条件付売買取引とは、債券をあらかじめ約定した期

日にあらかじめ約定した価格で買い戻し、又は売り戻すことを約定して譲渡し、又は購入し、かつ、当該約定に基づき当該債券と同種及び同量の債券を買い戻し、又は売り戻す取引（債券現先取引といいます。）をいいます（所法161①十括弧書き、所令283③）。

　また、差益とは、国内において業務を行う者との間で行う債券現先取引で当該業務に係るものにおいて、債券を購入する際の当該購入に係る対価の額を当該債券と同種及び同量の債券を売り戻す際の当該売戻しに係る対価の額が上回る場合における当該売戻しに係る対価の額から当該購入に係る対価の額を控除した金額に相当する差益をいいます（所令283④）。

6　対象とならない貸付金の範囲

(1)　営利を目的としない、例えば、居住者に対する消費貸借等は、2号所得となります（所令280①二）。

(2)　次に掲げる債権のうち、その発生の日からその債務を履行すべき日までの期間が6か月を超えないものの利子（所令283①）

①　国内において業務を行う者に対する資産の譲渡又は役務の提供の対価に係る債権

②　①に規定する対価の決済に関し、金融機関が国内において業務を行う者に対して有する債権

　所基通161－32では、上記①として、商品の輸入代金についてのシッパーズユーザンスに係る債権又は商品の輸入代金、出演料、工業所有権若しくは機械、装置等の使用料に係る延払債権のようなものが、また上記②として、銀行による輸入ユーザンスに係る債権のようなものがそれぞれ該当すると規定しています。

　これらの利子は、所法161条1項10号に定める「国内業務に係る貸付金利子」に含まれず（所令283②）、具体的規定はありませんが、「国内にある資産の運用又は保有により生ずる所得」に含まれることになるものと考えられます。

7　租税条約による取扱いの概要

(1)　貸付金の利子の租税条約上の区分

　　租税条約においては、貸付金の利子もいわゆる利子として預貯金等の利子と同じく扱われます。

(2)　所得源泉地

　　貸付金の利子については、所得税法では使用地主義を採用していますが、我が国が締結した租税条約においては、他の利子と同じく債務者主義が一般的となっています。

　租税条約中、恒久的施設等を通じて独立活動を行う場合で、その利子がこれらの施設と実質的に関連する場合には、その施設の存在国に課税権があるとする旨を規定しているものがあります。

8　外国居住者等所得相互免除法（台湾）

(1)　貸付金の利子も租税条約と同じく利子とその預貯金等の利子と同じく扱われます（同法 15 ㉙二）。

(2)　所得源泉地

　　債務者主義が採用されています（同法 15 ㉚㉛）。

Question22【国内業務に係る無形資産等の使用料に係る所得（11号所得）】

　非居住者及び外国法人が国内業務に係る無形資産等の使用料又は対価の支払を受ける場合の課税の概要を説明してください。

要　点

1．源泉徴収義務と税率
2．使用地主義
3．工業所有権の意義
4．使用料に該当しないもの
5．技術等の現物出資の扱い
6．所令284条１項に規定する備品の範囲
7．租税条約による取扱いの概要

Answer

1　源泉徴収義務と税率

　<u>国内において</u>業務を<u>行う</u>者から受ける次に掲げる使用料又は対価で当該<u>業務に係る</u>ものは、国内源泉所得とされて、源泉徴収（20.42％）の対象となります（所法161①十一、213①一）。

⑴　工業所有権その他の技術に関する権利、特別の技術による生産方式若しくはこれらに準ずるものの使用料又はその譲渡による対価

　　工業所有権等の使用料とは、「工業所有権等の実施、使用、採用、提供若しくは伝授又は工業所有権等に係る実施権若しくは使用権の設定、許諾若しくはその譲渡の承諾につき支払を受ける対価の一切」をいいます。したがって、頭金、権利金等のほか、これらのものを提供し、又は伝授するために要する費用なども含まれることとなります（所基通161−35前段）。

⑵　著作権（出版権及び著作隣接権その他これに準ずるものを含む。）の使用料又はその譲渡による対価

著作権の使用料とは、「著作物（著作権法2条1項1号にいうもの）の複製、上演、演奏、放送、展示、上映、翻訳、編曲、脚色、映画化その他著作物の利用又は出版権の設定につき支払を受ける対価の一切」をいいます。したがって、頭金、権利金等のほか、これらのものを提供し、又は伝授するために要する費用なども含まれることとなります（所基通161-23後段）。

(3)　機械、装置その他政令で定める用具（所令284①……車両、運搬具、工具、器具及び備品を規定しています。）の使用料

ここで留意すべきは、(1)及び(2)は使用料及び譲渡とされていますが、(3)の場合には、譲渡は含まれない点です。

2　使用地主義

所法161条1項11号は、「国内において業務を行う……」とありますので、国内で業務に使用される使用地主義が採用されており、上記1の(1)(2)(3)に関して国内に使用される場合の対価が課税の対象となります。

ですから、国内法上は、支払が国内でなされていても使用地が国外の場合は、課税対象から除外されることとなります（所基通161-33）。

国内において業務を行う者に対し提供された上記1の(1)(2)(3)の資産の使用料又は対価で、当該資産のうち国内において行う業務の用に供されている部分に対して支払う使用料が課税の対象となります。

なお、特許権の侵害があった場合に支払われる損害賠償金や和解金については、その実質が使用料に代えて支払われるものが多く、そのようなものは使用料として取り扱うこととされています（所基通161-46）。

3　工業所有権の意義

所法161条1項11号イに規定する「工業所有権その他の技術に関する権利、特別の技術による生産方式若しくはこれらに準ずるもの」は、次のものをいいます（所基通161-34）。

(1)　特許権、実用新案権、意匠権、商標権の工業所有権及びその実施権

(2) 上記(1)の権利の対象にはなっていないが、生産その他業務に関し繰り返し使用し得るまでに形成された創作、すなわち、特別の原料、処方、機械、器具、工程によるなど独自の考案又は方法を用いた生産についての方式、これに準ずる秘けつ、秘伝その他特別に技術的価値を有する知識及び意匠等（所基通 161－34）……対象

(3) 海外における技術の動向、製品の販路、特定の品目の生産高等の情報又は機械、装置、原材料等の材質等の鑑定若しくは性能の調査、検査等……対象外（所基通 161－34 後段）

(4) 商業上のノウハウ（顧客データ、販売マニュアル、営業戦略、財務データ等）……対象外と考えられています（吉田行雄稿「特許権等の使用料を巡る税務実務」税経通信 90 年 2 月、p.64）。しかし、最近、移転価格税制における国税庁の運営指針はこのようなものも無形資産を構成するといっているので、超過収益が認められる等の場合は課税の余地がないわけではありません。

(5) 人的役務提供の対価との区分（所基通 161－36）ですが、次に掲げる①又は②のどちらかに該当する場合は、人的役務の提供の対価に該当するものとして源泉徴収の対象となります。

① 当該対価として支払を受ける金額が、当該提供し又は伝授した工業所有権等を使用した回数、期間、生産高又はその使用による利益の額に応じて算定されるもの

② ①に掲げるもののほか、当該対価として支払を受ける金額が、当該図面その他の物の作成又は当該人的役務の提供のために要した経費の額に通常の利潤の額を加算した金額に相当する金額を超えるもの

4 使用料に該当しないもの

工業所有権等又は著作権の提供契約に基づき支払を受けるもののうち次に掲げる費用又は代金で、当該契約の目的である工業所有権等又は著作権の使用料として支払を受ける金額と明確に区分されているものは、使用料に該当しません（所基通 161－37）。

(1)　工業所有権等の提供契約に基づき、工業所有権等の提供者が自ら又は技術者を派遣して国内において人的役務を提供するために要する費用（派遣技術者の給与及び通常必要と認められる渡航費、国内滞在費、国内旅費）

(2)　工業所有権等の提供契約に基づき、工業所有権等の提供者のもとに技術習得のために派遣された技術者に対し技術を伝授するために要する費用

(3)　工業所有権等の提供契約に基づき提供する図面、型紙、見本等の物の代金で、その作成のための実費の程度を超えないものと認められるもの

(4)　映画フィルム、テレビジョン放送用のフィルム又はビデオテープの提供契約に基づき、これらの物とともに提供するスチール写真等の広告宣伝用材料の代金で、その作成のための実費の程度を超えないと認められるもの

5　技術等の現物出資の扱い

　非居住者又は外国法人が、内国法人に対し当該内国法人の国内において行う業務に係る工業所有権等の現物出資をした場合には、その出資により取得する株式又は持分は、それぞれ次により権利の対価又は使用料に該当するものとされ（所基通161-38）、源泉徴収の対象となります。

(1)　現物出資したものが工業所有権又はその出願権である場合には、これらの権利の譲渡の対価とされます。

(2)　現物出資したものが(1)以外のもの（例えば、工業所有権の実施権又は工業所有権若しくはその出願権の目的となっていない特別の技術による生産方式）である場合には、その出資をした権利又は技術の使用料とされます。

　なお、技術等を提供することにより取得するものが、権利の譲渡の対価に該当するか又は使用料に該当するかの区別は、租税条約（例えば、日本、メキシコ租税条約12条等）において軽減税率の適用上譲渡の対価と使用料

とを区別している場合に限り行えばよいとされています（所基通161-38（注））。

6　所令284条1項に規定する備品の範囲

　国内源泉所得の対象となる器具及び備品には、美術工芸品、古代の遺物等のほか、観賞用、興行用その他これらに準ずる用に供される生物が含まれることが明らかにされています（所基通161-39）。

7　租税条約による取扱いの概要

（1）　所得源泉地使用料

　　所得源泉地使用料については、受領者の居住地国において課税することを前提とした所得源泉地国においても課税できる旨の規定が、多くの租税条約に置かれています。

（2）　所得源泉地の締約国別区分

　　①　債務者主義を採用している締約国……下記以外の国にアルゼンチン（条約発効後）、コロンビア（条約発効後）、モロッコ（条約発効後）、セルビア（条約発効後）、台湾（外国居住者等所得相互免除法）を含みます。

　　②　使用地主義を採用している締約国……フィジー

　　③　特に規定を置かない締約国……アイルランド、ガーンジー、ケイマン、サモア、ジャージー、スリランカ、パナマ、バハマ、バミューダ、英領バージン諸島、マカオ、マン島、リヒテンシュタイン（13か国）

　　④　源泉地国免税となる締約国……アイスランド、アメリカ、イギリス、オーストリア、オランダ、ジョージア、スイス、スウェーデン、スペイン、デンマーク、ドイツ、フランス、ベルギー、ラトビア、リトアニア、ロシア（16か国）

（3）　使用料の範囲

　　①　工業所有権……我が国が締結した租税条約は、OECDモデル条約の定義を採用しています。

②　著作権……同上

③　機械・装置……租税条約において機械・装置の使用料（リース料）について　は、次の３項目に区分できます。

　イ　事業所得とするもの（恒久的施設がなければ課税しない。）

　ロ　使用料の範囲から除いているもの

　ハ　使用料とするもの

　　なお、一部の租税条約においては、文化的使用料と工業的使用料とに区分して、文化的使用料については免税としているものがあります。

　　おって、外国居住者等所得相互免除法において、機械・装置の使用料（いわゆる「リース料」）は、同法の軽減の対象となる使用料（対象使用料）の範囲から除かれています（外国居住者等所得相互免除法15㉙三）。

(4)　譲渡の対価

　　工業所有権等の譲渡益については、我が国の所得税法、法人税法では、使用料と同様に取扱われています。

　　我が国が締約した条約においては以下のように区分されます。

①　譲渡益を使用料と同様に取扱う締約国……シンガポール、韓国、ベトナム等

②　真正（完全）な譲渡以外の譲渡対価を使用料とする締約国……メキシコ

③　工業所有権等の譲渡対価についても、他の財産（動産）の譲渡対価と同様に取扱う締約国……アイルランド、アメリカ、イタリア、オーストラリア、オランダ、スイス、スウェーデン、中国等 [注]

　　(注)　台湾を含みます（外国居住者等所得相互免除法による取扱い）。

　　　　なお、外国居住者等所得相互免除法では、居住地国課税（源泉地国である我が国において非課税）が採用されています（外国居住者等所得相互免除法19①）。

※　源泉地国課税（債務者主義・使用地主義）・居住地国課税のいずれを採っているかは租税条約の規定により異なります。

Question23【給与、報酬又は年金に係る所得（12号所得）】

　非居住者が国内において行う勤務等に係る報酬等の支払を受ける場合の課税の概要を説明してください。

要　点

1．対象となる給与、報酬又は年金等の範囲と源泉徴収税率
2．勤務等が国内及び国外の双方にわたって行われた場合の国内源泉所得の計算
3．役員外の者の国外での勤務が対象（船員等）となる場合
4．会社役員の場合の扱い
5．その他の人的役務提供
6．公的年金等
7．退職給与
8．租税条約による取扱いの概要
9．外国居住者等所得相互免除法（台湾）

Answer

1　対象となる給与、報酬又は年金等の範囲と源泉徴収税率

　国内において行う勤務その他の人的役務の提供より受ける報酬等で、次に掲げるものは、国内源泉所得として源泉徴収の対象（20.42％）とされます（所法161①十二）。

(1)　俸給、給料、賃金、歳費、賞与又はこれらの性質を有する給与その他人的役務の提供に対する報酬のうち、国内において行う勤務その他人的役務提供（内国法人の役員として国外において行う勤務その他の政令で定める人的役務の提供を含む。）に基因するもの

(2)　所法35条3項に定める公的年金等（政令で定めるものを除く。）

(3)　所法30条1項に規定する退職手当等のうち、その支払を受ける者が居住者であった期間に行った勤務その他の人的役務の提供（内国法

人の役員として非居住者であった期間に行った勤務その他政令で定める人的役務の提供を含む。）に基因するもの

2　勤務等が国内及び国外の双方にわたって行われた場合の国内源泉所得の計算

　非居住者が国内及び国外の双方にわたって行った勤務又は人的役務の提供に基因して給与又は報酬の支払を受ける場合におけるその給与又は報酬の総額のうち、国内において行った勤務又は人的役務の提供に係る部分の金額は、国内における公演等の回数、収入金額等の状況に照らし、その給与又は報酬の総額に対する金額が著しく少額であると認められる場合を除き、次の算式により計算するものとされています（所基通161−41）。

$$給与又は報酬の総額 \times \frac{国内において行った勤務又は人的役務の提供の期間}{給与又は報酬の総額の計算の基礎となった期間}$$

（注1）　国内において勤務し又は人的役務を提供したことにより特に給与又は報酬の額が加算されている場合等には、上記算式は適用されません。

（注2）　所法161条1項12号ハに規定する退職手当等については、上記の算式中「給与又は報酬」とあるのは「退職手当等」と、「国内において行った勤務又は人的役務の提供の期間」とあるのは「居住者であった期間に行った勤務等の期間及び所令285条3項に規定する非居住者であった期間に行った勤務等の期間」と読み替えて計算します。

3　役員外の者の国外での勤務が対象（船員等）となる場合

　居住者又は内国法人が運航する船舶又は航空機において行う勤務その他の人的役務提供（国外における寄航地において行われる一時的な人的役務の提供は除かれます。）によって支払われる給与等は、我が国の国内源泉所得となります。

この場合の留意点が所基通161－44において明らかにされています。

⑴　その勤務その他の人的役務の提供は、居住者又は内国法人が主体となって行う運航及びこれに付随する業務のために行われること。

（注１）運航者が子会社等に船内又は機上における物品販売を行わせている場合には、その販売のため乗船し又は搭乗する子会社等の使用人の勤務も国内における勤務等とされます。

（注２）乗客が船舶又は航空機において行う次に掲げるような勤務又は人的役務の提供は、国内の勤務等とはされません。

　　イ　給与所得者が転勤又は出張のため乗船し又は搭乗して旅行している期間における当該給与所得者としての職務

　　ロ　医療、芸能等の人的役務の提供で、その船舶又は航空機の運航又はこれに付随する業務を行う者との契約等に基づかないもの

⑵　その勤務又は人的役務の提供をするため乗船し又は搭乗する船舶又は航空機には、国内と国外との間又は国内のみを運航するもののほか、国外のみを運航するものを含み、また、その勤務又は人的役務を提供する者の国籍、住所又は居所のいかんを問わないこと。

⑶　その勤務又は人的役務の提供により受ける給与その他の報酬は、その者が乗船し若しくは搭乗する順番の到来するまでの間又は有給休暇等の勤務外の期間中下船（機）して国外に滞在する場合であっても、その下船（機）して国外に滞在する期間に対応する部分を区分することなく、その全額を国内源泉所得とすること。

ここでいう「一時的な人的役務の提供」とは、国外の寄航地における地上勤務員等が荷物の積卸しを行う場合又は船（機）内の清掃、整備を行う場合において一時的に乗船し又は搭乗して行う人的役務の提供をいいます（所基通161－45）。

つまり、国外寄航地において、現地の地上勤務員等は、清掃、整備等のための一時的に乗船せざるを得ませんが、当該船舶等が居住者又は内国法人で運航されている場合であっても、こうしたものは国内源泉所得とは取り扱わないことを明確にしています。

4　会社役員の場合の扱い

　内国法人の役員として国外において行う勤務（ただし、当該役員としての勤務を行う者が同時にその内国法人の使用人として常時勤務を行う場合の当該役員としての勤務は除かれます。）に対しては、国内源泉所得として、我が国において課税することとしています（所法161①十二イ括弧書）。

　この場合の適用除外となる「内国法人の使用人として常時勤務を行う場合」とは、内国法人の役員が内国法人の海外にある支店の長として常時その支店に勤務するような場合をいいます（所基通161−42）。具体的には、取締役シカゴ支店長といった場合がそれに当たります。

　また、当該役員が国外にあるその法人の子会社に常時勤務する場合において、次に掲げる要件のいずれをも備えているときは、その者の勤務は、所令285条1項1号括弧内に規定する内国法人の役員としての勤務に該当するものとされます（所基通161−43）。

　⑴　その子会社の設置が現地の特殊事情に基づくものであって、その子
　　　会社の実態が内国法人の支店、出張所と異ならないものであること。

　⑵　その役員の子会社における勤務が内国法人の命令に基づくもので
　　　あって、その内国法人の使用人としての勤務であると認められること。

　なお、非居住者である内国法人の役員が、その内国法人の非常勤役員として海外において情報の提供、商取引の側面的援助等を行っているに過ぎない場合には、国外源泉所得には該当しないとされています（所基通161−42例示）。

5　その他の人的役務提供

　次の自由職業者等に対する報酬は、国内源泉所得として源泉徴収の対象（20.42％）とされます（**Question**12の「1　源泉徴収の課否」（P59）を参照してください。）。

　⑴　弁護士等

　⑵　芸能人

　⑶　職業運動家

　源泉徴収を要しないものとして、不特定多数から支払われる役務提供の対価（所令 328 一）があります。

6　公的年金等

　国内源泉所得の対象となる年金は、所法 31 条 1 項各号に掲げる国民年金、厚生年金、共済年金、恩給、確定給付年金（自己負担部分を除きます。）等とされ、外国の法令等に基づき支給される年金は除かれます（所法 161 ①十二ロ、所令 285 ②）。

7　退職給与

　所法 30 条 1 項に規定する退職手当等のうち、その支払を受ける者が居住者であった期間に行った勤務その他の人的役務提供に基因する支払で、内国法人の役員として非居住者であった期間に行った勤務その他人的役務（当該勤務その他の人的役務提供を行う者が非居住者であった期間に行ったもの）を含みます（所法 161 ①十二ハ、所令 285 ③）。

　なお、退職所得については、支給対象となった勤続年数のうちに占める居住者としての勤続年数に対応する部分が国内源泉所得となります（所基通 161－41）。

　退職給与については選択課税制度があって、退職給与全体を居住者での受取りとして計算した税額と非居住者に対する国内源泉所得として課税した税額とを比較して、前者（すなわち、退職給与全体を居住者として計算した税額）が 20.42％の税額より少ない場合は、少ない方の税額とされます（所法 171）。

　区分の時期は支払時期ではなく、原則、退職給与の支払確定時期です（所基通 36－10）。

8　租税条約による取扱いの概要

(1)　概要

　　租税条約では、人的役務提供の対価等を雇用契約等に基づくものと、雇用契約等に基づかない自由職業者等の役務の提供に係るものとに区

分しています。

(2)　雇用契約等に基づく者に対する課税

①　給与等の原則的な扱い

原則として、役務が提供された国において課税することとしています。

なお、人的交流の促進等の趣旨から、短期滞在者・交換教授・留学生・事業修習者等について、源泉地国免税の特例が設けられています。

②　役員に対する特例

役員については、その役務提供地ではなく、法人の居住地国に課税権を与えているのが通例です。

③　短期滞在者の免税

租税条約では一定の要件のもと、短期滞在者については人的役務の提供地である源泉地国での課税を免除しています。

イ　滞在期間が課税年度又は継続する 12 か月を通じて合計日数が 183 日を超えないこと

ロ　報酬を支払う雇用者は、勤務地国の居住者でないこと

ハ　給与等の報酬が、役務提供地にある支店その他の恒久的施設によって負担（課税所得の計算上必要経費又は損金に算入）されないこと

④　教授等の免税

我が国が締結した多くの租税条約では、2 年間を限度として免税とする規定をおいています。

⑤　学生・事業修習者等の免税

欧米諸国との条約では、生計・教育・勉学・研究又は訓練のため受け取る給付で、国外からの送金については、免除することとしています。

これに対し、アジア諸国との条約では、上記に加えて政府・宗教・慈善・学術等団体からの交付金、手当、雇用主などからの給与等及び滞在国における人的役務の提供の対価（アルバイト収入）をも含

めて免税としているものもあります。

⑥　政府職員の報酬免税

　　イ　租税条約の規定による免税

　　ロ　国際条約による免税

とがあります。

(3)　**自由職業者等の報酬**

多くの租税条約では、医師・弁護士等の自由職業者を特掲して、事業所得に準じて取扱いをしています。

一般的に、自由職業者等の規定がない場合は、事業所得者として扱われます。

(4)　**芸能人等に対する扱い**

芸能人等に対しては、役務提供地国においても課税できることが、租税条約における確立した慣習となっています。例外的に、芸能人に対しても一部免税を認めている条約もあります。

(5)　**退職手当の扱い**

一般的に、我が国が締結した条約では、給与に関する規定が適用されます。役員退職金については、多くの場合、役員に対する退職金を支払う法人の所在地国において課税できることとされています。

9　外国居住者等所得相互免除法（台湾）

原則として租税条約の定めと同様です。

ただし、役員の場合は、租税条約では法人の居住地国に課税権がありますが、国内法に基づき源泉徴収の対象となります。また、短期滞在者の非課税規定がありませんので、役員と同様に我が国で源泉徴収されます。

この件に関して、①滞在期間が183日を超えず、②報酬を受ける雇用者は、勤務地国の居住者でないこと、③我が国の恒久的施設が負担するものでない場合には還付を受けるための申告書を提出できることとされています（同法20、23〜25）。教授・学生・事業修習生・自由職業者等については非課税規定がないので、原則どおり我が国で源泉徴収する必要があります。最後に退職手当については、給与所得として適用されますが、国外で

行った勤務に基因する退職手当等について一定のものは、我が国で非課税とされています（同23③）。しかし、役員退職金は内国法人の勤務に基因する場合は、我が国での課税があります（同法23）。

Question24【広告宣伝のための賞金に係る所得（13号所得）】

　非居住者が国内において行う事業の広告宣伝のための賞金の支払を受ける場合の課税の概要を説明してください。

要　点

1. 対象となる事業の広告宣伝のための賞金の範囲と源泉徴収税率
2. 課税標準
3. 租税条約による取扱い
4. 外国居住者等所得相互免除法（台湾）による取扱い

Answer

1　対象となる事業の広告宣伝のための賞金の範囲と源泉徴収税率

　国内において行う事業の広告宣伝のための賞金で政令で定めるものは、国内源泉所得として源泉徴収の対象（20.42％）とされます。

　政令で定めるものとは、「国内において行われる事業の広告宣伝のための賞金として支払う金品その他の経済的利益」とされています（所法161①十三、所令286）。

　なお、その他の経済的利益とは、旅行その他の役務の提供を内容とするもので、金品の選択ができないとされているものは除かれます。

2　課税標準

　非居住者が恒久的施設を有するかどうかに関係なく、所法161条1項13号に掲げる国内源泉所得については、非居住者に対する所得税の分離課税の規定が適用されます（所法164②一・二）。

　この所得の課税標準は、居住者に対するものと同じく、賞金等として支払われる金額から50万円を控除した残額が、課税標準となります。50万円以下の場合は課税されません（所法169四）。

　税率は20％です（所法170）。東日本大震災特例法による税率を加算して、

20.42%となります。

3　租税条約による取扱い

　我が国が締結された租税条約の多くでは、その他の所得（別段の定めない所得）に対しては、受給者の居住地国で課税することとしております。

　しかし、このような規定のない条約国の居住者等に対しては我が国の国内法に従って課税することとなります。

　また、条約の中には、双方課税である旨を規定している条約もありますので注意を要します。

4　外国居住者等所得相互免除法（台湾）による取扱い

　13号所得〜16号所得は原則として国内源泉所得として課税されます。ただし、事業から生ずる所得に該当する場合や、同法に規定する利子に該当する場合も、課税又は非課税の規定があります（同法7①、15①）。

Question25【年金契約に係る所得（14号所得）】

　非居住者が国内において私的年金契約に係る支払を受ける場合の課税の概要を説明してください。

要　点
....

1. 対象となる年金契約の範囲と源泉徴収税率
2. 給与、報酬又は年金に係る所得（12号所得）との違い
3. 課税標準

Answer

1　対象となる年金契約の範囲と源泉徴収税率

　「国内にある営業所又は国内において契約の締結の代理をする者を通じて締結した保険業法2条3項（定義）に規定する生命保険会社又は同法同条4項に規定する損害保険会社の締結する保険契約その他の年金に係る契約で政令で定めるものに基づいて受ける年金（所法209条2号（源泉徴収を要しない年金）に掲げる年金に該当するものを除きます。）」で、所法161条1項12号ロに掲げるもの以外のもの（年金の支払の開始の日の以後に当該年金に係る契約に基づき分配を受ける剰余金又は割戻を受ける割戻金及び当該契約に基づき年金に代えて支給される一時金を含みます。）は、国内源泉所得とされ源泉徴収の対象（20.42％）となります。

　「政令で定めるもの」とは、所令183条3項に規定する生命保険契約等又は同令184条1項に規定する損害保険契約等（所法76条6項4号に掲げる保険契約で生命保険契約以外のもの、同法77条2項各号に掲げる契約及び同法326条2項各号に掲げる契約をいいます。）であって、年金を給付する定めのあるものをいいます（所法161①十四、所令287）。

　具体的には、次のような契約が該当します。

(1)　生命保険会社、外国生命保険会社等との契約のうち、生命又は死亡に基因して一定額の保険金が支払われるもの（保険期間が5年未満の

ものを除く）、旧簡易保険生命契約、生命共済契約等

(2)　損害保険会社若しくは外国損害保険会社等と締結した保険契約のうち、一定の偶然の事故によって生ずる損害をてん補するもの

(3)①　国内で生命保険会社等と締結した身体の傷害に基因して保険金が支払われる保険契約

　②　中小企業等協同組合法に規定する共済事業（⑥において「共済事業」といいます。）を行う事業協同組合若しくは事業協同小組合又は協同組合連合会（⑥において「事業協同組合等」といいます。）の締結した生命共済に係る契約のうち一定のもの

　③　農業協同組合法に基づく共済の事業を行う農業協同組合又は農業協同組合連合会の締結した身体の傷害又は医療費の支出に関する共済に係る契約

　④　水産業協同組合法に基づく共済の事業を行う漁業協同組合若しくは水産加工業協同組合又は共済水産業協同組合連合会の締結した身体の傷害に関する共済に係る契約

　⑤　消費生活協同組合法に基づく共済の事業を行う消費生活協同組合連合会の締結した身体の傷害に関する共済に係る契約

　⑥　共済事業を行う事業協同組合等の締結した身体の傷害又は医療費の支出に関する共済に係る契約

　⑦　法律の規定に基づく共済に関する事業を行う法人の締結した火災共済若しくは自然災害共済又は身体の傷害若しくは医療費の支出に関する共済に係る契約

2　給与、報酬又は年金に係る所得（12号所得）との違い

　12号所得が対象としている年金等は、所法31条1項各号に掲げる国民年金、厚生年金、共済年金、恩給、確定給付年金（自己負担部分を除く。）等とされ、本条が対象とする年金等は、私的年金といわれるもので、年金を給付する定めのある生命保険契約、損害保険契約等に基づいて支払われるものが対象となります。

3　課税標準

　この所得の課税標準は、契約に基づいて支払われる年金等の額から、その契約に基づいて払い込まれた保険料又は掛金の額のうち、その支払われる年金の額に対応する金額を控除した残額です（所法213①一ハ）。

Question26【一定の金融商品に係る所得（15号所得）】

　一定の金融商品から生じる給付補填金、利息、利益又は差益等に係る支払を受ける場合の課税の概要を説明してください。

要　点

　○　対象となる一定の金融商品の範囲と源泉徴収税率

Answer

○　**対象となる一定の金融商品の範囲と源泉徴収税率**

　次に掲げる給付補填金、利息、利益又は差益は国内源泉所得として源泉徴収（15.315％）の対象とされます（所法161①十五、213①三）。

(1)　国内にある営業所が受け入れた定期積金の給付補填金（所法174三）

(2)　国内にある営業所が受け入れた銀行法２条４項の契約（相互掛金）に基づく給付補填金（所法174四）

(3)　国内にある営業所を通じて締結された抵当証券法１条１項の契約（抵当証券）に基づく利息（所法174五）

(4)　国内にある営業所を通じて締結された契約に係る金貯蓄口座等の利益（所法174六）

(5)　国内にある営業所が受入れた外貨投資口座の預貯金に係る差益（所法174七）

(6)　国内にある営業所又は国内において契約の代理をする者を通じて締結した一時払養老（損害）保険契約に係る差益（所法174八）

Question27 【匿名組合契約に基づく利益の配当に係る所得(16号所得)】

匿名組合契約に基づく利益の配当に係る支払を受ける場合の課税の概要を説明してください。

要 点

1. 対象となる匿名組合契約に基づく利益の配当の範囲と源泉徴収税率
2. 匿名組合契約（参考）
3. 租税条約による取扱いの概要
4. 外国居住者等所得相互免除法（台湾）

Answer

1 対象となる匿名組合契約に基づく利益の配当の範囲と源泉徴収税率

国内において事業を行う者に対する出資につき、匿名組合契約に基づき受け取る利益の分配（これに準ずるものを含みます。）は、国内源泉所得として源泉徴収（20.42％）の対象とされます（所法 161 ①十六、213 ①一）。

準ずる契約としては、当事者の一方が相手方の事業のために出資をし、相手方がその事業から生ずる利益を分配することを約する契約とされています（所令 288）。

2 匿名組合契約（参考）

当事者の一方が相手方の営業のために出資をし、相手方のその営業から生ずる利益を分配することを約する契約です（商法 535）。実質的には出資者（匿名組合員）と営業する者（営業者）との共同企業形態ですが、外部に対しては、営業者だけが権利義務の主体者として行動し、組合員が営業行為に対して第三者に責任を負うことはありません。

従前は、10 人以上の匿名組合員と締結している匿名組合契約の分配のみが源泉徴収の対象とされていました。

3　租税条約による取扱いの概要

匿名組合契約その他これに類する契約に関連して、匿名組合員が取得する所得等に対して、源泉地国で課税できる旨を規定するものがあります。

また、配当所得として取り扱う条約もあります。

4　外国居住者等所得相互免除法（台湾）

原則として、国内源泉所得として課税されます。ただし、台湾居住者の事業所得に該当する場合は、非課税となる場合があります（同法7①）。

Question28【その他その源泉が国内にある所得等（17号所得）】

その他その源泉が国内にある所得等について説明してください。

要 点

1．「国内に源泉がある所得」の範囲
2．税率

Answer

1　「国内に源泉がある所得」の範囲

所令289条は、次に掲げる所得が該当するとしています。

① 国内において行う業務又は国内にある資産に関し受ける保険金、補償金又は損害賠償金に係る所得

② 国内にある資産の法人からの贈与により取得する所得

③ 国内において発見された埋蔵物又は国内において拾得された遺失物に係る所得

④ 国内において行う懸賞募集に基づいて懸賞として受ける金品その他の経済的な利益に係る所得

⑤ ②〜④に掲げるもののほか、国内においてした行為に伴い取得する一時所得

⑥ 国内において行う業務又は国内にある資産に関し供与を受ける経済的な利益に係る所得

2　税率

20％となります（所法213①）。東日本大震災復興税を加算すると、20.42％となります。

第4章　恒久的施設の区分と課税範囲

Question29【恒久的施設の区分と源泉徴収】

　恒久的施設の態様ごとに課税関係が変わるとのことですが、その内容について説明してください。

要　点

1. 恒久的施設の区分
2. 非居住者に対する課税関係の概要

Answer

1　恒久的施設の区分

　金子宏先生は次のように述べています。『我が国は、「恒久的施設なければ課税なし」（No　taxation without permanent establishment）という原則を採用してきました。この原則は、貿易取引や準備的活動等を課税対象から除外することで、国際的経済活動に対する租税の阻害効果をできるだけ排除することを目的とするものである』（「租税法第24版」（弘文堂）P595）

　一般に恒久的施設とは、PE（Permanent Establishment）と呼ばれ、国際課税法においては事業所得を課税する場合の要件として機能しており、「PEなければ課税なし」は、国際課税原則として確立したものとなっています。

　恒久的施設については、次のとおり所法2条1項8号の4において定義されています。

(1)　非居住者又は外国法人（以下「非居住者等」といいます。）の国内にある支店、工場その他事業を行う一定の場所で次に掲げるもの（所令1の2①）

　①　支店、出張所その他の事業所若しくは事務所、工場又は倉庫（倉庫業者がその事業の用に供するものに限ります。）

② 鉱山、採石場その他の天然資源を採取する場所

③ その他事業を行う一定の場所

(2) 非居住者等の国内にある長期建設工事現場等（非居住者等が国内において長期建設工事等（注）を行う場所をいい、非居住者又は外国法人の国内における長期建設工事等を含みます。）（所令1の2②）

　　(注) 長期建設工事等とは、建設若しくは据付けの工事又はこれらの指揮監督の役務の提供で1年を超えて行われるものをいいます。

(3) 長期建設工事現場等において、2以上に分割して建設若しくは据付工事又はこれらの指揮監督の役務提供（以下「建設工事等」といいます。）に係る契約が締結されたことにより、非居住者等の国内における当該分割後の契約に係る建設工事等が1年を超えて行われないこととなったときにおける当該契約分割後長期建設工事等が1年を超えて行われるものであるかどうかの判定は、当該分割後建設工事等の期間を加算した期間により行うものとされています（所令1の2③）。ただし、正当な理由がある分割契約の場合は適用されません。

(4) 非居住者等の国内における次の①から⑥に掲げる活動の区分に応じ①から⑥に定める場所は、(1)(2)で定める場所には含まれません。ただし、当該活動が当該非居住者等の事業遂行にとって準備的又は補助的な性格のものである場合に限られます（所令1の2④）。

① 当該非居住者等に属する物品又は商品の保管、展示又は引渡しのためにのみ施設を使用する場合の当該施設

② 当該非居住者等に属する物品又は商品の在庫を保管、展示又は引渡しのためにのみ保有する場合における当該保有することのみを行う場所

③ 当該非居住者等に属する物品又は商品の在庫を、事業を行う他の者による加工のためにのみ保有する場合の当該保有することのみを行う場所

④ その事業のために物品若しくは商品を購入し、又は情報を収集することのみを目的として、(1)に掲げる場所を保有する場合の当該場所

⑤ その事業のために①～④に掲げる活動以外の活動を行うことのみを

目的として、(1)に掲げる場所を保有する場合の当該場所

⑥　①〜④までに掲げる活動及び当該活動以外の活動を組み合わせた活動を行うことのみを目的として、(1)に掲げる場所を保有する場合の当該場所

(5)　(4)の規定は、次に掲げる場所については適用されません（所令1の2⑤）。

①　国内にある(1)に掲げる場所（以下「事業を行う一定の場所」といいます。）を使用し、又は保有する(4)の非居住者等が当該事業を行う一定の場所において、次の要件のいずれかに該当するとき（当該事業を行う一定の場所において行う事業上の活動及び当該非居住者等が当該事業を行う一定の場所以外の国内にある場所（以下「他の場所」といいます。）において行う活動（以下「細分化活動」といいます。）が一体的な業務の一部として補完的な機能を果たす場合に限られます。）における当該事業を行う一定の場所

イ　当該他の場所が当該非居住者等の恒久的施設に該当すること

ロ　当該細分化活動の組み合わせによる活動の全体がその事業の遂行にとって準備的又は補助的な性格のものでないこと

②　事業を行う一定の場所を使用し、又は保有する(4)の非居住者等及び非居住者等と特殊の関係にある者（代理人を含みます。以下「関連者」といいます。）が当該事業を行う一定の場所において事業上の活動を行う場合において、次に掲げる要件のいずれかに該当するとき（当該非居住者等及び当該関連者が行う細分化活動が、これらの者による一体的な業務の一部として補完的な機能を果たす時に限ります。）における当該事業を行う一定の場所

イ　当該事業を行う一定の場所が当該関連者（代理人を除きます。）の恒久的施設に該当すること

ロ　当該細分化活動の組み合わせによる活動の全体が当該非居住者等の事業の遂行にとって準備的又は補助的な性格のものでないこと

③　事業を行う一定の場所を使用し、又は保有する(4)の非居住者等が当該事業を行う一定の場所において事業上の活動を行う場合で、かつ、当該非居住者等に係る関連者が他の場所において事実上の活動を行う

場合において、次に掲げる要件のいずれかに該当するとき（当該非居住者等及び当該関連者が行う細分化活動が、これらの者による一体的な業務の一部として補完的な機能を果たす時に限ります。）における当該事業を行う一定の場所

　イ　当該他の場所（当該他の場所において当該関連者（代理人を除きます。）が行う建設工事等及び当該関連者の代理人を含みます。）が当該関連者の恒久的施設（当該関連者が居住者又は内国法人である場合には恒久的施設に相当するものであること）に該当すること

　ロ　当該細分化活動の組み合わせによる活動の全体が当該非居住者等の事業遂行上準備的又は補助的な性格のものでないこと

⑹　非居住者が長期建設工事現場等を有する場合には、当該長期建設工事現場等は⑷④〜⑥までに規定する⑴に掲げる場所と、当該長期建設工事現場等に係る当該長期建設工事等を行う場所は、⑸に規定する事業を行う一定の場所と、当該長期建設工事現場等を有する非居住者は⑸に規定する事業を行う一定の場所を使用し、又は保有する⑷の非居住者と、当該長期建設工事等を行う場所において事業上の活動を行う場合は、⑸に規定する事業を行う一定の場所において事業上の活動を行う場合と、当該長期建設工事等を行う場所において行う事業活動は⑷に規定する事業を行う一定の場所において行う事業上の活動とそれぞれ見做して、⑷⑸に定める規定を適用するとされています（所令１の２⑥）。

⑺　非居住者等が国内に置く自己のために契約を締結する権限のある者その他これに準ずる者で政令（所令１の２⑦）で定める者については、代理人ＰＥ（恒久的施設）とされています（所法２①八の四ハ）。

　　所令１条の２第７項は、次のように規定しています。

　　国内において非居住者等に代わって、その事業に関し、反復して次に掲げる契約を締結し、又は当該非居住者等によって重要な修正が行われることなく日常的に締結される次に掲げる契約の締結のために反復して主要な役割を果たす者（当該活動が非居住者の事業遂行上準備的補助的な性格のものである場合における当該者は除かれます。）とされています（以下「契約締結代理人等」といいます。）。

① 当該非居住者等の名において締結される契約

② 当該非居住者等が所有し、又は使用の権利を有する財産について、所有権を移転し又は使用の権利を与えるための契約

③ 当該非居住者等による役務提供のための契約

(8) 国内において非居住者等に代わって行動する者が、その事業に係る業務を、当該非居住者等に対して独立して行い、かつ、通常の方法により行う場合には、当該者は、契約締結代理人等に含まれません。ただし、専ら又は主として一又は二以上の自己と特殊の関係にある者に代わって行動する場合は、当然この限りではありません（所令1の2⑧）。

(9) (5)の②又は(8)のただし書きに規定する特殊な関係とは、一方の者が他方の法人の発行済株式又出資の総数又は総額の50%を超える場合をいうとされています（所令1の2⑨）。

2　非居住者に対する課税関係の概要

恒久的施設を有する非居住者は、次の合計額について総合課税を受けます（所法164①一、二）。

(1) 所法161条1項1号（恒久的施設を通じて事業を行う者がその恒久的施設に帰せられるべき所得）及び4号（組合契約に基づいて恒久的施設を通じて行う事業から生ずる利益で当該組合契約に基づいて配分を受けるもののうち一定のもの）に掲げる国内源泉所得

(2) 所法161条1項2号（国内にある資産の運用又は保有により生ずる所得のうち一定のもの）、3号（国内にある資産の譲渡により生ずる所得）、5号（国内にある土地等の譲渡の対価）、6号（人的役務の提供に係る対価）、7号（国内にある不動産等の貸付の対価）、17号（その他源泉が国内にある所得）に掲げる国内源泉所得

(3) 所法161条1項8号（債券の利子等に係る所得）、9号（内国法人から受ける配当等に係る所得）、10号（国内業務に係る営利貸付金の利子に係る所得）、11号（国内業務に係る無形資産等の使用料に係る所得）、12号（国内において行う勤務その他人的役務の提供により受ける給与等に係る所得）、13号（国内において行う事業の広告宣伝のための賞金に係る所得）、14号（国

内において私的年金に係る契約に基づいて支払を受ける年金）、15号（一定の金融商品から生じる給付保険金等）、16号（匿名組合契約に基づく利益の配当）に掲げる源泉所得

なお、恒久的施設を有しない非居住者は、所法161条1項2号、3号、5号から7号まで、17号の各所得の合計額につき、総合課税を受けることとなります。

また、所法161条1項8号から16号までについては、合算課税となります。

所得の種類 / 非居住者の区分	非居住者			(参考)外国法人
	恒久的施設を有する者		恒久的施設を有しない者	所得税の源泉徴収
	恒久的施設帰属所得	その他の所得		
（事業所得）①資産の運用・保有により生ずる所得（⑦から⑮に該当するものを除く。）	【総合課税】	【課税対象外】		無 / 無
		【総合課税（一部）】		無 / 無
②資産の譲渡により生ずる所得				無 / 無
③組合契約事業利益の配分		【課税対象外】		20% / 20%
④土地等の譲渡による所得		【源泉徴収の上、総合課税】		10% / 10%
⑤人的役務提供事業の所得				20% / 20%
⑥不動産の賃貸料等				20% / 20%
⑦利子等	【源泉徴収の上、総合課税】	【源泉分離課税】		15% / 15%
⑧配当等				20% / 20%
⑨貸付金利子				20% / 20%
⑩使用料等				20% / 20%
⑪給与その他人的役務の提供に対する報酬、公的年金等、退職手当等				20% / —
⑫事業の広告宣伝のための賞金				20% / 20%
⑬生命保険契約に基づく年金等				20% / 20%
⑭定期積金の給付補塡金等				15% / 15%
⑮匿名組合契約等に基づく利益の分配				20% / 20%
⑯その他の国内源泉所得	【総合課税】	【総合課税】		無 / 無

（注1）　恒久的施設帰属所得が、上記の表①から⑯までに掲げる国内源泉所得に重複して該当する場合があることに留意する。

（注2）　上記の表②資産の譲渡により生ずる所得のうち恒久的施設帰属所得に該当する所得以外のものについては、所令第281条第1項第1号から第8号までに掲げるもののみ課税される。

（注3）　措置法の規定により、上記の表において総合課税の対象とされる所得のうち一定のものについては、申告分離課税又は源泉分離課税の対象とされる場合があることに留意する。

（注4）　措置法の規定により、上記の表における源泉徴収税率のうち一定の所得に係るものについては、軽減又は免除される場合があることに留意する。

　上記表は、所基通164－1（非居住者に対する課税関係の概要）の表5を引用しました。

　なお、平成30年度税制改正で、恒久的施設の人為的回避防止規定が導入されました。その詳細については、**Question29-2**以下で解説していますので参照してください。

Question29-2【恒久的施設認定の人為的回避防止規定の導入】

平成 30 年度税制改正で、恒久的施設認定の人為的回避防止規定の導入が図られましたが、改正の背景、趣旨について教示してください。

要 点

1. 事業所得の課税原則
2. BEPS プロジェクトの最終勧告
3. 平成 30 年度における導入趣旨

Answer

1　事業所得の課税原則

　非居住者の事業活動によって生じた事業所得に対して、我が国の課税は、恒久的施設に帰属する所得のみを課税するという原則を採用しています（所法 164 ①一）。これは「恒久的施設なければ課税なし」の原則と呼ばれており、この原則は、我が国が締結している租税条約や OECD モデル租税条約においても採用されています。

2　BEPS プロジェクトの最終勧告

　平成 27 年 10 月に提言された BEPS プロジェクトの最終報告書の行動計画 7 においては、恒久的施設認定の人為的回避防止が規定され、各国はこの防止措置を導入すべきとされていました。

3　平成 30 年度における導入趣旨

　財務省「平成 30 年度税制改正の解説」（p.658）によれば、「……恒久的施設を巡る国内外の状況に鑑み、恒久的施設認定を人為的に回避することによる租税回避に対応する等のため、国内法上の恒久的施設の範囲を国際的なスタンダードに合わせることとされました。また、併せて、恒久的施設に係る租税条約と国内法の規定の適用関係も明確化することとされまし

た。」と述べています。

　この結果、恒久的施設認定の人為的回避行為に対しての対応が強化され
ました。

　以下の図は、国内法上の恒久施設の範囲に関する改正前と改正後の範囲
の違いのイメージです。

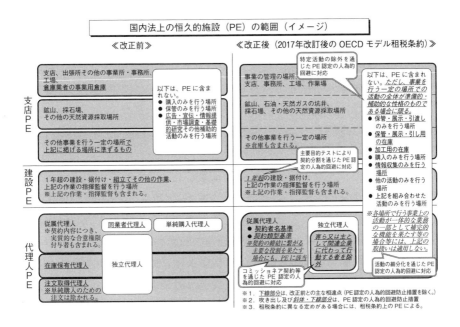

出典：財務省『平成30年度 税制改正の解説』（p.659）

Question29-3【恒久的施設認定の人為的回避防止規定の内容①】

　平成30年度税制改正で、コミッショネア契約を通じた恒久的施設認定の人為的回避防止規定が図られましたが、その内容について教示してください。

要 点
....

　1．BEPS プロジェクトの最終勧告の概要
　2．従属代理人の範囲の見直し
　3．独立代理人の範囲の見直し

Answer

1　BEPS プロジェクトの最終勧告の概要

　平成27年10月に取りまとめられた BEPS プロジェクトの最終報告書では、恒久的施設認定の人為的回避を防止するため、次のような勧告がなされました（財務省「平成30年度税制改正の解説」p.659）。

　①　契約者名基準に加え、「契約類型基準（企業（本人）の物品の販売等に関する契約）」によって恒久的施設とされる代理人を認定する。

　②　恒久的施設とされる代理人の活動に、「契約の締結に繋がる主要な役割を担うこと」を追加する。

　③　恒久的施設とされる代理人から除外される独立代理人の範囲から、「専ら又は主として関連企業に代わって行動する者」を除外する。

2　従属代理人の範囲の見直し

　平成30年度税制改正では、上記1の BEPS プロジェクトの最終勧告を受けて、1の①②に掲げる恒久的施設認定の人為的回避防止規定を導入すべきとする観点から、従属代理人の範囲が見直されました。

　所法2条1項第8号の4ハにおいて、恒久的施設とされる代理人について「非居住者が国内に置く自己のために契約する権限のある者その他これ

に準ずる者」とし、準ずる者については政令（所令1の2⑦）に委任されています。

　所令1条の2第7項では、恒久的施設とされる代理人とは、「国内において非居住者に代わって、その事業に関し、反復して次に掲げる契約を締結し、又はその非居住者によって重要な修正が行われることなく日常的に締結される次に掲げる契約締結のために反復して主要な役割を果たす者」とすると規定しています。

　①　非居住者の名において締結される契約
　②　非居住者が所有し、又は使用の権利を有する財産について、所有権を移転し、又は権利を与えるための契約
　③　非居住者による役務提供のための契約

3　独立代理人の範囲の見直し

　また、上記1の③「独立代理人の範囲の見直し」の勧告を受けて、独立代理人の範囲から「専ら又は主として一又は二以上の自己と特殊関係にある者に代わって行動する者」が除外されました。

　なお「特殊の関係」とは、次に掲げる関係とされています（所令1の2⑨）。

　①　一方の者が他方の者を直接又は間接に支配する関係
　②　二の者が同一の者によって直接又は間接に支配される場合におけるその二の者の関係

Question29-4【恒久的施設認定の人為的回避防止規定の内容②】

　平成 30 年度税制改正で、特定活動の除外及び事業活動の細分化を通じた恒久的施設認定の人為的回避防止規定が導入されました。その内容について教示してください。

要　点

1. BEPS プロジェクトの最終勧告の概要
2. 恒久的施設を有するとはされない活動の範囲の見直し
3. 事業活動の細分化を通じた恒久的施設認定の人為的回避防止規定の創設
4. OECD モデル租税条約５条４.１（事業活動の細分化への対抗）

Answer

1　BEPS プロジェクトの最終勧告の概要

　改訂前の OECD モデル租税条約では、①商品の引渡しや購入のみを行う場所等は、その活動が企業の本質的な部分を構成する場合でも恒久的施設認定されないため、事業利得に対する恒久的施設所在地国の課税権が不当に損なわれ、また、②各場所の活動を恒久的施設認定されない活動に分割することによって、恒久的施設認定を人為的に回避することが問題視されていました。

　平成 27 年 10 月にまとめられた BEPS プロジェクトの最終報告書においては、こうした恒久的施設認定の人為的回避を防止するため、次のような勧告がなされました。

① 　いかなる活動も準備的補助的な性格でない場合は恒久的施設認定の例外としない。ただし、特定活動については、準備的・補助的な性格でない場合には、恒久的施設認定の例外としないことを可とする。

② 　上記①に加え、外国企業が一定の場所及び他の場所で行う事業活動が一体的な業務の一部として補完的な機能を果たしている場合には、

各場所を一体の場所とみなして恒久的施設の認定を行う。

2　恒久的施設を有するとはされない活動の範囲の見直し

上記1①に掲げる恒久的施設認定の人為的回避防止措置を導入する観点から、恒久的施設を有するとはされない活動の範囲の見直しが行われました。

具体的には、次に掲げる区分に応じて、次に定める場所は、恒久的施設とされる支店等に含まれないとされました（所令1の2④）。

ただし、それぞれに掲げる活動が、その非居住者の事業遂行上、準備的・補助的な性格に限られるとされています。なお、⑤の場合は、その場所における活動全体が準備的・補助的な性格であることとされています。

①　非居住者に属する物品又は商品の保管、展示又は引渡のためにのみ施設を使用すること……その施設

②　非居住者に属する物品又は商品の保管、展示又は引渡のためにのみ保有すること……その保有することのみを行う場所

③　非居住者に属する物品又は商品の在庫を事業を行う他の者による加工のためにのみ保有すること……その保有することのみを行う場所

④　その事業のために物品又は商品を購入し、又は情報を収集することのみを目的として、恒久的施設とされる支店等を保有すること……その支店等

⑤　その事業のために①〜④に掲げる活動以外の活動を行うことのみを目的として、所令1条の2①各号（P117〜118、1(1)①②③参照）に掲げる場所を保有すること……当該場所

⑥　その事業のために①〜④に掲げる活動及びその活動以外の活動を組み合わせた活動を行うことのみを目的として、恒久的施設とされる支店等を保有すること……その支店等

3　事業活動の細分化を通じた恒久的施設認定の人為的回避防止規定の創設

また、上記1②に掲げる恒久的施設認定の人為的回避防止措置を導入する観点から、事業活動の細分化を通じた恒久的施設認定の人為的回避防止

措置が創設されました。

　具体的には、次に掲げる場所については、「恒久的施設を有するとはされない活動の場所」とはならないこととされました（所令1の2⑤）。これまで、恒久的施設の機能を細分化することで、恒久的施設の認定から逃れる租税回避がありましたが、これらに対処する目的でこの規定が創設されたものと考えられます。

①　恒久的施設とされる支店等を使用し、又は保有する非居住者等がその事業を行う一定の場所において事業上の活動を行う場合において、次に掲げる要件のいずれかに該当するときにおけるその事業を行う一定の場所

　　ただし、次のイにおいて非居住者等に代わって活動する者（代理人を含みます。）がその事業を行う一定の場所以外の場所において行う事業活動上の活動（ロにおいて細分化活動といいます。）が一体的な業務の一部として補完的な機能を果たすときに限ります。

　　イ　当該他の場所（当該他の場所においてその非居住者が行う建設工事等及びその非居住者に係る代理人を含みます。）がその非居住者の恒久的に該当すること。

　　ロ　その細分化活動の組み合わせに拠る活動の全体がその事業の遂行にとって準備的又は補助的な性格のものでないこと。

②　事業を行う一定の場所を使用し、又は保有する非居住者等及びその非居住者等と特殊の関係にある者（代理人を含みます。以下「関連者」といいます。）がその事業を行う一定の場所において事業上の活動を行う場合において、次に掲げる要件のいずれかに該当するときにおけるその事業を行う一定の場所。ただし、その非居住者等及びその関連者がその事業を行う一定の場所において行う事業上の活動（ロにおいて「細分化活動」といいます。）がこれらの者による一体的な業務の一部として補完的な機能を果たすときに限ります。

　　イ　その事業を行う一定の場所（その事業を行う一定の場所において関連者（代理人を除きます。）が行う建設工事等及びその関連者に係る代理人を含みます。）がその関連者の恒久的施設（その関連者が

居住者又は内国法人である場合にあっては、恒久的施設に相当するもの）に該当すること。

ロ　その細分化活動の組み合わせにによる活動全体がその非居住者の事業の遂行にとって、準備的又は補助的な性格のものでないこと。

③　事業を行う一定の場所を使用し、又は保有する非居住者等がその事業を行う一定の場所において事業上の活動を行う場合で、かつ、その非居住者等に係る関連者が他の場所において事業上の活動を行う場合において、次に掲げる要件のいずれかに該当するときにおけるその事業を行う一定の場所。ただし、その非居住者等がその事業を行う一定の場所において行う事業上の活動及びその関連者が当該他の場所において行う事業上の活動（ロにおいて「細分化活動」といいます。）がこれらの者による一体的な業務の一部として補完的な機能を果たすときに限ります。

イ　当該他の場所（当該他の場所において関連者（代理人を除きます。）が行う建設工事等及びその関連者に係る代理人を含みます。）がその関連者の恒久的施設（その関連者が居住者又は内国法人である場合にあっては、恒久的施設に相当するもの）に該当すること。

ロ　その細分化活動の組み合わせにによる活動全体がその非居住者の事業の遂行にとって、準備的又は補助的な性格のものでないこと。

4　OECD モデル租税条約５条４.１（事業活動の細分化への対抗）

OECD モデル租税条約においては、恒久的施設の認定に当たり、事業活動を細分化してその対象からのがれる場合を想定した規定があります。

以下の規定は、財務省「平成 30 年度　税制改正の解説」（p.665）の仮訳を引用しました。

「４の規定（筆者注：恒久的施設を有するとはされない活動）は、事業を行う一定の場所を使用し、若しくは保有する企業又は当該企業と密接に関連する企業が当該一定の場所又は当該一定の場所が存在する締

約国内の他の場所において事業活動を行う場合において、次の（a）又は（b）の規定に該当するときは、当該一定の場所については、適用しない。ただし、当該企業及び当該企業と密接に関連する企業が当該一定の場所において行う事業活動又は当該企業若しくは当該企業と密接に関連する企業が当該一定の場所及び当該他の場所において行う事業活動が、一体的な業務の一部として補完的な機能を果たす場合に限る。

（a）　この条の規定に基づき、当該一定の場所又は当該他の場所が当該企業又は当該企業と密接に関連する企業の恒久的施設を構成すること。

（b）　当該企業及び当該企業と密接に関連する企業が当該一定の場所において行う活動の組合せ又は当該企業若しくは当該企業と密接に関連する企業が当該一定の場所及び当該他の場所において行う活動の組合せによる活動の全体が準備的又は補助的な性格のものではないこと。」

事業活動の細分化を通じた恒久的施設（PE）認定の人為的回避防止措置（イメージ）

≪上記①: 非居住者等が、事業を行う一定の場所及び他の場所で活動等を行うケース≫

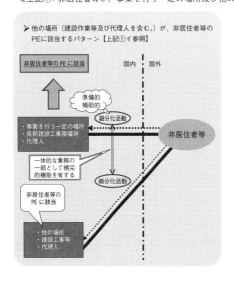

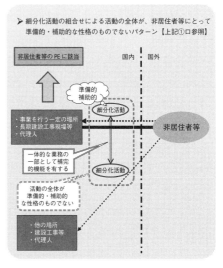

≪上記②: 非居住者等及び関連者が、事業を行う一定の場所で活動等を行うケース≫

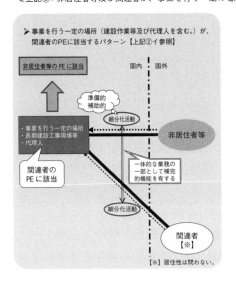

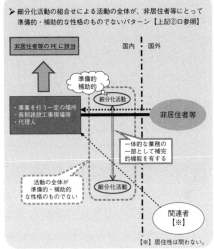

≪上記③: 非居住者等が事業を行う一定の場所で、関連者が他の場所で、それぞれ活動等を行うケース≫

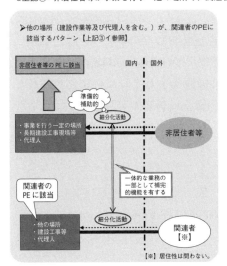

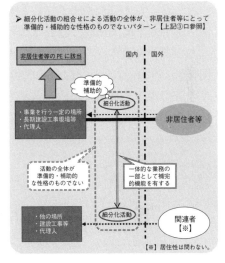

（出典：財務省『平成30年度　税制改正の解説』p.666、667）

Question29-5【恒久的施設認定の人為的回避防止規定の内容③】

平成 30 年度税制改正で恒久的施設認定の人為的回避防止規定が創設されましたが、租税条約上の恒久的施設と異なる場合にはどのようになるのでしょうか。

要 点
....

○　租税条約上の恒久的施設と異なる場合の調整規定の整備

Answer

○　租税条約上の恒久的施設と異なる場合の調整規定の整備

我が国が締結する租税条約上の定義は、多様であり、国内法で一義的に規定することは困難です。この場合は、憲法 94 条との関係もあり、租税条約の規定が優先的に規定されることが確認的に整備されました。

所法２①八の四ただし書で、租税条約で恒久的施設と認められものは、国内法上の恒久的施設とされることを規定しました。

おって、今般の改正（恒久的施設認定の人為的回避防止規定）による適用関係は、平成 31 年分は以後の所得税又は同年１月１日以後に支払われるべき所得税法 212 条１項に規定する国内源泉所得について適用するとされています（改正法附則３①）。

Question30【源泉徴収義務者である内国法人の留意すべき点】

　非居住者の源泉税について、内国法人が留意する点はあるでしょうか。また、徴収した源泉税の納付時期についても説明してください。

要　点

1．源泉徴収義務者としての内国法人が注意すべき点
2．納付期限

Answer

1　源泉徴収義務者としての内国法人が注意すべき点

　非居住者は、所得税の源泉徴収を受け、さらに所得税の確定申告義務を負う場合があります。申告納税は、源泉徴収とは異なり、納税者自ら国に対して収入、費用などを申告し税金を納付する方法です。

　しかし、源泉徴収では、納税者自ら国に納付することはありません。源泉徴収義務者が納付するということになります。国際税務においては、特に源泉徴収が重要となります。それは、支払を受ける者から見ると、国内税務と異なり源泉徴収だけで日本における課税関係が終結する場合が多いからです。

　支払者の側から見ると、国内にいる者の場合よりも課税範囲が広いため、慎重に源泉徴収義務を確認する必要があります。

　端的に述べると、取り漏れすると自分が負担することとなる場合がありうるということです。

　加えて、国との関係では直接的な納税義務は支払者が負い、源泉徴収した税の納付を怠ると滞納処分を受けることとなります。非居住者は支店PEを有している場合を除き、一定の国内源泉所得に限って所得税の総合課税（所法164①）を受け、その他の国内源泉所得については所得税の分離課税（注）（所法164②）を受けます。

　（注）　所得税の源泉徴収で課税が終わる場合、非居住者課税では、同時に分

離課税であるため源泉分離課税となります。このため源泉徴収は分離課税と考えがちですが、同じではありません。源泉徴収には総合課税で精算される場合と源泉徴収で完結する分離課税の場合とがあります。

2　納付期限

　源泉された所得税は、翌月の10日までに納付することとなります（所法212①）。

　また、国内源泉所得の支払が国外で行われる場合において、その支払者が国内に住所若しくは居所を有し、又は国内に事務所、事業所その他これらに準ずるものを有するときは、その者が当該国内源泉所得を国内において支払うものとみなして1項の規定を適用します。

　この場合の納付期限は、翌月の末日とするとされています（注）。この所法212条2項の「みなし国内払」の規定は、あくまでも非居住者に対して適用されるもので、居住者には適用はありません。

（注）つまり、内国法人等は必ず国内に事務所等の拠点を持っていることから国外払いの場合でも非居住者に対して源泉徴収義務を負うことになります。

＜参考法令＞

所得税法
第212条（源泉徴収義務）　非居住者に対し国内において第161条第1項第4号から第16号まで（国内源泉所得）に掲げる国内源泉所得（中略）の支払をする者又は外国法人に対し国内において同項第4号から第11号まで若しくは第13から第16号までに掲げる国内源泉所得（中略）の支払をする者は、その支払の際、これらの国内源泉所得について所得税を徴収し、その徴収の日の属する月の翌月10日までに、これを国に納付しなければならない。

第5章　租税条約と国内法との関係

Question31【租税条約の目的と意義】

　源泉徴収に当たっては、租税条約の規定を確認する必要があります
が、租税条約の目的と意義について説明してください。

要　点

　　○　租税条約の目的と意義

Answer

○　租税条約の目的と意義

　条約の主たる目的は、国際的な二重課税の排除と国際的脱税の防止にあ
ります。このことは、名称からも明らかです。例えば、日米租税条約は正
確には「二重課税の回避及び脱税防止のための日本国とアメリカ合衆国と
の間の条約」といいます。

　各国は、それぞれの主権に基づく租税高権すなわち固有の課税権を有し
ています（水野勝著『租税法』（有斐閣）p.437）。このような課税権の行使は、
普遍的、排他的に行うことができます。その結果、各国の課税権の競合に
より国際的二重課税が生じることはご承知のとおりです。

　国際的二重課税がもたらす弊害としては、様々な国際交易交流の停滞が
あり、その対策として片務的な国内法の救済としての外国税額控除制度等
の制度があります。しかし、片務的な国内法に基づく措置だけでは二重課
税が十分に排除されないという限界があります。

　つまり、個人でいうと国籍基準、住所地基準、住民登録基準等があり、
法人では自国企業の判断基準として、設立準拠法基準、本店所在地基準、
登録地基準、管理支配地基準などがあります。こうした法的二重課税（1
法人に対して複数国からの課税）に加えて経済的二重課税（グループ企業で

みた場合の二重課税）もあります。

　それぞれの国が自国の居住者あるいは内国法人と認定し、結果として1社あるいは1個人に対して幾重にも課税が行われる可能性もないわけでありません。そこで、租税条約の意義としては、租税条約を締結することで競合する課税権を調整し、国際的二重課税を未然に防止し、国際的課税の一定のルールを確立し、国際間の資源・資本・技術・情報・人の交流を図ることにあるものと考えます（加えて、国際的租税回避、脱税の防止、情報交換も目的とされています（増井良啓著『国際租税法』第2版（東京大学出版会）p.23））。

Question32【租税条約の優先適用】

　租税条約が国内法に優先するとされていますが、その根拠および適用に関する考え方を説明してください。

要　点

1. 租税条約の優先適用
2. 租税条約における一般原則
3. 帰属主義
4. 使用地主義と債務者主義
5. その他所得に対する課税について

Answer

1　租税条約の優先適用

　憲法 98 条 2 項において、条約は国内法に優先して適用されることが規定されています。

　この原則のため、国際課税を検討する際には、少なくとも国内法で定まる課税関係が租税条約で修正されるかどうかを常に検討する必要があります。

　租税条約の国内適用可能性については、二つの考え方があります。

　一つは、条約の直接適用を可能とする見解です。つまり、条約は国内法に優先して適用されることを理由として条約によって新たな課税を課すことができるというものです。

　二つに、条約が直接適用されるのは、租税条約の規定が納税者にとって有利な場合に限られ条約によって新たな課税を課すことはできない。新たな課税には国内法が必要となるという見解です。

2　租税条約における一般原則

　租税条約と国内租税法との適用関係においては、一般に次の原則が認め

られています（水野勝著・前掲書・p.443）。

(1) 租税条約上の規定と国内法の規定とが競合する場合に、国内法の規定が納税者にとって有利であれば、それが条約上の規定に優先して適用されます（プリザベーション・クローズ）。

　租税条約は課税の根拠規定ではなく、制限規定であるため、条約の中には、この点を確認し国内法で認められる租税の減免を条約が制限することはないという旨を明記するものがあります（日米租税条約1条2）。減免を維持する（preserve）という意味で、プリザベーション・クローズといわれています。

(2) 自国の居住者に対する課税については、租税条約上の特定の規定（学生条項等については条約の適用（注）があります。）を除き、国内法の適用が優先されます（セービング・クローズ）。

　　(注)「本条（日米租税条約19条）の対象者には、現に相手国の居住者である者に加え、自国に滞在する直前に相手国の居住者であった者も含まれる。したがって、本条による免税の対象は、自国の居住者にも及ぶこととなるが、その場合でも、滞在目的が教育又は訓練を主たる目的とすることが免税の要件されていることから、免税の対象は自ずから相手国との直接的な関係を有する者に限定されることとなる。」（浅川雅嗣編著『改訂日米租税条約』p.174）

　米国は、租税条約においても、市民権を基準として住所地管轄を及ぼすこととして、米国市民に対し、租税条約が原則として制限しないという規定を設けることを方針としています（日米租税条約1条4）。

(3) 源泉地ルールは、所法161条において国内源泉所得の範囲を規定していますが、租税条約でこれと異なる所得源泉地を規定している場合には、同条にかかわらず、当該租税条約に定めるところにより源泉地を判定することとなります（所法162）。

(4) 我が国が締結した租税条約において配当、利子、使用料に対する限度税率が定められている場合には、租税条約の定めるところによることとされています。

3　帰属主義

　例えば、支店に帰属する所得は国内において課税されるという考え方を「帰属主義」といいます。多くの租税条約はこうした考え方が採られています。

　従前、我が国は総合主義を採用しており、支店等に帰属しない取引も課税対象としていましたが、平成28年度税制改正で帰属主義となりました。そして、その結果、多くの租税条約と同じ考え方が採用されました。

4　使用地主義と債務者主義

　例えば、所法161条1項10号は「国内において業務を行う者への貸付金」を国内源泉所得と規定し、貸付金の利子の源泉地は、貸付金の使用された場所、すなわち使用地主義が採られています。

　ところが、日米租税条約11条⑦では、「利子は、その支払者が一方の締約国の居住者である場合に、当該一方の締約国内で生じたものとされる。」と規定されているので、利子の支払者がいる場所が源泉地となり、いわゆる債務者主義に変更されています。居住者（内国法人）が非居住者である米国法人から借り入れて韓国で使用する場合には、その資金は韓国で使用されますが、利子は日本で支払われることとなります。このような場合、国内法では国内源泉所得とはなりませんが、租税条約では貸付金の債務者である居住者（内国法人）の所在地である日本に源泉地があるということになります。

5　その他所得に対する課税について

　我が国が締結した租税条約の多くは、条約に規定のない所得（その他所得といいます。）については、受益者の居住地国のみが課税権を有することとし、源泉地国では課税しないこととしています。

　ただし、こうした規定のない条約の締約国の居住者又は外国法人に対して支払われるものは、我が国の国内法により課税されることとなります。9号所得から12号所得については、租税条約に年金条項がある場合を除いて、原則として、国内源泉所得として課税されることとなります。

　なお、租税条約の中には、その他所得について源泉地国でも課税できる旨規定するものもありますので、注意が必要です。

＜参考法令＞

　　日米租税条約
第1条（条約と国内法との関係）（略）
2　この条約の規定は、次のものによって現在又は将来認められる非課税、免税、所得控除、税額控除その他の租税の減免をいかなる態様においても制限するものと解してはならない。
　(a)　一方の締約国が課する租税の額を決定するに当たって適用される当該一方の締約国の法令
　(b)　両締約国間の他の二国間協定又は両締約国が当事国となっている多数国間協定
3　（略）
4(a)　この条約は、5の場合を除くほか、第4条の規定に基づき一方の締約国の居住者とされる者に対する当該一方の締約国の課税及び合衆国の市民に対する合衆国の課税に影響を及ぼすものではない。
　(b)　この条約の他の規定にかかわらず、合衆国の市民であった個人又は合衆国において長期居住者とされる個人に対しては、当該個人が合衆国の法令において租税の回避を主たる目的の一つとして合衆国の市民としての地位を喪失したとされる場合（合衆国の法令において合衆国の市民としての地位を喪失した個人と同様の取扱いを受ける場合を含む。）には、その市民としての地位を喪失した時から10年間、合衆国において、合衆国の法令に従って租税を課することができる。

Question33【租税条約の適用の方法】

　実際の租税条約の適用については、どのようにすべきでしょうか。また、何か手続きがありますか。

要　点

　1．確認の順序
　2．減免規定適用手続き

Answer

1　確認の順序

次の順序での確認をすることとなります。

⑴　条約の対象となる人的範囲の確認

⑵　所得の種類の決定

⑶　恒久的施設の有無の確認（有しない場合の源泉地の確認）

⑷　減免規定の確認

　租税条約上、非居住者が稼得した所得の源泉が国内にあるということになれば、国内法に従い課税されるのが原則です。逆に租税条約上国内に所得源泉がないということになれば、日本での課税はありません。

2　減免規定適用手続き

　恒久的施設に帰属する所得について、条約上（国際運輸所得を除きます。）減免措置はありませんが、ＰＥのない場合には、条約の規定で源泉地が国内であるということを確認したのち、さらに減免規定ないしは限度税率の定めの有無を確認することになります。

　減免規定は、各規定において国内法より低い限度税率、免税が定められています。

≪日米租税条約での例示≫

・国際運輸業の免税

・芸能人の役務提供の免税限度額（１万ドル）

・利子所得（10％）

・配当所得（一般10％、親子５％）

・使用料の免税

・短期滞在者の給与免税

・教授、学生、政府職員、外交官等に対する免税

減免規定適用には手続きがあります。

支払う前に支払者の所轄税務署長に対して「租税条約に関する届出書」を提出します。これは効力規定ではありませんので、提出されていない場合でも限度税率超過で源泉徴収された税は、還付請求書とともに届出がなされれば還付を受けることができます（実施特例省令９③、９⑲。還付請求書に特典条項関係書類を添付して請求します。）。

なお、恒久的施設のない場合の事業所得の免税に対しては、届出は要せず当然に免税の恩典を受けられます。

おって、租税条約の特典を利用したトリティーショッピングを利用した租税回避行為が行われたことから、特典利用者を制限しています。例えば、日米租税条約22条です。そのため、各国では適格者かどうかの証明書を相手国政府で発行してもらうことを要件としています。

我が国もそうした取扱いになっています。

第II部 ◇ 実務編

― 非居住者課税の実務における取扱例と考え方 ―

第1章　日本人社員の海外派遣等

Question34【海外出張のための支度料の取扱い】

　弊社ではこの度、海外子会社に、役員Aを赴任させることになりました。赴任旅費は、国内の旅費規程に準じて支給しますが、このほか、初めての海外赴任であることから支度料を支給することにしました。

　この支度料は、出張旅費と同様に非課税扱いにしてよろしいのでしょうか。

要　点

1．支度料（金）は旅費であるのか
2．非課税とされる旅費の範囲
3．結論

Answer

1　支度料（金）は旅費であるのか

　国家公務員の旅費の処理について規定した「旅費業務に関する標準マニュアル（2016年12月・内閣府）」p.14 によると、「支度料とは、外国旅行において内国旅行とは異なる準備・携行品等を要することから、これらの費用に充てるため支給する旅費である。」とされています。

　したがって、一般的には、支度料（金）といえば転居費用や旅費相当分をいいますので、実費弁償としての性格をもった支給であって、精算までは求められていない支給であると考えられています。

2　非課税とされる旅費の範囲

　所法9条（非課税所得）1項4号において、給与所得を有する者が次に掲げる旅行をした場合において、その旅行に必要な支出に充てるために支

給された金品で、その旅行について通常必要であると認められるものについては実費弁償に過ぎないとの理解から、非課税とすることとされています。

(1)　勤務する場所を離れてその職務を遂行するために旅行をした場合

(2)　転任に伴う転居のための旅行をした場合

(3)　就職若しくは退職をした者又は死亡による退職をした者の遺族がこれらに伴う転居のための旅行をした場合

したがって、給与所得者（又はその遺族）が使用者から旅費として支給される金品であっても、例えば、旅行の実態と対応関係がなく、年額又は月額で一律に支給される旅費等（その支給の基因となった個々の旅行との結びつきが明らかでないもの。いわゆる渡し切り旅費）（所基通28−3）や、その旅行について通常必要であると認められる金額を超えて支給される部分の金額（所基通9−4）は、非課税とはされないことになります。

次に、支給した支度料が所法9条（非課税所得）1項4号に規定する非課税とされる金品に該当するかどうかの判断に当たっては、所基通9−3（非課税とされる旅費の範囲）において「その旅行をした者に対して使用者等からその旅行に必要な運賃、宿泊料、移転料等の支出に充てるものとして支給される金品のうち、その旅行の目的、目的地、行路若しくは期間の長短、宿泊の要否、旅行者の職務内容及び地位等からみて、その旅行に通常必要とされる費用の支出に充てられると認められる範囲内の金品」とされていますが、当該範囲内の金品に該当するかどうかの判定に当たっては、次に掲げる事項を勘案すると規定されています。

(1)　その支給額が、その支給をする使用者等の役員及び使用人のすべてを通じて適正なバランスが保たれている基準によって計算されたものであるかどうか。

(2)　その支給額が、その支給をする使用者等と同業種、同規模の他の使用者等が一般的に支給している金額に照らして相当と認められるものであるかどうか。

　この規定の趣旨は、恣意的な支給基準とならないこと、かつ、社会通念上妥当な金額であることを求めているものと考えます。

3　結論

　その旅行について通常必要と認められる範囲内の支度料であれば、非課税の旅費として取り扱って差し支えないこととなります。したがって、質問の支度料の金額については、所基通9－3(2)で規定する「同業種、同規模の他の使用者等が一般的に支給している金額に照らして相当と認められるもの」と判断される金額にする必要があります。通常必要であると認められる金額を超えて支給される部分の金額は、非課税とはされませんので注意が必要です。

　一般的な赴任支度料は20～30万円のケースが多いといわれています。

　超えるものの所得区分については、所基通9－4（非課税とされる旅費の範囲を超えるものの所得区分）によることとなります。

　また、国内での旅費と海外での旅費とでは、旅行の目的地等が異なるなどの事由から、その旅行において通常必要とされる費用は自ずと異なることになります。したがって、貴社においても、同業他社の規定を参考に「海外旅費規程」を新たに設け、今後の海外出張に適用するのが適切です。規定の作成に当たっては、上記の所基通9－3(1)(2)を勘案することとし、その支給額が同業者等社会的に見て合理的と認められる基準によって計算されたものであるかどうかを、調査機関の機関誌や税の専門誌等で発表されている調査結果も参考にするなどの検討が必要でしょう。

　なお、支度料を支払う側は、日本法人か海外子会社かの判断の基本は、必要性がどちら側なのかにあるのかと考えます。出向元（日本企業）の都合で海外赴任の場合は出向元法人が負担、出向先（海外企業）の都合なら出向先負担となります。この場合に出向元法人が負担していると国外関連者への寄附金として課税になりますので注意が必要です。

【関係法令】

> 所得税法
>
> 第9条（非課税所得）　次に掲げる所得については、所得税を課さない。
>
> 　一〜三　（略）
>
> 　四　給与所得を有する者が勤務する場所を離れてその職務を遂行するため旅
> 　　行をし、若しくは転任に伴う転居のための旅行をした場合又は就職若しく
> 　　は退職をした者若しくは死亡による退職をした者の遺族がこれらに伴う転
> 　　居のための旅行をした場合に、その旅行に必要な支出に充てるため支給さ
> 　　れる金品で、その旅行について通常必要であると認められるもの
>
> （以下略）

> 所得税基本通達
>
> 9−3（非課税とされる旅費の範囲）　法第9条第1項第4号の規定により非
> 　課税とされる金品は、同号に規定する旅行をした者に対して使用者等から
> 　その旅行に必要な運賃、宿泊料、移転料等の支出に充てるものとして支給
> 　される金品のうち、その旅行の目的、目的地、行路若しくは期間の長短、
> 　宿泊の要否、旅行者の職務内容及び地位等からみて、その旅行に通常必要
> 　とされる費用の支出に充てられると認められる範囲内の金品をいうのであ
> 　るが、当該範囲内の金品に該当するかどうかの判定に当たっては、次に掲
> 　げる事項を勘案するものとする。
>
> 　⑴　その支給額が、その支給をする使用者等の役員及び使用人のすべてを
> 　　通じて適正なバランスが保たれている基準によって計算されたものであ
> 　　るかどうか。
>
> 　⑵　その支給額が、その支給をする使用者等と同業種、同規模の他の使用
> 　　者等が一般的に支給している金額に照らして相当と認められるものであ
> 　　るかどうか。
>
> 9−4（非課税とされる旅費の範囲を超えるものの所得区分）　法第9条第1
> 　項第4号に規定する旅行をした者に対して使用者等からその旅行に必要な
> 　　支出に充てるものとして支給される金品の額が、その旅行に通常必要と
> 　される費用の支出に充てられると認められる範囲の金額を超える場合には、

その超える部分の金額は、その超える部分の金額を生じた旅行の区分に応じ、それぞれ次に掲げる所得の収入金額又は総収入金額に算入する。

(1) 給与所得を有する者が勤務する場所を離れてその職務を遂行するためにした旅行　給与所得

(2) 給与所得を有する者が転任に伴う転居のためにした旅行　給与所得

(3) 就職をした者がその就職に伴う転居のためにした旅行　雑所得

(4) 退職をした者がその退職に伴う転居のためにした旅行　退職所得

(5) 死亡による退職をした者の遺族がその死亡による退職に伴う転居のためにした旅行　退職所得（法第9条第1項第16号の規定により非課税とされる。）

28－3 （年額又は月額により支給される旅費）　職務を遂行するために行う旅行の費用に充てるものとして支給される金品であっても、年額又は月額により支給されるものは、給与等とする。ただし、その支給を受けた者の職務を遂行するために行う旅行の実情に照らし、明らかに法第9条第1項第4号《非課税所得》に掲げる金品に相当するものと認められる金品については、課税しない。

Question35【海外に出向する社員の配偶者が受ける語学研修費用の会社負担】

　弊社では、この度、社員を海外に赴任させる場合、社員の円滑な業務遂行と円満な現地生活が行えるよう、その社員の配偶者に対して現地語の研修を受けさせる制度を新たに設けました。

　この制度に基づく語学研修費用（実費）を会社負担とすることとしましたが、税務上、給与として取り扱えばよろしいのでしょうか。それとも出張旅費と同様に非課税扱いにすべきでしょうか。

《語学研修制度の概要》

　　目的：海外での業務遂行に当たっては夫婦単位で行動せざるを得ないことが少なくないこと、社員を業務に専念させるためには家庭生活の安定が必要であるため日常生活に最低限必要な程度の現地語を習得させる。

　　対象者：海外に赴任させる社員の配偶者（単身赴任の場合等は除く）

　　費用負担額：赴任前の語学研修費用として実費負担、但し20万円を限度、赴任後の任地での同費用として実費負担、但し10万円を限度とする。

要　点

1. 所法9条1項各号に規定する非課税所得に該当するのか
2. 所基通9－14等に該当するのか
3. 結論

Answer

1　所法9条1項各号に規定する非課税所得に該当するのか

　語学研修費用の負担額が所法9条1項各号に規定する非課税所得に該当するのかどうかが要点となります。即ち、第9条第1項第15号の「学資

に充てるため給付される金品」に当たるかどうかで、該当しない場合は経済的利益の供与とされ給与に該当することになります。

2　所基通9－14等に該当するのか

　配偶者の語学研修費用の負担は、一義的には社員（使用人）以外の者に係る費用であり、社員に対する給与として課税の取扱いとなります。しかし、貴社の語学研修制度の目的は、海外に赴任する社員の配偶者が海外での公的行事に参加又は自宅にて取引先を接待するなど、使用者の業務遂行上の必要性によるものと認められます。

　また、費用負担の対象となる語学研修費用が実費の範囲内であり、かつ赴任地において生活する上で必要最低限とされる程度の語学を習得させるための費用を限度とするものであるのであるならば、

①　通常の給与に代えて給付されるものではないこと（所基通9－14）

②　学資金の給付を受ける者が使用者と所法9条第15号イからニの関係にないことを前提として、所基通36－29の2（課税しない経済的利益……使用人等に対し技術の習得等をさせるために支給する金品）に該当し、給与課税対象にしなくとも良いと考えます。

3　結論

(1)　赴任前の語学研修費用

　貴社の「語学研修制度の概要」によれば、「20万円を限度」とあり、「実費を支払うがその最高額は20万円とする」規程と解されます。したがって、所法9条1項15号に規定する、非課税とされる旅費の範囲であると考えられます。

(2)　赴任後の語学研修費用

　赴任後においても使用者の業務遂行上の必要性が認められるものは非課税と判断されると考えます。なお、赴任後の費用支出ですので語学研修に係る証明書類の支出した法人側において備付が必要です。

【関係法令】

　所得税法
第9条（非課税所得）　次に掲げる所得については、所得税を課さない。
　一～三　（略）
　四　給与所得を有する者が勤務する場所を離れてその職務を遂行するため
　　旅行をし、若しくは転任に伴う転居のための旅行をした場合又は就職若
　　しくは退職をした者若しくは死亡による退職をした者の遺族がこれらに伴
　　う転居のための旅行をした場合に、その旅行に必要な支出に充てるため支
　　給される金品で、その旅行について通常必要であると認められるもの
　五～十四　（略）
　十五　学資に充てるため給付される金品（給与その他対価の性質を有する
　　もの（給与所得を有する者がその使用者から受けるものにあつては、通
　　常の給与に加算して受けるものであつて、次に掲げる場合に該当するも
　　の以外のものを除く。）を除く。）及び扶養義務者相互間において扶養義
　　務を履行するため給付される金品
　　イ　法人である使用者から当該法人の役員（中略）の学資に充てるため
　　　給付する場合
　　ロ　法人である使用者から当該法人の使用人（当該法人の役員を含む。）
　　　の配偶者その他の当該使用人と政令で定める特別の関係がある者の学
　　　資に充てるため給付する場合
　　ハ　個人である使用者から当該個人の営む事業に従事する当該個人の配
　　　偶者その他の親族（当該個人と生計を一にする者を除く。）の学資に充
　　　てるため給付する場合
　　ニ　個人である使用者から当該個人の使用人（当該個人の営む事業に従
　　　事する当該個人の配偶者その他の親族を含む。）の配偶者その他の当該
　　　使用人と政令で定める特別の関係がある者（当該個人と生計を一にす
　　　る当該個人の配偶者その他の親族に該当する者を除く。）の学資に充て
　　　るため給付する場合

所得税基本通達

9－14（通常の給与に加算して受ける学資に充てるため給付される金品）
法第9条第1項第15号の規定の適用において、学資に充てるため給付される金品（以下9－16までにおいて「学資金」という。）で、給与その他対価の性質を有するもののうち、給与所得を有する者がその使用者から受けるものについて非課税となるのは、通常の給与に加算して受けるものに限られるのであるから、同号イからニまでに掲げる場合に該当しない給付であっても、通常の給与に代えて給付されるものは、非課税とならないことに留意する。

9－15（使用人等に給付される学資金）　学資金のうち、法第9条第1項第15号イからニまでに規定する給付（同号ロ及びニに規定する給付にあっては、それぞれ同号ロ及びニに規定する特別の関係がある者に直接支払われるものを含む。）は、原則として、給与所得を有する者に対する給与に該当するのであるから、当該給与所得を有する者に対する給与等（法第28条第1項《給与所得》に規定する給与等をいう。9－17において同じ。）として課税することに留意する。

36－29の2（課税しない経済的利益……使用人等に対し技術の習得等をさせるために支給する金品）　使用者が自己の業務遂行上の必要に基づき、役員又は使用人に当該役員又は使用人としての職務に直接必要な技術若しくは知識を習得させ、又は免許若しくは資格を取得させるための研修会、講習会等の出席費用又は大学等における聴講費用に充てるものとして支給する金品については、これらの費用として適正なものに限り、課税しなくて差し支えない。

Question36【土地等の譲渡の間に譲渡者が非居住者となった場合の取扱い】

　弊社では、この度、社員Bに対して海外子会社Xへの出向（3年間を予定している。）を命じたところ、本人からの申し出を受け、Bの所有する土地建物を譲り受けることとなりましたが、売買契約を結び手付金を支払った後、その引き渡しを受ける前に、出向先の緊急要請を受け、Bは海外勤務のため急遽出国してしまい、弊社は非居住者となったBに残金を支払って引き渡しを受けることになりました。

　このケースについて、以下の点につきご説明ください。

(1)　残金について源泉徴収を要するのか。

(2)　既に支払済みの手付金についても源泉徴収を要するのか。

(3)　社員Bの日本における確定申告が必要か否か。

要　点

1．譲渡所得の収入計上時期（所基通36−12）

2．収入計上時期において、居住者であるか否か

3．結論

Answer

《譲渡の推移》

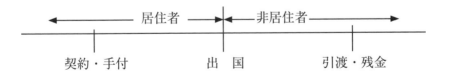

```
◀──────── 居住者 ────────▶◀──── 非居住者 ────────▶

  契約・手付          出　国        引渡・残金
```

1　譲渡所得の収入計上時期（所基通36−12）

　所得税法36条1項は、「その年分の各種所得の金額の計算上収入金額とすべき金額又は総収入金額に算入すべき金額は、別段の定めがあるものを除き、その年において収入すべき金額とする。」と規定し、権利確定主義

により収入すべき時期を定めています。

　しかし、所基通 36-12（山林所得又は譲渡所得の総収入金額の収入すべき時期）においては、山林所得又は譲渡所得の総収入金額の収入すべき時期は、原則として「山林所得又は譲渡所得の基因となる資産の引渡しがあった日によるものとする」とし、特例として「当該資産の譲渡に関する契約の効力発生の日により総収入金額に算入して申告があったときは、これを認める。」としています。

　さらにそれに続く（注）1 において、次のように規定されていますので留意してください。

> 　山林所得又は譲渡所得の総収入金額の収入すべき時期は、資産の譲渡の当事者間で行われる当該資産に係る支配の移転の事実（例えば、土地の譲渡の場合における所有権移転登記に必要な書類等の交付）に基づいて判定をした当該資産の引渡しがあった日によるのであるが、当該収入すべき時期は、原則として譲渡代金の決済を了した日より後にはならないのであるから留意する。

2　収入計上時期において、居住者であるか否か

　「住所を有しない場合」に該当するものとして、所令 15 条 1 項（我が国の居住者が海外勤務者となる場合を想定した規定です。）は、「国内に住所を有していない者と推定する」として次のいずれかに該当するものを規定しています。

> (1)　国外に継続して 1 年以上居住することを通常必要とする職業を有すること
> (2)　外国国籍又は外国永住権を有し、かつ、国内において生計を一にする配偶者等を有しないこと、その他国内における職業及び資産の有無等の状況に照らし、再び国内に帰り、主として国内に居住するものと推測するに足る事実がないこと

3　結論

　貴社が残金を支払う時（引渡しがあった日）において社員Bは、所令 15

条1項1号の「その者が、国外において継続して1年以上居住することを通常必要とする職業を有する」ことに該当し、非居住者となります。したがって、非居住者に対して支払われる所法161条1項5号（土地等の譲渡の対価）に該当します。

　また、所法212条1項は、非居住者に対し国内において所法161条1項4号から16号までに掲げる国内源泉所得の支払をする者は、その支払の際に源泉徴収をしなければならないと規定しています。すなわち、その支払の際に10.21％（復興特別所得税を含む。）の税率で源泉徴収することになります（所法213①二）。

（源泉徴収は残金のみか、それとも手付金についても必要か）

　ところで、この場合において、出国の日後に支払った対価（残金）のみが源泉徴収の対象となるのか、出国前に支払った対価も含めて（手付金についても遡って）源泉徴収の対象とするのかが問題となりますが、次の理由から、出国の日後に支払った対価のみを源泉徴収の対象とすることが相当と考えられます。

⑴　源泉徴収はその支払の際に行うこととされていることから、一義的には、その支払を行う日の現況における譲渡者の居住性をもって判定することが所法212条1項の規定の趣旨に合っていること

⑵　一旦、源泉徴収不要と判定したものについて、譲渡者側の事情で引き渡しの時には非居住者であるからといって、遡って源泉徴収を行わせることは支払時の源泉徴収という制度の趣旨からして不合理であること

⑶　仮に出国してしまうことにより納付させることができないとしても、それを善意の源泉徴収義務者に負担させることには問題があること

⑷　国内源泉所得として確定申告で精算されること

　質問の場合、上記⑴～⑷の理由により、残金についてのみ源泉徴収を要すると考えられますが、法的に残金のみの課税と明示的でないので、税務処理に当たっては事前に所轄の税務署に対して照会を行い、予め回答を得

ておくのがベターです。

（確定申告は必要か）

　非居住者である社員Bが国内にある不動産を譲渡して得た国内源泉所得（所法 161 ①五）については、所法 164 条 1 項 2 号の規定により、同法 165 条（非居住者に対する所得税の総合課税）が適用されますので、総合課税の対象として確定申告を行う必要があります。この確定申告により予め源泉徴収された税額は精算されます。

（確定申告は分離課税申告が可能か）

　なお、土地・建物等の譲渡については、非居住者の場合にも租税特別措置法上の特例が適用されますので、その不動産の所有期間に応じて分離課税の長期譲渡所得又は短期譲渡所得として申告分離課税の対象となります（措法 31、32 等）。更に、居住用財産を譲渡した場合で一定の要件を満たしていれば 3,000 万円の特別控除（措法 35）や軽減税率の特例の適用（措法 31 の 3）を受けることもできます。

　但し、国内の居住用財産を売却し、外国で自宅を購入した場合には、買換資産が日本国内にあることが条件ですので、居住用財産の買換え等の特例の適用（措法 36 の 2、36 の 5）は受けられませんので注意が必要です。

（租税条約上の取扱い）

　各国との租税条約においても、不動産所在地国で課税されると規定されているのが通例です。ちなみに、日韓租税条約第 13 条（譲渡収益）では、第 1 項で次のように規定しています。「一方の締約国の居住者が第 6 条に規定する不動産で他社の締約国内に存在するものの譲渡によって取得する収益に対しては、当該他方の締約国において租税を課す」ことができる。

【関係法令】

所得税法

第161条（国内源泉所得）　この編において「国内源泉所得」とは、次に掲げるものをいう。

　五　国内にある土地若しくは土地の上に存する権利又は建物及びその附属設備若しくは構築物の譲渡による対価（政令で定めるものを除く。）

第213条（徴収税額）　前条第1項の規定により徴収すべき所得税の額は、次の各号の区分に応じ当該各号に定める金額とする。

　一　（略）

　二　第161条第1項第5号に掲げる国内源泉所得　その金額に100分の10の税率を乗じて計算した金額

（以下略）

租税特別措置法

第31条（長期譲渡所得の課税の特例）（略）

第32条（短期譲渡所得の課税の特例）（略）

Question37【出向者に係る社会保障協定の取扱い】

　社員を３年間の予定で韓国子会社に出向させることにしました。日本で厚生年金に加入していますが、引き続き加入したいのですが、韓国でも社会保険に加入するとなると二重負担になるのですが、解決する方法はあるのでしょうか。

要　点

1. 社会保障協定について
2. 日韓社会保障協定
3. 結論

Answer

1　社会保障協定について

　人的国際交流が進んでいる今日、海外からの人材の派遣を受けると日本の社会保険に加入、また日本から海外派遣すると派遣国での社会保険に加入することになります。しかし派遣者当人が派遣元国で既に社会保険に加入していると二重加入と派遣期間の短い場合の保険料掛捨てが問題となります。

　そこで二重加入、保険料掛捨ての問題を解決するために、派遣後も引き続き派遣元国で社会保険に加入していれば、派遣先国での社会保険制度の加入は免除、加入すれば年金加入期間を通算できるとする「社会保障協定」があります（協定の相手国によって個々の規定が異なりますので、注意が必要です。）。

　この場合の対象とされる者は５年以内（更には、国によっては申請により３年の延長可）の一時派遣に限られています。

　日本と韓国で社会保障協定を結んでおりますが、他の国との社会保障協定と異なる点があることに注意が必要です。

2　結論

　日韓社会保障協定があるので一時的（原則5年以内）に派遣される人の、二重負担を解消する方法としては、日本の社会保障制度に加入し、韓国での社会保障制度の加入の免除を受ける方法があります。

　ただ、日韓社会保障協定では、①協定で適用できる年金に違いがあること、②年金加入期間の通算措置がないこと、③韓国年金制度に加入して保険料を納めた期間について、外国人は一時金として保険料の還付が受けられないことから、どのような選択をするかは、十分な検討が必要だと考えます。

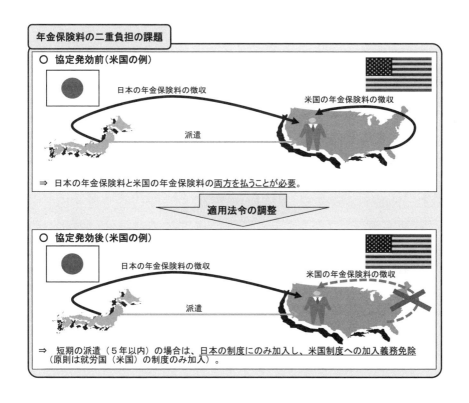

3 日韓社会保障協定

日韓社会保障協定第２条

この協定は、次の年金制度について適用する。

(a) 大韓民国については、国民年金

(b) 日本国については、

　(ⅰ) 国民年金（老齢福祉年金その他の福祉目的のため経過的又は補完的に支給される年金であって、専ら又は主として国庫を財源として支給されるものを除く。）

　(ⅱ) 厚生年金保険

　(ⅲ以下略)

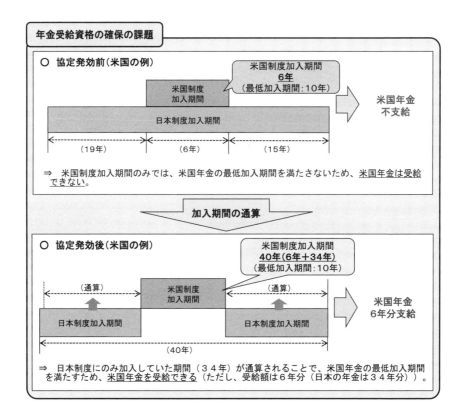

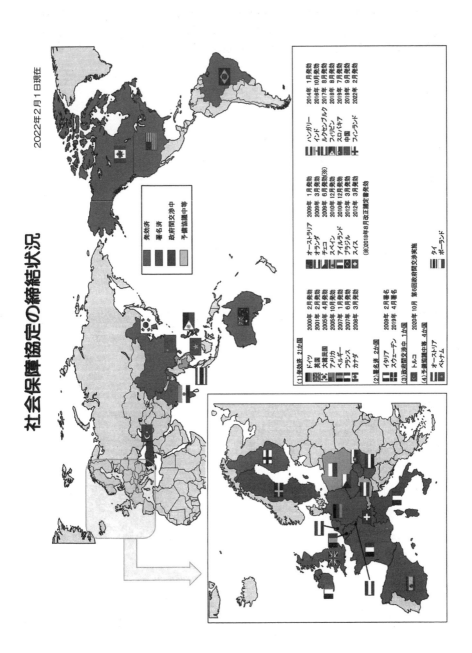

社会保障協定の締結状況

2022年2月1日現在

発効済
署名済
政府間交渉中
予備協議中等

(1)発効済　21か国
ドイツ　　　2000年　2月発効
英国　　　　2001年　2月発効
大韓民国　　2005年　4月発効
アメリカ　　2005年 10月発効
ベルギー　　2007年　1月発効
フランス　　2007年　6月発効
カナダ　　　2008年　3月発効

オーストラリア 2009年　1月発効
オランダ　　　2009年　3月発効
チェコ　　　　2009年　6月発効(※)
スペイン　　　2010年 12月発効
アイルランド　2010年 12月発効
ブラジル　　　2012年　3月発効
スイス　　　　2012年　3月発効

(※)2018年8月改正議定書発効

ハンガリー　　　2014年　1月発効
インド　　　　　2016年 10月発効
ルクセンブルク　2017年　8月発効
フィリピン　　　2018年　8月発効
スロバキア　　　2019年　7月発効
中国　　　　　　2019年　9月発効
フィンランド　　2022年　2月発効

(2)署名済　2か国
イタリア　　　2009年　2月署名
スウェーデン　2019年　4月署名

(3)政府間交渉中　1か国
トルコ　　2020年 10月　第6回政府間交渉実施

(4)予備協議中等　4か国
オーストリア
ベトナム

タイ
ポーランド

Question38【業務の都合により１年未満で帰国した場合及び海外勤務が１年以上となった場合の居住者、非居住者の判定】

　弊社では、社員Ｄを２年間の予定で海外支店に赴任させましたが、業務の都合により１年未満で帰国し国内で勤務することになりました。

　また、辞令により９か月間の予定で海外支店に派遣した社員Ｅは、海外支店の業務の都合により、その勤務期間が出国の日から１年以上にわたることとなりました。これら勤務期間に変更のあった場合、所得税の納税義務者の区分の取扱いはどうなるのでしょうか。

要　点
1. 居住者、非居住者の判定基準
2. 結論

Answer

1　居住者、非居住者の判定基準

　居住者と非居住者との区分について、所令15条１項１号（我が国の居住者が海外勤務者となる場合を想定した規定です。）において、「その者が、国外において継続して１年以上居住することを通常必要とする職業を有すること」となる場合には、「国内に住所を有していない者と推定する」とされ、非居住者となります。

　なお、国外の支店等に勤務するためその地に居住することとなった者については、必ずしもその地における在留期間が予め契約等に定められていない場合があります。また、予め定められていない場合でも、通常は、相当の期間にわたって継続してその地に居住することが予定されているものと考えられます。これらのことから、所基通３－３は、その在留期間が予め１年未満であることが明らかな場合を除き、これらの者は、その地において継続して１年以上居住することを通常必要とする職業を有するものとして取り扱う旨を明らかにしています。

2　結論

（社員Dの場合）

　貴社の社員Dは、1年以上にわたる海外勤務の予定で出国しているので、出国の日の翌日から非居住者として取り扱われます（所基通2－4「居住期間の計算の起算日」と同様の考え方によります。）。

　しかしながら、その勤務期間が後発的な事由により1年未満となることが明らかとなった場合には、その明らかになった日以後は居住者となります。

　入国した日から住所を有していると見られる場合には、入国した日から（所基通2－3⑵）居住者として取り扱われます。

（社員Eの場合）

　社員Eは、出国当初、契約等によりあらかじめ勤務期間が1年未満であることが明らかであるので居住者と判定されますが、後発的な事由によりその勤務期間が1年以上となった場合、その日以後は非居住者となります。

（まとめ）

　したがって、出国した当初、社員Dは非居住者と、社員Eは居住者と判定されます。後発的な事由が生じたときには、その時点で居住者、非居住者の再判定を行うことになります。なお、遡及して居住者、非居住者の区分が変更されることはありません。

【関係法令】

　　所得税法施行令
第14条（国内に住所を有する者と推定する場合）　国内に居住することとなつた個人が次の各号のいずれかに該当する場合には、その者は、国内に住所を有する者と推定する。
　一　その者が国内において、継続して1年以上居住することを通常必要とする職業を有すること。
　二　その者が日本の国籍を有し、かつ、その者が国内において生計を一にする配偶者その他の親族を有することその他国内におけるその者の職業

　　及び資産の有無等の状況に照らし、その者が国内において継続して1年以上居住するものと推測するに足りる事実があること。

2　前項の規定により国内に住所を有する者と推定される個人と生計を一にする配偶者その他その者の扶養する親族が国内に居住する場合には、これらの者も国内に住所を有する者と推定する。

第15条（国内に住所を有しない者と推定する場合）　国外に居住することとなつた個人が次の各号のいずれかに該当する場合には、その者は、国内に住所を有しない者と推定する。

一　その者が国外において、継続して1年以上居住することを通常必要とする職業を有すること。

二　（略）

所得税基本通達

2－1（住所の意義）　法に規定する住所とは各人の生活の本拠をいい、生活の本拠であるかどうかは客観的事実によって判定する。

（注）　国の内外にわたって居住地が異動する者の住所が国内にあるかどうかの判定に当たっては、令第14条《国内に住所を有する者と推定する場合》及び第15条《国内に住所を有しない者と推定する場合》の規定があることに留意する。

2－4（居住期間の計算の起算日）　法第2条第1項第3号に規定する「1年以上」の期間の計算の起算日は、入国の日の翌日となることに留意する。

3－3（国内に居住することになった者等の住所等の推定）　国内又は国外において事業を営み若しくは職業に従事するため国内又は国外に居住することとなった者は、その地における在留期間が契約等によりあらかじめ1年未満であることが明らかであると認められる場合を除き、それぞれ令第14条第1項1号又は令15条第1項1号の規定に該当するものとする。

Question39【年の中途で出国した社員に対する出国時の年末調整① ―生命保険料の取扱い―】

　弊社の社員Fは、本年4月に3年間の予定でX国における海外支店勤務を命じられ、その後の国内所得が見込まれないことから、出国時において年末調整を行うことになりました。生命保険料の控除は以下の場合どのように取り扱えばよろしいのでしょうか。

(1)　年払契約のため、本年1月に年間保険料の全額を支払った場合

(2)　3年前の契約時（居住者であった）に保険料の全額を前納したので、本年中の支払がない場合

要　点

1．控除の対象となる生命保険料
2．結論

Answer

1　控除の対象となる生命保険料

　出国時の年末調整に当たって生命保険料控除の対象となる金額は、所法76条1項によると「居住者が、各年において、新生命保険契約等に係る保険料若しくは掛金又は旧生命保険契約等に係る保険料若しくは掛金を支払った場合には、次の各号に掲げる場合の区分に応じ当該各号に定める金額を、……控除する。」と規定され、居住者である間に支払った金額とされています。

　同条5項、6項、7項では、生命保険料控除の対象となる生命保険料等に係る生命保険契約等は、その保険金等の受取人のすべてが、自己又はその配偶者その他の親族であることを必要としています。

　また同条8項に規定する「新個人年金保険契約等」とは、①その保険金の受取人が、次の②の保険料等の払込みをする者又はその配偶者が生存している場合には、これらの者のいずれかとするものであること、②当該契

約に基づく保険料等の払込みは、年金支払開始日前10年以上の期間にわたって定期に行うものであること、③当該契約に基づく①に定める個人に対する年金の支払は、当該年金の受取人の年齢が60歳に達した日以後の日で当該契約で定める日以後10年以上の期間又は当該受取人が生存している期間にわたつて定期に行うものであること等の要件を規定しています。

さらに、所法76条1項各号に規定する「支払った生命保険料の金額」について、所基通76－3(1)では「生命保険契約等に基づく払込期日が到来した保険料又は掛金であっても、現実に支払っていないものは含まれない。」とし、同(3)では「前納した生命保険料等については、次の計算式により計算した金額をその年において支払った金額とする。」とし、按分計算された金額をもって支払った金額としています。

前納した生命保険料等の総額（前納により割引された場合には、その割引後の金額）× $\dfrac{\text{前納した生命保険料等に係るその年中に到来する払込期日の回数}}{\text{前納した生命保険料等に係る納付期日の総回数}}$

2　結論

したがって、貴社の質問にある上記(1)、(2)の保険料については、

(1)　生命保険料控除の対象となる金額は、居住者である間に支払った金額であると所法76条1項に規定されていますから、社員Fが居住者であった1月に支払った保険料については、その全額が控除の対象となります。

(2)　生命保険料を前納した場合の取扱いについては、保険料の支払期日に応じて按分し、その年中に期日の到来する部分がその年に支払った金額とされ（所基通76－3(3)）、その金額が控除の対象となります。

なお、控除の対象となる生命保険料に該当するか否かについては、所基通76－1により、保険料又は掛金を支払った時の現況により判定することとされています。

【関係法令】

所得税法

第76条（生命保険料控除）　居住者が、各年において、新生命保険契約等に
　係る保険料若しくは掛金（（中略）以下「新生命保険料」という。）又は旧
　生命保険契約等に係る保険料若しくは掛金（（中略）以下「旧生命保険料」
　という。）を支払つた場合には、次の各号に掲げる場合の区分に応じ当該各
　号に定める金額を、その居住者のその年分の総所得金額、退職所得金額又
　は山林所得金額から控除する。

　一～三　（略）

2～4　（略）

5　第1項に規定する新生命保険契約等とは、平成24年1月1日以後に締結
　した次に掲げる契約（失効した同日前に締結した当該契約が同日以後に復
　活したものを除く。以下この項において「新契約」という。）若しくは他の
　保険契約（共済に係る契約を含む。（中略））に附帯して締結した新契約又
　は同日以後に確定給付企業年金法第3条第1項第1号（確定給付企業年金
　の実施）その他政令で定める規定（次項において「承認規定」という。）の
　承認を受けた第4号に掲げる規約若しくは同条第1項第2号その他政令で
　定める規定（次項において「認可規定」という。）の認可を受けた同号に規
　定する基金（次項において「基金」という。）の第4号に掲げる規約（以下
　この項及び次項において「新規約」と総称する。）のうち、これらの新契約
　又は新規約に基づく保険金等の受取人のすべてをその保険料若しくは掛金
　の払込みをする者又はその配偶者その他の親族とするものをいう。

　一～四　（略）

6　第1項に規定する旧生命保険契約等とは、平成23年12月31日以前に締
　結した次に掲げる契約（失効した同日以前に締結した当該契約が同日後に
　復活したものを含む。）又は同日以前に承認規定の承認を受けた第5号に掲
　げる規約若しくは認可規定の認可を受けた基金の同号に掲げる規約（新規
　約を除く。）のうち、これらの契約又は規約に基づく保険金等の受取人のす
　べてをその保険料若しくは掛金の払込みをする者又はその配偶者その他の
　親族とするものをいう。

　一～五　（略）

（以下略）

所得税基本通達

76－1（控除の対象となる生命保険料等）　法第76条第1項に規定する「新生命保険料」（中略）、同項に規定する「旧生命保険料」（中略）に該当するかどうかは、保険料又は掛金を支払った時の現況により判定する。

76－3（支払った生命保険料等の金額）　法第76条第1項第1号に規定する「支払った新生命保険料の金額」、同条第2項各号に規定する「支払った旧生命保険料の金額」（中略）については、次による。

(1)　生命保険契約等（法第76条第5項に規定する「新生命保険契約等」（中略）、同条第6項に規定する「旧生命保険契約等」（中略）をいう。）（中略）に基づく保険料又は掛金（以下（中略）「生命保険料等」という。）で払込期日が到来したものであっても、現実に支払っていないものは含まれない。

(2)　（略）

(3)　前納した生命保険料等については、次の算式により計算した金額をその年において支払った金額とする。

$$\text{前納した生命保険料等の総額（前納により割引された場合には、その割引後の金額）} \times \frac{\text{前納した生命保険料等に係るその年中に到来する払込期日の回数}}{\text{前納した生命保険料等に係る納付期日の総回数}}$$

(注)　前納した生命保険料等とは、各払込期日が到来するごとに生命保険料等の払込みに充当するものとしてあらかじめ保険会社等に払い込んだ金額で、まだ充当されない残額があるうちに保険事故が生じたなどにより生命保険料等の払込みを要しないこととなった場合に当該残額に相当する金額が返還されることとなっているものをいう。

（以下略）

Question40【年の中途で出国した社員に対する出国時の年末調整②　―非居住者となった後に結婚した場合の配偶者控除の取扱い―】

Question39にて照会した、本年4月に出国した弊社社員Fの件ですが、その後、年末になって、9月に結婚したとの連絡が入りました。この場合、Fの妻を配偶者控除の対象として年末調整をやり直す必要があるでしょうか。

なお、社員Fの収入は給与所得のみで、出国後の日本国内での所得はありません。納税管理人の届出もしていません。

要点

1. 扶養親族等の判定の時期
2. 結論

Answer

1　扶養親族等の判定の時期

給与等の支払を受ける者が海外支店に転勤したことにより非居住者となった場合、非居住者となる出国時に年末調整を行うこととされています（所法190、所基通190-1(2)）。

この場合の配偶者その他の親族がその出国した居住者の同一生計配偶者もしくは所法83の2第1項に規定する配偶者特別控除の対象となる配偶者又は扶養親族に該当するかどうかは、その出国時の現況により判定します。具体的な判定に当たっては所基通85-1において規定しています。

なお、社員Fは給与収入のみで、出国後の日本国内での所得はないとのことですので納税管理人の届出は不要となります。しかし、税務署での源泉所得税の調査の際に、居住期間の課税問題が生じて納税管理人届出の必要が生じる場合があることに留意が必要です。

2 結論

　扶養親族等に該当するか否かは、出国時の現況による判定しますので、非居住者となった後に結婚した配偶者は、出国時の年末調整において配偶者控除の対象とすることはできません。したがって、年末調整をやり直して、所得税の還付を受けることはできないこととなります。

【関係法令】

　所得税法

第85条（扶養親族等の判定の時期等）（略）

2　（略）

3　第79条から前条までの場合において、その者が居住者の老人控除対象配偶者若しくはその他の控除対象配偶者若しくはその他の同一生計配偶者若しくは第83条の2第1項（配偶者特別控除）に規定する生計を一にする配偶者又は特定扶養親族、老人扶養親族若しくはその他の控除対象扶養親族若しくはその他の扶養親族に該当するかどうかの判定は、その年12月31日の現況による。ただし、その判定に係る者がその当時既に死亡している場合は、当該死亡の時の現況による。

（以下略）

第190条（年末調整）　給与所得者の扶養控除等申告書を提出した居住者で、第1号に規定するその年中に支払うべきことが確定した給与等の金額が2,000万円以下であるものに対し、その提出の際に経由した給与等の支払者がその年最後に給与等の支払をする場合（その居住者がその後その年12月31日までの間に当該支払者以外の者に当該申告書を提出すると見込まれる場合を除く。）において、同号に掲げる所得税の額の合計額がその年最後に給与等の支払をする時の現況により計算した第2号に掲げる税額に比し過不足があるときは、その超過額は、その年最後に給与等の支払をする際徴収すべき所得税に充当し、その不足額は、その年最後に給与等の支払をする際徴収してその徴収の日の属する月の翌月10日までに国に納付しなければならない。

（以下略）

　所得税基本通達

85−1　（年の中途において死亡した者等の親族等が扶養親族等に該当するか
　どうかの判定）　年の中途において死亡し又は出国をした居住者の配偶者そ
　の他の親族（法第2条第1項第34号《定義》に規定する児童及び老人を含む。
　以下この項において「親族等」という。）がその居住者の同一生計配偶者若
　しくは法第83条の2第1項に規定する生計を一にする配偶者（控除対象配
　偶者を除く。以下この項において「配偶者」という。）又は扶養親族に該当
　するかどうかの判定に当たっては、次によるものとする。

　(1)　当該親族等がその居住者と生計を一にしていたかどうか、及び親族関
　　　係（法第2条第1項第34号に規定する児童及び老人にあっては、同号に
　　　規定する関係）にあったかどうかは、その死亡又は出国の時（その年1
　　　月1日から当該時までに死亡した親族等については、当該親族等の死亡
　　　の時）の現況により判定する。

　(2)　当該親族等が同一生計配偶者若しくは配偶者又は扶養親族に該当する
　　　かどうかは、その死亡又は出国の時の現況により見積もったその年1月
　　　1日から12月31日までの当該親族等の合計所得金額により判定する。

190−1　（中途退職者等について年末調整を行う場合）　次に掲げる場合には、
　それぞれの場合に該当することとなった時において法第190条の規定を適用
　するものとする。

　(1)　（略）

　(2)　給与等の支払を受ける者が海外支店等に転勤したことにより非居住者
　　　となった場合

（以下略）

Question41【年の中途で出国した社員に対する出国時の年末調整③ ―出国した者に出国後に支払う賞与の取扱い―】

　Question40にて照会した弊社の海外支店勤務の社員Fに対し、出国（4月）後である本年6月に夏季賞与を支払う予定です。当該賞与の計算期間は昨年12月1日から本年5月31日であり、国内勤務部分が含まれています。この国内勤務部分は日本での課税対象となるのでしょうか。また、年末調整に含める必要があるのでしょうか。

要　点

1. 賞与に係る日本での課税対象期間の計算
2. 出国時の年末調整の対象となる給与
3. 結論

Answer

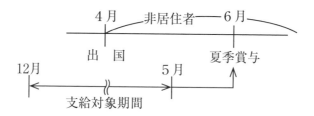

1　賞与に係る日本での課税対象期間の計算

　出国後に支払った賞与のうち国内勤務に対応する部分の金額は非居住者に対して支払う国内源泉所得（所法161①十二イ）となりますので、貴社は所法212条（源泉徴収義務）の規定により、20.42％（復興特別所得税を含む。）の税率で源泉徴収を行う必要があります。

（計算式）

$$\text{国内勤務に対応する部分の金額} = \text{夏季賞与の額} \times \frac{\text{国内勤務期間}}{\text{賞与支給対象期間}}$$

2　出国時の年末調整の対象となる給与

年の中途において海外支店への転勤等により、居住者から非居住者となる者については、その出国する時までに、年末調整を行うこととされています（所法190、所基通190－1⑵）。

なお、社員Fは3年間の予定で海外勤務するため出国したので、出国の日の翌日から非居住者となります（所令15、所基通2－4）。

3　結論

出国後に支払われる賞与は、たとえ国内勤務に対応する部分があっても、年末調整の対象とはなりません。

社員Fの給与については出国時に年末調整を行い、6月の夏季賞与のうち国内勤務に対応する部分の金額については非居住者に対する給与課税20.42％で完結となります。

【関係法令】

所得税法

第161条（国内源泉所得）　この編において「国内源泉所得」とは、次に掲げるものをいう。

一～十一　（略）

十二　次に掲げる給与、報酬又は年金

　　イ　俸給、給料、賃金、歳費、賞与又はこれらの性質を有する給与その他人的役務の提供に対する報酬のうち、国内において行う勤務その他の人的役務の提供（内国法人の役員として国外において行う勤務その他の政令で定める人的役務の提供を含む。）に基因するもの

（以下略）

第190条（年末調整）　給与所得者の扶養控除等申告書を提出した居住者で、第1号に規定するその年中に支払うべきことが確定した給与等の金額が2,000万円以下であるものに対し、その提出の際に経由した給与等の支払者がその年最後に給与等の支払をする場合（その居住者がその後その年12月

31 日までの間に当該支払者以外の者に当該申告書を提出すると見込まれる
場合を除く。）において、同号に掲げる所得税の額の合計額がその年最後に
給与等の支払をする時の現況により計算した第 2 号に掲げる税額に比し過
不足があるときは、その超過額は、その年最後に給与等の支払をする際徴
収すべき所得税に充当し、その不足額は、その年最後に給与等の支払をす
る際徴収してその徴収の日の属する月の翌月 10 日までに国に納付しなけれ
ばならない。

（以下略）

第 212 条（源泉徴収義務）　非居住者に対し国内において第 161 条第 1 項第
　　4 号から第 16 号まで（国内源泉所得）に掲げる国内源泉所得（中略）の支
　　払をする者又は外国法人に対し国内において同項第 4 号から第 11 号まで若
　　しくは第 13 号から第 16 号までに掲げる国内源泉所得（中略）の支払をす
　　る者は、その支払の際、これらの国内源泉所得について所得税を徴収し、
　　その徴収の日の属する月の翌月 10 日までに、これを国に納付しなければな
　　らない。

2 〜 5 　（略）

所得税法施行令

第 15 条（国内に住所を有しない者と推定する場合）　国外に居住することと
　　なつた個人が次の各号のいずれかに該当する場合には、その者は、国内に
　　住所を有しない者と推定する。

　一　その者が国外において、継続して 1 年以上居住することを通常必要と
　　する職業を有すること。

（以下略）

所得税基本通達

190 − 1（中途退職者等について年末調整を行う場合）　次に掲げる場合には、
　　それぞれの場合に該当することとなった時において法第 190 条の規定を適
　　用するものとする。

　⑴　（略）

　⑵　給与等の支払を受ける者が海外支店等に転勤したことにより非居住者

　　となった場合

（以下略）

Question42【非居住者となった後における控除対象扶養親族の判定時期】

社員Gには日本国内にある不動産の貸付による不動産所得があるため、非居住者となった後も確定申告書の提出をしなければならないことから、納税管理人の届出をした上で、本年4月に出国しました。

Gには扶養親族が1名おり、4月の出国時には15歳でしたが、出国後である本年11月に16歳以上になります。本年分の確定申告（翌年3月15日）を行う時に、扶養親族1名を控除対象扶養親族に該当して申告することができるのでしょうか。

要 点

1．親族等に該当するか否かの判定時期
2．納税管理人の届出がある場合
3．納税管理人の届出がない場合
4．結論
（参考）令和3年度改正「納税管理人制度の拡充」

Answer

1　親族等に該当するか否かの判定時期

親族等が同一生計配偶者若しくは配偶者又は扶養親族に該当するか否かの判定時期については、居住者の場合には、原則として、その年の12月31日の現況によることとされ、その者がその年の中途において死亡し、又は出国する場合にはその死亡又は出国の時の現況によることとされています（所基通85-1）。

ここでいう「出国」とは、居住者については、納税管理人の届出をしないで国内に住所及び居所を有しなくなることをいうとされています（所法2①四十二）。したがって、居住者が年の中途で非居住者となった場合の、親族等が配偶者控除に該当するか否かの判定時期については、次のように

なります（所基通 165 - 2）。

(1)　その者が納税管理人の届出をして離日した場合⇒その年の 12 月 31 日

(2)　その者が納税管理人の届出をしないで離日した場合⇒出国の時

2　納税管理人の届出がある場合

(1)　納税管理人の届出をすることにより、出国した非居住者の確定申告は翌年の 3 月 15 日までにすることとなります（出国後である 11 月に 16 歳になる扶養親族は控除対象扶養親族として税額計算を行います。）。

(2)　納税管理人は、親族や会社の同僚でもなることができます。

(3)　納税管理人の届出は、社員 G の出国時までに行うこととなります。

3　納税管理人の届出がない場合

　仮に、社員 G が納税管理人（国通法117②）の届出を提出しなかった場合、社員 G は本年 4 月の出国の時までに居住者期間中の給与所得及び不動産所得についての確定申告（準確定申告書）を提出する必要があるとともに（所法120①、同127①）、通常（日本に恒久的施設を有しない場合）、非居住者に対する総合課税の適用を受け、居住者期間中の給与所得及び不動産所得、並びに非居住者期間中の不動産所得について、翌年の 3 月15日までに再度、確定申告を行う必要があります（所法165、166）。

　また、この場合、親族等が控除対象配偶者に該当するか否かの判定時期については、出国時の現況により判定を行うことになりますので、確定申告に際して、出国後に結婚した配偶者や 11 月に 16 歳になる扶養親族を控除の対象とすることはできません。

4　結論

　納税管理人の届出書を提出して出国した場合、親族等の判定時期はその年の 12 月 31 日現在となるので、社員 G は出国後に 16 歳になる扶養親族を扶養控除の対象とすることができます。また、出国後に結婚した場合の配偶者を配偶者控除の対象となるかどうかも同様の取扱いとなりますが、控除に当たっては、本人 G 及び配偶者の所得制限があることに留意願います。

【関係法令】

国税通則法

第117条（納税管理人） 略

2　納税者は、前項の規定により納税管理人を定めたときは、当該納税管理人に係る国税の納税地を所轄する税務署長（中略）にその旨を届け出なければならない。その納税管理人を解任したときも、また同様とする。

所得税法

第2条（定義）　この法律において、次の各号に掲げる用語の意義は、当該各号に定めるところによる。

一～四　略

五　非居住者　居住者以外の個人をいう。

六～三十二　略

三十三　同一生計配偶者　居住者の配偶者でその居住者と生計を一にするもの（第57条第1項（事業に専従する親族がある場合の必要経費の特例等）に規定する青色事業専従者に該当するもので同項に規定する給与の支払を受けるもの及び同条第3項に規定する事業専従者に該当するもの（第33号の4において「青色事業専従者等」という。）を除く。）のうち、合計所得金額が48万円以下である者をいう。

三十三の二　控除対象配偶者　同一生計配偶者のうち、合計所得金額が1,000万円以下である居住者の配偶者をいう。

三十四～四十一　略

四十二　出国　居住者については、国税通則法第117条第2項（納税管理人）の規定による納税管理人の届出をしないで国内に住所及び居所を有しないこととなることをいい、非居住者については、同項の規定による納税管理人の届出をしないで国内に居所を有しないこととなること（中略）をいう。

（以下略）

第83条（配偶者控除）　居住者が控除対象配偶者を有する場合には、その居住者のその年分の総所得金額、退職所得金額又は山林所得金額から次の各号に掲げる場合の区分に応じ当該各号に定める金額を控除する。

一　その居住者の第2条第1項第30号（定義）に規定する合計所得金額（以

下この項及び次条第1項において「合計所得金額」という。）が900万円以下である場合　38万円（その控除対象配偶者が老人控除対象配偶者である場合には、48万円）

二　その居住者の合計所得金額が900万円を超え950万円以下である場合　26万円（その控除対象配偶者が老人控除対象配偶者である場合には、32万円）

三　その居住者の合計所得金額が950万円を超え1,000万円以下である場合　13万円（その控除対象配偶者が老人控除対象配偶者である場合には、16万円）

2　前項の規定による控除は、配偶者控除という。

第83条の2（配偶者特別控除）略

第102条（年の中途で非居住者が居住者となつた場合の税額の計算）　その年12月31日（その年の中途において死亡した場合には、その死亡の日）において居住者である者でその年において非居住者であつた期間を有するもの又はその年の中途において出国をする居住者でその年1月1日からその出国の日までの間に非居住者であつた期間を有するものに対して課する所得税の額は、前2章（課税標準及び税額の計算）の規定により計算した所得税の額によらず、居住者であつた期間内に生じた第7条第1項第1号（居住者の課税所得の範囲）に掲げる所得（非永住者であつた期間がある場合には、当該期間については、同項第2号に掲げる所得）並びに非居住者であつた期間内に生じた第164条第1項各号（非居住者に対する課税の方法）に掲げる非居住者の区分に応ずる同項各号及び同条第2項各号に掲げる国内源泉所得に係る所得を基礎として政令で定めるところにより計算した金額による。

第127条（年の中途で出国をする場合の確定申告）　居住者は、年の中途において出国をする場合において、その年1月1日からその出国の時までの間における総所得金額、退職所得金額及び山林所得金額について、第120条第1項（確定所得申告）の規定による申告書を提出しなければならない場合に該当するときは、第3項の規定による申告書を提出する場合を除き、その出国の時までに、税務署長に対し、その時の現況により同条第1項各

号に掲げる事項を記載した申告書を提出しなければならない。
（以下略）

第165条（総合課税に係る所得税の課税標準、税額等の計算）　前条第1項
　各号に掲げる非居住者の当該各号に掲げる国内源泉所得について課する所
　得税（（中略）「総合課税に係る所得税」という。）の課税標準及び所得税の
　額は、当該各号に掲げる国内源泉所得について、別段の定めがあるものを除
　き、前編第1章から第4章まで（中略）の規定に準じて計算した金額とする。

所得税基本通達

85－1　（年の中途において死亡した者等の親族等が扶養親族等に該当するか
　どうかの判定）　年の中途において死亡し又は出国をした居住者の配偶者そ
　の他の親族（法第2条第1項第34号《定義》に規定する児童及び老人を含む。
　以下この項において「親族等」という。）がその居住者の控除対象配偶者若
　しくは法第83条の2第1項に規定する生計を一にする配偶者（控除対象配
　偶者を除く。以下この項において「配偶者」という。）又は扶養親族に該当
　するかどうかの判定に当たっては、次によるものとする。
　(1)　当該親族等がその居住者と生計を一にしていたかどうか、及び親族関
　　　係（法第2条第1項第34号に規定する児童及び老人にあっては、同号に
　　　規定する関係）にあったかどうかは、その死亡又は出国の時（その年1
　　　月1日から当該時までに死亡した親族等については、当該親族等の死亡
　　　の時）の現況により判定する。
　(2)　当該親族等が同一生計配偶者若しくは配偶者又は扶養親族に該当する
　　　かどうかは、その死亡又は出国の時の現況により見積もったその年1
　　　月1日から12月31日までの当該親族等の合計所得金額により判定する。

165－2　（居住者期間を有する非居住者に係る扶養親族等の判定の時期等）
　居住者期間を有する非居住者につき法第165条第1項において準用される
　法第102条の規定により所得税の額を計算する場合に控除する法第79条《障
　害者控除》から第84条《扶養控除》までに規定する控除額の計算の基礎と
　なる扶養親族等の判定の時期等については、法第85条第1項《扶養親族等
　の判定の時期等》に規定する「その年12月31日（その者がその年の中途
　において死亡し又は出国をする場合には、その死亡又は出国の時……)」と

は、次に掲げる場合の区分に応じ、それぞれ次に掲げる時をいうものとして、同条の規定を準用する。

⑴　その者が通則法第117条第2項《納税管理人》の規定による納税管理人の届出をして居住者でないこととなった場合　その年12月31日（その者がその年中に死亡したときは、その死亡の時）

⑵　その者が同項の規定による納税管理人の届出をしないで居住者でないこととなった場合　その居住者でないこととなる時

（参　考）令和3年度改正「納税管理人制度の拡充」

1　納税者に対する納税管理人の届出をすべきことの求め

　納税管理人を選任すべき納税者が納税管理人の届出をしなかったときは、所轄税務署長等は、その納税者に対し、国税に関する事項のうち納税管理人に処理させる必要があると認められるもの（以下「特定事項」といいます。）を明示して、60日を超えない範囲内においてその準備に通常要する日数を勘案して指定する日（以下「指定日」といいます。）までに、納税管理人の届出をすべきことを書面で求めることができることとされました。

2　国内便宜者に対する納税者の納税管理人となることの求め

　納税管理人を選任すべき納税者が納税管理人の届出をしなかったときは、所轄税務署長等は、国内に住所又は居住（事務所及び事業所を含みます。）を有する者で特定事項の処理につき便宜を有するもの（以下「国内便宜者」といいます。）に対し、その納税者の納税管理人となることを書面で求めることができることとされました。

3　税務当局による特定納税管理人の指定

　所轄税務署長等は、上記1の納税者（以下「特定納税者」といいます。）が指定日までに納税管理人の届出をしなかったときは、上記2により納税管理人となることを求めた国内便宜者のうち次に掲げる場合の区分に応じそれぞれ次に定める者を、特定事項を処理させる納税管理人（以下「特定納税管理人」といいます。）として指定することができることとされました。

⑴　その特定納税者が個人である場合

① その特定納税者と生計を一にする配偶者その他の親族で成年に達した者

② その特定納税者に係る国税の課税標準等又は税額等の計算の基礎となるべき事実についてその特定納税者との間の契約により密接な関係を有する者

③ 電子情報処理組織を使用して行われる取引その他の取引をその特定納税者が継続的に又は反復して行う場を提供する事業者

(2) その特定納税者が法人である場合

① その特定納税者との間に特殊の関係のある法人

② その特定納税者の役員又はその役員と生計を一にする配偶者その他の親族で成年に達した者

③ 上記(1)②又は③に掲げる者

4 税務当局による特定納税管理人の指定の解除

　所轄税務署長等は、上記3により特定納税管理人を指定した場合において、特定納税管理人に特定事項を処理させる必要がなくなったときは、その特定納税管理人の指定を解除することとされました。

（出典「改正税法のすべて」）

税務署受付印　　　　　　　　　　　　　　　　　　　　　　　　　　　| 1 | 0 | 7 | 0 |

所得税・消費税の納税管理人の届出書

納　税　地	住所地・居所地・事業所等（該当するものを○で囲んでください。） （〒　　－　　　） （TEL　　－　　－　　　）	

＿＿＿＿＿＿＿＿税務署長

＿＿年＿＿月＿＿日提出

上記以外の 住所地・ 事業所等	納税地以外に住所地・事業所等がある場合は記載します。 （〒　　－　　　） （TEL　　－　　－　　　）	
フ　リ　ガ　ナ 氏　　　名　　㊞		生年月日　大正 昭和 平成　　年　月　日生 令和
個　人　番　号	｜　｜　｜　｜　｜　｜　｜　｜　｜　｜　｜　｜	
職　　　業	フリガナ 屋　号	

所得税・消費税の納税管理人として、次の者を定めたので届けます。

1　納税管理人
　　　　　　〒
　　住　　所
　　（居　所）＿＿＿＿＿＿＿＿＿＿＿＿＿＿＿＿＿＿＿＿＿＿＿＿＿＿＿＿＿＿＿
　　フリガナ
　　氏　　名＿＿＿＿＿＿＿＿＿＿＿印　　本人との続柄（関係）＿＿＿＿＿＿＿＿＿
　　職　　業＿＿＿＿＿＿＿＿＿＿＿　　電話番号＿＿＿＿＿＿＿＿＿＿＿＿＿＿＿

2　法の施行地外における住所又は居所となるべき場所

　　　　＿＿＿＿＿＿＿＿＿＿＿＿＿＿＿＿＿＿＿＿＿＿＿＿＿＿＿＿＿＿＿＿＿

3　納税管理人を定めた理由

4　その他参考事項
　(1)　出国（予定）年月日　　平成　　　　　　　　　帰国予定年月日　　平成
　　　　　　　　　　　　令和＿＿年＿＿月＿＿日　　　　　　　　　　令和＿＿年＿＿月＿＿日
　(2)　国内で生じる所得内容（該当する所得を○で囲むか、又はその内容を記載します。）
　　　　事業所得　　不動産所得　　給与所得　　譲渡所得
　　　　上記以外の所得がある場合又は所得の種類が不明な場合（　　　　　　　　　　）
　(3)　その他

関与税理士 （TEL　　－　　－　　　）

税務署整理欄	整　理　番　号		関係部門 連　絡	A	B	C	番号確認	身元確認
	0	｜						□ 済 □ 未済
	｜ ｜ ｜ ｜ ｜ ｜ ｜		確認書類 個人番号カード／通知カード・運転免許証 その他（　　　）					

Question43【海外勤務のため、年の中途で出国した社員の住民税】

　弊社の社員Hは、3年間の予定で海外勤務を命じられ、本年10月1日に出国しました。所得税の取扱いでは国内に住所等を有しない者（非居住者）として取り扱われ、通常その海外勤務に基づいて支払われる留守宅手当等の給与較差補てん金については、我が国では課税されないとのことですが、住民税の課税についてはどのように取り扱われているのかを教えてください。

要　点

1. 住民税の取扱い
2. 結論

Answer

　社員Hの場合、3年間の予定で海外勤務を命じられているので、出国の翌日から非居住者となります。

1　住民税の取扱い

　個人に課税される住民税は、その年の1月1日（賦課期日）現在において市町村内に住所を有する個人に対して課税されるのが原則です（地方税法24①、39）。この場合の住所とは、各人の生活の本拠となる場所をいうものとされておりますが、実際的な取扱いとして、その者の住民基本台帳に記録されている市町村に住所があるとされています（地方税法24②）。

　本年分の住民税は前年の所得に基づいて課税が行われ、給与所得者の場合、通常は会社が給与の支払を行う際に、本年の6月から翌年の5月まで分割して給与から天引きし、市町村等地方公共団体へ支払うこととされています（特別徴収制度）。

　出国後の納税については、留守宅手当等の国内払いの給与がある場合は翌年5月まで特別徴収を継続できますが、国内払いの給与がない場合は出

国する者から残額を徴収して特別徴収を継続するか、一括で残額を納税することになります。

　翌年の住民税は、国内に居住していた社員Hは10月に出国により翌年の1月1日（賦課期日）現在において国内に住所等を有していないこととなり、個人の住民税の納税義務はありません。

　問題は、出国時に住民登録・転出処理即ち除票をしていなかった場合ですが、この場合には住民登録が残っていることから、原則、住民税が課税されることになります。

　しかし、海外勤務先国との租税条約において、所得税とともに住民税も条約適用になっている場合には、所令15条の「国内に住所を有していない者と推定する」という規定は、原則として住民税の場合にも適用されると解されていますので、結果、所得税の場合と同様に判定することになり、職権で住民税の賦課課税の取消しを嘆願することとなります。しかし、非居住者であっても住民登録が残っている限り、国内源泉所得として留守宅手当等については住民税が課される取扱いになっている現況のようです。

2　結論

　社員Hの本年分の住民税の納税については、貴社において、国内払いの給与がある場合は翌年5月まで特別徴収を継続し、国内払いの給与がない場合は出国する者から残額を徴収して特別徴収を継続するか、一括で残額を納税することになります。

　なお、翌年分の社員Hの住民税につき、社員Hは翌年の1月1日（賦課期日）現在において住民基本台帳に記帳されていないので、納税義務はないことになります。

【関係法令】

地方税法
第24条（道府県民税の納税義務者等）　道府県民税は、第1号に掲げる者に対しては均等割額及び所得割額の合算額により……課する。
一　道府県内に住所を有する個人

第39条（個人の道府県民税の賦課期日）　個人の道府県民税の賦課期日は、当該年度の初日の属する年の1月1日とする。

第294条（市町村民税の納税義務者等）　市町村民税は、第一号の者に対しては均等割額及び所得割額の合算額により……課する。
　一　市町村内に住所を有する個人

第318条（個人の市町村民税の賦課期日）　個人の市町村民税の賦課期日は、当該年度の初日の属する年の1月1日とする。

（以下略）

Question44【年の中途で出国する場合の予定納税】

弊社の社員Ｆは、Ｘ国の海外子会社に３年間の出向を命ぜられ、5日に現地に赴任しました。

社員Ｆは、毎年不動産所得があり給与所得と併せて確定申告をしていました。

海外勤務となる今年の予定納税はどのようになるのでしょうか。

また、出国の時期によって予定納税の取扱いを異にするのでしょうか。

要　点

1. 予定納税制度
2. 非居住者の予定納税義務
3. 納税管理人の届出をしている場合と、していない場合の違い
4. 結論

Answer

1　予定納税制度

予定納税制度とは、前年分の所得について確定申告書を提出する義務があった者について、通常本年についても前年分と同額の所得があるものと仮定して、その仮定した所得金額に対する税額の１／３をそれぞれ７月と11月に納付しておく制度をいいます（所法104）。

予定納税による所得税の納税義務は、居住者である者であって、その年の６月30日を経過する日に成立する（通則法15③、通則令5一）とされていることから、居住者かどうかは６月30日の現況により判定されることとなります。

2　非居住者の予定納税義務

また、非居住者であっても総合課税に係る所得税についての申告、納付

及び還付については居住者の場合を準用することとされています（所法166)。

　したがって、非居住者に対しても、総合課税の対象となる国内源泉所得（例えば、不動産賃貸所得）がある場合には、予定納税があることになります。

3　納税管理人の届出をしている場合と、していない場合の違い

　予定納税義務のある者が納税管理人の届出をしたか否かによる予定納税第1期、第2期の納付時期について図示すると次のとおりです。

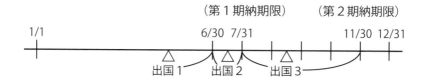

出国1：総合課税所得あり、6月30日前に非居住者であった→1期分
　　　　は7月31日まで、2期分は11月30日までに納付義務
　　　　総合課税所得なし→予定納付義務なし
出国2：納税管理人の届出がある場合→出国1と同様
　　　　納税管理人の届出がない場合→出国時までに1期分・2期分とも納付義務
出国3：納税管理人の届出がある場合→2期分を11月30日までに納付義務
　　　　納税管理人の届出がない場合→出国時までに2期分の納付義務

4　結論

　社員Fは、5月の出国時から非居住者に該当しますが、不動産所得があり総合課税を受ける非居住者に該当しますので、通常通り、1期分を7月31日までに、2期分を11月30日までに納付することとなります。

　なお、社員Fは、納税管理人を定めて出国している場合には、翌年3月15日までに、その年の4月までの給与所得と1年間の不動産所得を総合

課税として申告することとなります。

　なお、出国に伴って本年度の所得金額の見積り減少が見込まれることから、予定納税額も減少することとなる場合には、予定納税額の7月（11月）減額申請書を所轄の税務署に提出し、減額を受けることができます。

　もし、社員Fが納税管理人を定めないで出国した場合には、出国時までに4月までの給与所得と不動産所得の準確定申告書を提出し、更に翌年3月15日までに準確定申告した所得と非居住者期間中の不動産所得を合算して確定申告することとなります。この時に予定納税額が精算されることとなります。

【関係法令】

所得税法
第104条（予定納税額の納付）　居住者（略）は、第一号に掲げる金額から第二号に掲げる金額を控除した金額（以下この章において「予定納税基準額」という。）が15万円以上である場合には、第一期（その年の7月1日から同月31日までの期間をいう。以下この章において同じ。）及び第二期（その年の11月1日から同月30日までの期間をいう。以下この章において同じ。）において、それぞれの予定納税基準額の三分の一に相当する金額の所得税を国に納付しなければならない。
（以下略）

（税務署受付印）

令和2年分所得税及び復興特別所得税の予定納税額の7月（11月）減額申請書

11月減額申請の場合は「7月」の文字を抹消してください。

_____ 税務署長

令和___年___月___日提出

住 所 （又は事業所・事務所・居所など）	（〒 － ）	職業	
フリガナ 氏 名	㊞	電話番号	

令和2年分の予定納税額について次のとおり減額の申請をします。

	通知を受けた金額	申 請 金 額
予定納税基準額又は申告納税見積額	円	（㊴の金額） 円
予定納税額 第 1 期 分		（㊵の金額）
予定納税額 第 2 期 分		（㊶の金額）

○「通知を受けた金額」欄には、「令和2年分所得税及び復興特別所得税の予定納税額の通知書」に記載されている金額をそのまま書いてください。
ただし、11月減額申請の場合で、既に7月減額申請により減額の承認があった方は、その「減額申請の承認通知書」から転記してください。
○「申請金額」欄には、下の「申告納税見積額等の計算書」で計算した「申告納税見積額（㊴の金額）」、「予定納税額（㊵、㊶の金額）」をそれぞれ書いてください。

1 減額申請の理由（該当する項目を ○ で囲んでください。）
　　農業　休業　失業　災害　盗難　横領　医療費　その他（業況不振、控除対象扶養親族・障害者等の増加など）

2 減額申請の具体的理由（例えば、「○年○月○日に事業を法人組織とし、個人事業を廃止したため」というように書いてください。）

　...

　...

　...

3 添付書類の名称（申告納税見積額の計算の基礎となった資料として添付する書類の名称を書いてください。）
　(1)...　(3)...
　(2)...　(4)...

申告納税見積額等の計算書（書き方は裏面を参照してください。）

（署名押印）（電話番号）税理士

（裏面の1の(4)を読んでください。）㊞

			申請金額			申請金額
令和2年分の所得金額の見積額	営 業 等 ・ 農 業	①	円	課税される所得金額 ②の金額を、まず⑤の金額から差し引き、引きれないときは、⑨及び⑩の金額から差し引いてください。	⑤に対する金額 ⑨に対する金額 ⑩に対する金額	㉓ ㉔ ㉕ 円
	不 動 産	②		税額	上の㉓に対する税額	㉖
	利 子	③			上の㉔に対する税額	㉗
	配 当	④			上の㉕に対する税額	㉘
	給 与	⑤			合 計	㉙
	雑	⑥			配 当 控 除	㉚
	総合譲渡・一時	⑦			投 資 税 額 等 の 控 除	㉛
	合 計（総合課税）	⑧			（特定増改築等）住宅借入金等特別控除	㉛
		⑨			政党等寄附金等特別控除	㉜
		⑩			住宅耐震改修特別控除、住宅特定改修・認定住宅新築等特別税額控除	㉝
	合 計 所 得 金 額	⑪			差引所得税額（㉙－㉚－㉛－㉜－㉝） （赤字のときは0と書いてください。）	㉞
所得から差し引かれる金額	社会保険料控除 小規模企業共済等掛金	⑫			災害減免額、所得税に係る分配時調整外国税相当額控除及び外国税額控除額等	㉟
	生命保険料控除	⑬			所得税に係る源泉徴収税額 （源泉徴収税額×100／102.1）	㊱
	地震保険料控除	⑭			再差引所得税額（㉞－㉟－㊱） （赤字のときは0と書いてください。）	㊲
	寡婦、ひとり親、勤労学生、障害者控除	⑮			㊲ × 2．1％	㊳
	配偶者（特別）控除	⑯			申告納税見積額（㊲＋㊳） （15万円未満のときは0と書いてください。）	㊴
	扶 養 控 除	⑰		予定納税額	第 1 期 分	㊵
	基 礎 控 除	⑱			第 2 期 分	㊶
	雑 損 控 除	⑲				
	医療費（特別）控除	⑳				
	寄 附 金 控 除	㉑				
	合 計	㉒				

千円未満の端数は切り捨ててください。

百円未満の端数は切り捨ててください。

ご注意
◎この申請書の提出期限は、原則として、7月減額申請の場合は7月15日、11月減額申請の場合は11月15日です。
◎予定納税額は、7月減額申請と11月減額申請とでは計算のしかたが異なりますからご注意ください。
◎変動所得・臨時所得のある方は税務署にお尋ねください。

㊞

税務署整理欄	通信日付印の年月日	確認印	整理番号	青白区分	振替納税利用金融機関番号	一連番号
	年　月　日			0 1		

Question45【年の中途で出国し非居住者となった社員が後発的な事由により帰国し居住者となった場合の年末調整】

弊社の社員Iは、X国の海外子会社へ3年間の出向を命じられ、今年の3月31日に日本を出国し、現地に赴任しました。

その出国時に年末調整を行いましたが、その後、突発的な事由が発生したため急きょ出向を取りやめ、9月30日に帰国し、弊社に復帰しました。社員Iに支払う給与の年末調整をどのように行えばよろしいのでしょうか。

なお、社員Iは12月31日現在において居住者（永住者）に該当します。

要　点

1. 非居住者であった期間を有する者の年末調整
2. 海外子会社が支払う給与の取扱い
3. 結論

Answer

1　非居住者であった期間を有する者の年末調整

所法190条は「給与所得者の扶養控除等申告書を提出した居住者で、第1号に規定するその年中に支払うべきことが確定した給与等の金額が2,000万円以下であるもの」を、年末調整の対象として行うこととされています。また、所法8条によると、年の中途において非居住者期間があった者についても、その者の居住者期間内に支払うべき給与を合計して年末調整を行う必要があります。

さらに、所法102条によると、その年12月31日に居住者である者でその年において非居住者であった期間を有するものに対する所得税は、居住者であった期間内に生じた所法7条1項1号に掲げる所得を基礎として計算することとされており、年末調整の場合もこれと同様の方法により、税額を計算することになります。したがって、居住者であった各々の期間

（1／1～3／31と10／1～12/31）に支払う給与を合計して年末調整を行うことになります。即ち、非居住期間中にX国の海外子会社から支払われた給与を除いたところでの年末調整となります。

2　海外子会社が支払う給与の取扱い

　社員Ⅰは3年間の海外出向であり出国（3月31日）の翌日から非居住者に該当します。したがって、X国の海外子会社に出向中の社員Ⅰに対する給与については、勤務地がX国で、給与の支払地が外国であり、かつ、支払者が現地法人ですから、国外源泉所得に該当し、貴社に源泉徴収義務も生じません。

3　結論

　年の中途において非居住者期間があった者については、その者の居住者期間内に支払うべき給与を合計して年末調整を行う必要があります。

　したがって、質問の場合、居住者であった期間（1～3月、10月～12月）に支払う給与を合計して年末調整を行うことになります。

　なお、X国の海外子会社に出向中の社員Ⅰは、出国時の翌日から帰国時の間は非居住者期間と判断されますので社員Ⅰに対する給与は勤務地が国外で、支払地が外国であり、かつ、支払者が現地法人ですから、国外源泉所得に該当し日本で申告納税する義務はありません。また、貴社に源泉徴収義務は生じません。

　ところで、税務調査に当たっては、後発的事由で急遽帰国したのか、当初から、1年未満の期間（本例では6ヶ月間）の出張であったのか、確認されるかと思いますので、この点をご留意願います。何故なら、1年未満の出張であるとその期間は日本居住者に該当し、国外支払給与所得も合算して総合課税申告が必要となるからです。

【関係法令】

所得税法

第2条（定義）　この法律において、次の各号に掲げる用語の意義は、当該各号に定めるところによる。

一、二　（略）

三　居住者　国内に住所を有し、又は現在まで引き続いて1年以上居所を有する個人をいう。

四　（略）

五　非居住者　居住者以外の個人をいう。

（以下略）

第7条（課税所得の範囲）　所得税は、次の各号に掲げる者の区分に応じ当該各号に定める所得について課する。

一　非永住者以外の居住者　全ての所得

（以下略）

第8条（納税義務者の区分が異動した場合の課税所得の範囲）　その年において、個人が非永住者以外の居住者、非居住者又は第164条第1項各号（非居住者に対する課税の方法）に掲げる非居住者の区分のうち2以上のものに該当した場合には、その者がその年において非永住者以外の居住者、非永住者又は当該各号に掲げる非居住者であつた期間に応じ、それぞれの期間内に生じた前条第1項第1号から第3号までに掲げる所得に対し、所得税を課する。

第95条（外国税額控除）　居住者が各年において外国所得税（外国の法令により課される所得税に相当する税で政令で定めるものをいう。以下この項及び第9項において同じ。）を納付することとなる場合には、第89条から第93条まで（税率等）の規定により計算したその年分の所得税の額のうち、その年において生じた国外所得金額（国外源泉所得に係る所得のみについて所得税を課するものとした場合に課税標準となるべき金額に相当するものとして政令で定める金額をいう。）に対応するものとして政令で定めるところにより計算した金額（以下この条において「控除限度額」という。）を

限度として、その外国所得税の額（居住者の通常行われる取引と認められ
ないものとして政令で定める取引に基因して生じた所得に対して課される
外国所得税の額、居住者の所得税に関する法令の規定により所得税が課さ
れないこととなる金額を課税標準として外国所得税に関する法令により課
されるものとして政令で定める外国所得税の額その他政令で定める外国所
得税の額を除く。以下この条において「控除対象外国所得税の額」という。）
をその年分の所得税の額から控除する。

（以下略）

第102条（年の中途で非居住者が居住者となつた場合の税額の計算）　その
　　年12月31日（その年の中途において死亡した場合には、その死亡の日）に
　　おいて居住者である者でその年において非居住者であつた期間を有するもの
　　又はその年の中途において出国をする居住者でその年1月1日からその出国
　　の日までの間に非居住者であつた期間を有するものに対して課する所得税の
　　額は、前2章（課税標準及び税額の計算）の規定により計算した所得税の額
　　によらず、居住者であつた期間内に生じた第7条第1項第1号（居住者の課
　　税所得の範囲）に掲げる所得（非永住者であつた期間がある場合には、当該
　　期間については、同項第2号に掲げる所得）並びに非居住者であつた期間内
　　に生じた第164条第1項各号（非居住者に対する課税の方法）に掲げる非居
　　住者の区分に応ずる同項各号及び同条第2項各号に掲げる国内源泉所得に係
　　る所得を基礎として政令で定めるところにより計算した金額による。

第120条（確定所得申告）　居住者は、その年分の総所得金額、退職所得金
　　額及び山林所得金額の合計額が第2章第4節（所得控除）の規定による雑
　　損控除その他の控除の額の合計額を超える場合において、当該総所得金額、
　　退職所得金額又は山林所得金額からこれらの控除の額を第87条第2項（所
　　得控除の順序）の規定に準じて控除した後の金額をそれぞれ課税総所得金
　　額、課税退職所得金額又は課税山林所得金額とみなして第89条（税率）の
　　規定を適用して計算した場合の所得税の額の合計額が配当控除の額を超え
　　るとき（略）は、第123条第1項（確定損失申告）の規定による申告書を
　　提出する場合を除き、第3期（その年の翌年2月16日から3月15日までの
　　期間をいう。以下この節において同じ。）において、税務署長に対し、次に

掲げる事項を記載した申告書を提出しなければならない。

（以下略）

第190条（年末調整）　給与所得者の扶養控除等申告書を提出した居住者で、第1号に規定するその年中に支払うべきことが確定した給与等の金額が2,000万円以下であるものに対し、その提出の際に経由した給与等の支払者がその年最後に給与等の支払をする場合（その居住者がその後その年12月31日までの間に当該支払者以外の者に当該申告書を提出すると見込まれる場合を除く。）において、第1号に掲げる所得税の額の合計額がその年最後に給与等の支払をする時の現況により計算した第2号に掲げる税額に比し過不足があるときは、その超過額は、その年最後に給与等の支払をする際徴収すべき所得税に充当し、その不足額は、その年最後に給与等の支払をする際徴収してその徴収の日の属する月の翌月10日までに国に納付しなければならない。

（以下略）

所得税法施行令

第258条（年の中途で非居住者が居住者となつた場合の税額の計算）　法第102条（中略）に規定する政令で定めるところにより計算した金額は、同条に規定する居住者につき次に定める順序により計算した所得税の額とする。

一　その者がその年において居住者であつた期間（以下「居住者期間」という。）内に生じた法第7条第1項第1号（居住者の課税所得の範囲）に掲げる所得（中略）及びその者がその年において非居住者であつた期間（以下「非居住者期間」という。）内に生じた法第164条第1項各号（非居住者に対する課税の方法）に掲げる非居住者の区分に応ずる当該各号に掲げる国内源泉所得に係る所得を、法第2編第2章第2節（各種所得の金額の計算）の規定に準じてそれぞれ各種所得に区分し、その各種所得ごとに所得の金額を計算する。

二　前号の所得の金額（同号の規定により区分した各種所得のうちに、同種の各種所得で居住者期間内に生じたものと非居住者期間内に生じたものとがある場合には、それぞれの各種所得に係る所得の金額の合計額）を基礎とし、法第2編第2章第1節及び第3節（課税標準、損益通算及び損失の繰越控除）の規定に準じて、総所得金額、退職所得金額及び山

林所得金額を計算する。

三　法第2編第2章第4節（所得控除）の規定に準じ前号の総所得金額、退職所得金額又は山林所得金額から基礎控除その他の控除をして課税総所得金額、課税退職所得金額又は課税山林所得金額を計算する。

四　前号の課税総所得金額、課税退職所得金額又は課税山林所得金額を基礎とし、法第2編第3章第1節（税率）の規定に準じて所得税の額を計算する。

五　その者がその年において法第2編第3章第2節（税額控除）（法第165条（総合課税に係る所得税の課税標準、税額等の計算）の規定により同節の規定に準じて計算する場合を含む。）の規定により配当控除及び外国税額控除を受けることができる場合に相当する場合には、前号の所得税の額からこれらの控除を行ない、控除後の所得税の額を計算する。

六　その者が非居住者期間内に支払を受けるべき法第164条第2項各号に掲げる非居住者の区分に応ずる当該各号に掲げる国内源泉所得がある場合には、当該国内源泉所得につき法第169条（分離課税に係る所得税の課税標準）及び第170条（分離課税に係る所得税の税率）の規定を適用して所得税の額を計算し、当該所得税の額を前号の控除後の所得税の額に加算する。

（以下略）

Question46【海外子会社に長期出張した本社社員（居住者）に対し海外子会社で支払う出張期間中の給与】

　弊社では、新工場立ち上げのため、日本人社員 J を X 国の海外子会社 X 社に 5 か月間の予定で長期出張させていました。 J の出張期間中の給与は X 国の子会社から現地通貨にて全額を支給し、 X 国の子会社で経費処理しました。

　この海外子会社で支給した J の 5 か月分の給与について、弊社で源泉徴収する必要があるのでしょうか。

　また、年末調整に際しては当該給与を含めて計算を行う必要があるのでしょうか。

要　点

....

　1．源泉徴収義務の有無

　2．年末調整

　3．確定申告

　4．結論

Answer

　社員 J は 5 か月間、 X 国の子会社に長期出張していましたが、予め 1 年を超える期間を予定して日本から出国したのではありませんから、出張予定の 5 か月の期間も、日本居住者期間となります（所令 15 ①一、所基通 3 − 3）。

　また、社員 J に対して X 国で支給された給与は、 X 国の海外子会社で働いたことに基因して支給された給与ですから、所得の源泉地は X 国となり、日本では国外源泉所得となります。

1　源泉徴収義務の有無

　所法 6 条では「第 28 条第 1 項に規定する給与等の支払をする者その他

第4編第1章から第6章までに規定する支払をする者は、この法律により、その支払に係る金額につき源泉徴収をする義務がある。」と規定していますが、同法183条1項で「居住者に対し国内において第28条第1項に規定する給与等の支払をする者は、その支払の際、その給与等について所得税を徴収し、その徴収の日の属する月の翌月10日までに、これを国に納付しなければならない。」と規定し、源泉徴収義務を国内において給与等の支払をする者に限定しています。

　したがって、貴社は社員Jに対し、X国の海外子会社で働いたことに起因して支給する給与を国内で支払っていませんから、源泉徴収をする義務はありません。

2　年末調整

　所法190条の規定により行う年末調整については、扶養控除等申告書の提出を受けた給与の支払者が支払った給与について行うことを原則としていますので、X国の海外子会社が支払った給与は年末調整の対象にはなりません。

3　確定申告

　なお、所法7条により、居住者である日本人社員Jは、通常は第1号の永住者（非永住者以外の居住者）に区分され、課税の範囲は全世界所得となります。したがって、X国の海外子会社から支払われた給与を含めなければなりません。社員Jは翌年に確定申告を行い、X国の海外子会社から支払われた給与を含めたところで、所得税額の納税を行うことになります。

（参考）

　仮に、社員Jが外国人であり、非永住者に該当する場合、課税所得の範囲は所法7条2号で「第95条第1項に規定する国外源泉所得以外の所得及び国内源泉所得で国内において支払われ、又は国外から送金されたもの」と規定されていますので、X国出張中にX国の子会社で支払われた給与は、国内に送金されない限り国外源泉所得であり、課税所得と

はなりません。

　※非永住者：日本の国籍を有しておらず、かつ、過去10年以内において国内に住所又は居所を有していた期間の合計が5年以下である人

4　結論

　貴社は社員Jに対して海外子会社X社が支給した給与について、源泉徴収を行う必要はありません。また、年末調整においてX国で支給された給与を含めて精算することもできません。

　したがって、居住者とされる社員Jは、X国で支給された給与について確定申告を行う必要があります。この場合、国内給与も含めて確定申告することとなります。

　なお、X国で課された所得税相当額については、国外勤務に基づく所得、国外源泉所得となり、確定申告に当たって外国税額控除をすることで二重課税を調整することとなります。

【関係法令】

所得税法

第6条（源泉徴収義務者）　第28条第1項（給与所得）に規定する給与等の支払をする者その他第4編第1章から第6章まで（源泉徴収）に規定する支払をする者は、この法律により、その支払に係る金額につき源泉徴収をする義務がある。

第7条（課税所得の範囲）　所得税は、次の各号に掲げる者の区分に応じ当該各号に定める所得について課する。

一　非永住者以外の居住者　すべての所得

二　非永住者　第95条第1項（外国税額控除）に規定する国外源泉所得（国外にある有価証券の譲渡により生ずる所得として政令で定めるものを含む。以下この号において「国外源泉所得」という。）以外の所得及び国外源泉所得で国内において支払われ、又は国外から送金されたもの

（以下略）

第28条（給与所得）　給与所得とは、俸給、給料、賃金、歳費及び賞与並び
　にこれらの性質を有する給与（中略）に係る所得をいう。

（以下略）

第183条（源泉徴収義務）　居住者に対し国内において第28条第1項（給与
　所得）に規定する給与等（以下「給与等」という。）の支払をする者は、そ
　の支払の際、その給与等について所得税を徴収し、その徴収の日の属する
　月の翌月10日までに、これを国に納付しなければならない。

（以下略）

所得税法施行令

第15条（国内に住所を有しない者と推定する場合）　国外に居住することと
　なつた個人が次の各号のいずれかに該当する場合には、その者は、国内に
　住所を有しない者と推定する。
　一　その者が国外において、継続して1年以上居住することを通常必要と
　　する職業を有すること。

（以下略）

所得税基本通達

3－3（国内に居住することとなった者等の住所の推定）　国内又は国外にお
　いて事業を営み若しくは職業に従事するため国内又は国外に居住すること
　となった者は、その地における在留期間が契約等によりあらかじめ1年未
　満であることが明らかであると認められる場合を除き、それぞれ令第14条
　第1項第1号又は第15条第1項第1号の規定に該当するものとする。

Question47【給与の計算期間の中途で非居住者となった社員に支給する超過勤務手当】

　弊社では、基本給の計算期間と超過勤務手当の計算期間が異なっております。この度、弊社社員Ｋは、海外子会社へ３年間の出向を急きょ命じられ、給与の計算期間の中途で非居住者となりました。非居住者となった後に支給期の到来する給与のうち、超過勤務手当はその全額が国内勤務に対応したものですが、基本給には国内、国外の双方の勤務期間に対応するものが含まれています。当該基本給と超過勤務手当は合わせて国内において同一の日に支給されますが、この場合、超過勤務手当分については、その全額が国内源泉所得に該当するものとして源泉徴収をすべきでしょうか。

要　点

1．按分計算の要否
2．結論

Answer

1　按分計算の要否

　給与所得者が給与又は賞与の計算期間の中途で、海外出向等の理由で居住者から非居住者になった場合には、原則的には、非居住者となった日以後に支払われた給与又は賞与については、期間の按分計算をすることにより国内源泉所得部分を算出し（所基通161－41）、非居住者に係る国内源泉所得として20.42％の課税となります。

　但し、非居住者となった日以後支給期の到来する給与のうち、①当該計算期間が１か月以下であるものについては、②その給与の全額がその者の国内において行った勤務に対応するものである場合を除いて、その総額を国内源泉所得に該当しないものとして取り扱って差し支えないこととされています（所基通212－5）。

2 結論

　本件の場合、基本給については、支給金額の全額が国内勤務対応分ではなく、かつ、①当該計算期間が1か月、②以下ですので、その総額が国内源泉所得ではないとして取り扱われることになります（所基通212-5）。

　一方、超過勤務手当については、全額が国内勤務に対応することから、給与とは別途のものとして、この部分だけを国内源泉所得であるとする考え方もあります。しかし、超過勤務手当は勤務期間に対応して計算される手当であり、基本給に付随する追加支給的な給付であることから、例えその計算が基本給の計算期間と異なっていたとしても、しいて基本給と切り離して国内源泉所得の期間計算を行う必要はないものと考えられます。としますと、超過勤務手当を含めたその給与の全額がその者の国内において行った勤務に対応するものではないことになります。

　したがって、本件のような場合、支給される基本給の計算期間を基に所基通212-5を適用して、その全額が国内勤務に基因しているかどうかを判定して差し支えないものと考えます。

　国内源泉所得に該当しないものと判断されますと、給与の全額について所得税の源泉徴収は必要ないこととなります。

【関係法令】

> 所得税基本通達
>
> 161-41（勤務等が国内及び国外の双方にわたって行われた場合の国内源泉所得の計算）　非居住者が国内及び国外の双方にわたって行った勤務又は人的役務の提供に基因して給与又は報酬の支払を受ける場合におけるその給与又は報酬の総額のうち、国内において行った勤務又は人的役務の提供に係る部分の金額は、国内における公演等の回数、収入金額等の状況に照らしその給与又は報酬の総額に対する金額が著しく少額であると認められる場合を除き、次の算式により計算するものとする。
>
> $$\text{給与又は報酬の総額} \times \frac{\text{国内で行った勤務又は人的役務の提供の期間}}{\text{給与又は報酬の総額の計算の基礎となった期間}}$$

（注）

1　国内において勤務し又は人的役務を提供したことにより特に給与又は報酬の額が加算されている場合等には、上記算式は適用しないものとする。

2　法第161条第1項第12号ハに規定する退職手当等については、上記の算式中「給与又は報酬」とあるのは「退職手当等」と、「国内において行った勤務又は人的役務の提供の期間」とあるのは「居住者であった期間に行った勤務等の期間及び令第285条第3項《国内に源泉がある給与、報酬又は年金の範囲》に規定する非居住者であった期間に行った勤務等の期間」と読み替えて計算する。

212-5　（給与等の計算期間の中途で非居住者となった者の給与等）　給与等の計算期間の中途において居住者から非居住者となった者に支払うその非居住者となった日以後に支給期の到来する当該計算期間の給与等のうち、当該計算期間が1月以下であるものについては、その給与等の全額がその者の国内において行った勤務に対応するものである場合を除き、その総額を国内源泉所得に該当しないものとして差し支えない。

（注）

1　この取扱いは、その者の非居住者としての勤務が令第285条第1項各号《国内に源泉がある給与、報酬又は年金の範囲》に掲げる勤務に該当する者に支払う給与等については、その適用がないことに留意する。

2　給与等の計算期間の中途において国外にある支店等から国内にある本店等に転勤したため帰国した者に支払う給与等で、その者の居住者となった日以後に支給期の到来するものについては、当該給与等の金額のうちに非居住者であった期間の勤務に対応する部分の金額が含まれているときであっても、その総額を居住者に対する給与等として法第183条第1項《源泉徴収義務》の規定を適用することに留意する。

Question48【海外子会社に出向した社員（非居住者）に対して支給する賞与】

弊社社員Lは、××年8月31日、国外関連会社（海外子会社）へ出向するよう命じられました。出向期間は3年の予定です。出国後、計算期間を××年7月から12月までとする賞与90万円を、××年12月にLに対して支給しました。この場合、源泉徴収は必要でしょうか。必要な場合どのような計算をするのでしょうか。また、税率は何%になるのでしょうか。

要点

1. 所得税法における居住者及び非居住者の区分基準
2. 所得税法における非居住者に支給する国内源泉所得の範囲
3. 年の途中で出国した場合の計算方法
4. 源泉徴収義務
5. 結論

Answer

1 所得税法における居住者及び非居住者の区分基準

個人は、税法上「居住者」（所法2①三）と「非居住者」（所法2①五）に区分され、さらに「居住者」は、「永住者」と「非永住者」に区分されます（所法2①四）。

このように区分する実益は、居住形態によって課税対象となる範囲が異なるからです。つまり、永住者である居住者にはあらゆる所得（全世界所得が対象。所法7①一）に対して、非永住者である居住者には国内源泉所得（所法7①二）と一部の国外源泉所得に対して、非居住者に対しては国内源泉所得（所法7①三）のみに対して課税することとにあります。

居住者とは「国内に住所を有し、又は現在まで引き続いて1年以上居所を有する個人をいう。」（所法2①三）と規定し、非居住者とは、「居住者以

外の個人をいう。」（所法2①五）と規定しています。なお、居住者については、「日本の国籍を有しておらず、かつ、過去10年以内において国内に住所又は居所を有していた期間の合計が5年以下である個人」（所法2①四）を非永住者として規定しています。

　居住者、非居住者の判断の基となる「住所」については、民法の規定を借用していると解されており、民法22条（住所）で「各人の生活の本拠をその者の住所とする。」と規定され、同法23条（居所）1項で「住所が知れない場合には、居所を住所とみなす。」としています。所基通2-1においては、「法に規定する住所とは各人の生活の本拠をいい、生活の本拠であるかどうかは客観的事実によって判定する。」とされています。

　そして「居所」とは、一般に生活の本拠とまではいえないが、ある程度継続して住んでいる場所を意味すると解されています。

　ところで、非居住者に該当するか否かの判断に当たって、所令15条1項では、「国内に住所を有していない者と推定する場合」につき、次の3つのケースが例示されています。

・国外に継続して1年以上居住することを通常必要とする職業を有すること。
・外国籍を有し又は外国に永住する許可を受けており、かつ、生計を一にする配偶者等が国内にいないこと。
・資産の有無等を状況に照らし再び国内に戻り居住すると推測するに足る事実がないこと。

　これを受けた所基通3-3（国内に居住することとなった者等の住所の推定）は、その地の在留期間が契約等によりあらかじめ1年未満であることが明らかである場合を除き、所令15条の規定に該当するものとするとしています。

2　所得税法における非居住者に支給する国内源泉所得の範囲

　給与等については、原則としてその勤務（役務提供）が日本国内で行わ

れた場合に、我が国において課税することとされています。したがって、国外における勤務等に対する給与等については、我が国においては課税されません。

3　年の途中で出国した場合の計算方法

　社員Lは、出向ですから、日本法人と海外子会社双方に雇用契約が継続していますので、出国後である8月以降についても、賞与の支給対象期間に該当し、12月に賞与の支給があったものと思われます。

　したがって、社員Lが国内及び国外の双方にわたって行った勤務に基因して支払を受ける賞与については、そのうち国内勤務に対する金額のみが国内源泉所得とされ、次の算式により計算されます（所基通161-41）。

$$給与又は報酬の総額 \times \frac{国内において行った勤務又は人的役務の提供の期間}{給与又は報酬の総額の計算の基礎となった期間}$$

　上記算式に本件のケースを当てはめて計算すると、賞与90万円のうち、30万円が国内源泉所得となります。

$$90万円 \times \frac{2カ月（7月から8月）}{6カ月（7月から12月）} = 30万円$$

（注）期間の計算の起算日については、所基通2-4で、入国の場合は入国の日の翌日を起算日として計算するとしていることから、出国の場合も、出国の日の翌日から起算すると考えます。

4　源泉徴収義務

　非居住者に対して国内源泉所得の支払を行った場合は、所法212条（源泉徴収義務）において源泉徴収義務を課しています。そして、支払を行う場合、20.42％（復興特別所得税を含む。）の税率で徴収し翌月10日までに納付する必要があります。

5　結論

　計算期間が 7 月から 12 月である賞与 90 万円のうち、国内勤務に対応する 30 万円に対する 20.42％の所得税 61,260 円を源泉徴収して納付することとなります。

　なお、この場合に使用する納付書は、通常の給与所得に係る納付書ではなく、「非居住者・外国法人の所得についての所得税徴収高計算書（納付書）」によって国に納めることとなります。また、非居住者等に係る源泉税は、納期の特例に該当しませんのでご留意ください。

【関係法令】

　　所得税法
第 2 条（定義）　この法律において、次の各号に掲げる用語の意義は、当該各号に定めるところによる。
　　一、二　（略）
　　三　居住者　国内に住所を有し、又は現在まで引き続いて 1 年以上居所を有する個人をいう。
　　四　非永住者　居住者のうち、日本の国籍を有しておらず、かつ、過去 10 年以内において国内に住所又は居所を有していた期間の合計が 5 年以下である個人をいう。
　　五　非居住者　居住者以外の個人をいう。
（以下略）

第 7 条（課税所得の範囲）　所得税は、次の各号に掲げる者の区分に応じ当該各号に定める所得について課する。
　　一　非永住者以外の居住者　すべての所得
　　二　非永住者　第 95 条第 1 項（外国税額控除）に規定する国外源泉所得（国外にある有価証券の譲渡により生ずる所得として政令で定めるものを含む。以下この号において「国外源泉所得」という。）以外の所得及び国外源泉所得で国内において支払われ、又は国外から送金されたもの
　　三　非居住者　第 164 条第 1 項各号（非居住者に対する課税の方法）に掲げる非居住者の区分に応じそれぞれ同項各号及び同条第 2 項各号に掲げる国内源泉所得
（以下略）

第161条（国内源泉所得）　この編において「国内源泉所得」とは、次に掲げるものをいう。

一〜十一　（略）

十二　次に掲げる給与、報酬又は年金

　イ　俸給、給料、賃金、歳費、賞与又はこれらの性質を有する給与その他人的役務の提供に対する報酬のうち、国内において行う勤務その他の人的役務の提供（内国法人の役員として国外において行う勤務その他の政令で定める人的役務の提供を含む。）に基因するもの

　ロ〜ハ　（略）

（以下略）

第212条（源泉徴収義務）　非居住者に対し国内において第161条第1項第4号から第16号まで（国内源泉所得）に掲げる国内源泉所得（中略）の支払をする者又は外国法人に対し国内において同項第4号から第11号まで若しくは第13号から第16号までに掲げる国内源泉所得（中略）の支払をする者は、その支払の際、これらの国内源泉所得について所得税を徴収し、その徴収の日の属する月の翌月10日までに、これを国に納付しなければならない。

（以下略）

第213条（徴収税額）　前条第1項の規定により徴収すべき所得税の額は、次の各号の区分に応じ当該各号に定める金額とする。

一　前条第1項に規定する国内源泉所得（中略）　その金額（次に掲げる国内源泉所得については、それぞれ次に定める金額）に100分の20の税率を乗じて計算した金額

　イ〜ハ　（略）

（以下略）

所得税法施行令

第15条（国内に住所を有しない者と推定する場合）　国外に居住することとなつた個人が次の各号のいずれかに該当する場合には、その者は、国内に住所を有しない者と推定する。

一　その者が国外において、継続して1年以上居住することを通常必要とする職業を有すること。

二　その者が外国の国籍を有し又は外国の法令によりその外国に永住する許可を受けており、かつ、その者が国内において生計を一にする配偶者その他の親族を有しないことその他国内におけるその者の職業及び資産の有無等の状況に照らし、その者が再び国内に帰り、主として国内に居住するものと推測するに足りる事実がないこと。

（以下略）

所得税基本通達

2−1　（住所の意義）　法に規定する住所とは各人の生活の本拠をいい、生活の本拠であるかどうかは客観的事実によって判定する。

（注）　国の内外にわたって居住地が異動する者の住所が国内にあるかどうかの判定に当たっては、令第14条《国内に住所を有する者と推定する場合》及び第15条《国内に住所を有しない者と推定する場合》の規定があることに留意する。

3−3　（国内に居住することとなった者等の住所の推定）　国内又は国外において事業を営み若しくは職業に従事するため国内又は国外に居住することとなった者は、その地における在留期間が契約等によりあらかじめ1年未満であることが明らかであると認められる場合を除き、それぞれ令第14条第1項第1号又は第15条第1項第1号の規定に該当するものとする。

161−41　（勤務等が国内及び国外の双方にわたって行われた場合の国内源泉所得の計算）　非居住者が国内及び国外の双方にわたって行った勤務又は人的役務の提供に基因して給与又は報酬の支払を受ける場合におけるその給与又は報酬の総額のうち、国内において行った勤務又は人的役務の提供に係る部分の金額は、国内における公演等の回数、収入金額等の状況に照らしその給与又は報酬の総額に対する金額が著しく少額であると認められる場合を除き、次の算式により計算するものとする。

$$給与又は報酬の総額 \times \frac{国内で行った勤務又は人的役務の提供の期間}{給与又は報酬の総額の計算の基礎となった期間}$$

（注）

1 国内において勤務し又は人的役務を提供したことにより特に給与又は報酬の額が加算されている場合等には、上記算式は適用しないものとする。

2 法第161条第1項第12号ハに規定する退職手当等については、上記の算式中「給与又は報酬」とあるのは「退職手当等」と、「国内において行った勤務又は人的役務の提供の期間」とあるのは「居住者であった期間に行った勤務等の期間及び令第285条第3項《国内に源泉がある給与、報酬又は年金の範囲》に規定する非居住者であった期間に行った勤務等の期間」と読み替えて計算する。

Question49【海外子会社に出向した社員（非居住者）に対して支給する留守宅手当】

弊社では、海外子会社に出向させた社員Mの現地での給与は、現地の給与水準との調整を図っているため、出向先では減額となって支給することとなります。

当該減額分を補填するため、弊社（日本）から本人に対し「留守宅手当」として支払うこととしています。日本における源泉徴収等課税関係はどうなるのかについて教えてください。

要点

1. 非居住者の納税義務
2. 留守宅手当の源泉徴収義務の有無
3. 結論

Answer

1　非居住者の納税義務

非居住者となった貴社社員Mは、所法5条2項の規定により、国内源泉所得を有する場合にだけ納税義務があります。

国内源泉所得の範囲については所法161条に規定されています（Question 3の「2　非居住者が適用される国内源泉所得の範囲」参照）。

2　留守宅手当の源泉徴収義務の有無

留守宅手当は海外出向者（非居住者）が現地で勤務していることに基因して受ける報酬ですから、国外源泉所得となります。したがって、非居住者に対する国外源泉所得を国内で支払ったとしても日本での課税関係は生じません。

なお、留守宅手当は、出向元法人が出向先法人との給与条件の較差を補填するため支給した給与の額（支出した出向者に対する給与の較差補填金）

として、出向元法人の損金の額に算入されます（法基通9－2－47）。

3　結論
　貴社が支払う「留守宅手当」は、海外出向者（非居住者）が現地で勤務していることに基因して受ける報酬ですから国外源泉所得となります。
　したがって、日本で支払われていても、日本においては課税対象となりませんので、源泉徴収の必要はありません。
　しかしながら、海外勤務中に日本で支払われた留守宅手当については、現地の法律に基づいて現地で所得税の納税を行う必要があります。
　なお、留守宅手当は、日本法人と雇用関係が継続しているために支払われるものですから、例えば、社員Mが日本本社の会議に出席した場合、また、コロナ対策のため一時帰国し、国内勤務に当たる場合には、留守宅手当のうち日本本社の勤務に基づく期間に相当する金額については、（非居住者に対する）国内源泉所得として、20.42％（復興特別所得税を含む。）の源泉課税を受けることになるとの課税事例もありますので、ご注意ください。

【関係法令】

　　所得税法
第5条（納税義務者）　居住者は、この法律により、所得税を納める義務がある。
2　非居住者は、次に掲げる場合には、この法律により、所得税を納める義務がある。
　一　第161条第1項（国内源泉所得）に規定する国内源泉所得（中略）を有するとき（後略）。
（以下略）

第7条（課税所得の範囲）　所得税は、次の各号に掲げる者の区分に応じ当該各号に定める所得について課する。
　一、二　（略）
　三　非居住者　第164条第1項各号（非居住者に対する課税の方法）に掲げる非居住者の区分に応じそれぞれ同項各号及び同条第2項各号に掲げる国内源泉所得

（以下略）

第161条（国内源泉所得）　この編において「国内源泉所得」とは、次に掲げるものをいう。

一～十一　（略）

十二　次に掲げる給与、報酬又は年金

イ　俸給、給料、賃金、歳費、賞与又はこれらの性質を有する給与その他人的役務の提供に対する報酬のうち、国内において行う勤務その他の人的役務の提供（内国法人の役員として国外において行う勤務その他の政令で定める人的役務の提供を含む。）に基因するもの

ロ～ハ　（略）

（以下略）

法人税基本通達

９－２－４７（出向者に対する給与の較差補てん）　出向元法人が出向先法人との給与条件の較差を補填するため出向者に対して支給した給与の額（出向先法人を経て支給した金額を含む。）は、当該出向元法人の損金の額に参入する。

（注）出向元法人が出向者に対して支給する次の金額は、いずれも給与条件の較差を補填するために支給したものとする。

1　出向先法人が経営不振等で出向者に賞与を支給することができないため出向元法人が当該出向者に対して支給する賞与

2　出向先法人が海外にあるため出向元法人が支給するいわゆる留守宅手当の額

Question50【国外関連会社に出向した役員に対する報酬】

　内国法人の取締役Ｎ（使用人兼務役員ではありません。）は、××年８月に国外関連者（海外子会社）であるＸ社の代表者として赴任しました。内国法人としては、Ｎに対して引き続き報酬を支給する予定です。なお、Ｎは、月１回開催される経営委員会に出席する予定です。この場合の内国法人の源泉徴収義務についてご教示ください。

要　点
....

1．内国法人の役員に対する課税の原則的な取扱い
2．例外的な取扱い
3．結論

Answer

1　内国法人の役員に対する課税の原則的な取扱い

　給与等については、原則としてその勤務（役務提供）が日本国内（役務提供地が日本）で行われた場合に、我が国において課税することとされています。

　しかし、役員は法人との雇用契約ではなく、委任契約において経営を委任されていることから、内国法人の役員として国内において行う勤務は無論、内国法人の役員として国外において行う勤務に対しても、その役員が赴任した国において非居住者あるいは居住者であるかにかかわらず、国内源泉所得として、我が国において課税することとされています（所法161①十二イ括弧書き）。

　このことは、内国法人の委任契約に基づく役員報酬は、当該役員が現に居住する地がどこであるかにかかわらず、国内源泉所得に該当するといえます。

2　例外的な取扱い

　内国法人の役員が、同時にその内国法人の使用人として、例えば海外にある支店の長として常時その支店に勤務する場合には、当該役員に対する報酬は、国外所得して取り扱われています（所法161①十二イ、所令285①、所基通161-42）。

　併せて、国外にあるその法人の子会社に勤務する場合であっても、①その子会社の実態が支店、出張所と異ならないもの、及び②その子会社における勤務が内国法人の命令に基づくものであって、その内国法人の使用人としての勤務である場合には、当該役員に支給する報酬は、国外所得として取り扱われています（所基通161-43）。

3　結論

　Nは、非居住者ではありますが、内国法人の取締役で、使用人兼務役員ではないとのこと、また、月1回の経営委員会に出席していることから判断しますと、所法161条1項12号イに規定する「内国法人の使用人として」に該当せず、例外的取扱いにも当たらないと判断されます。

　したがって、貴社から支給される報酬については、我が国の国内源泉所得として20.42%（復興特別所得税を含む。）を源泉徴収する義務があります。

（参考）

　所令285条1項1号括弧書きに、内国法人の「役員としての勤務を行う者が同時にその内国法人の使用人として常時勤務」と規定しているところ、当該役員の範囲が内国法人使用人兼務役員を指すのか、常務・専務取締役をも含むのかといった疑問があります。所得税法上は具体的な役員の地位について規定しておらず、単に「役員」としているところから、使用人兼務役員に限らない（常務・専務を含む。）とする見解もあります。「同時にその内国法人の使用人として常時勤務」とあることからすると、使用人兼務役員に限られ、専ら業務執行を委任されている常務・専務取締役は対象にならないとも考えられます。しかし、執行役員の専務も存在します。

一方、所基通161-42において「例えば、非居住者である内国法人の役員が、その内国法人の非常勤役員として海外において情報の提供、商取引の側面的援助等を行っているにすぎない場合は、これに該当しない（傍点筆者）」と規定し、非常勤役員は、通常、使用人兼務役員ではないことからすると、常務・専務取締役に含まれることも考えられます。しかし、非常勤常務、非常勤専務も考えにくいところであります。

　このように検討していくと、本件役員の範囲は、明確ではありませんが、所基通161-42で「内国法人の役員が」と規定していることから代表取締役は除かれるとの解説書が多いところです。従って、代表権のある専務・常務は除かれることとなります。

【関係法令】

> 所得税法
> 第161条（国内源泉所得）　この編において「国内源泉所得」とは、次に掲げるものをいう。
> 一～十一　（略）
> 十二　次に掲げる給与、報酬又は年金
> 　イ　俸給、給料、賃金、歳費、賞与又はこれらの性質を有する給与その他人的役務の提供に対する報酬のうち、国内において行う勤務その他の人的役務の提供（内国法人の役員として国外において行う勤務その他の政令で定める人的役務の提供を含む。）に基因するもの
> （以下略）

> 所得税法施行令
> 第15条（国内に住所を有しない者と推定する場合）　国外に居住することとなつた個人が次の各号のいずれかに該当する場合には、その者は、国内に住所を有しない者と推定する。
> 一　その者が国外において、継続して1年以上居住することを通常必要とする職業を有すること。
> （以下略）

第285条（国内に源泉がある給与、報酬又は年金の範囲）　法第161条第1
項第12号イ（国内源泉所得）に規定する政令で定める人的役務の提供は、
次に掲げる勤務その他の人的役務の提供とする。
一　内国法人の役員としての勤務で国外において行うもの（当該役員とし
ての勤務を行う者が同時にその内国法人の使用人として常時勤務を行う
場合の当該役員としての勤務を除く。）
二　居住者又は内国法人が運航する船舶又は航空機において行う勤務その
他の人的役務の提供（国外における寄航地において行われる一時的な人
的役務の提供を除く。）
（以下略）

所得税基本通達

161−42（内国法人の使用人として常時勤務を行う場合の意義）　令第285
条第1項第1号かっこ内に規定する「内国法人の使用人として常時勤務を
行う場合」とは、内国法人の役員が内国法人の海外にある支店の長として
常時その支店に勤務するような場合をいい、例えば、非居住者である内国
法人の役員が、その内国法人の非常勤役員として海外において情報の提供、
商取引の側面的援助等を行っているにすぎない場合は、これに該当しない
ことに留意する。

161−43（内国法人の役員が国外にあるその法人の子会社に常時勤務する場
合）　内国法人の役員が国外にあるその法人の子会社に常時勤務する場合に
おいて、次に掲げる要件のいずれをも備えているときは、その者の勤務は、
令第285条第1項第1号かっこ内に規定する内国法人の役員としての勤務
に該当するものとする。
(1)　その子会社の設置が現地の特殊事情に基づくものであって、その子会
社の実態が内国法人の支店、出張所と異ならないものであること。
(2)　その役員の子会社における勤務が内国法人の命令に基づくものであっ
て、その内国法人の使用人としての勤務であると認められること。

Question51【出向した役員に対して支給する役員報酬と租税条約】

　弊社の専務取締役Oは、この度、米国子会社の社長として3年間の予定で単身赴任することになりました。Oの現地での報酬は子会社の負担で現地にて支払いますが、Oは出向後も弊社の非常勤の平取締役として、役員報酬額は一部減額しますが、今後も弊社（日本）から支払う予定です。

　弊社が支払う役員報酬の日本における源泉徴収等課税関係を教えてください。

要　点

　　1．非居住者の納税義務と租税条約
　　2．現地で支払を受ける役員報酬の取扱い
　　3．結論

Answer

1　非居住者の納税義務と租税条約

　貴社の専務取締役Oは、3年間の予定で出国しているので、所令15条1項1号の規定により、出国後は、非居住者となります。

　非居住者に支払う給与等について、所得税法の規定では、日本においてその勤務が行われない限り、所得税の源泉徴収、日本での課税は行われません。お尋ねの専務取締役Oは、国内法人の専務としての地位（非常勤役員）と米国子会社の社長としての地位をも兼ねていると判断されます。

　したがって、所法161条1項12号イの「国内において行う勤務その他の人的役務の提供に基因するもの」により、内国法人の役員報酬については、国内源泉所得として、日本で課税されることになります。

　また、日米租税条約の規定によっても、同条約15条（役員報酬条項）において、専務取締役Oは、米国の居住者であっても、日本における役員としての報酬については、法人の所在地国で課税できることとされています。

したがって、貴社の支払う役員報酬について我が国でも課税することとなります。

このような租税条約上の条項は他の国との租税条約においても存在しますので、事例ごとに個々に確認が必要となります。

2　現地で支払を受ける役員報酬の取扱い

なお、非居住者となった専務取締役Oが、現地子会社の負担にて支払を受ける報酬は、現地で勤務していることに基因して受ける報酬ですから、国外源泉所得となります。

したがって、日本での課税関係は生じません。

3　結論

貴社の支払う役員報酬については、非居住者に対する国内源泉所得の支払となりますので、20.42％（復興特別所得税を含む。）の税率で源泉徴収を行う必要があります。

なお、現地での報酬については、日本における課税関係は生じません。

【関係法令】

> 所得税法
> 第161条（国内源泉所得）　この編において「国内源泉所得」とは、次に掲げるものをいう。
> 　一〜十一　（略）
> 　十二　次に掲げる給与、報酬又は年金
> 　　イ　俸給、給料、賃金、歳費、賞与又はこれらの性質を有する給与その他人的役務の提供に対する報酬のうち、国内において行う勤務その他の人的役務の提供（内国法人の役員として国外において行う勤務その他の政令で定める人的役務の提供を含む。）に基因するもの
> （以下略）

> 所得税法施行令
> 第285条（国内に源泉がある給与、報酬又は年金の範囲）　法第161条第1

項第12号イ（国内源泉所得）に規定する政令で定める人的役務の提供は、次に掲げる勤務その他の人的役務の提供とする。

一　内国法人の役員としての勤務で国外において行うもの（当該役員としての勤務を行う者が同時にその内国法人の使用人として常時勤務を行う場合の当該役員としての勤務を除く。）

二　居住者又は内国法人が運航する船舶又は航空機において行う勤務その他の人的役務の提供（国外における寄航地において行われる一時的な人的役務の提供を除く。）

日米租税条約

第15条（役員報酬）　一方の締約国の居住者が他方の締約国の居住者である法人の役員の資格で取得する役員報酬その他これに類する支払金に対しては、当該他方の締約国において租税を課することができる。

Question52【韓国支店で使用人として常時勤務する役員に対して支給する役員報酬】

　弊社の取締役Ｐは、この度、２年間の予定で韓国支店長（常時使用人の地位）として赴任することとになりました。取締役Ｐは出国後非居住者となりますが、内国法人からの役員報酬については、日本における源泉徴収等課税関係が生じるのか教えてください。

要　点

- 1．非居住者の納税義務
- 2．日韓租税条約
- 3．結論

Answer

1　非居住者の納税義務

　貴社の取締役Ｐは、所令 15 条 1 項 1 号の規定により、出国後、非居住者となります。非居住者に対する日本での納税義務は、所法 161 条 1 項各号に掲げる国内源泉所得に限られます（所法 5 ②）。

　次に、所法 161 条 1 項 12 号イの規定では、「国内において行う勤務その他の人的役務提供に基因」する給与等が国内源泉所得となることから、非居住者に支払う給与等については日本においてその勤務が行われない限り、所得税の源泉徴収、すなわち日本での課税は行われないこととされていますが、内国法人の役員報酬については、日本で課税できることとされています（所令 285 ①一）。

　ただし、この規定は「内国法人の使用人として常時勤務を行う場合」については、例外として国内源泉所得としない旨が、同項 1 号の括弧書き（当該役員としての勤務を行う者が同時にその内国法人の使用人として常時勤務を行う場合の当該役員としての勤務を除く。）において定められています。

　この規定は、例えば、内国法人の役員が内国法人の海外にある支店長と

して常時その支店に勤務するような場合に適用されます。すなわち、使用人として国外勤務していると考えることによるものといえます。

したがって、当該取締役Pの役員報酬については、所令285条の例外規定が適用され、日本における課税関係は生じません。

2　日韓租税条約

我が国が外国と締結した租税条約では、所得の源泉地について所得税法の規定とは異なる規定が設けられていることもあります。この場合、所法162条は、租税条約に異なる定めがあるときは、前条（161条）の規定にかかわらずその条約に定めるところによると規定していることから、その条約の規定を受けるものについては、国内法の規定に代えて、その条約の規定により所得の源泉地を判定します。

国内法の規定と租税条約の規定とが競合する場合、租税条約の規定を優先するという考え方は、憲法98条2項において「日本国が締結した条約及び確定された国際法規は、これを誠実に遵守することを必要とする」と規定していることに根拠を求めることができます。

日韓租税条約によって、Pの勤務地で課税を受けることとなります。

なお、内国法人の役員報酬については、日本で支給され課税を受ける役員報酬（常時使用人としての勤務の対価に該当しない報酬）に対して、海外での勤務に基因するものであるとしても、日本での課税がされることとなります。現地でも税法にしたがって国内源泉所得であるとして課税されることもあります。日本での確定申告に当たって、外国税額控除の適用を受けられず二重課税となるケースもあります。必ず現地の税法と租税条約を調べてください。

（注1）　海外子会社に勤務する場合には、
　　　　　①　その子会社の設置が現地の特殊事情に基づくものであって、その子会社の実態が内国法人の支店、出張所と異ならないものであること
　　　　　②　その役員の子会社における勤務が内国法人の命令に基づくものであって、その内国法人の使用人としての勤務であると認められること

の2つの条件を満たす場合に国内源泉所得とはしない旨が、所基通161-43で明らかにされています。

(注2)　また、非居住者である内国法人の役員がその内国法人の非常勤役員として海外において情報の提供、商取引の側面的援助等を行っているに過ぎない場合は、内国法人の使用人として常時勤務を行う場合（所令285①一括弧書き）に該当しないとされています（所基通161-42）。

3　結論

取締役Pの役員報酬は、所令285条1項1号括弧書（当該役員としての勤務を行う者が同時にその内国法人の使用人として常時勤務を行う場合の当該役員としての勤務を除く。）が適用され、日本における課税関係は生じませんが、勤務地である韓国で課税関係が生じることとなります。

【関係法令】

所得税法

第161条（国内源泉所得）　この編において「国内源泉所得」とは、次に掲げるものをいう。

一～十一　（略）

十二　次に掲げる給与、報酬又は年金

イ　俸給、給料、賃金、歳費、賞与又はこれらの性質を有する給与その他人的役務の提供に対する報酬のうち、国内において行う勤務その他の人的役務の提供（内国法人の役員として国外において行う勤務その他の政令で定める人的役務の提供を含む。）に基因するもの

（以下略）

第162条（租税条約に異なる定めがある場合の国内源泉所得）　租税条約（略）において国内源泉所得につき前条の規定とは異なる定めがある場合には、その租税条約の適用を受ける者については、同条の規定にかかわらず、国内源泉所得は、その異なる定めがある限りにおいて、その租税条約の定めるところによる（後略）。

（以下略）

所得税法施行令

第285条（国内に源泉がある給与、報酬又は年金の範囲）　法第161条第1項第12号イ（国内源泉所得）に規定する政令で定める人的役務の提供は、次に掲げる勤務その他の人的役務の提供とする。

一　内国法人の役員としての勤務で国外において行うもの（当該役員としての勤務を行う者が同時にその内国法人の使用人として常時勤務を行う場合の当該役員としての勤務を除く。）

二　居住者又は内国法人が運航する船舶又は航空機において行う勤務その他の人的役務の提供（国外における寄航地において行われる一時的な人的役務の提供を除く。）

（以下略）

所得税基本通達

161－42（内国法人の使用人として常時勤務を行う場合の意義）　令第285条第1項第1号かっこ内に規定する「内国法人の使用人として常時勤務を行う場合」とは、内国法人の役員が内国法人の海外にある支店の長として常時その支店に勤務するような場合をいい、例えば、非居住者である内国法人の役員が、その内国法人の非常勤役員として海外において情報の提供、商取引の側面的援助等を行っているにすぎない場合は、これに該当しないことに留意する。

161－43（内国法人の役員が国外にあるその法人の子会社に常時勤務する場合）
　内国法人の役員が国外にあるその法人の子会社に常時勤務する場合において、次に掲げる要件のいずれをも備えているときは、その者の勤務は、令第285条第1項第1号かっこ内に規定する内国法人の役員としての勤務に該当するものとする。

（1）　その子会社の設置が現地の特殊事情に基づくものであって、その子会社の実態が内国法人の支店、出張所と異ならないものであること。

（2）　その役員の子会社における勤務が内国法人の命令に基づくものであって、その内国法人の使用人としての勤務であると認められること。

日韓租税条約

第16条（役員報酬）　一方の締約国の居住者が他方の締約国の居住者である法人の役員の資格で取得する役員報酬その他これに類する支払金に対しては、当該他方の締約国において租税を課することができる。

Question53【子会社に出向中の役員の旅費について子会社旅費規程との差額分を親会社である日本法人が負担する場合】

弊社の社員Lが、海外子会社に3年間出向することとなりました。

海外子会社と弊社（親会社）との給与較差については、較差補てん金として弊社が負担することとしていますが、出張旅費についても較差が生じています。

出張旅費の較差補てんも、弊社負担の給与（留守宅手当）として取扱って問題はないでしょうか。

要　点

1. 出向者に係る出張旅費やその他の費用の負担関係
2. 較差補てん金の取扱い（法基通9−2−47）
3. 結論

Answer

1　出向者に係る出張旅費やその他の費用の負担関係

出向者に係る業務遂行に当たっての出向元法人と出向先法人の費用負担は、例え出向先が海外法人であっても変わることがないと考えます。

出向先で給与が減額になることは重要な労働条件の変更となりますが、福利厚生の変動については、一般的に重要な労働条件に該当しないと考えられ、また、就業規則は出向先法人の規定が適用されることとなります。このことからすると、出張旅費は出向先が金額負担することが原則ですが、実費と手当に差が生じており、その差額について較差補てん金に含めて給与（留守宅手当）として取扱うことも一般的ではあると考えます。

一方、海外子会社の業務命令に基づく出張ですので、例え日本の出向元法人の出張旅費規程に比較して低額であることを理由に較差補てん金と同視できるものとはいえないと考えます。物価水準も海外子会社所在地国と日本とでは異にしますので、海外子会社の旅費規程による負担額が実費弁

償額相当額であるとしますと日本の出向元法人の旅費規程を当てはめますと実費弁償額を超えた旅費相当額の手当の支給とも考えられます。このことは、子会社負担分を親会社が負担しているとの見方もできると考えます。

2　較差補てん金の取扱い（法基通9－2－47）

法人税法基本通達9－2－47で、海外出向先法人との給与較差補てん金については、出向元法人の給与とされ、かつ国外所得に該当するとして所得税の源泉徴収も必要ないとされています。

3　結論

原則的には、旅費の支給負担は出向先法人が負うことになりますので、出向先法人の旅費規程と親会社である出向元法人の旅費規程との差額を出向元法人が較差補てんとして負担した場合には、当該金額を海外子会社からチャージバックを受けない限り親会社から海外子会社に対する寄附金（国外関連者に対する寄附金として全額損金不算入）として処理する見方もでてくると考えます。

しかし、給与較差補てんの1つとして、出向に際して出向者の出向前の給与及び出張旅費について負担保証するとの出向契約に明記している場合には、子会社の旅費規程と親会社の旅費規定との差額を親会社が負担することに理由があると考えます。留守宅手当についての日本での課税がないことを考え合わせると出張旅費の差額補てんについては実態（例えば、子会社の旅費負担が子会社の旅費規程より低額の支出でその差額を親会社が負担なら寄附金処理相当）に即応した対応が必要となります。

関係法令】

法人税基本通達

9－2－47（出向者に対する給与の較差補てん）　出向元法人が出向先法人との給与条件の較差を補てんするため出向者に対して支給した給与の額（出向先法人を経て支給した金額を含む。）は、当該出向元法人の損金の額に算入する。（昭55直法2－8、平10課法2－7、平19課法2－3、平23課

法2－17改正）

（注）出向元法人が出向者に対して支給する次の金額は、いずれも給与条件
の較差を補てんするために支給したものとする。

1　出向先本人が経営不振等で出向者に賞与を支給することができない
ため出向元法人が当該出向者に対して支給する賞与の額

2　出向先法人が海外にあるため出向元法人が支給するいわゆる留守宅
手当の額

（以下略）

Question54【海外子会社に出向した役員に支払う借入金利子】

　弊社では、役員Qからの借入金に対して利子を支払っていますが、Qはこの度、3年間の予定で米国の子会社へ出向しました。

　弊社では、居住者が受領する会社への貸付金の利子は雑所得となり源泉徴収の対象とならないため、出国して非居住者となった後の利子についても源泉徴収せず全額支払っていました。

　ところが、非居住者に支払う借入金の利子については源泉徴収が必要であるとの話を聞きました。源泉徴収の必要はありますか。

要　点

1．非居住者の納税義務
2．租税条約の特典条項
3．結論

Answer

1　非居住者の納税義務

　所得税法によれば、非居住者が取得する国内において業務を行うもの（弊社の業務用資金としての借入金）に対する貸付金の利子は国内源泉所得に該当し（所法161①十）、これを支払う者は20.42％（復興特別所得税を含む。以下同じ。）の税率により源泉徴収をしなければならないとされています。

　なお、居住者の行う業務に係るもの以外のものにより生ずる所得は、所得税法第161条第1項第2号に規定する国内源泉所得、国内にある資産の運用又は保有により生ずる所得（所法161①二、所令280①二）に該当し、雑所得として確定申告が必要となることに留意願います。

2　租税条約の特典条項

　ところで、日米租税条約によると、日本国内に恒久的施設がない場合の税率は、10％を超えないこととされています（この税率は制限税率ですので、

10％に復興特別所得税0.21％を賦課する必要はありません。）。しかしながら、この条約の適用を受けるためには、事前に「租税条約に関する届出書」（特典条項に関する付表及び居住者証明書の添付のあるもの）をその支払者を経由して支払者の納税地の所轄税務署長に提出しなければならないこととされています（実施特例省令2、9の5、15）。

提出がない場合は、租税条約の適用がない場合の税率が適用されます。

したがって、非居住者になった後に支払った利子の20.42％の所得税を源泉徴収しなければなりません。

なお、届出書の提出という手続きは、租税条約の適用を受けるための効力要件ではないとされており、したがって、後日届出書を提出することでも可能とする取扱いをされているようですが、原則としては、20.42％の所得税を源泉徴収し、事後、租税条約の届出書を提出するとともに租税条約に関する源泉徴収額の還付請求書を提出することによって、差額の還付を受けることとなります。

3　結論

役員Qへの支払利子は、非居住者が取得する貸付金の利子となりますから、所法161条1項10号に規定する利子に該当し、国内源泉所得となります。また、租税条約を受けるための届出書の提出もないことから、これを支払う者は20.42％の税率により源泉徴収をしなければなりません。

源泉徴収をしていない場合には、事務的にも早期に「租税条約に関する届出書」を提出して是正するか、源泉徴収している場合には届出をして、源泉徴収の還付手続きをおすすめします。

なお、この場合には、役員Qは米国においての対応的調整（源泉税の外国税額控除）が必要となることにも留意が必要です。

【関係法令】

所得税法
第161条（国内源泉所得）　この編において「国内源泉所得」とは、次に掲げるものをいう。

一～九　（略）

十　国内において業務を行う者に対する貸付金（これに準ずるものを含む。）で当該業務に係るものの利子（政令で定める利子を除き、債券の買戻又は売戻条件付売買取引として政令で定めるものから生ずる差益として政令で定めるものを含む。）

（以下略）

租税条約等の実施に伴う所得税法、法人税法及び地方税法の特例等に関する法律

第3条の2（配当等又は譲渡収益に対する源泉徴収に係る所得税の税率の特例等）　相手国居住者等が支払を受ける配当等（租税条約に規定する配当、利子若しくは使用料（中略）又は譲渡収益（略）のうち、当該相手国居住者等に係る相手国等との間の租税条約の規定において、当該相手国居住者等の所得として取り扱われるものとされるもの（中略）であつて限度税率を定める当該租税条約の規定の適用があるものに対する同法第170条、第179条若しくは第213条第1項又は租税特別措置法第3条第1項、第8条の2第1項、第3項、若しくは第4項（中略）までの規定の適用については、当該限度税率が当該配当又は譲渡収益に適用されるこれらの規定に規定する税率以上である場合を除き、これらの規定に規定する税率に代えて、当該租税条約の規定により当該配当又は譲渡収益につきそれぞれ適用される限度税率によるものとする。

租税条約等の実施に伴う所得税法、法人税法及び地方税法の特例等に関する法律の施行に関する省令

第2条（相手国居住者等配当等に係る所得税の軽減又は免除を受ける者の届出等）　相手国居住者等は、その支払を受ける法第3条の2第1項（略）に規定する相手国居住者等配当等（以下「相手国居住者等配当等」という。）につき所得税法第212条第1項若しくは第2項（中略）又は租税特別措置法第9条の3の2第1項（略）第37条の11の4第1項（略）（中略）の規定により徴収されるべき所得税について当該相手国居住者等に係る相手国等との間の租税条約の規定に基づき軽減又は免除を受けようとする場合には、当該相手国居住者等配当等に係る源泉徴収義務者ごとに、次に掲げる

事項を記載した届出書を、当該租税条約の効力発生の日以後最初にその支払を受ける日の前日まで（中略）に、当該源泉徴収義務者を経由して、当該源泉徴収義務者の納税地の所轄税務署長に提出しなければならない。

（以下略）

第9条の5 （源泉徴収に係る所得税につき特典条項に係る規定の適用を受ける者の届出等） 相手国居住者等は、その支払を受ける国内源泉所得につき所得税法第212条第1項若しくは第2項（中略）の規定により徴収されるべき所得税について当該相手国居住者等に係る相手国等との間の租税条約の特定規定に基づき軽減又は免除を受けようとする場合には、第2条（中略）までの規定（略）する届出書に第9条の2第1項第3号及び第9号（略）に掲げる事項を記載した書類（略「特典条項関係書類等」）を添付した書類（中略）を、当該租税条約の効力発生の日以後その支払を受ける都度、その支払を受ける日の前日まで（中略）に、当該源泉徴収義務者を経由して、当該源泉徴収義務者の納税地の所轄税務署長に提出しなければならない。

（以下略）

日米租税条約

第11条 （利子）

2　1の利子に対しては、当該利子が生じた締約国においても、当該締約国の法令に従って租税を課することができる。その租税の額は、当該利子の受益者が他方の締約国の居住者である場合には、当該利子の額の10パーセントを超えないものとする。

3～5　（略）

6　1から3までの規定は、一方の締約国の居住者である利子の受益者が、当該利子の生じた他方の締約国内において当該他方の締約国内にある恒久的施設を通じて事業を行う場合において、当該利子の支払の基因となった債権が当該恒久的施設と実質的な関連を有するものであるときは、適用しない。この場合には、第7条の規定を適用する。

7　利子は、その支払者が一方の締約国の居住者である場合には、当該一方の締約国内において生じたものとされる。ただし、利子の支払者（いずれ

かの締約国の居住者であるか否かを問わない。）が、その者が居住者とされる国以外の国に恒久的施設を有する場合において、当該利子の支払の基因となった債務が当該恒久的施設について生じ、かつ、当該利子が当該恒久的施設によって負担されるものであるときは、次に定めるところによる。

(a)　当該恒久的施設が一方の締約国内にある場合には、当該利子は、当該一方の締約国内において生じたものとされる。

(b)　当該恒久的施設が両締約国以外の国にある場合には、当該利子は、いずれの締約国内においても生じなかったものとされる。

様式 2
FORM

租 税 条 約 に 関 す る 届 出 書

APPLICATION FORM FOR INCOME TAX CONVENTION

利子に対する所得税及び復興特別所得税の軽減・免除
Relief from Japanese Income Tax and Special Income
Tax for Reconstruction on Interest

この届出書の記載に当たっては、別紙の注意事項を参照してください。
See separate instructions.

（税務署整理欄
For official use only）

適用；有、無

番号　　　身元
確認　　　確認

支払者等受付印

税務署受付印

_____税務署長殿
To the District Director, _____Tax Office

1 適用を受ける租税条約に関する事項；
Applicable Income Tax Convention
日本国と_____との間の租税条約第___条第___項
The Income Tax Convention between Japan and_____, Article___, para.___

限度税率_____％
Applicable Tax Rate
免　税
Exemption

2 利子の支払を受ける者に関する事項；Details of Recipient of Interest

氏　名　又　は　名　称 Full name	
個 人 番 号 又 は 法 人 番 号 （有 す る 場 合 の み 記 入） Individual Number or Corporate Number (Limited to case of a holder)	
個人の場合 Individual	住　所　又　は　居　所 Domicile or residence	（電話番号 Telephone Number）
	国　　　籍 Nationality	
法人その他の 団体の場合 Corporation or other entity	本店又は主たる事務所の所在地 Place of head office or main office	（電話番号 Telephone Number）
	設立又は組織された場所 Place where the Corporation was established or organized	
	事業が管理・支配されている場所 Place where the business is managed and controlled	（電話番号 Telephone Number）
下記「4」の利子につき居住者として課税される国 及び納税地（注8） Country where the recipient is taxable as resident on Interest mentioned in 4 below and the place where he is to pay tax (Note 8)		（納税者番号 Taxpayer Identification Number）
日本国内の恒久的施設の状況 Permanent establishment in Japan □有(Yes), □無(No) If "Yes", explain:	名　　　称 Name	
	所　在　地 Address	（電話番号 Telephone Number）
	事 業 の 内 容 Details of business	

3 利子の支払者に関する事項；Details of Payer of Interest

氏　名　又　は　名　称 Full name	
住所（居所）又は本店（主たる事務所）の所在地 Domicile (residence) or Place of head office (main office)	（電話番号 Telephone Number）
個 人 番 号 又 は 法 人 番 号 （有 す る 場 合 の み 記 入） Individual Number or Corporate Number (Limited to case of a holder)	
日本国内にある事務所等 Office, etc. located in Japan	名　　　称 Name	（事業の内容 Details of Business）
	所　在　地 Address	（電話番号 Telephone Number）

4 上記「3」の支払者から支払を受ける利子で「1」の租税条約の規定の適用を受けるものに関する事項（注9）；
Details of Interest received from the Payer to which the Convention mentioned in 1 above is applicable (Note 9)
○ 元本の種類： □ 公社債　　　　　　□ 公社債投資信託　　　□ 預貯金、合同運用信託　　　　□ 貸付金　　□ その他
Kind of principal:　Bonds and debentures　　Bond investment trust　　Deposits or Joint operation trust　　Loans　　Others

(1) 債券に係る利子の場合；In case of Interest derived from securities

債 券 の 銘 柄 Description of Securities	名義人の氏名又は名称（注10） Name of Nominee of Securities (Note 10)	債券の取得年月 Date of Acquisition of Securities
額　面　金　額 Face Value of Securities	債 券 の 数 量 Quantity of Securities	利子の支払期日 Due Date for Payment	利 子 の 金 額 Amount of Interest

(2) 債券以外のものに係る利子の場合；In case of other Interest

支払の基因となった契約の内容 Content of Contract under Which Interest is paid	契約の締結年月日 Date of Contract	契 約 期 間 Period of Contract	元 本 の 金 額 Amount of Principal	利子の支払期日 Due Date for Payment	利 子 の 金 額 Amount of Interest

5　その他参考となるべき事項（注11）：
　Others (Note 11)

6　日本の税法上、届出書の「2」の外国法人が納税義務者とされるが、「1」の租税条約の相手国では、その外国法人の株主等が納税義務者とされており、かつ、租税条約の規定によりその株主等である者（相手国居住者に限ります。）の所得として取り扱われる部分に対して租税条約の適用を受けることとされている場合の租税条約の適用を受ける割合に関する事項等（注4）：
　Details of proportion of income to which the convention mentioned in 1 above is applicable. If the foreign company mentioned in 2 above is taxable as a company under Japanese tax law, and the member of the company is treated as taxable person in the other contracting country of the convention; and if the convention is applicable to income that is treated as income of the member (limited to a resident of the other contracting country) of the foreign company in accordance with the provisions of the convention (Note 4)

届出書の「2」の欄に記載する外国法人が支払を受ける「4」の利子については、「1」の租税条約の相手国において次の法令に基づいて、次の日以後、その外国法人の株主等である者が課税されることとされています。
The member of the foreign company mentioned in 2 above is taxable in the other contracting country mentioned in 1 above regarding the interest mentioned in 4 above since the following date under the following law of the other contracting country.

根拠法令　　　　　　　　　　　　　　　　　　　　　　　　　　　　効力を生じる日　　　　年　　　　月　　　　日
Applicable law_____　Effective date_____

届出書の「2」の外国法人の株主等で租税条約の適用を受ける者の氏名又は名称 Name of member of the foreign company mentioned in 2 above, to whom the Convention is applicable	間接保有 Indirect Ownership	持分の割合 Ratio of Ownership	受益の割合＝ 租税条約の適用を受ける割合 Proportion of benefit ＝ Proportion for Application of Convention
	—	%	%
	⌐	%	%
	—	%	%
	⌐┘	%	%
		%	%
合計　Total		%	%

7　日本の税法上、届出書の「2」の団体の構成員が納税義務者とされるが、「1」の租税条約の相手国ではその団体が納税義務者とされており、かつ、租税条約の規定によりその団体の所得として取り扱われるものに対して租税条約の適用を受けることとされている場合の租税条約等（注5）；
　Details if, while the partner of the entity mentioned in 2 above is taxable under Japanese tax law, the entity is treated as taxable person in the other contracting country of the convention mentioned in 1 above, and if the convention is applicable to income that is treated as income of the entity in accordance with the provisions of the convention (Note 5)

届出書の「2」に記載した団体が、「4」の利子につき、「1」の租税条約の相手国において次の法令に基づいて、次の日以後、法人として課税されることとされています。
The entity mentioned in 2 above is taxable as a corporation regarding the interest mentioned in 4 above since the following date under the following law in the other contracting country of the convention mentioned in 1 above.

根拠法令　　　　　　　　　　　　　　　　　　　　　　　　　　　効力を生じる日　　　　年　　　　月　　　　日
Applicable law_____　Effective date_____

他の全ての構成員から通知を受けこの届出書を提出する構成員の氏名又は名称
Full name of the partner of the entity who has been notified by all other partners and is to submit this form

私は、この届出書の「4」に記載した利子が「1」に掲げる租税条約の規定の適用を受けるものであることを、「租税条約等の実施に伴う所得税法、法人税法及び地方税法の特例等に関する法律の施行に関する省令」及び「復興特別所得税に関する省令」の規定により届け出るとともに、この届出書（及び付表）の記載事項が正確かつ完全であることを宣言します。
In accordance with the provisions of the Ministerial Ordinance for the Implementation of the Law concerning the Special Measures of the Income Tax Act, the Corporation Tax Act and the Local Tax Act for the Enforcement of Income Tax Conventions and the Ministerial Ordinance concerning Special Income Tax for Reconstruction, I hereby submit this application form under the belief that the provisions of the Income Tax Convention mentioned in 1 above is applicable to Interest mentioned in 4 above and also hereby declare that the statement on this form (and attachment form) is correct and complete to the best of my knowledge and belief.

Date_____

利子の支払を受ける者又はその代理人の署名
Signature of the Recipient of Interest or his Agent
_____

8　権限ある当局の証明（注12）
　Certification of competent authority (Note 12)

私は、届出者が、日本国と_____との間の租税条約第____条第____項に規定する居住者であることを証明します。
I hereby certify that the applicant is a resident under the provisions of the Income Tax Convention between Japan and _____, Article____, para.____.

Date_____　　Signature_____

○　代理人に関する事項　；　この届出書を代理人によって提出する場合には、次の欄に記載してください。
　Details of the Agent　；　If this form is prepared and submitted by the Agent, fill out the following columns.

代理人の資格 Capacity of Agent in Japan	氏名（名称） Full name	納税管理人の届出をした税務署名 Name of the Tax Office where the Tax Agent is registered
⌐ 納税管理人　※ 　Tax Agent ∟ その他の代理人 　Other Agent	住所（居所・所在地） Domicile (Residence or location) （電話番号 Telephone Number）	税務署 Tax Office

※　「納税管理人」とは、日本国の国税に関する申告、申請、請求、届出、納付等の事項を処理させるため、国税通則法の規定により選任し、かつ、日本国における納税地の所轄税務署長に届出をした代理人をいいます。

※　"Tax Agent" means a person who is appointed by the taxpayer and is registered at the District Director of Tax Office for the place where the taxpayer is to pay his tax, in order to have such agent take necessary procedures concerning the Japanese national taxes, such as filing a return, applications, claims, payment of taxes, etc., under the provisions of Act on General Rules for National Taxes.

○　適用を受ける租税条約が特典条項を有する租税条約である場合：
　If the applicable convention has article of limitation on benefits

特典条項に関する付表の添付　　□有Yes
Attachment Form for　　　　　□添付省略 Attachment not required
Limitation on Benefits　　　（特典条項に関する付表を添付して提出した租税条約に関する届出書の提出日
Article attached　　　　　　 Date of previous submission of the application for income tax convention with the　Attachment Form for Limitation on Benefit Article）　　　　　年　　　月　　　日

様 式 17-米
FORM

特 典 条 項 に 関 す る 付 表 （米）

ATTACHMENT FORM FOR LIMITATION ON BENEFITS ARTICLE (US)

記載に当たっては、別紙の注意事項を参照してください。
See separate instructions.

1 適用を受ける租税条約の特典条項に関する事項 ;
Limitation on Benefits Article of applicable Income Tax Convention
日本国と<u>アメリカ合衆国</u>との間の租税条約第<u>22</u>条
The Income Tax Convention between Japan and <u>The United States of America</u>, Article <u>22</u>

2 この付表に記載される者の氏名又は名称 ;
Full name of Resident this attachment Form

	居住地国の権限ある当局が発行した居住者証明書を添付してください(注5)。 Attach Residency Certification issued by Competent Authority of Country of residence. (Note 5)

3 租税条約の特典条項の要件に関する事項 ;
AからCの順番に各項目の「□該当」又は「□非該当」の該当する項目に✓印を付してください。いずれかの項目に「該当」する場合には、それ以降の項目に記入する必要はありません。なお、該当する項目については、各項目ごとの要件に関する事項を記入の上、必要な書類を添付してください。
In order of sections A, B and C , check applicable box "Yes" or "No" in each line. If you check any box of "Yes", in section A to C, you need not fill the lines that follow. Applicable lines must be filled and necessary document must be attached.

A

(1) 個人 Individual	□該当 Yes、 □非該当 No

(2) 国、地方政府又は地方公共団体、中央銀行
Contracting Country, any Political Subdivision or Local Authority, Central Bank　　　　　□該当 Yes、 □非該当 No

(3) 公開会社(注7) Publicly Traded Company (Note 7)　　　　　□該当 Yes、 □非該当 No
(公開会社には、下表のC欄が6％未満である会社を含みません。)(注8)
"Publicly traded Company" does not include a Company for which the Figure in Column C below is less than 6%).(Note 8)

株式の種類 Kind of Share	公認の有価証券市場の名称 Recognized Stock Exchange	シンボル又は証券 コード Ticker Symbol or Security Code	発行済株式の総数の平均 Average Number of Shares outstanding	有価証券市場で取引された株式 の数 Number of Shares traded on Recognized Stock Exchange	B/A(%)
			A	B	C
					%

(4) 公開会社の関連会社 Subsidiary of Publicly Traded Company　　　　　□該当 Yes、 □非該当 No
(発行済株式の総数(＿＿＿＿＿＿株)の50％以上が上記(3)の公開会社に該当する5以下の法人により直接又は間接に所有されているものに限ります。)(注9)。
"Subsidiary of Publicly Traded Company" is limited to a company at least 50% of whose shares outstanding (＿＿＿＿＿＿shares) are owned directly or indirectly by 5 or fewer "Publicly Traded Companies" as defined in (3) above.(Note 9)
　　　年　　　月　　　日現在の株主の状況 State of Shareholders as of (date)

	株主の名称 Name of Shareholder	居住地国における納税地 Place where Shareholder is taxable in Country of residence	公認の有価証券市場 Recognized Stock Exchange	シンボル又は証 券コード Ticker Symbol or Security Code	間接保有 Indirect Ownership	所有株式数 Number of Shares owned
1					□	
2					□	
3					□	
4					□	
5					□	
	合　　計 Total (持株割合 Ratio (%) of Shares owned)					(　　%)

(5) 公益団体(注10) Public Service Organization (Note 10)　　　　　□該当 Yes、 □非該当 No
設立の根拠法令 Law for Establishment　　　　　　　　　設立の目的 Purpose of Establishment

(6) 年金基金(注11) Pension Fund (Note 11)　　　　　□該当 Yes、 □非該当 No
(直前の課税年度の終了の日においてその受益者、構成員又は参加者の50％を超える者が日本又は「1」の租税条約の相手国の居住者である個人であるものに限ります。受益者等の50％以上が、両締約国の居住者である事情を記入してください。)
"Pension Fund" is limited to one more than 50% of whose beneficiaries, members, or participants were individual residents of Japan or the other contracting country of the convention mentioned in 1 above as of the end of the prior taxable year. Provide below details showing that more than 50% of beneficiaries etc. are individual residents of either contracting country.

設立等の根拠法令 Law for Establishment　　　　　　　　　非課税の根拠法令 Law for Tax Exemption

▼ Aのいずれにも該当しない場合は、Bに進んでください。If none of the lines in A applies, proceed to B.

B

次の(a)及び(b)の要件のいずれも満たす個人以外の者 Person other than an Individual, and satisfying both (a) and (b) below　　□該当 Yes，□非該当 No

(a)　株式や受益に関する持分（　　　　　　　　　）の 50%以上が、Aの(1)、(2)、(3)、(5)及び(6)に該当する日本又は「1」の租税条約の相手国の居住者により直接又は間接に所有されていること(注12)
Residents of Japan or the other contracting Country of the Convention mentioned in 1 above who fall under (1),(2),(3),(5) or (6) of A own directly or indirectly at least 50% of Shares or other beneficial Interests (　　　　　　) in the Person. (Note 12)
　　年　　月　　日現在の株主等の状況 State of Shareholders, etc. as of (date)　　　．　　．

株主等の氏名又は名称 Name of Shareholders	居住地国における納税地 Place where Shareholders is taxable in Country of residence	Aの番号 Number of applicable Line in A	間接所有 Indirect Ownership	株主等の持分 Number of Shares owned
			□	
			□	
			□	
	合　　　　計 Total（持分割合 Ratio(%) of Shares owned）			（　　%）

(b)　総所得のうち、課税所得の計算上控除される支出により、日本又は「1」の租税条約の相手国の居住者に該当しない者（以下「第三国居住者」といいます。）に対し直接又は間接に支払われる金額が、50%未満であること(注13)
Less than 50% of the person's gross income is paid or accrued directly or indirectly to persons who are not residents of Japan or the other contracting country of the convention mentioned in 1 above ("third country residents") in the form of payments that are deductible in computing taxable income in country of residence (Note 13)
第三国居住者に対する支払割合 Ratio of Payment to Third Country Residents　　　　　　　　（通貨 Currency:　　　　　　　）

	申告　Tax Return		源泉徴収税額　Withholding Tax	
	当該課税年度 Taxable Year	前々々課税年度 Taxable Year three Years prior	前々課税年度 Taxable Year two Years prior	前課税年度 Prior taxable Year
第三国居住者に対する支払 Payment to third Country Residents	A			
総所得 Gross Income	B			
A/B (%)	C　　　%	%	%	%

Bに該当しない場合は、Cに進んでください。If B does not apply, proceed to C.

C

次の(a)から(c)の要件を全て満たす者 Resident satisfying all of the following Conditions from (a) through (c)　　□該当 Yes，□非該当 No
居住地国において従事している営業又は事業の活動の概要（注14）；Description of trade or business in residence country (Note 14)

(a)　居住地国において従事している営業又は事業の活動が、自己の勘定のために投資を行い又は管理する活動（商業銀行、保険会社又は登録を受けた証券会社が行う銀行業、保険業又は証券業の活動を除きます。）ではないこと(注15)：　　□はい Yes，□いいえ No
Trade or business in country of residence is other than that of making or managing investments for the resident's own account (unless these activities are banking, insurance or securities activities carried on by a commercial bank, insurance company or registered securities dealer) (Note 15)　　□はい Yes，□いいえ No

(b)　所得が居住地国において従事している営業又は事業の活動に関連又は付随して取得されるものであること(注16)：　　□はい Yes，□いいえ No
Income is derived in connection with or is incidental to that trade or business in country of residence (Note 16)

(c)　（日本国内において営業又は事業の活動から所得を取得する場合）居住地国において行う営業又は事業の活動が日本国内において行う営業又は事業の活動との関係で実質的なものであること(注17)：　　□はい Yes，□いいえ No
(If you derive income from a trade or business activity in Japan) Trade or business activity conducted in the country of residence is substantial in relation to the trade or business activity conducted in Japan. (Note 17)

日本国内において従事している営業又は事業の活動の概要；Description of Trade or Business in Japan.

D　国税庁長官の認定；
Determination by the NTA Commissioner
国税庁長官の認定を受けている場合は、以下にその内容を記載してください。その認定の範囲内で租税条約の特典を受けることができます。なお、上記AからCまでのいずれかに該当する場合には、権限ある当局の認定は不要です。
If you have been a determination by the NTA Commissioner, describe below the determination. Convention benefits will be granted to the extent of the determination. If any of A through C above applies, determination by the NTA Commissioner is not necessary.

・認定を受けた日　Date of determination　　年　　月　　日　　　　　　　　
・認定を受けた所得の種類
　Type of income for which determination was given

Question55【国外関連会社に出向した社員の所有する家屋の借上げに対する取扱い】

　××年４月に３年間の予定で、弊社（内国法人）の国外関連者であるシンガポール法人に出向のため出国した社員Ｒから、４月以降空き家になったＲ所有の住宅を借り上げ、弊社社員の独身寮として使用し、Ｒに対して毎月10万円の賃借料を支払っております。この場合の日本における源泉徴収関係の扱いについてご教示ください。

要　点

1. 推定非居住者の取扱い
2. 国内源泉所得の範囲
3. 日本・シンガポールで締結された租税条約
4. 結論

Answer

1　推定非居住者の取扱い

　国内に住所も１年以上の居所も有しない者（所法２①五）は、非居住者として扱われます。

　所令15条１項において「我が国に住所を有していない場合」とは、

① 　国外に継続して１年以上居住することを通常必要とする職業を有すること（同条１号）

② 　外国国籍又は外国永住権を有し、かつ、生計を一にする配偶者等を有しないこと、その他国内における職業及び資産の有無等の状況に照らし、再び国内に帰り、主として国内に居住するものと推測に足る事実がないこと（同条２号）

のいずれかに該当する場合としています。

　これらに該当する者に対しては、非居住者として我が国の国内源泉所得について課税されることになります（もっとも、推定規定ですから、住所を

有していないという反証があった場合には、この推定は覆ることになります。）。

　出国の翌日から起算して向う1年以上勤務することが予定されている場合には、非居住者として推定して取り扱うと所令15条1項1号で規定しており、その起算日の規定は所基通2−4により、居住者の判定基準について「入国の日の翌日から起算する」としていることから、出国の場合においてもその翌日からとされています。

2　国内源泉所得の範囲

　所法161条1項7号では、「国内にある土地若しくは土地の上に存する権利の貸付による対価」を国内源泉所得とすることを規定しています。すなわち、本件のように、国内にある住宅の貸付けに係る対価は、我が国の国内源泉所得に該当することとなります。

　したがって、貴社は源泉徴収義務が生じることとなります（所法212）。

（参考）

　当該住宅が、賃借人が自己又はその親族の居住の用に供するため借り受けた個人から支払われるものについては、源泉徴収は不要とされています（所令328①二）。

3　日本・シンガポールで締結された租税条約

　日本国とシンガポール共和国で締結された租税条約においても、第6条（不動産所得）で、一方の締約国（シンガポール）の居住者が他方の締約国（日本）内に存在する不動産から取得する所得に対しては、当該他方の締約国（日本）において租税を課すことができると規定しています。

4　結論

　貴社シンガポール法人に勤務のため、期間3年間の予定で出国した貴社社員Rは、所令15条により、非居住者として扱われます。したがって、非居住者である社員Rが日本国内に所有する住宅を貸し付けたことにより得た賃貸料は、所法161条に規定する国内源泉所得に該当しますので、貴

社は、社員Rに対する賃借料の支払時に、20.42％（復興特別所得税を含む。）の源泉徴収をしなければなりません。

また、社員Rは、不動産賃貸収入について確定申告書を提出し、源泉徴収された税額を精算することになります。

【関係法令】

所得税法

第161条（国内源泉所得）　この編において「国内源泉所得」とは、次に掲げるものをいう。

一～六　（略）

七　国内にある不動産、国内にある不動産の上に存する権利若しくは採石法（中略）の規定による採石権の貸付け（地上権又は採石権の設定その他他人に不動産、不動産の上に存する権利又は採石権を使用させる一切の行為を含む。）、鉱業法（中略）の規定による租鉱権の設定又は居住者若しくは内国法人に対する船舶若しくは航空機の貸付けによる対価

（以下略）

第212条（源泉徴収義務）非居住者に対し国内において第161条第1項第4号から第16号まで（国内源泉所得）に掲げる国内源泉所得（中略）の支払をする者（中略）は、その支払の際、これらの国内源泉所得について所得税を徴収し、その徴収の日の属する月の翌月10日までに、これを国に納付しなければならない。

（以下略）

第213条（徴収税額）　前条第1項の規定により徴収すべき所得税の額は、次の各号の区分に応じ当該各号に定める金額とする。

一　前条第1項に規定する国内源泉所得（次号及び第3号に掲げるものを除く。）　その金額（中略）に100分の20の税率を乗じて計算した金額

（以下略）

　所得税法施行令

第 15 条（国内に住所を有しない者と推定する場合）　国外に居住することとなつた個人が次の各号のいずれかに該当する場合には、その者は、国内に住所を有しない者と推定する。

　一　その者が国外において、継続して 1 年以上居住することを通常必要とする職業を有すること。

（以下略）

　所得税基本通達

2 － 4（居住期間の計算の起算日）　法第 2 条第 1 項第 3 号に規定する「1 年以上」の期間の計算の起算日は、入国の日の翌日となることに留意する。

　日本・シンガポール租税条約

第 6 条（不動産所得）

1　一方の締約国の居住者が他方の締約国内に存在する不動産から取得する所得（農業又は林業から生ずる所得を含む。）に対しては、当該他方の締約国において租税を課することができる。

2　「不動産」の用語は、当該財産が存在する締約国の法令における不動産の意義を有するものとする。（略）

3　1 の規定は、不動産の直接使用、賃貸その他のすべての形式による使用から生ずる所得について適用する。

（以下略）

Question56【その年の不動産所得が居住期間と非居住期間とがある場合の課税関係】

弊社は社員Eから所有しているアパートを独身寮として借り上げて貸借料を支払っています。

この度、社員Eは××年8月から3年間の予定で韓国子会社に出向します。××年の居住者期間と非居住者期間に係る不動産所得の課税関係はどのような取扱いになるのでしょうか

要　点

1. 非居住者期間に係る不動産所得に対する源泉徴収制度
2. 確定申告による精算
3. 結論

Answer

1　非居住者期間に係る不動産所得に対する源泉徴収制度

海外子会社に3年間の予定で出向した社員Eは、出国後は日本の非居住者となります。

不動産を非居住者から賃借して賃借料等の支払を非居住者に対してする者は、自己又はその親族の居住の用に供するために借り受けた個人が支払う賃借料を除いて、支払額の20.42％の源泉徴収をすることとなります。

また、非居住者の国内に所在する不動産の賃貸所得は国内源泉所得となり、総合課税の対象として確定申告する必要があります。その際に、源泉徴収された所得税は精算されることになります（所法161①七、164①、165）。

なお、非居住者に対して国内所在不動産の賃借料等を支払う者は、その支払の際に所得税及び復興特別所得税を源泉徴収して、その徴収の日の属する月の翌月10日までに納税しなければなりません（所法212①、213、所令328二、復興財確法28①）。

2　確定申告による精算

　国内所在不動産に係る不動産賃貸所得は、居住期間、非居住期間にかかわらず、総合課税による確定申告が必要となります。

　非居住者期間中の不動産賃貸所得に係る源泉徴収税額は、確定申告の際に源泉徴収された金額として算出された所得税額から控除し精算されることとなります。従って、税額還付される場合もあります。

3　結論

　社員Eは、1月から7月までの給与収入と1月から12月までの不動産賃貸収入を総合課税対象として翌年3月15日迄に確定申告（納税管理人の届出をしている場合）することとなります。

　なお、社員Eは8月から非居住者となりますので、例え日本法人からの給与を受けていたとしても国外での使用人としての勤務に係る対価ですので、国外所得として国内での所得税の源泉徴収及び所得税の確定申告対象所得には該当しないこととなります。

【関係法令】

　　所得税法
第161条（国内源泉所得）　この編において「国内源泉所得」とは、次に掲げるものをいう。
　一～六　（略）
　七　国内にある不動産、国内にある不動産の上に存する権利若しくは採石法（中略）の規定による採石権の貸付け（地上権又は採石権の設定その他他人に不動産、不動産の上に存する権利又は採石権を使用させる一切の行為を含む。）、鉱業法（中略）の規定による租鉱権の設定又は居住者若しくは内国法人に対する船舶若しくは航空機の貸付けによる対価（以下略）

第212条（源泉徴収義務）　非居住者に対し国内において第161条第1項第4号から第16号まで（国内源泉所得）に掲げる国内源泉所得（中略）の支

払をする者（中略）は、その支払の際、これらの国内源泉所得について所得税を徴収し、その徴収の日の属する月の翌月10日までに、これを国に納付しなければならない。

（以下略）

第213条（徴収税額）　前条第1項の規定により徴収すべき所得税の額は、次の各号の区分に応じ当該各号に定める金額とする。

　一　前条第1項に規定する国内源泉所得（次号及び第3号に掲げるものを除く。）その金額（中略）に100分の20の税率を乗じて計算した金額

（以下略）

日本・韓国租税条約

第6条（不動産所得）

1　一方の締約国の居住者が他方の締約国内に存在する不動産から取得する所得（農業又は林業から生ずる所得を含む。）に対しては、当該他方の締約国において租税を課することができる。

2　「不動産」の用語は、当該財産が存在する締約国の法令における不動産の意義を有するものとする。（以下略）

3　一の規定は、不動産の直接使用、賃貸その他のすべての形式による使用から生ずる所得について適用する。

（以下略）

Question57【海外子会社に出向した社員（非居住者）に支払うマンション管理料等の共益費】

　弊社では、海外子会社Xに長期出向中の社員Sからマンションを借り上げて、社宅として供していますが、賃借料のほかに、管理費を別途支払っています。この管理費は賃借料と同様に源泉徴収の対象となるのでしょうか。

要　点

　1．管理費等の取扱い（不動産の貸付対価の範囲）
　2．結論

Answer

1　管理費等の取扱い（不動産の貸付対価の範囲）

　非居住者である社員Sが、国内にある不動産の上に存する権利を貸し付けて収入を得ると、所法161条1項7号により国内源泉所得とされ、所法212条1項により源泉徴収の対象になります。

　この不動産の貸付の対価の範囲については、明文上の規定がないことから、管理費等の共益費が含まれるか否かについては、議論の分かれるところではありますが、次の理由により、対価に含まれるものと解されます。

⑴　本来その不動産を賃貸するための費用が賃貸料でありますが、当該賃借に当たって管理費等を支払うことが常態化しており、支払わなければその部屋を借りることができないことから、実質的には不動産の貸付の対価の一部とみられること。

⑵　貸主にとっては、賃貸料として徴収し、その中から共益費を支出しても、別途管理費等の共益費として徴収しても収入そのものには変わりがないこと（管理費等の共益費が不動産の貸付の対価に含まれないとした場合、恣意的にその額を定める可能性があること。）。

⑶　所法161条で「賃貸料」ではなく「貸付による対価」と規定されて

いることからすると、貸付を基因とする対価を指し、「賃借料」に限った規定といえないこと。

⑷　消費税法においても、管理費等の共益費は資産の貸付の対価としていること。

　なお、非居住者であっても、総合課税の対象として確定申告を行う必要があります（所法164①）。この確定申告によって、予め源泉徴収された税額は精算されることになります。

2　結論
　貴社が社員Ｓに対し支払っている管理費は、不動産の賃貸料の対価に含まれるものとして源泉徴収の対象となりますので、賃借料と合わせて20.42％（復興特別所得税を含む。）の源泉徴収が必要となります。なお、非居住者である社員Ｓが、国内にある不動産等を貸し付けて収入を得た場合、所法161条1項7号所得に該当し、総合課税の対象として確定申告を行う必要があります。

　この場合、すでに源泉徴収された税額については、所得税額から控除することとなります。

（注）　本事例は、マンションの賃借人Ｓからの転借りであるので、管理費等もＳに支払うこととなります。もし、管理費については直接マンションの持主（オーナー）に支払う場合には、オーナーが居住者であるとすると非居住者に対する支払いではないので源泉徴収の必要はないこととなります。

【関係法令】

> 所得税法
> 第161条（国内源泉所得）　この編において「国内源泉所得」とは、次に掲げるものをいう。
> 一～六　（略）
> 七　国内にある不動産、国内にある不動産の上に存する権利若しくは採石

法（中略）の規定による採石権の貸付け（地上権又は採石権の設定その
他他人に不動産、不動産の上に存する権利又は採石権を使用させる一切
の行為を含む。）、鉱業法（中略）の規定による租鉱権の設定又は居住者
若しくは内国法人に対する船舶若しくは航空機の貸付けによる対価

（以下略）

第164条（非居住者に対する課税の方法）　非居住者に対して課する所得税
の額は、次の各号に掲げる非居住者の区分に応じ当該各号に掲げる国内源
泉所得について、次節第1款（非居住者に対する所得税の総合課税）の規
定を適用して計算したところによる。

（以下略）

第212条（源泉徴収義務）　非居住者に対し国内において第161条第1項第
4号から第16号まで（国内源泉所得）に掲げる国内源泉所得（中略）の支
払をする者（中略）は、その支払の際、これらの国内源泉所得について所
得税を徴収し、その徴収の日の属する月の翌月10日までに、これを国に納
付しなければならない。

（以下略）

> **Question58【海外支店で勤務する社員に支給する永年勤続表彰金の取扱い】**
>
> 　弊社海外支店で勤務する日本人社員U（海外勤務期間2年）が、このたび勤続20年となったことから、弊社の永年勤続表彰規程によって20万円を支給することとなりました。
> 　この場合、国内源泉所得に該当しますか。該当する場合、源泉徴収はどのように行うこととなりますか。

要　点

1. 永年勤続表彰金の課税上の取扱い
2. 勤務が国内及び国外の双方に渡って行われた場合の国内源泉所得の計算
3. 結論

Answer

1　永年勤続表彰金の課税上の取扱い

　永年勤続表彰において支給される記念品等が課税されない場合の要件として、①永年勤続表彰に伴って支給される記念品等につき、勤続期間等に照らし、社会通念上相当と認められる場合、②おおむね10年以上の勤続年数の者を対象とする場合（2回以上表彰を受ける人については、おおむね5年以上の間隔をおいて支給されるもの）があり、2つの要件を満たす場合に限って、課税しなくても差し支えないとされています（所基通36-21）。

　従って、金銭を支給する場合は、給与として課税されます（所基通36-21括弧書き）。

　商品券についても、広範囲な商品等を購入できる現金同等物として、現金を支給したものとみて、「現物に代えて支給する金銭は含まない。」に当たるとされています。したがって、現金及び商品券で支給する表彰金は金銭の多寡にかかわらず、給与として課税となります。なお、旅行券の取扱い

については、昭60直法6－4の通達がありますので、参考にしてください。

2　勤務が国内及び国外の双方に渡って行われた場合の国内源泉所得の計算

　本事例は、国内外を通じた勤務期間に対する功労金の支給であり給与所得に該当しますが、当該給与所得における国内・国外所得の区分計算については、非居住者が国内及び国外の双方にわたって行った勤務に基因して給与又は報酬の支払を受ける場合におけるその給与又は報酬の総額のうち、国内で行った勤務に係る部分の金額は、国内における収入金額の状況に照らし、その給与又は報酬の総額に対する金額が著しく少額であると認められる場合を除き、次の算式により計算します（所基通161－41）。

$$給与又は報酬の総額 \times \frac{国内で行った勤務の期間}{給与又は報酬の総額の計算の基礎となった期間}$$

3　結論

　貴社社員Uは、所令15条により、非居住者として扱われます。したがって、非居住者である社員Uは、所法161条に規定する国内源泉所得がある場合にのみ我が国で源泉所得税を徴収することとなります。

　社員がこのたび受け取った永年勤続表彰金のうち、

$$20万円 \times \frac{国内勤務期間18年}{通算勤務期間20年} = 18万円$$

が国内で勤務した部分に相当する金額となり、この金額が国内源泉所得に該当します。

　源泉徴収税は、20.42%（復興特別所得税を含む。）となります。

（参考）

　本事例の社員Uは、海外支店勤務で現在非居住者ですが、居住期間中に係る永年勤続表彰金は国内源泉所得に該当するというものです。

　翻って、日本人社員Uが帰国後（居住者となったとき）に、永年勤続表彰金を支払った場合の海外支店勤務期間（非居住者期間）に係る当該表彰金の取扱いについては、表彰金を受け取る時点で居住者になっている場合は、非居住者であった期間を含めた表彰金の全額が居住者に対する給与として課税されることに留意が必要です。

【関係法令】

所得税法

第161条（国内源泉所得）　この編において「国内源泉所得」とは、次に掲げるものをいう。

　一～十一　（略）

　十二　次に掲げる給与、報酬又は年金

　　イ　俸給、給料、賃金、歳費、賞与又はこれらの性質を有する給与その他人的役務の提供に対する報酬のうち、国内において行う勤務その他の人的役務の提供（内国法人の役員として国外において行う勤務その他の政令で定める人的役務の提供を含む。）に基因するもの

（以下略）

第212条（源泉徴収義務）　非居住者に対し国内において第161条第1項第4号から第16号まで（国内源泉所得）に掲げる国内源泉所得（中略）の支払をする者（中略）は、その支払の際、これらの国内源泉所得について所得税を徴収し、その徴収の日の属する月の翌月10日までに、これを国に納付しなければならない。

2　前項に規定する国内源泉所得の支払が国外において行なわれる場合において、その支払をする者が国内に住所若しくは居所を有し、又は国内に事務所、事業所その他これらに準ずるものを有するときは、その者が当該国内源泉所得を国内において支払うものとみなして、同項の規定を適用する。この場合において、同項中「翌月10日まで」とあるのは、「翌月末日まで」とする。

（以下略）

第213条（徴収税額）　前条第1項の規定により徴収すべき所得税の額は、次の各号の区分に応じ当該各号に定める金額とする。

一　前条第1項に規定する国内源泉所得（中略）　その金額（中略）に100
　分の20の税率を乗じて計算した金額

（以下略）

所得税基本通達

36−21（課税しない経済的利益……永年勤続者の記念品等）　使用者が永年
　勤続した役員又は使用人の表彰に当たり、その記念として旅行、観劇等に
　招待し、又は記念品（現物に代えて支給する金銭は含まない。）を支給す
　ることにより当該役員又は使用人が受ける利益で、次に掲げる要件のいず
　れにも該当するものについては、課税しなくて差し支えない。

⑴　当該利益の額が、当該役員又は使用人の勤続期間等に照らし、社会通
　念上相当と認められること。

⑵　当該表彰が、おおむね10年以上の勤続年数の者を対象とし、かつ、2
　回以上表彰を受ける者については、おおむね5年以上の間隔をおいて行
　われるものであること。

161−41（勤務等が国内及び国外の双方にわたって行われた場合の国内源泉
　所得の計算）　非居住者が国内及び国外の双方にわたって行った勤務又は
　人的役務の提供に基因して給与又は報酬の支払を受ける場合におけるその
　給与又は報酬の総額のうち、国内において行った勤務又は人的役務の提供
　に係る部分の金額は、国内における公演等の回数、収入金額等の状況に照
　らしその給与又は報酬の総額に対する金額が著しく少額であると認められ
　る場合を除き、次の算式により計算するものとする。

$$給与又は報酬の総額 \times \frac{国内で行った勤務の又は人的役務の提供の期間}{給与又は報酬の総額の計算の基礎となった期間}$$

（注）

1　国内において勤務し又は人的役務を提供したことにより特に給与又は報
　酬の額が加算されている場合等には、上記算式は適用しないものとする。

2　法第161条第8号ハに規定する退職手当等については、上記の算式中
　「給与又は報酬」とあるのは「退職手当等」と、「国内において行った勤
　務又は人的役務の提供の期間」とあるのは「居住者であった期間に行っ

た勤務等の期間及び令第285条第3項《国内に源泉がある給与、報酬又は年金の範囲》に規定する非居住者であった期間に行った勤務等の期間」と読み替えて計算する。

所得税個別通達

直法6－4
昭和60年2月21日

国税局長　殿
沖縄国税事務所長　殿

国税庁長官

永年勤続記念旅行券の支給に伴う課税上の取扱いについて

標題のことについて、○○協会から別紙2のとおり照会があり、これに対して当庁直税部長名をもって別紙1により回答したから了知されたい。

別紙1

直法6－3
昭和60年2月21日

○○協会人事部長
○○○○　殿

国税庁直税部長
○○○○

永年勤続記念旅行券の支給に伴う課税上の取扱いについて（昭60.2.15付照会に対する回答）

標題のことについては、貴見のとおり取り扱うこととして差し支えありません。

別紙2

昭和60年2月15日

国税庁直税部長

　○○○○　殿

○○協会人事部長

○○○○

　　永年勤続記念旅行券の支給に伴う課税上の取扱いについて（照会）

　標題の件について、この度、表彰（永年勤続表彰）規程を改正し、下記の内容により一定の永年勤続者を対象として永年勤続記念旅行券支給制度を実施することとなりました。

　この制度は、永年勤続者の表彰に当たり、その記念として実施するものであり、これにより表彰対象者が受けることとなる旅行券の支給に伴う経済的利益については、所得税基本通達（昭45.7.1付直審（所）30）36-21を適用し、課税を要しないものとして取り扱って差し支えないかお伺いします。

　なお、当協会における表彰（永年勤続表彰）規程では、勤続者の勤続年数が満15年到達時に初回表彰を行い、その後5年ごとの間隔をおいて2回目以後の表彰を行うこととしていますが、上記の永年勤続記念旅行券支給制度は、この表彰制度の一環として行うものであることを念のため申し添えます。

記

1　支給対象者及び支給額

　旅行券の支給対象者及び支給額は次のとおりとします。

支給対象者	支給額
満25年勤続者	10万円相当の旅行券
満35年勤続者	20万円相当の旅行券

2　支給の時期

　旅行券の支給の時期は、採用の月から起算して上記1に掲げる勤続年数に達した月の翌月とします。

3　旅行券の送付

　旅行券は、上記2の支給月の前月中旬に当協会人事部より各部局庶務部あてに送付します。

4　支給の手続

　　旅行券の支給は、各部局庶務部において所定の支給調書に必要事項（支給対象者の所属・氏名・採用年月・勤続年数・旅行券額等）を記入した上、支給対象者がこれに受領印を押印することにより行うこととします。

5　旅行の実施

⑴　旅行の実施は、旅行券の支給後1年以内とします。

⑵　旅行の範囲は、支給した旅行券の額からみて相当なもの（海外旅行を含みます。）とします。

6　旅行実施報告書の提出等

⑴　旅行券の支給を受けた者が当該旅行券を使用して旅行を実施した場合には、所定の報告書に必要事項（旅行実施者の所属・氏名・旅行日・旅行先・旅行社等への支払額等）を記載し、これに旅行先等を確認できる資料を添付して所属各部局庶務部に提出することとします。

⑵　旅行券の支給を受けた者が当該旅行券の支給後1年以内に旅行券の全部又は一部を使用しなかった場合には、当該使用しなかった旅行券は所属各部局庶務部に返還することとします。

Question59【海外勤務者に付与されたストックオプションの取扱い】

　弊社では、5年前から役員又は使用人に対するストックオプション制度を導入し、その権利を付与しております。

　このたび、X国の駐在員事務所に勤務している社員V（日本非居住者）から、ストックオプションの権利行使の申し入れがありました。

　この場合の非居住者に係る課税関係についてご教示ください。

要　点

1．ストックオプションの意義
2．ストックオプションの税務上の扱い
3．結論

Answer

1　ストックオプションの意義

　スットクオプションとは、会社の取締役、使用人等が将来の一定期間内に、あらかじめ定められた価額で会社からその会社の一定数の株式を取得することができる権利のことをいいます（『法律学小辞典（4訂版）』有斐閣 p.701）。

　例えば、スットクオプション付与の権利を締結した時点で、時価を参考にした権利行使価額が定められます。その後、業績向上で株価が上がっても締結された権利行使価額で株式を購入できるので、その時点の株価より安く株式を取得することができます。その結果、権利行使の時点で経済的利益が生じます。さらには、権利行使の時点より株価が上昇した場合に株式を売却すると、売却実現益を得ることができます。

2　ストックオプションの税務上の扱い

　ストックオプションは、貴社社員Vが貴社の社員たる地位に基づいて、株式を購入できる権利を付与され、一定期間勤務することにより取得でき

る権利です。したがって、この権利を行使して得た経済的利益は、貴社における勤務に基づく社員Ｖの対価といえますので、給与所得と解されています。

所基通23〜35共－6（株式等を取得する権利を与えられた場合の所得区分）の(3)のただし書きで、ストックオプションの権利を行使した場合の所得区分につき、「当該発行法人の役員又は使用人に対してその地位又は職務等に関連して株式を取得する権利が与えられた認められるときは給与所得とし、（以下略）」と規定しています。

このうち、一定の要件を満たすストックオプションを税制適格オプションとして、権利行使による経済的利益の課税を繰り延べし、権利行使により取得した株式を譲渡した時に、譲渡所得として課税する特例措置が講じられています（措法29の2）。

(1) 税制適格ストックオプションとは

税制適格要件（※）を満たしたストックオプションは、権利行使時の課税が行われず、株式を売却した時に権利行使による経済的利益を含めて譲渡所得として課税するものです。

※ 税制適格要件のポイント

①権利行使期間……権利付与決議の日後2年を経過した日から10年を経過する日までに行使すること

②年間権利行使限度額……年間合計額が1,200万円を超えないこと（1,200万円に達するまでの個々の権利行使に係る部分についての経済的利益を繰り延べることとなり、1,200万円を超えた部分のみが課税対象となるのではない）

③権利行使価額……株式の付与契約の締結の時における一株当たりの価額相当額以上であること

④新株予約権の譲渡……譲渡が禁止されていること

⑤新株予約権等の交付……付与決議された会社法283条1項等に反しないこと

⑥証券会社等への保管委託……取得した権利は、一定の方法に従い、

　　　金融商品取引業者等の振替口座簿等に記載等されて
　　いること

(2)　税制非適格ストックオプションとは
　　税制非適格ストックオプションは、権利行使時に原則として給与所得
　として課税し、株式売却時に譲渡所得課税を行うものです。

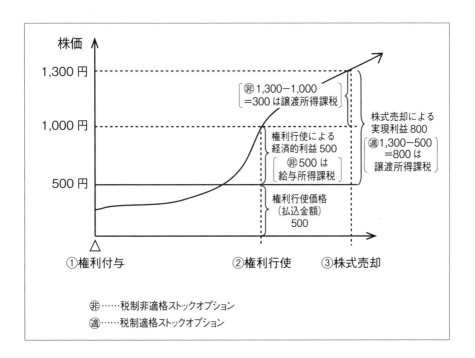

3　結論
　貴社が、社員Vに対し付与したストックオプションが、税制適格となる
のか否か、質問からは不明ですが、ここではそれぞれを区別し、非居住者
に係る原則的な説明をしておくこととします。

⑴　税制非適格ストックオプションの場合

　　税制非適格ストックオプションの権利行使であれば、所法 161 条 1 項 12 号イにおいて、「俸給、給料……のうち、国内において行う勤務その他の人的役務提供……に起因するもの」を、国内源泉所得としています（国内源泉所得の金額は、ストックオプションの行使利益に、権利付与時から権利行使までの勤務期間に占める日本での勤務期間の割合を乗じた額となります（所基通 161 − 41）。）。支払が国内で行われているので原則、給与所得として、20.42％（復興特別所得税を含みます。）の税率で源泉徴収（実際の金銭の授受がないことから受給者から別途徴収）する必要があります。

⑵　税制適格ストックオプションの場合

　　税制適格ストックオプションに該当する場合は、権利行使時においての課税は発生しませんが、権利行使により取得した株式を譲渡した時に、譲渡所得として課税されます。

　　非居住者で恒久的施設を有しない場合における、所有する内国法人の株式譲渡について、税制適格ストックオプションに該当する場合は、非居住者であっても我が国において課税されます（措令 19 の 3 ⑭）ので、申告分離課税として 15.315％（復興特別所得税を含みます。）の税率で納税することとなります（措法 37 の 12）。

　　なお、X国の間において株式譲渡収益について租税条約が締結されており、その中で源泉地免税、居住地（X国）における課税を規定している場合には、上記の扱いと異なることとなりますので、租税条約を個々に確認することが必要となりますので、ご留意ください。

⑶　ストックオプションについての課税関係を検討するに当たっての留意事項

　　ストックオプションに係る課税関係を判断していく上で、当該ストックオプションが税制適格か、非適格かの確認は無論、その他にもいくつかの確認すべき要素があるので、以下の項目を十分考慮の上、的確な課税関係の判断が望まれます。

① 税制適格か非適格か

→税制適格ストックオプションは、株式譲渡時に譲渡所得課税

→非適格は権利行使時は原則給与、株式譲渡時に譲渡所得課税

→年間権利行使が1,200万円を超えると非適格扱。

② 権利の付与を受けた非居住者は、国内法人の役員か否か

→役員は国外勤務を含めて国内源泉所得（使用人として国外支店等勤務の場合は例外あり）

→使用人は国外・国内の勤務期間の区分計算が必要

③ ストックオプションの発行は国内法人か、国外法人か

④ 権利行使による所得は給与か、退職所得か、雑所得か（所基通23～35共−6）

⑤ 租税条約締結の有無

→租税条約上の取扱いの確認

例：日米租税条約議定書10では、ストックオプション付与から行使までの期間に関連する利益については第14条（給与所得条項）が適用され、日本勤務の期間については日本国内源泉として課税できるとされています。

【関係法令】

所得税法

第161条（国内源泉所得）　この編において「国内源泉所得」とは、次に掲げるものをいう。

一～十一　（略）

十二　次に掲げる給与、報酬又は年金

イ　俸給、給料、賃金、歳費、賞与又はこれらの性質を有する給与その他人的役務の提供に対する報酬のうち、国内において行う勤務その他の人的役務の提供（内国法人の役員として国外において行う勤務その他の政令で定める人的役務の提供を含む。）に基因するもの

（以下略）

第164条（非居住者に対する課税の方法）　（略）

2　次の各号に掲げる非居住者が当該各号に定める国内源泉所得を有する場合には、当該非居住者に対して課する所得税の額は、前項の規定によるもののほか、当該各号に定める国内源泉所得について第3節（非居住者に対する所得税の分離課税）の規定を適用して計算したところによる。

一　恒久的施設を有する非居住者　第161条第1項第8号から第16号までに掲げる国内源泉所得（同項第1号に掲げる国内源泉所得に該当するものを除く。）

（以下略）

租税特別措置法

第37条の12（恒久的施設を有しない非居住者の株式等の譲渡に係る国内源泉所得に対する課税の特例）　恒久的施設を有しない非居住者が平成28年1月1日以後に一般株式等（中略）の譲渡（中略）をした場合には、当該非居住者の所得税法第164条第1項第2号に掲げる国内源泉所得のうち、第37条の10第1項に規定する一般株式等に係る譲渡所得等（以下この項及び次項において「一般株式等の譲渡に係る国内源泉所得」という。）については、同法第165条の規定にかかわらず、他の所得と区分し、その年中の当該一般株式等の譲渡に係る国内源泉所得の金額として政令で定めるところにより計算した金額（以下この項及び第五項において「一般株式等の譲渡に係る国内源泉所得の金額」という。）に対し、一般株式等の譲渡に係る国内源泉所得の金額（中略）の100分の15に相当する金額に相当する所得税を課する。

（以下略）

租税特別措置法施行令

第19条の3（特定の取締役等が受ける新株予約権等の行使による株式の取得に係る経済的利益の非課税等）　（略）

2〜22　（略）

23　非居住者がその有する特定株式又は承継特定株式を譲渡する場合における所得税法施行令第281条の規定の適用については、同条第1項第4号ロ中「内国法人の特殊関係株主等」とあるのは、「租税特別措置法第29条の2第4項（特定の取締役等が受ける新株予約権等の行使による株式の取得に係る経済的利益の非課税等）に規定する特定株式又は同項に規定する承継特定株式の譲渡による所得及び内国法人の特殊関係株主等」とする。

（以下略）

所得税基本通達

23〜35共−6（株式等を取得する権利を与えられた場合の所得区分）　発行法人から令第84条第3項各号に掲げる権利を与えられた場合（同項の規定の適用を受ける場合に限る。以下23〜35共−6の2において同じ。）の当該権利の行使による株式（これに準ずるものを含む。以下23〜35共−9までにおいて同じ。）の取得に係る所得区分は、次に掲げる場合に応じ、それぞれ次による。

(1)　令第84条第3項第1号又は第2号に掲げる権利を与えられた者がこれを行使した場合　発行法人（外国法人を含む。）と当該権利を与えられた者との関係等に応じ、それぞれ次による。

　　イ　発行法人と権利を与えられた者との間の雇用契約又はこれに類する関係に基因して当該権利が与えられたと認められるとき　給与所得とする。ただし、退職後に当該権利の行使が行われた場合において、例えば、権利付与後短期間のうちに退職を予定している者に付与され、かつ、退職後長期間にわたって生じた株式の値上り益に相当するものが主として供与されているなど、主として職務の遂行に関連を有しない利益が供与されていると認められるときは、雑所得とする。

　　（注）　例えば、措置法第29条の2第1項《特定の取締役等が受ける新株予約権の行使による株式の取得に係る経済的利益の非課税等》に規定する「取締役等」の関係については、雇用契約又はこれに類する関係に該当することに留意する。

　　ロ　権利を与えられた者の営む業務に関連して当該権利を与えられたと認められるとき　事業所得又は雑所得とする。

　　（注）　例えば、措置法第29条の2第1項に規定する「特定従事者」にその者の営む業務に関連して同項に規定する特定新株予約権が与えられた場合（雇用契約又はこれに類する関係にない場合に限る。）において同項の適用がないときは、上記に該当することに留意する。

　　ハ　イ及びロ以外のとき　原則として雑所得とする。

(2)　令第84条第3項第3号に掲げる権利を与えられた者がこれを行使した場合　一時所得とする。ただし、当該発行法人の役員又は使用人に対しその地位又は職務等に関連して株式を取得する権利が与えられたと認められるときは給与所得とし、これらの者の退職に基因して当該株式を取得する権利が与えられたと認められるときは退職所得とする。

Question60【海外子会社に出向した社員（非居住者）に対する住宅取得資金の無利息貸し付け】

弊社では、社員Wが受ける住宅取得資金の無利息貸付に係る利息相当額（経済的利益）について、給与所得に加算して源泉徴収してきました。この度、社員Wは海外子会社への出向により非居住者となる予定です。無利息貸付は継続しますので、当該経済的利益は出向後においても国内源泉所得に該当するのでしょうか。

要 点

1. 経済的利益の取扱い
2. 住宅資金の借入れに係る利息の現物給与の取扱い
3. 結論

Answer

1　経済的利益の取扱い

国内源泉所得として課税対象となるのは、日本国内における勤務その他人的役務提供に基因するものに限られます（所法161①十二イ）。したがって、海外勤務により非居住者となった社員Wに係る利息相当額の経済的利益については、国内勤務に基因する経済的利益とは認められませんので、日本では課税されないこととなります。

ただし、当該海外勤務地において、課税の対象となるか否かは現地の税法を検討する必要があります。

2　住宅資金の借入れに係る利息の現物給与の取扱い

平成22年12月31日まで、サラリーマン持家取得を促進するため住宅資金の低利貸付け等による経済的利益の非課税規定がありましたが、平成22年12月31日以前に使用者から借入れている場合には、それ以後も適用があります（旧措法29）

3　結論

　無利息貸付の場合、措法93条2項等の規定により、令和3年中に貸付を行ったものは年利1％相当額が課税対象とされています。このため、貴社は給与所得に加算して源泉徴収を行っていたかと想定されます。

　しかしながら、貴社社員Wが海外子会社へ出向し、非居住者となった日以降の利息相当額（経済的利益）は国外勤務に基づくもので、国内源泉所得には当たらないと考えます。したがって、源泉徴収を行う必要もないと考えます。

【関係法令】

> 所得税法
> 第161条（国内源泉所得）　この編において「国内源泉所得」とは、次に掲げるものをいう。
> 　一～十一　（略）
> 　十二　次に掲げる給与、報酬又は年金
> 　　イ　俸給、給料、賃金、歳費、賞与又はこれらの性質を有する給与その他人的役務の提供に対する報酬のうち、国内において行う勤務その他の人的役務の提供（内国法人の役員として国外において行う勤務その他の政令で定める人的役務の提供を含む。）に基因するもの
> （以下略）

Question61【海外出張中の社員が疾病のために支払った医療費の補填金】

　社員Ⅹが米国出張中に盲腸炎のため入院し手術を受けました。現地では健康保険等の適用がないため、その費用約30万円は本人が負担しました。

　これに対して弊社は、業務上の傷病ではないものの、国内での入院及び手術であったならば健康保険の適用があり、自己負担は少額で済んだはずであることから、本人が帰国した後に、入院費等の全額について補填金を支給することとしました。

　この場合、「相当の見舞金」として非課税扱いしてよろしいでしょうか。

要 点

　1．相当の見舞金
　2．結論

Answer

1　相当の見舞金

　所法9条1項17号の規定により、「損害賠償金等（これらに類するものを含む。）で心身に加えられた損害に基因して取得するものその他政令で定めるもの」は非課税所得とされています。

　また、所基通9－23では、「葬祭料・香典又は災害等の見舞金で、その金額がその受贈者の社会的地位、贈与者との関係等に照らし社会通念上相当と認められるもの」については、「所令30条の規定により課税しないものとする」とされています。

2　結論

　問題とした医療費は個人的経費といえますが、業務上の必要に基づく出張期間中であり、かつ、盲腸炎という緊急を要する病気であるため、その

治療費用を見舞金として会社が負担したとしても、本人が医療費を支出しており、見舞金を勤務の対価（給与）とするのは相当ではなく、その見舞金の額がその国において通常必要とされる医療費の金額の範囲内で、かつ、社会通念上相当の見舞金であれば、課税対象としなくとも相当と考えられます。

　したがって、貴社が社員Xに支給した入院費等の金額についての補てん金については、所令30条3号に規定する相当の見舞金と認められるので、非課税として差し支えないと考えます。

【関係法令】

> ### 所得税法
> 第9条（非課税所得）　次に掲げる所得については、所得税を課さない。
> 　一〜十七　（略）
> 　十八　保険業法（中略）第2条第4項（定義）に規定する損害保険会社又は同条第9項に規定する外国損害保険会社等の締結した保険契約に基づき支払を受ける保険金及び損害賠償金（これらに類するものを含む。）で、心身に加えられた損害又は突発的な事故により資産に加えられた損害に基因して取得するものその他の政令で定めるもの
> （以下略）

> ### 所得税法施行令
> 第30条（非課税とされる保険金、損害賠償金等）　法第9条第1項第17号（非課税所得）に規定する政令で定める保険金及び損害賠償金（これらに類するものを含む。）は、次に掲げるものその他これらに類するもの（これらのものの額のうちに同号の損害を受けた者の各種所得の金額の計算上必要経費に算入される金額を補てんするための金額が含まれている場合には、当該金額を控除した金額に相当する部分）とする。
> 　一、二　（省略）
> 　三　心身又は資産に加えられた損害につき支払を受ける相当の見舞金（第94条の規定に該当するものその他役務の対価たる性質を有するものを除く。）

所得税基本通達

9-23（葬祭料、香典等）　葬祭料、香典又は災害等の見舞金で、その金額がその受贈者の社会的地位、贈与者との関係等に照らし社会通念上相当と認められるものについては、令第30条の規定により課税しないものとする。

Question62【海外支店から帰任する際に、現地で処分した自家用車の譲渡損失の補てん金】

　弊社では、米国支店に勤務する社員Ｙを、この度、本社（日本）へ転任させることとなり、これに伴い転任旅費を支払いますが、社員Ｙは現地で使用していた乗用車を処分することとなりました。弊社ではこの処分により発生する売却損に充てるための補てん金（市場価格の25％を限度としています。）を旅費規程による旅費に加算して支給することにしました。

　この補てん金は、非課税とされる旅費に該当するのでしょうか。

要　点

1．非課税とされる旅費の範囲
2．結論

Answer

1　非課税とされる旅費の範囲

　ご質問の場合は、補てん金が、所法9条1項4号に規定する非課税とされる旅費に該当するのかどうかが要点となります。該当しない場合、支給される金品は給与となります。

　給与所得者の旅費については、その実費弁済的性格を考慮し非課税とされているものと考えられます。このことから、所法9条1項4号の規定では、給与所得を有する者が次に掲げる旅行をした場合において、その旅行に必要な支出に充てるために支給された金品で、その旅行について通常必要であると認められるものに限って非課税とすることとされています。

⑴　勤務する場所を離れてその職務を遂行するために旅行をした場合
⑵　転任に伴う転居のための旅行をした場合
⑶　就職若しくは退職をした者又は死亡による退職をした者の遺族がこれらに伴う転居のため旅行

　したがって、給与所得者（又はその遺族）が使用者から旅費として支給される金品であっても、その支給の基因となった個々の旅行との結びつきが明らかでないもの、例えば、旅行の実態に関係なく、年額又は月額によって一律に支給される旅費等（所基通28－3）や、その旅行について通常必要であると認められる金額を超えて支給される部分の金額（所基通9－4）は、非課税とはされないことになります。

2　結論

　ご質問の補てん金は、当該車両の売却損が会社の転任命令に関連して生じたものではありますが、貴社社員Y個人の生活用動産の処分であることから、通常の生活上、発生した費用の支出であり、転任に伴う転居のための必要な支出とは認められません。

　したがって、所法9条1項4号の規定により非課税とされる「給与所得者の旅費」には該当しませんので、給与所得として取り扱われます。

【関係法令】

> 所得税法
> 第9条（非課税所得）　次に掲げる所得については、所得税を課さない。
> 　一～三　（略）
> 　四　給与所得を有する者が勤務する場所を離れてその職務を遂行するため旅
> 　　行をし、若しくは転任に伴う転居のための旅行をした場合又は就職若しく
> 　　は退職をした者若しくは死亡による退職をした者の遺族がこれらに伴う転
> 　　居のための旅行をした場合に、その旅行に必要な支出に充てるため支給さ
> 　　れる金品で、その旅行について通常必要であると認められるもの
> （以下略）

> 所得税基本通達
> 9－3（非課税とされる旅費の範囲）　法第9条第1項第4号の規定により非
> 　　課税とされる金品は、同号に規定する旅行をした者に対して使用者等から
> 　　その旅行に必要な運賃、宿泊料、移転料等の支出に充てるものとして支給
> 　　される金品のうち、その旅行の目的、目的地、行路若しくは期間の長短、

宿泊の要否、旅行者の職務内容及び地位等からみて、その旅行に通常必要とされる費用の支出に充てられると認められる範囲内の金品をいうのであるが、当該範囲内の金品に該当するかどうかの判定に当たっては、次に掲げる事項を勘案するものとする。

(1)　その支給額が、その支給をする使用者等の役員及び使用人のすべてを通じて適正なバランスが保たれている基準によって計算されたものであるかどうか。

(2)　その支給額が、その支給をする使用者等と同業種、同規模の他の使用者等が一般的に支給している金額に照らして相当と認められるものであるかどうか。

9－4　（非課税とされる旅費の範囲を超えるものの所得区分）　法第9条第1項第4号に規定する旅行をした者に対して使用者等からその旅行に必要な支出に充てるものとして支給される金品の額が、その旅行に通常必要とされる費用の支出に充てられると認められる範囲の金額を超える場合には、その超える部分の金額は、その超える部分の金額を生じた旅行の区分に応じ、それぞれ次に掲げる所得の収入金額又は総収入金額に算入する。

(1)　給与所得を有する者が勤務する場所を離れてその職務を遂行するためにした旅行　給与所得

(2)　給与所得を有する者が転任に伴う転居のためにした旅行　給与所得

(3)　就職をした者がその就職に伴う転居のためにした旅行　雑所得

(4)　退職をした者がその退職に伴う転居のためにした旅行　退職所得

(5)　死亡による退職をした者の遺族がその死亡による退職に伴う転居のためにした旅行　退職所得（法第9条第1項第16号の規定により非課税とされる。）

28－3　（年額又は月額により支給される旅費）　職務を遂行するために行う旅行の費用に充てるものとして支給される金品であっても、年額又は月額により支給されるものは、給与等とする。ただし、その支給を受けた者の職務を遂行するために行う旅行の実情に照らし、明らかに法第9条第1項第4号《非課税所得》に掲げる金品に相当するものと認められる金品については、課税しない。

Question63【非居住者であった期間内の社会保険料、生命保険料と年末調整】

　弊社では、海外勤務のため出国し非居住者となった社員Zの留守宅渡しの給与から社会保険料を控除してきました。この度、社員Zを本社に帰任させ、年末調整時には居住者となる予定です。非居住者期間中に支払った社会保険料は社会保険料控除の対象となるのでしょうか。

　併せて、社員Zが、その年中に支払った生命保険料は年末調整の際、生命保険料控除の対象とすることができるのでしょうか。

要　点
....
1．年末調整において控除の対象となる社会保険料
2．年末調整において控除の対象となる生命保険料
3．結論

Answer

1　年末調整において控除の対象となる社会保険料

　社会保険料控除の対象となる社会保険料は、我が国の社会保険料制度の多岐性を反映して複雑な規定となっていますが、基本的には国民皆保険制度の社会保険料が控除の対象となっています。

　所法74条によると、「居住者が、各年において、自己又は自己と生計を一にする配偶者その他の親族の負担すべき社会保険料を支払った場合又は給与から控除される場合には、その支払った金額又はその控除される金額を控除する」と規定されており、非居住者であった期間内に給与から控除した社会保険料は控除の対象とはなりません。

　したがって、社会保険料控除の対象となる社会保険料は日本に入国した日以降支払った又は給与から差し引かれた社会保険料に限られます。

　なお、社会保険料を数年間分一括して前納している場合、納付期日により非居住者期間と居住者期間に区分し、居住者期間に対応する社会保険料

を控除の対象とすることになります（所基通74、75－1⑵）。

2　年末調整において控除の対象となる生命保険料

　生命保険料についても同様の規定（所法76）があり、居住者が支払った場合には控除することとされており、居住者であった期間内に支払った生命保険料のみが生命保険料控除の対象となります。

　なお、生命保険料控除の計算に際して、剰余金の分配を受ける場合、支払保険料から当該剰余金を控除した金額を基に計算することになりますが、支払保険料から控除するか否かについては、保険料又は掛金を支払った時の現況により判断することとなると考えられます（所基通76－1）。

　また、前納保険料の場合は、按分計算をすることになっていることから、非居住者であった期間内に支払期日が到来する部分については生命保険料控除の対象とはなりません（所基通76－3⑶）。

3　結論

　社会保険料控除、生命保険料控除は居住者である者がその期間に支払った額が控除の対象となります。したがって、非居住者であった期間内に給与から控除した社会保険料、生命保険料は控除の対象とはなりません。

　なお、生命保険料は、その支払の時点で判定することになりますので、年払いの場合、その支払期日において居住者であれば、その全額が生命保険料控除の対象となります。

【関係法令】

　　所得税法
第74条（社会保険料控除）　居住者が、各年において、自己又は自己と生計を一にする配偶者その他の親族の負担すべき社会保険料を支払つた場合又は給与から控除される場合には、その支払つた金額又はその控除される金額を、その居住者のその年分の総所得金額、退職所得金額又は山林所得金額から控除する。
（以下略）

第76条（生命保険料控除）　居住者が、各年において、新生命保険契約等に
　係る保険料又は掛金（中略）又は旧生命保険契約等に係る保険料若しくは
　掛金を支払つた場合には、次の各号に掲げる場合の区分に応じ当該各号に
　定める金額を、その居住者のその年分の総所得金額、退職所得金額又は山
　林所得金額から控除する。

（以下略）

第102条（年の中途で非居住者が居住者となつた場合の税額の計算）　その
　年12月31日（その年の中途において死亡した場合には、その死亡の日）
　において居住者である者でその年において非居住者であつた期間を有する
　もの又はその年の中途において出国をする居住者でその年1月1日からそ
　の出国の日までの間に非居住者であつた期間を有するものに対して課する
　所得税の額は、前2章（課税標準及び税額の計算）の規定により計算した
　所得税の額によらず、居住者であつた期間内に生じた第7条第1項第1号
　（居住者の課税所得の範囲）に掲げる所得（非永住者であつた期間がある場
　合には、当該期間については、同項第2号に掲げる所得）並びに非居住者
　であつた期間内に生じた第164条第1項各号（非居住者に対する課税の方
　法）に掲げる非居住者の区分に応ずる同項各号及び同条第2項各号に掲げ
　る国内源泉所得に係る所得を基礎として政令で定めるところにより計算し
　た金額による。

　所得税法施行令
第258条（年の中途で非居住者が居住者となつた場合の税額の計算）（略）
2　（略）
3　第1項第3号の規定により同号に規定する基礎控除その他の控除を行う
　場合には、これらの控除のうち次の各号に掲げるものについては、当該各
　号に定める金額を控除する。
　一、二　（略）
　三　社会保険料控除及び小規模企業共済等掛金控除　その者が居住者期間
　　内に支払つた又はその給与から控除される法第74条第2項（社会保険料
　　控除）に規定する社会保険料の金額及びその者が居住者期間内に支払つ
　　た又はその給与から控除される法第75条第2項（小規模企業共済等掛金
　　控除）に規定する小規模企業共済等掛金の額

　四　生命保険料控除及び地震保険料控除　その者が居住者期間内に支払つ
　　た法第76条第1項（生命保険料控除）に規定する新生命保険料及び旧生
　　命保険料、同条第2項に規定する介護医療保険料、同条第3項に規定す
　　る新個人年金保険料及び旧個人年金保険料並びに法第77条第1項（地震
　　保険料控除）に規定する地震保険料につき法第76条又は第77条の規定
　　を適用した金額
（以下略）

　　所得税基本通達

74・75−1（その年に支払った社会保険料又は小規模企業共済等掛金）　法
　　第74条第1項又は第75条第1項に規定する「支払った金額」については、
　　次による。
　(1)　納付期日が到来した社会保険料又は小規模企業共済等掛金（以下これ
　　　らを「社会保険料等」という。）であっても、現実に支払っていないもの
　　　は含まれない。
　(2)　前納した社会保険料等については、次の算式により計算した金額はそ
　　　の年において支払った金額とする。

$$\begin{pmatrix} \text{前納した社会保険料等の総額} \\ \text{（前納により割引された場合} \\ \text{には、その割引後の金額）} \end{pmatrix} \times \frac{\text{前納した社会保険料等に係るその}\atop\text{年中に到来する払込期日の回数}}{\text{前納した社会保険料等に係る納付}\atop\text{期日の総回数}}$$

　　(注)　前納した社会保険料等とは、各納付期日が到来するごとに社会保険
　　　　料等に充当するものとしてあらかじめ納付した金額で、まだ充当され
　　　　ない残額があるうちに年金等の給付事由が生じたなどにより社会保険
　　　　料等の納付を要しないこととなった場合に当該残額に相当する金額が
　　　　返還されることとなっているものをいう。

76−1（控除の対象となる生命保険料等）　法第76条第1項に規定する「新
　　生命保険料」（中略）、同項に規定する「旧生命保険料」（中略）、同条第2
　　項に規定する「介護医療保険料」、同条第3項に規定する「新個人年金保
　　険料」（中略）又は同項に規定する「旧個人年金保険料」（中略）に該当す
　　るかどうかは、保険料又は掛金を支払った時の現況により判定する。

76－3（支払った生命保険料等の金額）　法第76条第1項第1号に規定する「支払った新生命保険料の金額」、同項第2号に規定する「支払った旧生命保険料の金額」、同条第2項各号に規定する「支払った介護医療保険料の金額」、同条第3項第1号に規定する「支払った新個人年金保険料の金額」又は同項第2号に規定する「支払った旧個人年金保険料の金額」については、次による。

⑴、⑵　（略）

⑶　前納した生命保険料等については、次の算式により計算した金額をその年において支払った金額とする。

$$
\begin{pmatrix} 前納した生命保険料等の総額 \\ （前納により割引された場合 \\ には、その割引後の金額） \end{pmatrix} \times \frac{前納した生命保険料等に係るその年中に到来する払込期日の回数}{前納した生命保険料等に係る払込期日の総回数}
$$

（注）　前納した生命保険料等とは、各払込期日が到来するごとに生命保険料等の払込みに充当するものとしてあらかじめ保険会社等に払い込んだ金額で、まだ充当されない残額があるうちに保険事故が生じたなどにより生命保険料等の払込みを要しないこととなった場合に当該残額に相当する金額が返還されることとなっているものをいう。

（以下略）

Question64【海外勤務者が帰国後に現地課税庁から課された追徴税金分の会社負担の取扱い】

　この度、欧州Ｘ国の駐在員事務所に勤務していた社員ａに対し、Ｘ国課税庁より、ａの帰国後において、Ｘ国勤務時の現物給与についての課税漏れを指摘されました。弊社としては国外勤務の社員に対して我が国における手取り水準を原則として保証していることから、弊社が負担することとして、過日Ｘ国の課税庁に納付を行いました。

　社員ａが非居住者だった時代の所得に対する課税ですから、我が国での課税関係はないと考えていたところ、源泉徴収義務が発生するのではないかという社内での懸念がありました。このような場合に、どのような取扱いになるのか御教示願います。

要　点

1．Ｘ国での現物給与の課税権
2．内国法人の追徴税相当額の負担の扱い
3．結論

Answer

1　Ｘ国での現物給与の課税権

　Ｘ国に勤務した際の現物給与について、給与になるとの指摘を受け、その給与相当分についてはＸ国勤務によるＸ国内源泉所得として、Ｘ国において課税されるということを前提に解説します。

2　内国法人の追徴税相当額の負担の扱い

　海外勤務の社員の給与について手取り水準を保証するということは、外国で追加的に発生する所得税について会社負担とすることが保証されていると理解できます。ところで、個人所得税は本来社員個人が負担すべきものですから、会社が負担した場合には、経済的利益の供与が会社から個人

に行われたと考えることになります。したがって、この部分についても課税が及ぶこととなります。

この場合、非居住者である社員 a に対し経済的利益の供与が行われたときには、我が国においては課税対象となりません。他方、居住者に対して経済的利益の供与が行われたのであれば、我が国において課税関係が発生します。

3　結論

社員 a が X 国で勤務していた時点での現物給与であり、非居住者となりますから、海外勤務に基因する給与認定として、国外源泉所得に該当するという考え方もあります（給与発生時課税論）。しかしながら、雇用契約（出向契約）に基づいて、貴社が負担した時が経済的利益の供与が行われた時であるとして、課税するのが相当となっています（保証履行時課税論）。つまりその時は、 a は帰国した後の居住者ですから、社員 a に与えた経済的利益は、居住者に対する我が国における給与（一時的な支給ですから賞与として計算することとなります。）として、源泉徴収をすることとなります。

（注）「給与発生時課税論」「保証履行時課税論」は筆者の造語です。

【関係法令】

> 所得税法
> 第7条（課税所得の範囲）　所得税は、次の各号に掲げる者の区分に応じ当該各号に定める所得について課する。
> 　一　非永住者以外の居住者　全ての所得
> （以下略）
>
> 第36条（収入金額）　その年分の各種所得の金額の計算上収入金額とすべき金額又は総収入金額に算入すべき金額は、別段の定めがあるものを除き、その年において収入すべき金額（金銭以外の物又は権利その他経済的な利益をもつて収入する場合には、その金銭以外の物又は権利その他経済的な

利益の価額）とする。

（以下略）

所得税基本通達

36−15（経済的利益）　法第36条第1項かっこ内に規定する「金銭以外の物又は権利その他経済的な利益」（以下「経済的利益」という。）には、次に掲げるような利益が含まれる。

(1)　物品その他の資産の譲渡を無償又は低い対価で受けた場合におけるその資産のその時における価額又はその価額とその対価の額との差額に相当する利益

(2)　土地、家屋その他の資産（金銭を除く。）の貸与を無償又は低い対価で受けた場合における通常支払うべき対価の額又はその通常支払うべき対価の額と実際に支払う対価の額との差額に相当する利益

(3)　金銭の貸付け又は提供を無利息又は通常の利率よりも低い利率で受けた場合における通常の利率により計算した利息の額又はその通常の利率により計算した利息の額と実際に支払う利息の額との差額に相当する利益

(4)　(2)及び(3)以外の用役の提供を無償又は低い対価で受けた場合におけるその用役について通常支払うべき対価の額又はその通常支払うべき対価の額と実際に支払う対価の額との差額に相当する利益

(5)　買掛金その他の債務の免除を受けた場合におけるその免除を受けた金額又は自己の債務を他人が負担した場合における当該負担した金額に相当する利益

第2章　非居住者である社員等に支給する退職金

Question65【海外勤務者が出向中に退職するに当たり支給する退職金の取扱い】

　国外関連法人に出向中の弊社社員Ａ（役員ではありません。）は、このたび退職することとなりましたが、国外において退職とすべきか、国内において退職とすべきか迷っております。規程により退職金を支給しますが、それぞれどのような取扱いになるのか御教示願います。また、支給額は海外出向中も含めておりますが、その部分についてはどのような扱いになりますか。

要　点

1．国内源泉所得となる退職金
2．非居住者の退職所得の選択課税制度
3．結論

Answer

1　国内源泉所得となる退職金

　所法161条1項12号ハは「第30条第1項に規定する退職手当等のうちその支払を受ける者が居住者であった期間に行った勤務その他の人的役務の提供（内国法人の役員として非居住者であった期間に行った勤務その他の政令で定める人的役務を含む。）に基因するもの」を、国内源泉所得と規定しています。

　（注）所得税法は、基本として10種類の所得に分類してそれを合計して総合課税する方法を採用しており、その仕組みにおいては給与所得と退職所得は別の所得として扱われていますが、多くの租税条約においては、退職所得を給与所得等に含めて扱うこととしています。

　次に、国内源泉所得となるのは、あくまでも居住者であった期間に行った勤務に基因して支払われるものです。

　したがって、非居住者である状況において国外においてこれら退職金を支払った場合には、我が国で課税できるものは、我が国で勤務した部分に対する退職金となります。仮に30年の通算期間中我が国での勤務期間が25年ということであれば、退職金に25/30を乗じた部分について復興特別所得税を含めた20.42％の税率で源泉徴収する必要があります。

　帰国後、居住者となっている時点で退職した場合ですが、居住者については全世界課税ですので、どこの国において生じた所得についても課税されることとなります。この場合は、所法30条に従って、退職所得の課税が行われます。すなわち、総支給額から退職所得控除額（海外勤務期間を含めて計算します。）を控除し残額に原則1/2を乗じた金額に税率をかけて算出した税額を源泉徴収することとなります（勤続期間によっては1/2にならない場合もありますので、確認願います。）。

　おって、退職所得の収入すべき時期は、その支給の基因となった退職の日によって定まります（所基通36-10）。したがって、退職の日が非居住者である時は、現実の支給が帰国後すなわち居住者なった状況下で支給された場合であっても、非居住者の退職金として課税することとなります。

（参考）

　　一般的な出向契約においては、出向元法人においても雇用契約があることから、一旦、出向契約を終了して出向元法人に復帰した後に退職することとなります。このことは、国外関連法人との出向契約においても同様と考えます。

2　非居住者の退職所得の選択課税制度

　非居住者の退職所得については、支給対象となった勤続年数のうちに占める居住者としての勤続年数に対応する部分が国内源泉所得となります（基通161-41）。退職給与については選択課税制度があって、退職給与全体を居住者での受け取りとして計算した税額と、非居住者に対する国内

源泉所得として課税した税額（20.42％（復興特別所得税を含む。以下同じ。））
とを比較して、前者（すなわち、退職給与全体を居住者として計算した税額）
が後者の税額より少ない場合は、選択課税制度を適用することが有利とな
ります（所法171）。

　繰り返しになりますが、非居住者、居住者の区分の時期は、退職給与の
現実の支払時期ではなく、原則、退職給与の支払確定時期（基通36－10）
ですから、退職時ということになります。

3　結論

　退職の確定日が居住者となった日以後であるときは、通常どおり退職給
与の受給に関する申告書の提出を受けて、退職金総額に対して退職所得に
係る源泉徴収をすることとなります。

　退職の確定日が非居住者である場合には、国内勤務部分のみが課税対象
となり、20.42％の源泉徴収することとなります。

　なお、非居住者の退職所得には選択課税制度がありますので、この制度
を利用する場合は、一旦、源泉徴収した上で、確定申告を行い、差額の税
額の還付を受けることとなります。

　（参考）
　　非居住者による退職所得の選択課税制度の適用は、居住者とみなして
の税額計算ですので、併せて住民税も、居住者としてみなされて当該退
職所得に係る住民税が課されるか否か懸念があるところですが、退職所
得の税額計算に当たって、「居住者とみなし」ているにすぎないことから、
住民税の課税の判断には影響を及ぼさないと考えますが、非居住者が帰
国すると課税される場合もあり、その後の居住形態も関係しますので、
地方税当局と相談することをお勧めします。

【関係法令】

所得税法

第30条（退職所得）　退職所得とは、退職手当、一時恩給その他の退職により一時に受ける給与及びこれらの性質を有する給与（以下この条において「退職手当等」という。）に係る所得をいう。

（以下略）

第161条（国内源泉所得）　この編において「国内源泉所得」とは、次に掲げるものをいう。

一〜十一　（略）

十二　次に掲げる給与、報酬又は年金

イ、ロ　（略）

ハ　第30条第1項（退職所得）に規定する退職手当等のうちその支払を受ける者が居住者であつた期間に行つた勤務その他の人的役務の提供（内国法人の役員として非居住者であつた期間に行つた勤務その他の政令で定める人的役務の提供を含む。）に基因するもの

（以下略）

第171条（退職所得についての選択課税）　第169条（課税標準）に規定する非居住者が第161条第1項第12号ハ（国内源泉所得）の規定に該当する退職手当等（第30条第1項（退職所得）に規定する退職手当等をいう。以下この節において同じ。）の支払を受ける場合には、その者は、前条の規定にかかわらず、当該退職手当等について、その支払の基因となつた退職（その年中に支払を受ける当該退職手当等が2以上ある場合には、それぞれの退職手当等の支払の基因となつた退職）を事由としてその年中に支払を受ける退職手当等の総額を居住者として受けたものとみなして、これに第30条及び第89条（税率）の規定を適用するものとした場合の税額に相当する金額により所得税を課されることを選択することができる。

所得税基本通達

36−10（退職所得の収入金額の収入すべき時期）　退職所得の収入金額の収入すべき時期は、その支給の基因となった退職の日によるものとする。

（以下略）

161−41（勤務等が国内及び国外の双方にわたって行われた場合の国内源泉所得の計算）　非居住者が国内及び国外の双方にわたって行った勤務又は人的役務の提供に基因して給与又は報酬の支払を受ける場合におけるその給与又は報酬の総額のうち、国内において行った勤務又は人的役務の提供に係る部分の金額は、国内における公演等の回数、収入金額等の状況に照らしその給与又は報酬の総額に対する金額が著しく少額であると認められる場合を除き、次の算式により計算するものとする。

$$給与又は報酬の総額 \times \frac{国内で行った勤務又は人的役務の提供の期間}{給与又は報酬の総額の計算の基礎となった期間}$$

（注）

1　国内において勤務し又は人的役務を提供したことにより特に給与又は報酬の額が加算されている場合等には、上記算式は適用しないものとする。

2　法第161条第1項第12号ハに規定する退職手当等については、上記の算式中「給与又は報酬」とあるのは「退職手当等」と、「国内において行った勤務又は人的役務の提供の期間」とあるのは「居住者であった期間に行った勤務等の期間及び令第285条第3項《国内に源泉がある給与、報酬又は年金の範囲》に規定する非居住者であった期間に行った勤務等の期間」と読み替えて計算する。

Question66【非居住者が退職所得の選択課税を受けるための手続き】

　弊社の社員B（非居住者）が退職後も日本に帰国せず、そのまま現地に居住する場合、退職所得の選択課税の適用を受け、日本での確定申告により還付を受けるためには、どのような手続きを採ればよろしいのでしょうか。

要 点
....

　1．納税管理人の選任
　2．選択課税を受けるための手続き
　3．結論

Answer

1　納税管理人の選任

　貴社社員Bは退職後も帰国せず、そのまま現地に居住していることから、国内に住所又は居所を有する者の中から適宜納税管理人を選任し、その者を通じて申告等を行うことになります（国通法117）。

　この場合、納税管理人の届出書や確定申告書の提出先は、通常は社員B（納税者本人）の出国前の納税地を所轄する税務署長となります。納税管理人の住所地ではありません。

　選択課税を受けるに当たっての確定申告に際しては、源泉徴収された事実の説明となるべき事項を記載した明細書及び源泉徴収票の添付が必要となります（所令297①、所規71①）。

2　選択課税を受けるための手続き

　退職所得の選択課税による申告は、通常の確定申告や出国による準確定申告とは異なるものです。申告書の作成に当たっては、所規70条に規定する事項を記載すれば足りますが、退職所得選択課税用の申告書用紙はありません。このため、適宜、分離課税用の確定申告書を使用することとな

ります。

　なお、納税管理人を選任すると、所得税に関する書類は納税者本人にではなく、納税管理人の住所又は居所に送達され（国通法12①）、納税管理人は納税者本人に代わって各種の申告書の提出、更正通知書あるいは督促状等の書類の受領、国税の納付又は還付金の受領等、納税者本人がなすべき国税に関する事項を処理することになります。

3　結論

　日本に居住している適宜の者を納税管理人に定め、納税管理人を通じて退職所得の選択課税に係る確定申告を行うことにより、所得税の還付を受けることとなります。

【関係法令】

> 国税通則法
> 第117条（納税管理人）　個人である納税者がこの法律の施行地に住所及び居所（事務所及び事業所を除く。）を有せず、若しくは有しないこととなる場合（中略）において、納税申告書の提出その他国税に関する事項を処理する必要があるときは、その者は、当該事項を処理させるため、この法律の施行地に住所又は居所を有する者で当該事項の処理につき便宜を有するもののうちから納税管理人を定めなければならない。
> （以下略）

> 所得税法
> 第171条（退職所得についての選択課税）　第169条（課税標準）に規定する非居住者が第161条第1項第12号ハ（国内源泉所得）の規定に該当する退職手当等（第30条第1項（退職所得）に規定する退職手当等をいう。）の支払を受ける場合には、その者は、前条の規定にかかわらず、当該退職手当等について、その支払の基因となつた退職（その年中に支払を受ける当該退職手当等が2以上ある場合には、それぞれの退職手当等の支払の基因となつた退職）を事由としてその年中に支払を受ける退職手当等の総額

を居住者として受けたものとみなして、これに第30条及び第89条（税率）の規定を適用するものとした場合の税額に相当する金額により所得税を課されることを選択することができる。

第173条（退職所得の選択課税による還付）　第169条（課税標準）に規定する非居住者がその支払を受ける第171条（退職所得についての選択課税）に規定する退職手当等につき次編第五章（非居住者又は法人の所得に係る源泉徴収）の規定の適用を受ける場合において、当該退職手当等につき同条の選択をするときは、その者は、当該退職手当等に係る所得税の還付を受けるため、その年の翌年1月1日（同日前に同条に規定する退職手当等の総額が確定した場合には、その確定した日）以後に、税務署長に対し、次に掲げる事項を記載した申告書を提出することができる。
　一　前条第2項第1号に掲げる退職手当等の総額及び所得税の額
　二　前条第2項第2号に掲げる所得税の額
　三　前号に掲げる所得税の額から第1号に掲げる所得税の額を控除した金額
　四　前条第2項第4号及び第5号に掲げる事項その他財務省令で定める事項
（以下略）

所得税法施行令
第297条（退職所得の選択課税による還付）　法第173条第1項（退職所得の選択課税による還付）の規定による申告書を提出する場合において、同項第2号に掲げる所得税の額のうち源泉徴収をされたものがあるときは、当該申告書を提出する者は、当該申告書に、その源泉徴収をされた事実の説明となるべき財務省令で定める事項を記載した明細書を添附しなければならない。

所得税法施行規則
第70条（退職所得の選択課税による還付のための申告書の記載事項）　法第173条第1項第4号（退職所得の選択課税による還付）に規定する財務省令で定める事項は、次に掲げる事項とする。
　一　法第173条第1項の申告書を提出する者の氏名及び住所並びに国内に

　　居所があるときは当該居所（個人番号を有する者にあつては、氏名、住
　　所及び国内に居所があるときは当該居所並びに個人番号）

　二　法第173条第1項第1号に掲げる退職手当等の総額のうち法第161条
　　第1項第12号ハ（国内源泉所得）に該当する部分の金額の計算の基礎

　三　法第173条第2項の規定による還付金の支払を受けようとする銀行又
　　は郵便局（中略）の名称及び所在地

　四　その他参考となるべき事項

第71条（退職所得の選択課税による還付のための申告書への添附書類）　令
　第297条第1項（退職所得の選択課税による還付）に規定する財務省令で
　定める事項は、その年中に支払を受ける法第171条（退職所得についての
　選択課税）に規定する退職手当等で法第212条第1項（源泉徴収義務）の
　規定により所得税を徴収されたものの支払者ごとの内訳、その支払の日及
　び場所、その徴収された所得税の額並びにその支払者の氏名又は名称及び
　住所若しくは居所又は本店若しくは主たる事務所の所在地とする。

（以下略）

Question67【非居住者が退職所得の選択課税を受けた場合の諸控除の取扱い】

　弊社の社員C（非居住者）が退職後も日本に帰国せず、そのまま現地に居住することとなりました。退職所得の選択課税の適用を受けるのが有利かどうかの判断を行う際に「居住者としてその退職所得を受けた場合」の税額を計算するに当たり、扶養控除及び配偶者控除等、各種の所得控除を適用することができるのでしょうか。

要　点

1．各種所得控除の適用について
2．結論

Answer

1　各種所得控除の適用について

　所法171条は「非居住者が第161条第1項第12号ハ（国内源泉所得）の規定に該当する退職手当等の支払を受ける場合には、前条の規定にかかわらず、退職手当等の総額を居住者として受けたものとみなして、これに第30条及び第89条の規定を適用するものとした場合の税額に相当する金額により所得税を課されることを選択することができる」と定めています。

　このように、法文が「居住者として受けたものとみなして」、「89条の規定を適用する」と規定している以上、所法89条2項「課税退職所得金額は、退職所得金額から基礎控除その他の所得控除の規定による控除をした残額とする。」が当然に適用されると解する向きもないではないようです。

　しかしながら、退職所得の選択課税による還付申告を受けるに当たっては、次の理由から各種所得控除を適用することはできないとされています。

⑴　所法171条においては「退職手当等の総額を居住者として受けたものとみなす」と規定されています。また、所得税法上の居住者、非居

住者の居住形態そのものまでをも変更する趣旨の規定ではなく、更に、同条は「前条の規定にかかわらず」と規定していることから、同法170条（分離課税に係る所得税の税率）の特例として定められているにすぎないこと

(2) 所法89条の規定を適用する以上、同条第2項の「課税所得金額は、退職所得金額から所得控除の規定による控除をした残額とする」の規定を当然に適用するか否かについては、居住形態が変わらない以上、非居住者の分離課税の税額計算の原則（国内源泉所得金額そのものを課税標準とする。）によらざるを得ないことになるので、同条第2項の適用はないと考えるべきであること

(3) 非居住者の総合課税に係る所得控除としては、雑損控除、寄附金控除及び基礎控除のみが認められているにもかかわらず、退職所得の分離課税において所法89条2項を適用し、各種所得控除ができるものとすると、非居住者の総合課税における税額計算との均衡を保つことができなくなること

　したがって、所法171条の規定は、退職所得の金額から退職所得控除額を控除した額の原則2分の1を課税標準とし、これに所法89条1項に規定する税率を適用することを規定したものにとどまるものであり、退職所得の選択課税による還付申告に際して、各種所得控除の規定の適用はないこととなります。

2　結論

　非居住者が退職所得の選択課税の適用を受ける場合においては、扶養控除や配偶者控除等各種所得控除の規定の適用はありません。

(注) 勤続年数等によっては、2分の1によらない場合がありますので、確認願います。

【関係法令】

所得税法

第89条（税率）　居住者に対して課する所得税の額は、その年分の課税総所得金額又は課税退職所得金額をそれぞれ次の表の上欄に掲げる金額に区分してそれぞれの金額に同表の下欄に掲げる税率を乗じて計算した金額を合計した金額と、その年分の課税山林所得金額の5分の1に相当する金額を同表の上欄に掲げる金額に区分してそれぞれの金額に同表の下欄に掲げる税率を乗じて計算した金額を合計した金額に5を乗じて計算した金額との合計額とする。

195万円以下の金額	100分の5
195万円を超え330万円以下の金額	100分の10
330万円を超え695万円以下の金額	100分の20
695万円を超え900万円以下の金額	100分の23
900万円を超え1,800万円以下の金額	100分の33
1,800万円を超え4,000万円以下の金額	100分の40
4,000万円を超える金額	100分の45

2　課税総所得金額、課税退職所得金額又は課税山林所得金額は、それぞれ、総所得金額、退職所得金額又は山林所得金額から前章第4節（所得控除）の規定による控除をした残額とする。

第161条（国内源泉所得）　この編において「国内源泉所得」とは、次に掲げるものをいう。

一～十一　（略）

十二　次に掲げる給与、報酬又は年金

イ、ロ　（略）

ハ　第30条第1項（退職所得）に規定する退職手当等のうちその支払を受ける者が居住者であつた期間に行つた勤務その他の人的役務の提供（内国法人の役員として非居住者であつた期間に行つた勤務その他の政令で定める人的役務の提供を含む。）に基因するもの

（以下略）

第170条（分離課税に係る所得税の税率）　前条に規定する所得税の額は、同条に規定する国内源泉所得の金額に100分の20（当該国内源泉所得の金額のうち第161条第1項第8号及び第15号（国内源泉所得）に掲げる国内源泉所得に係るものについては、100分の15）の税率を乗じて計算した金額とする。

第171条（退職所得についての選択課税）　第169条（課税標準）に規定する非居住者が第161条第1項第12号ハ（国内源泉所得）の規定に該当する退職手当等（第30条第1項（退職所得）に規定する退職手当等をいう。以下この節において同じ。）の支払を受ける場合には、その者は、前条の規定にかかわらず、当該退職手当等について、その支払の基因となつた退職（その年中に支払を受ける当該退職手当等が2以上ある場合には、それぞれの退職手当等の支払の基因となつた退職）を事由としてその年中に支払を受ける退職手当等の総額を居住者として受けたものとみなして、これに第30条及び第89条（税率）の規定を適用するものとした場合の税額に相当する金額により所得税を課されることを選択することができる。

第173条（退職所得の選択課税による還付）　第169条（課税標準）に規定する非居住者がその支払を受ける第171条（退職所得についての選択課税）に規定する退職手当等につき次編第5章（非居住者又は法人の所得に係る源泉徴収）の規定の適用を受ける場合において、当該退職手当等につき同条の選択をするときは、その者は、当該退職手当等に係る所得税の還付を受けるため、その年の翌年1月1日（同日前に同条に規定する退職手当等の総額が確定した場合には、その確定した日）以後に、税務署長に対し、次に掲げる事項を記載した申告書を提出することができる。
一　前条第2項第1号に掲げる退職手当等の総額及び所得税の額
二　前条第2項第2号に掲げる所得税の額
三　前号に掲げる所得税の額から第1号に掲げる所得税の額を控除した金額
四　前条第2項第4号及び第5号に掲げる事項その他財務省令で定める事項
（以下略）

Question68【海外子会社勤務中において退職し、かつ退職金を受けた場合の日本の住民税の取扱い】

　弊社社員Bは、海外勤務中において定年に達し退職することになりました。社員Bは日本非居住者に該当しますが、社員Bが受け取る退職金に係る日本での住民税の取扱いはどのようになりますか。退職後、日本に帰国する予定です。

要　点

1．住民税の取扱い
2．分離課税の対象とされない退職所得
3．結論

Answer

1　住民税の取扱い

　個人の住民税は所得税とは異なり、前年の所得に対して課税されることになっていますが、退職所得については退職手当等が支給されたときに課税する現年分離課税方式をとっています（地法50の2、328）

　分離課税に係る所得割の納税は、退職所得の支払を受けるべき日（退職の日）に、勤務している会社が特別徴収義務者として退職者の退職時の年1月1日に住所がある都道府県（税率4％）及び市町村（税率6％）に対して行うこととなります。

　つまり、現年分離課税の対象となる退職金は、所得税法第199条（源泉徴収義務）の規定により所得税を源泉徴収して納付するものに限られることから社員Bは、退職手当等の支給時において日本非居住者（日本に住所がない）である場合には、退職所得に係る個人住民税の現年分離課税対象にならないこととなります。

2 分離課税の対象とされない退職所得

分離課税の対象とされない退職所得等（非居住者又は退職手当等の支払を受けるべき日の属する年の1月1日において国内に住居を有しない者が支払を受ける退職手当等）については、その退職手当等の支払を受けた者が当該支払を受けた日の属する年の翌年の1月1日において国内に住所を有するときは、他の所得と同様、翌年度において課税されることとなります（地法50の2、328）。

3 結論

社員Bは、退職手当等を受給したときは、日本非居住者で住所を有していませんので、退職所得に係る個人住民税は課されませんが、社員Bが退職手当等を受給した後に日本に帰国し、受給した翌年1月1日において国内に住所を有するときは、翌年度に退職所得に係る個人住民税が課税されることとなります。具体的な取扱いについては、市区町村の個人住民税担当課との相談をお勧めします。

（参考）

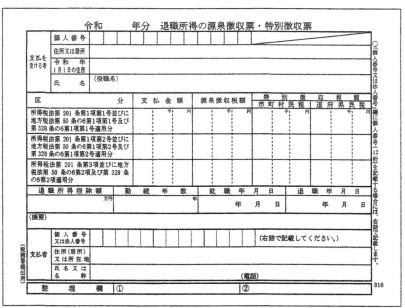

Question69【退職後に非居住者となった者に対する退職金の支払い】

　弊社の社員Dは、自己都合により令和4年9月末をもって退職しました。退職後は米国の会社に勤務するとのことで、令和4年11月末に家族を伴って出国する予定です。

　弊社の退職給与規定では、退職金は退職した日に支払うこととなっていますが、資金繰りの関係で、本人の了解を得て、出国後の令和5年1月に支払うことにしました。この場合、退職金に対する源泉所得税は居住者として、もしくは非居住者として取り扱うのでしょうか。

要　点

1. 退職所得の収入金額の収入すべき時期
2. 退職金の課税関係
3. 結論

Answer

1　退職所得の収入金額の収入すべき時期

　所基通36－10によると「退職所得の収入に計上すべき時期はその支給の基因となった退職の日によるものとする。」とされており、貴社社員Dの退職した日である令和4年9月末が退職所得の収入すべき時期となります。

　この時点において、社員Dは居住者であることから、たとえ非居住者となった後の令和5年1月に支払われたとしても、居住者に対する退職金となります。

2　退職金の課税関係

　日本の居住者に対して支払われる退職金（所法30①）は、海外勤務部分を含むその総額に対し退職所得の課税が行われます。支給総額から退職所得控除額（海外勤務期間を含めて控除額を計算します。）を差し引き、その残

額の原則2分の1に対して税率を掛け、算出した税額（所法30②③④）を源泉徴収することとなります（所法199）。

　　（注）勤続年数等によっては、2分の1によらない場合がありますので、確認願います。

3　結論

　退職所得の収入とすべき時期は退職した日と認められるので、居住者の退職所得となります。したがって、令和4年分の退職所得として、社員Dへの支払が行われる令和5年1月に、貴社は源泉徴収することとなります。

　なお、社員Dは、退職時は非居住者ですので、退職所得に対する住民税の課税は「現年分離課税」が適用され、その支払時に住民税を特別徴収することになると考えますが、詳しくは住民税課税当局に相談するといいでしょう。

【関係法令】

　　所得税法

第30条（退職所得）　退職所得とは、退職手当、一時恩給その他の退職により一時に受ける給与及びこれらの性質を有する給与（以下この条において「退職手当等」という。）に係る所得をいう。

2　退職所得の金額は、その年中の退職手当等の収入金額から退職所得控除額を控除した残額の2分の1に相当する金額（当該退職手当等が特定役員退職手当等である場合には、退職手当等の収入金額から退職所得控除額を控除した残額に相当する金額）とする。

3　前項に規定する退職所得控除額は、次の各号に掲げる場合の区分に応じ当該各号に掲げる金額とする。

　一　政令で定める勤続年数（以下この項において「勤続年数」という。）が20年以下である場合　40万円に当該勤続年数を乗じて計算した金額

　二　勤続年数が20年を超える場合　800万円と70万円に当該勤続年数から20年を控除した年数を乗じて計算した金額との合計額

4　第2項に規定する特定役員退職手当等とは、退職手当等のうち、役員等（次に掲げる者をいう。）としての政令で定める勤続年数（以下この項及び第6

項において「役員等勤続年数」という。）が5年以下である者が、退職手当
等の支払をする者から当該役員等勤続年数に対応する退職手当等として支
払を受けるものをいう。

　一　法人税法第2条第15号（定義）に規定する役員

　二　国会議員及び地方公共団体の議会の議員

　三　国家公務員及び地方公務員

5　次の各号に掲げる場合に該当するときは、第2項に規定する退職所得控
　除額は、第3項の規定にかかわらず、当該各号に定める金額とする。

　一　その年の前年以前に他の退職手当等の支払を受けている場合で政令で
　　定める場合　第3項の規定により計算した金額から、当該他の退職手当
　　等につき政令で定めるところにより同項の規定に準じて計算した金額を
　　控除した金額

　二　第3項及び前号の規定により計算した金額が80万円に満たない場合
　　（次号に該当する場合を除く。）　80万円

　三　障害者になつたことに直接基因して退職したと認められる場合で政令
　　で定める場合　第3項及び第1号の規定により計算した金額（当該金額
　　が80万円に満たない場合には、80万円）に100万円を加算した金額

6　その年中に第4項に規定する特定役員退職手当等と特定役員退職手当等
　以外の退職手当等があり、当該特定役員退職手当等に係る役員等勤続年数
　と特定役員退職手当等以外の退職手当等に係る勤続年数の重複している期
　間がある場合の退職所得の金額の計算については、政令で定める。

第199条（源泉徴収義務）　居住者に対し国内において第30条第1項（退職
　所得）に規定する退職手当等（以下「退職手当等」という。）の支払をする
　者は、その支払の際、その退職手当等について所得税を徴収し、その徴収
　の日の属する月の翌月10日までに、これを国に納付しなければならない。

所得税基本通達

36-10（退職所得の収入金額の収入すべき時期）　退職所得の収入金額の収
　入すべき時期は、その支給の基因となった退職の日によるものとする。

（以下略）

Question70【海外支店に勤務する日本人役員（非居住者）の死亡退職金】

弊社の韓国支店に5年以上勤務（常時使用人として勤務する支店長ではない。）する日本人役員Eが死亡したため、退職金を日本に居住する配偶者に支払うこととなりましたが、この退職金に関する源泉徴収を含めた課税関係はどうなるのでしょうか。

要　点

1. 国内源泉所得となるのか
2. 死亡した者の退職金（課税関係）
3. 結論

Answer

1　国内源泉所得となるのか

貴社役員Eは、海外で非居住者のまま死亡退職した日本人役員（使用人ではない。）ですので、その退職金のうち国内で勤務（韓国在勤中を含めて）したことに基因して支給される「国内勤務期間」部分（所基通161 - 28）は、所法161条1項12号ハの規定により、国内源泉所得として取り扱われます。

（注）　所基通161-41（注）2において、国内勤務期間の部分とは、居住者であった期間及び内国法人の役員として非居住者であった期間に行った勤務等の期間をいうとされています。

2　死亡した者の退職金（課税関係）

ところで、死亡した者の退職手当等で、その者の死亡後に支給期の到来するものは、本来その死亡した者に帰属するものであるか、又はその支給を受ける遺族等に帰属するものであるかは問題のあるところですが、日本の税法では、この点についての解決策として、相続財産とされる死亡者の退職手当等（所法30条1項に規定する退職手当等をいいます。）については、所基通9 -17により、「その死亡後に支給期の到来するもののうち相続税

法の規定により相続税の課税計算の基礎に算入されるものについては課税しないこととする。」とされています。

　また、当該退職金は相法3条1項2号の規定により相続財産とみなされます。したがって、所基通9－17により、貴社に源泉徴収義務は生じません。

　なお、日本の相続税法では、退職金の受取人の居住形態の区分に応じて相続税の納税義務がそれぞれ異なることになります（相法1の3）。

　死亡退職金については、相法10条1項6号の規定により、これを支払った者の住所又は本店所在地に財産があったものとされています。

　また、たとえ退職金の受取人がこの法律の施行地に住所を有していないものであっても、相法1条の3第3号「相続又は遺贈によりこの法律の施行地にある財産を取得した個人で当該財産を取得した時においてこの法律の施行地に住所を有していないもの」の規定により、国内に所在する財産については、例え相続人が非居住者であったとしても相続税は課税対象の財産となります。

3　結論

　死亡後に支払われる役員退職金（国内源泉所得として取り扱われます。）については、日本の税法を適用すると、みなし相続財産に該当するので、源泉徴収を要しません。

　なお、質問の場合、韓国に居住している日本人役員Eが被相続人となっていますが、被相続人が日本人である場合、法の適用に関する通則法36条に「相続は、被相続人の本国法による。」と規定されていますので、日本の民法（相続）が適用されます。

　ご質問の場合において、相続税の課税はどうかというと、被相続人である役員Eは韓国に居住しているので、Eは韓国において無制限納税義務者（遺産課税方式）となります。一方、Eの相続人は日本の居住者であるので、相法1条の3第1号に規定する居住無制限納税義務者（遺産取得課税方式）となるため、二重課税の状態になります。

　国際相続における問題は、各国における相続法、家族法、夫婦財産制度、

財産の所有制度等が異なっていることです。また、各国の相続税法も大きく異なっています。

　また、日本あるいは相手国において外国税額控除が適用されない等、相続税が二重課税の状態になることも想定されます。現地の税法等法制度をよく調べるとともに、現地の専門家に相談することが必要かと考えます。

【関係法令】

> 所得税法
> 第30条（退職所得）　退職所得とは、退職手当、一時恩給その他の退職により一時に受ける給与及びこれらの性質を有する給与（以下この条において「退職手当等」という。）に係る所得をいう。
> （以下略）
>
> 第161条（国内源泉所得）　この編において「国内源泉所得」とは、次に掲げるものをいう。
> 　一～十一　（略）
> 　十二　次に掲げる給与、報酬又は年金
> 　　イ、ロ　（略）
> 　　ハ　第30条第1項（退職所得）に規定する退職手当等のうちその支払を受ける者が居住者であつた期間に行つた勤務その他の人的役務の提供（内国法人の役員として非居住者であつた期間に行つた勤務その他の政令で定める人的役務の提供を含む。）に基因するもの
> （以下略）

> 所得税基本通達
> 9－17（相続財産とされる死亡者の給与等、公的年金等及び退職手当等）
> 　死亡した者に係る給与等、公的年金等及び退職手当等（法第30条第1項《退職所得》に規定する退職手当等をいう。）で、その死亡後に支給期の到来するもののうち相続税法の規定により相続税の課税価格計算の基礎に算入されるものについては、課税しないものとする。
> 　（注）　上記の給与等、公的年金等及び退職手当等の支給期については、36－9、36－10及び36－14の⑴に定めるところによる。

相続税法

第1条の3（相続税の納税義務者）　次の各号のいずれかに掲げる者は、この法律により、相続税を納める義務がある。

一　相続又は遺贈（贈与をした者の死亡により効力を生ずる贈与を含む。以下同じ。）により財産を取得した次に掲げるものであって、当該財産を取得した時においてこの法律の施行地に住所を有するもの

　イ　一時居住者でない個人

（以下略）

第3条（相続又は遺贈により取得したものとみなす場合）　次の各号のいずれかに該当する場合においては、当該各号に掲げる者が、当該各号に掲げる財産を相続又は遺贈により取得したものとみなす。この場合において、その者が相続人（中略）であるときは当該財産を相続により取得したものとみなし、その者が相続人以外の者であるときは当該財産を遺贈により取得したものとみなす。

一　（略）

二　被相続人の死亡により相続人その他の者が当該被相続人に支給されるべきであつた退職手当金、功労金その他これらに準ずる給与（政令で定める給付を含む。）で被相続人の死亡後3年以内に支給が確定したものの支給を受けた場合においては、当該給与の支給を受けた者について、当該給与

（以下略）

第10条　次の各号に掲げる財産の所在については、当該各号に規定する場所による。

一〜五　（略）

六　退職手当金、功労金その他これらに準ずる給与（政令で定める給付を含む。）については、当該給与を支払つた者の住所又は本店若しくは主たる事務所の所在

七〜十三　（略）

2　（略）

3　第1項各号に掲げる財産及び前項に規定する財産以外の財産の所在については、当該財産の権利者であつた被相続人又は贈与をした者の住所の所在による。

（以下略）

第3章　現地社員の日本派遣等

Question71【外国人社員（長期出張者）の留守家族に対して国外で支払われる給与】

　弊社では、フランス支店に勤務している外国人社員Ａを、本年4月から9か月間の予定で日本本社に長期出張させる予定です。日本滞在期間中のＡの給与についてはフランス支店からパリに住む留守家族に支払われますが、この給与について源泉徴収を行う必要はあるのでしょうか。

要 点

1. 国内源泉所得に該当するのか
2. 源泉徴収義務の有無について
3. 結論

Answer

1　国内源泉所得に該当するのか

　所法161条1項12号イ「国内において行う勤務その他の人的役務提供（括弧書き略）に基因するもの」の規定により国内源泉所得に該当します。

　また、貴社外国人社員Ａの日本における滞在期間は183日を超えているので、短期滞在者免税の規定は適用されず、この間に支払われた給与は日本において課税されることになります（日仏租税条約15②(a)）。

2　源泉徴収義務の有無について

　所法212条2項では「前項で規定する国内源泉所得の支払が国外において行われる場合において、その支払をする者が国内に住所若しくは居所を有し、又は国内に事務所、事業所その他これらに準ずるものを有するとき

は、その者が当該国内源泉所得を国内において支払うものとみなして、同項の規定を適用する。」と規定し、本来は源泉徴収義務が及ばないとされている国内源泉所得の海外払いについての例外規定を設けています。したがって、フランス支店が支払った給与であっても、日本本社が日本において支払ったものとみなし、20.42％（復興特別所得税を含む。）の税率で源泉徴収することになります。

　この場合の源泉税の納付期限は翌月末日となります。

3　結論

　社員Ａの留守家族にフランス支店から支払われる給与については、国内源泉所得として源泉徴収しなければなりません。

【関係法令】

　　所得税法
第161条（国内源泉所得）　この編において「国内源泉所得」とは、次に掲げるものをいう。
　一～十一　（略）
　十二　次に掲げる給与、報酬又は年金
　　イ　俸給、給料、賃金、歳費、賞与又はこれらの性質を有する給与その他人的役務の提供に対する報酬のうち、国内において行う勤務その他の人的役務の提供（内国法人の役員として国外において行う勤務その他の政令で定める人的役務の提供を含む。）に基因するもの
（以下略）

第212条（源泉徴収義務）　（略）
2　前項に規定する国内源泉所得の支払が国外において行なわれる場合において、その支払をする者が国内に住所若しくは居所を有し、又は国内に事務所、事業所その他これらに準ずるものを有するときは、その者が当該国内源泉所得を国内において支払うものとみなして、同項の規定を適用する。この場合において、同項中「翌月10日まで」とあるのは、「翌月末日まで」とする。

（以下略）

日仏租税条約

第15条（給与所得）

1　（略）

2　1の規定にかかわらず、一方の締約国の居住者が他方の締約国内におい
　　て行う勤務について取得する報酬に対しては、次の(a)から(c)までに掲げる
　　ことを条件として、当該一方の締約国においてのみ租税を課することがで
　　きる。

　(a)　当該課税年度において開始し、又は終了するいずれの12箇月の期間に
　　　　おいても、報酬の受領者が当該他方の締約国内に滞在する期間が合計
　　　　183日を超えないこと。

（以下略）

Question72【外国人アルバイトが一時帰国した場合の居住形態の判定】

　弊社では、国内店舗において、フィリピン人アルバイトＢを雇用しています。Ｂは昨年８月、同年末まで日本語を勉強する目的で日本に入国し、友人の下宿に同居していました。昨年末、一旦フィリピンに帰国しましたが、その折、今後も日本で働きながら日本語の勉強をしたいと思い、友人の下宿に家財道具一切を預け置いて帰国しました。

　そして今年３月に再び日本に入国し、この時から弊社でアルバイト店員をしていますが、最初の入国（昨年８月）からそろそろ１年を経過します。現在、非居住者として給与の源泉徴収を行っていますが、この場合、Ｂの居住形態を非居住者のまま取り扱ってよいのでしょうか。

要　点

・・

1．居住形態の判定
2．語学研修生の住所の判定（所基通３－２）
3．結論

Answer

1　居住形態の判定

　国内に住所を有しない者であっても、引き続き１年以上国内に居所を有することになる場合は、居住者として取り扱われます（所法２①三）。

　また、国内に居所を有していた者が、国外に赴き再び入国する場合において、国外に赴いていた期間中、国内に、配偶者その他生計を一にする親族を残し、再入国後起居する予定の家屋若しくはホテルの一室等を保有し、又は生活用動産を預託している事実があるなど、明らかにその国外に赴いた目的が一時的なものであると認められるときは、国外に赴いていた期間も引き続き国内に居所を有するものとして、居住者に該当するかどうかの判定を行うこととされています（所基通２－２）。

２．語学研修生の住所の判定（所基通３－２）

　従前は、学術、技芸の習得は使用者の命令によるものでない限り、職業への範囲に含めていなかったが、現行の取扱いは職業に含めて、長期間継続して同一地に居住することとなる場合には、その地に生活の本拠があるとして、「国内若しくは国外に住所を有する者と推定する」規定を適用することとなりました（所基通３－２（学術、技芸を習得する者の住所の判定））。

３　結論

　貴社のアルバイト店員Ｂの場合、居所は有しているものの、当初入国した時点では国内に在留する期間が年末までの５か月間であったため、非居住者として取り扱われることになります。

　その後、Ｂは昨年末に一旦本国に帰り、今年３月に再入国をしています。この間、家財道具等を友人の下宿に置いたままであったことから、引き続き国内に居所を有するものとして、居住者に該当するかどうかの判定を行うこととなります。また、再入国後は貴社においてアルバイトとして勤務してはいますが、アルバイトは「１年以上居住することを通常必要とする職業」とは認められません。したがって、日本に最初に入国した日から１年を経過する日の翌日からは、居住者として取り扱われることになります。

　このため、入国の日の翌日から起算して１年を経過する日までは、非居住者（所法２①五、所基通２－３、２－４）と判定されることになり、この日までのアルバイト給与は国内源泉所得として課税され、20.42％（復興特別所得税を含む。）の税率による源泉分離課税の方法により、課税関係は終了します（所法161①十二イ、164②二、212①、213①）。

　また、この日の翌日以降は、国内に１年以上居所を有することになり、居住者（日本国籍を有しないので非永住者）となるので、居住者として源泉徴収され、原則として年末調整により所得税の精算が行われることとなります（所法181、190）。

　なお、来日時から日本語を学習する期間が１年を超えているとして再入国後も語学研修を受けていると、所基通３－２により、当初から居住者として推定される場合もあることに留意が必要です。

【関係法令】

所得税法

第2条（定義）　この法律において、次の各号に掲げる用語の意義は、当該各号に定めるところによる。

一、二　（略）

三　居住者　国内に住所を有し、又は現在まで引き続いて1年以上居所を有する個人をいう。

四　非永住者　居住者のうち、日本の国籍を有しておらず、かつ、過去10年以内において国内に住所又は居所を有していた期間の合計が5年以下である個人をいう。

五　非居住者　居住者以外の個人をいう。

（以下略）

第161条（国内源泉所得）　この編において「国内源泉所得」とは、次に掲げるものをいう。

一〜十一　（略）

十二　次に掲げる給与、報酬又は年金

イ　俸給、給料、賃金、歳費、賞与又はこれらの性質を有する給与その他人的役務の提供に対する報酬のうち、国内において行う勤務その他の人的役務の提供（内国法人の役員として国外において行う勤務その他の政令で定める人的役務の提供を含む。）に基因するもの

（以下略）

第164条（非居住者に対する課税の方法）　（略）

2　次の各号に掲げる非居住者が当該各号に掲げる国内源泉所得を有する場合には、当該非居住者に対して課する所得税の額は、前項の規定によるもののほか、当該各号に掲げる国内源泉所得について第3節（非居住者に対する所得税の分離課税）の規定を適用して計算したところによる。

一　（略）

二　恒久的施設を有しない非居住者　第161条第1項第8号から第16号までに掲げる国内源泉所得

第181条（源泉徴収義務）　居住者に対し国内において第23条第1項（利子所得）に規定する利子等（以下「利子等」という。）又は第24条第1項（配当所得）に規定する配当等（以下「配当等」という。）の支払をする者は、その支払の際、その利子等又は配当等について所得税を徴収し、その徴収の日の属する月の翌月10日までに、これを国に納付しなければならない。
（以下略）

第190条（年末調整）　給与所得者の扶養控除等申告書を提出した居住者で、第1号に規定するその年中に支払うべきことが確定した給与等の金額が2,000万円以下であるものに対し、その提出の際に経由した給与等の支払者がその年最後に給与等の支払をする場合（その居住者がその後その年12月31日までの間に当該支払者以外の者に当該申告書を提出すると見込まれる場合を除く。）において、同号に掲げる所得税の額の合計額がその年最後に給与等の支払をする時の現況により計算した第2号に掲げる税額に比し過不足があるときは、その超過額は、その年最後に給与等の支払をする際徴収すべき所得税に充当し、その不足額は、その年最後に給与等の支払をする際徴収してその徴収の日の属する月の翌月10日までに国に納付しなければならない。
（以下略）

第212条（源泉徴収義務）　非居住者に対し国内において第161条第1項第4号から第16号まで（国内源泉所得）に掲げる国内源泉所得（国内源泉所得）に掲げる国内源泉所得（中略）の支払をする者（中略）は、その支払の際、これらの国内源泉所得について所得税を徴収し、その徴収の日の属する月の翌月10日までに、これを国に納付しなければならない。
（以下略）

第213条（徴収税額）　前条第1項の規定により徴収すべき所得税の額は、次の各号の区分に応じ当該各号に定める金額とする。
一　前条第1項に規定する国内源泉所得（中略）　その金額（中略）に100分の20の税率を乗じて計算した金額
（以下略）

所得税基本通達

２－２（再入国した場合の居住期間）　国内に居所を有していた者が国外に赴き再び入国した場合において、国外に赴いていた期間（以下「在外期間」という。）中、国内に、配偶者その他生計を一にする親族を残し、再入国後起居する予定の家屋若しくはホテルの一室等を保有し、又は生活用動産を預託している事実があるなど、明らかにその国外に赴いた目的が一時的なものであると認められるときは、当該在外期間中も引き続き国内に居所を有するものとして、法第２条第１項第３号及び第４号の規定を適用する。

２－３（国内に居住する者の非永住者等の区分）　国内に居住する者については、次により非居住者、非永住者等の区分を行うことに留意する。
⑴　入国後１年を経過する日まで住所を有しない場合　　入国後１年を経過する日までの間は非居住者、１年を経過する日の翌日以後は居住者
⑵　入国直後には国内に住所がなく、入国後１年を経過する日までの間に住所を有することとなった場合　　住所を有することとなった日の前日までの間は非居住者、住所を有することとなった日以後は居住者
⑶　日本の国籍を有していない居住者で、過去10年以内において国内に住所又は居所を有していた期間の合計が５年を超える場合　　５年以内の日までの間は非永住者、その翌日以後は非永住者以外の居住者

２－４（居住期間の計算の起算日）　法第２条第１項第３号に規定する「１年以上」の期間の計算の起算日は、入国の日の翌日となることに留意する。

３－２（学術、技芸を習得する者の住所の判定）　学術、技芸の習得のため国内又は国外に居住することとなった者の住所が国内又は国外のいずれにあるかは、その習得のために居住する期間その居住する地に職業を有するものとして、令第14条第１項《国内に住所を有する者と推定する場合》又は第15条第１項《国内に住所を有しない者と推定する場合》の規定により推定するものとする。

Question73【役員（居住者）の報酬に外国で所得税が課された場合の外国税額の取扱い】

　弊社の日本人役員Ｃ（居住者）は就任して４年目になりますが、弊社の親会社である韓国本社の役員でもあります。役務提供は専ら弊社に対して行っておりますが、年の３か月程度は韓国本社に勤務し、役員報酬の全額を韓国本社から支払われております。この報酬に対して、韓国で所得税が課せられたので納付しました。日本の居住者として、日本でも所得税を納付するものと考えますが、韓国で支払った所得税は、外国税額控除の対象となるのでしょうか。

要 点

1．役員の給与所得の源泉地
2．日韓租税条約
3．平成23年改正
4．外国税額控除制度
5．結論
（参考）条約相手国における二重課税の排除

Answer

1　役員の給与所得の源泉地

　人的役務の提供に対する所得については、所法161条1項12号イ本文でその役務の提供地を所得源泉地とするのが原則です。従って、国内勤務に係る役員報酬相当額は国内源泉所得に該当します。更に、その括弧書きで「内国法人の役員として国外において行う勤務その他政令で定める人的役務の提供」に基因して得る報酬は、役員の居住地国である我が国の国内源泉所得になるとされています。

　また、その他政令で定める人的役務の提供とは「内国法人の役員としての勤務で国外において行うもの（なお、国外で内国法人の使用人として常時

勤務する場合の当該役員の勤務は除きます。）」をいい（所令285 ①一）、役員の国外での役務提供を含むとされています。

　したがって、内国法人の役員は、勤務の場所に関係なく、受け取る役員給与はすべて国内源泉所得となります。

2　日韓租税条約

　日韓租税条約16条（役員報酬）で、一方の締約国（日本）の居住者が他方の締約国（韓国）の居住者である法人（韓国本社）の役員の資格で取得する役員報酬は、当該他方の締約国（韓国）において租税を課することができる」と規定しており、韓国においても課税できることとなります。

　この韓国で課税された所得は我が国の規定では、国内源泉所得であるとされていることから、例え外国で所得税が課されたとしても、国外所得に対する課税ではないので、外国税額控除による二重課税の調整はされないこととなります。

　（参考）「源泉地の置き換え」規定について

　　役員報酬について、居住地国と法人の所在地国による課税に基因する二重課税を調整する方法として、外国税額控除制度があります。租税条約で「一方の締約国の居住者が受益者である所得であって、租税条約の規定に従って他方の締約国において租税を課されるものは、他方の締約国の源泉から生じたものとみなす」旨を定めた規定（これを「源泉地の置き換え規定」といいます。）もあります。

　　この源泉地の置き換え規定を設けている租税条約を締結している条約相手国との間では、この規定により、役員報酬は「国外源泉所得」に該当し、外国税額控除が適用され、二重課税が調整されることとなります。

　　ちなみに、租税条約でこの源泉地の置き換え規定を設けている締約国は、アメリカ、イギリス、オーストラリア、カザフスタン及びブルネイとなっております（参考：平成23年版　「改正税法のすべて」）。

3　平成23年改正

　これら租税条約で源泉地の置き換え規定を設けていない場合の二重課税を解消するため、平成23年所得税法の改正により、租税条約により条約締約国等に課税を認めた所得については、「国外源泉所得」に該当するものとして、外国税額控除の対象とすることとされました（所令222の2④三）。この改正は、平成22年分以前の所得税については適用されません（改正所令等附則2）。

4　外国税額控除

　我が国では、居住者に対して全世界所得を課税対象としていることから、国外で生じた所得に対して外国で課された所得税がありますと、二重課税が生じます。

　この国際的な二重課税を調整するために、当該外国で課された所得税の一定額を、我が国の所得税から控除することができる制度を「外国税額控除制度」といいます。

　控除される外国税額は、次のいずれか少ない金額となります。

　①　その年に納付することとなる外国所得税

　②　外国税額控除額＝

$$\text{その年分の我が国における所得税の額} \times \frac{\text{その年分の国外所得金額}}{\text{その年分の所得総額}}$$

　本件の韓国本社から支払われる役員報酬は、韓国本社の役員の資格で取得するもので、日韓租税条約上、韓国で課税することが認められ、即ち、韓国で課税対象とされていることから、外国税額控除の適用に当たっては、その全額が国外所得金額に含まれることとなります。

5　結論

　貴社役員Ｃの韓国で課された所得税は、我が国の国内源泉所得に対する課税として取り扱われ、したがって、日本においての国外源泉所得はないことになります。

　しかしながら、韓国で所得税を納付していても外国税額控除の適用を受

けることができないことの対応として、平成23年税制改正によって、平成23年分以後の所得税について、韓国で課された税金については国外源泉所得に該当するものとして、外国税額控除の対象とし、外国税額控除ができることとなりました。したがって、二重課税の問題が解消されることになります。

　なお、類似事例で検討する際には、国税庁・質疑応答事例「韓国の法人から支払を受ける役員報酬」も参考に願います。

（参考）条約相手国における二重課税の排除

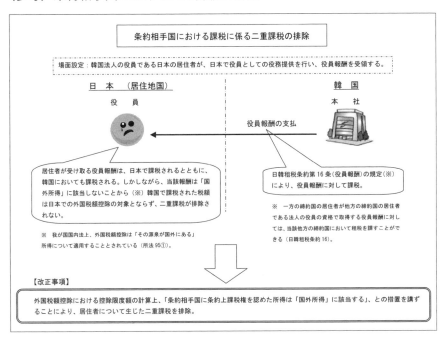

平成23年　改正関係参考資料（国際課税関係）（財務省）

【関係法令】

所得税法
第95条（外国税額控除）　居住者が各年において外国所得税（外国の法令に

より課される所得税に相当する税で政令を定めるものをいう。以下この項
及び第9項において同じ。）を納付することとなる場合には、第89条から
第93条まで（税率等）の規定により計算したその年分の所得税額のうち、
その年において生じた国外所得金額（略）に対応するものとして政令で定
めるところにより計算した金額(略)を限度として、その外国所得税の額(略)
をその年分の所得税の額から控除する。

（以下略）

第161条（国内源泉所得）　この編において「国内源泉所得」とは、次に掲
げるものをいう。

一～十一　（略）

十二　次に掲げる給与、報酬又は年金

イ　俸給、給料、賃金、歳費、賞与又はこれらの性質を有する給与その
他人的役務の提供に対する報酬のうち、国内において行う勤務その他
の人的役務の提供（内国法人の役員として国外において行う勤務その
他の政令で定める人的役務の提供を含む。）に基因するもの

（以下略）

所得税法施行令

第222条の２（外国税額控除の対象とならない外国所得税の額）　（略）

２、３　（略）

４　法第95条第１項に規定するその他政令で定める外国所得税の額は、次に
掲げる外国所得税の額とする。

一～三　（略）

四　我が国が租税条約を締結している条約相手国等又は外国（外国居住者
等の所得に対する相互主義による所得税等の非課税等に関する法律第２
条第３号（定義）に規定する外国をいい、同法第５条各号（相互主義）
のいずれかに該当しない場合における当該外国を除く。以下この号にお
いて同じ。）において課される外国所得税の額のうち、当該租税条約の規
定（当該外国所得税の軽減又は免除に関する規定に限る。）により当該条
約相手国等において課することができることとされる額を超える部分に
相当する金額若しくは免除することととされる額に相当する金額又は当該

外国において、同条第1号に規定する所得税等の非課税等に関する規定により当該外国に係る同法第2条第3号に規定する外国居住者等の同法第5条第1号に規定する対象国内源泉所得に対して所得税を軽減し、若しくは課さないこととされる条件と同等の条件により軽減することとされる部分に相当する金額若しくは免除することとされる額に相当する金額

（以下略）

日韓租税条約

第16条（役員報酬）　一方の締約国の居住者が他方の締約国の居住者である法人の役員の資格で取得する役員報酬その他これに類する支払金に対しては、当該他方の締約国において租税を課することができる。

Question74【滞在期間が短期（183日以下）である外国人社員に支給する給与の取扱い】

弊社では、米国子会社の社員Ｄ（米国人）を150日間の予定で研修（10月1日から150日間）を兼ねた店舗での勤務を行わせるために（派遣）受入れすることになりました。

研修期間中の給与は弊社において計算し、米国の本人口座への送金により、直接支給することにしております。この給与について、所得税は課税されるのでしょうか。短期滞在者免税を適用することはできるのでしょうか。

要 点

1. 非居住者の国内源泉所得について
2. 短期滞在者免税適用の要件
3. 結論

Answer

米国人社員Ｄは、150日間の予定で日本に滞在するとのことですから、日本国内に、住所も1年以上の居所も有しない非居住者（所法2①三、五）となります。

1 非居住者の国内源泉所得について

非居住者が国内において提供された役務の対価として支払を受ける給与は、国内源泉所得として日本で課税されることになります（所法7①三、161①十二イ）。また、非居住者に対する給与等に係る課税方法は、居住者の場合とは異なり、原則として所得控除等の適用はなく、一定の比例税率（通常は20.42％（復興特別所得税を含む。））による源泉徴収の方法による課税で完結される（源泉分離課税）こととされています（所法164②、169、170、212）。

2　短期滞在者免税適用の要件

日米租税条約14条2項の規定では、短期滞在者免税の適用を受けるには、次のいずれの条件をも満たす必要があります。

(a)　その課税年度で開始又は終了するいずれの12か月間においても、給料等の受給者における滞在期間の合計が183日以内であること（連続12か月中183日以内）

(b)　その給与等が日本の居住者又はこれに代わる者以外の者から支払われること

(c)　その給与等が日本にある恒久的施設（支店、工場、事務所等）によって負担されないこと

（注）他の国との租税条約においては、たとえ継続する滞在期間が183日を超えていても、暦年で計算する限り、その年の滞在期間が各々183日以下の滞在であること（課税年度中183日以内）が短期滞在者免税の要件となっている場合もあるので留意してください（例：日独租税協定15条2項・日韓租税条約15条2項等）。

3　結論

ご質問の場合、米国子会社の社員Dは、150日間の予定で貴社に派遣されていますので、非居住者に該当します。

また、社員Dの滞在期間が183日を超えていませんので、日米租税条約14条2項(a)の条件を満たしていますが、給与等が日本の居住者から支払われているので、同(b)の条件を満たしていません。したがって、社員Dは日米租税条約による短期滞在者免税の適用を受けることはできません。

このため、貴社が支払う給与等は、国内源泉所得として日本において課税の対象となります。貴社は社員D（非居住者）に支払う給与について、20.42％（復興特別所得税を含む。）の税率により源泉徴収を行う必要があります。

【関係法令】

所得税法

第2条（定義） この法律において、次の各号に掲げる用語の意義は、当該各号に定めるところによる。

一、二 （略）

三 居住者 国内に住所を有し、又は現在まで引き続いて一年以上居所を有する個人をいう。

（以下略）

第7条（課税所得の範囲） 所得税は、次の各号に掲げる者の区分に応じ当該各号に定める所得について課する。

一、二 （略）

三 非居住者 第164条第1項各号（非居住者に対する課税の方法）に掲げる非居住者の区分に応じそれぞれ同項各号及び同条第2項各号に掲げる国内源泉所得

（以下略）

第161条（国内源泉所得） この編において「国内源泉所得」とは、次に掲げるものをいう。

一～十一 （略）

十二 次に掲げる給与、報酬又は年金

イ 俸給、給料、賃金、歳費、賞与又はこれらの性質を有する給与その他人的役務の提供に対する報酬のうち、国内において行う勤務その他の人的役務の提供（内国法人の役員として国外において行う勤務その他の政令で定める人的役務の提供を含む。）に基因するもの

（以下略）

第164条（非居住者に対する課税の方法） （略）

2 次の各号に掲げる非居住者が当該各号に掲げる国内源泉所得を有する場合には、当該非居住者に対して課する所得税の額は、前項の規定によるもののほか、当該各号に掲げる国内源泉所得について第3節（非居住者に対

する所得税の分離課税）の規定を適用して計算したところによる。

一　恒久的施設を有する非居住者　第 161 条第 1 項第 8 号から第 16 号までに掲げる国内源泉所得（同項第 1 号に掲げる国内源泉所得に該当するものを除く。）

二　恒久的施設を有しない非居住者　第 161 条第 1 項第 8 号から第 16 号までに掲げる国内源泉所得

第 169 条（分離課税に係る所得税の課税標準）　第 164 条第 2 項各号（非居住者に対する課税の方法）に掲げる非居住者の当該各号に定める国内源泉所得については、他の所得と区分して所得税を課するものとし、その所得税の課税標準は、その支払を受けるべき当該国内源泉所得の金額（中略）とする。

（以下略）

第 170 条（分離課税に係る所得税の税率）　前条に規定する所得税の額は、同条に規定する国内源泉所得の金額に 100 分の 20（中略）の税率を乗じて計算した金額とする。

（注）第 161 条第 1 項第 8 号及び第 15 号については 100 分の 15

第 212 条（源泉徴収義務）　非居住者に対し国内において第 161 条第 1 項第 4 号から第 16 号まで（国内源泉所得）に掲げる国内源泉所得（中略）の支払をする者（中略）は、その支払の際、これらの国内源泉所得について所得税を徴収し、その徴収の日の属する月の翌月 10 日までに、これを国に納付しなければならない。

（以下略）

日米租税条約
第 14 条（給与所得）

1　（略）

2　1 の規定にかかわらず、一方の締約国の居住者が他方の締約国内において行う勤務について取得する報酬に対しては、次の(a)から(c)までに掲げる要件を満たす場合には、当該一方の締約国においてのみ租税を課すること

ができる。

(a) 当該課税年度において開始又は終了するいずれの12箇月の期間においても、報酬の受領者が当該他方の締約国内に滞在する期間が合計183日を超えないこと。

(b) 報酬が当該他方の締約国の居住者でない雇用者又はこれに代わる者から支払われるものであること。

(c) 報酬が雇用者の当該他方の締約国内に有する恒久的施設によって負担されるものでないこと。

Question75【短期滞在者免税を適用する場合の183日以下の判定（滞在日数の計算）】

弊社では、7か月間の幹部研修（9月1日から翌年3月31日）のため来日した米国子会社の社員Eを、日本本社で（派遣）受け入れすることになりました。

研修期間中の給与は米国子会社から支給されますが、社員Eの滞在日数は、暦年では183日以下であり、通算では183日を超えます。この給与につき、短期滞在者免税を適用することはできるのでしょうか。

要　点

1．短期滞在者免税適用の要件
2．準確定申告書の提出について
3．結論

Answer

1　短期滞在者免税適用の要件

日米租税条約14条2項(a)の規定では、短期滞在者免税の適用を受けるためには、当該課税年度で開始又は終了するいずれの12か月間においても、給料等の受給者における滞在期間の合計が183日以内である必要があります（連続12か月中183日以内）。質問の場合は183日を超えていますので、短期滞在者免税の適用はありません。

なお、米国子会社の社員Eは、7か月間の予定で本社に派遣されているので非居住者に該当します。

（注）他の国との租税条約においては、例え継続する滞在期間が183日を超えていても、暦年で計算する限り、その年の滞在期間が各々183日以下の滞在であること（課税年度中183日以内：本事例では、9／1～12／31　4ヶ月×30＝120日、1／1～3／31　3ヶ月×30＝90日）が短期滞在者

免税の要件となっている場合もあるので留意してください（日独租税協定
15②・日韓租税条約15②等）。

2　準確定申告書の提出について

　非居住者が国内において提供された役務の対価として支払を受ける給与
は、国外で支払われていたとしても国内源泉所得として日本で課税される
ことになります（所法7①三、161①十二イ）。

　しかしながら、非居住者の国内勤務に係る給与が国外において支払われ
る場合には、源泉徴収の対象とはならないことから、給与の支払を受ける
社員E自身が、原則として翌年3月15日（同日前に国内に居所を有しなく
なる時は、その有しなくなる日）までに、準確定申告書を税務署に提出して、
20.42％（復興特別所得税を含む。）の税率による納税を行うことになります
（所法172）。

3　結論

　日米租税条約による短期滞在者免税の適用を受けることはできません。
このため、日本勤務に基づく給与は、たとえ国外払いであっても、国内源
泉所得として日本において課税の対象となります。

　なお、この場合、米国子会社の事業所等が日本にはないため、社員Eが
受け取る給与に対しては源泉徴収制度の適用はなく、社員Eは確定申告に
より納税を行うことになります。

【関係法令】

> 日米租税条約
> 第14条（給与所得）
> 1　（略）
> 2　1の規定にかかわらず、一方の締約国の居住者が他方の締約国内におい
> 　て行う勤務について取得する報酬に対しては、次の(a)から(c)までに掲げる
> 　要件を満たす場合には、当該一方の締約国においてのみ租税を課すること
> 　ができる。
> 　(a)　当該課税年度において開始又は終了するいずれの12箇月の期間におい

ても、報酬の受領者が当該他方の締約国内に滞在する期間が合計183日を
超えないこと。

（以下略）

Question76【外国人社員（居住者）に対する短期滞在者免税の適用について】

　弊社では、韓国支店に勤務する韓国人社員Ｆを、３年間の予定で弊社本店に勤務させることにし、先頃来日しました。Ｆの妻子は韓国に居住したままであるため、Ｆの給与は引き続き韓国支店から支給することにしました。ところで、Ｆの本年中の日本での滞在日数は183日を超えていないので、Ｆの本年分の給与については短期滞在者免税の規定の適用を受けることとする予定ですが、適用することはできるのでしょうか。

要　点

1. 居住形態の判定
2. 短期滞在者免税の適用
3. 結論

Answer

1　居住者形態の判定

　居住者とは「国内に住所を有しているか、又は現在まで引き続いて１年以上国内に居所を有する個人」をいいます（所法２①三）。所得税法上、「住所」については特に定義はなされていませんが、民法上の「住所」の概念を借用し、「法に規定する住所とは各人の生活の本拠をいい、生活の本拠であるかどうかは客観的事実によって判定する」こととされています（所基通２－１）。判例においては、「個人の住所は、住居の所在地、職業の場所、配偶者その他親族の住所、資産の所在等に基づき判断すべき」としています（昭和61年９月25日大阪高裁判決）。

　なお、所令14条では「国内に居住することとなった個人が、次の各号のいずれかに該当する場合には、その者は、国内に住所を有する者と推定する」とあり、同条１項１号において「その者が国内において、継続して

1年以上居住することを通常必要とする職業を有すること」、同2号においては「日本の国籍を有し、かつ、国内において生計を一にする配偶者その他の親族を有することその他国内におけるその者の職業及び資産の有無等の状況に照らし、その者が国内において継続して1年以上居住するものと推測するに足りる事実があること」とされています。

「職業を有している」場合には、契約などで在留期間があらかじめ1年未満であることが明らかなケースを除き、「継続して1年以上居住するもの」として扱われます（所基通3－3）。

2　短期滞在者免税の適用

日韓租税条約15条2項の規定では、一方の締結国（韓国）の居住者である個人が短期滞在者免税の適用を受けるには、次のいずれの条件をも満たす必要があります。

(a)　報酬の受給者が当該暦年を通じて合計183日を超えない期間、当該他方の締結国に滞在すること（暦年で183日以内）。

(b)　報酬が日本の居住者又はこれに代わる者以外の者から支払われること

(c)　報酬が日本にある恒久的施設又は固定的施設によって負担されないこと

3　結論

日本が各国と締結している租税条約において、短期滞在者免税の規定を設けていますが、その対象者は相手国の居住者（日本の非居住者）に限られています。

貴社の韓国人社員Fの場合、3年間の予定で来日していることから、入国当初から日本国内に住所を有する者との推定を受け（所令14）、居住者（非永住者）として課税を受けることになります（所法7二）。

したがって、本年中（暦年）の日本での滞在期間が例え183日を超えないとしても、Fは日本の居住者に該当することになるので、短期滞在者免税の適用を受けることはできません。

なお、社員Fの場合、日本国内での勤務に基づき支給される給与は国内

源泉所得となります。したがって、Ｆは韓国で支給された給与（日本において源泉徴収は行われていませんが）を含め、総合課税に基づく確定申告を日本で行う必要があります（所法120、所基通121 - 5(3)）。

また、社員Ｆは、日本滞在期間が３年間の予定であり、非永住者に該当するものと思われますので、例えば、韓国において不動産収入があったとしても、日本で支払われ又は日本に送金されない限り、日本での所得には当たらないこととなります。

（参考）

1　短期滞在者の滞在日数の数え方……滞在期間は実滞在日数なので、入国、出国の日を含めたところで日数計算します。

2　主な国との租税条約における短期滞在者免税の要件のうち、滞在期間に関する規定は次のとおりです（国名横の丸付き数字は、各租税条約に該当する条番号です。）。

条文の規定	条約締結国
「継続するいかなる12箇月の期間においても合計183日を超えない」	シンガポール⑮、ノルウェー⑮、メキシコ⑮
「当該課税年度を通じて合計183日を超えない」	アイルランド⑯、オーストリア⑬、バングラデシュ⑮
「当該課税年度又は前年度を通じて合計183日を超えない」	インド⑮
「当該年を通じて合計183日を超えない」	イスラエル⑮、インドネシア⑮、カナダ⑮、スウェーデン⑮、スペイン⑮、中国⑮、トルコ⑮、ハンガリー⑮、フィリピン⑮、フィンランド⑮、ブルガリア⑮、ポーランド⑮、ルーマニア⑮、ルクセンブルク⑮、ソ連邦⑫
「その年を通じて合計183日を超えない」	イタリア⑮、デンマーク⑮、ドイツ⑮、ブラジル⑭、ベルギー⑮
「当該暦年を通じて合計183日を超えない」	ヴィエトナム⑮、韓国⑮、マレイシア⑮、南アフリカ⑮

「当該課税年度において開始又は終了するいずれの12箇月の期間においても合計183日を超えない」	アメリカ⑭
「当該課税年度又は賦課年度において開始し、又は終了するいずれの12箇月の期間においても合計183日を超えない」	イギリス⑭
「当該課税年度において開始し、又は終了するいずれの12箇月の期間においても合計183日を超えない」	オーストラリア⑭、オランダ⑭、パキスタン⑯、フランス⑮、香港⑭
「その課税年度を通じて合計183日を超えない」	エジプト⑬
「当該課税年度又は所得年度を通じて合計183日を超えない」	ニュージーランド⑩

（注）　詳しくは個々の租税条約を参照して下さい。

3　短期滞在者計算の具体例

　　滞在期間が183日以下であるかどうかを課税年度（我が国の場合は暦年）ごとに判断する場合の例を挙げると、次のとおりです。

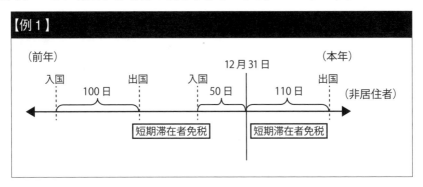

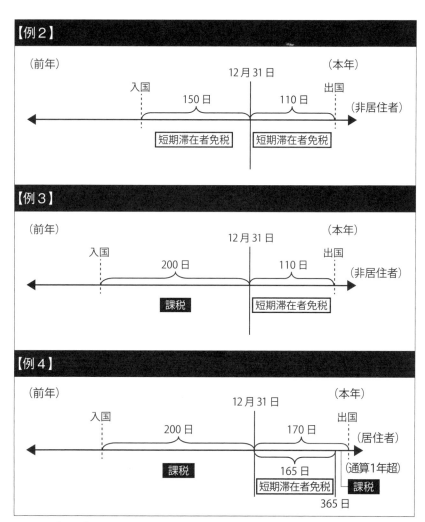

（注1）【例4】の場合は、滞在期間が継続して1年を超えることから、入国後1年を経過する日の翌日以後は所基通2-3（国内に居住する者の非永住者等の区分）(1)により、居住者となります。しかし、国内において継続して1年以上居住することを通常必要とする職業を有していること（所令14①一）、又は、入国時から住所があると認められると各課税年度（暦年）のいずれかの年の滞在日数が183日以下であっても短期滞在者の免税規定は適用されず、全期間を通じて課税となりますので注意が必要です。

（注2）租税条約によっては、「当該課税年度において開始又は終了するい
　　　ずれの12箇月の期間においても合計183日を超えない」と規定して
　　　いる条約（アメリカ⑭）があります（参考2参照）のでご注意ください。

【関係法令】

所得税法

第2条（定義）　この法律において、次の各号に掲げる用語の意義は、当該各
　号に定めるところによる。
　一、二　（略）
　三　居住者　国内に住所を有し、又は現在まで引き続いて一年以上居所を
　　有する個人をいう。
（以下略）

第7条（課税所得の範囲）　所得税は、次の各号に掲げる者の区分に応じ当該
　各号に定める所得について課する。
　一　（略）
　二　非永住者　第95条第1項（国内源泉所得）に規定する国内源泉所得（中
　　略）及びこれ以外の所得で国内において支払われ、又は国外から送金さ
　　れたもの
（以下略）

第120条（確定所得申告）　居住者は、その年分の総所得金額、退職所得金
　額及び山林所得金額の合計額が第2章第4節（所得控除）の規定による雑
　損控除その他の控除の額の合計額を超える場合において、当該総所得金額、
　退職所得金額又は山林所得金額からこれらの控除の額を第87条第2項（所
　得控除の順序）の規定に準じて控除した後の金額をそれぞれ課税総所得金
　額、課税退職所得金額又は課税山林所得金額とみなして第89条（税率）の
　規定を適用して計算した場合の所得税の額の合計額が配当控除の額を超え
　るときは、第123条第1項（確定損失申告）の規定による申告書を提出す
　る場合を除き、第3期（その年の翌年2月16日から3月15日までの期間
　をいう。以下この節において同じ。）において、税務署長に対し、次に掲げ
　る事項を記載した申告書を提出しなければならない。（略）

第212条（源泉徴収義務）（略）

2　前項に規定する国内源泉所得の支払が国外において行なわれる場合において、その支払をする者が国内に住所若しくは居所を有し、又は国内に事務所、事業所その他これらに準ずるものを有するときは、その者が当該国内源泉所得を国内において支払うものとみなして、同項の規定を適用する。この場合において、同項中「翌月10日まで」とあるのは、「翌月末日まで」とする。

（以下略）

　所得税基本通達

2−1（住所の意義）　法に規定する住所とは各人の生活の本拠をいい、生活の本拠であるかどうかは客観的事実によって判定する。

　（注）　国の内外にわたって居住地が異動する者の住所が国内にあるかどうかの判定に当たっては、令第14条《国内に住所を有する者と推定する場合》及び第15条《国内に住所を有しない者と推定する場合》の規定があることに留意する。

121−5（確定所得申告を要しない規定が適用されない給与所得者）　次に掲げる者については、その年中に支払を受けるべき給与等の金額の合計額が法第121条第1項本文に規定する金額以下である場合であっても、同項の規定は適用されないことに留意する。

　(1)、(2)　（略）

　(3)　国外において給与等又は退職手当等の支払を受ける居住者

　日韓租税条約

第15条（給与所得）

1　（略）

2　1の規定にかかわらず、一方の締約国の居住者が他方の締約国内において行う勤務について取得する報酬に対しては、次の(a)から(c)までに掲げることを条件として、当該一方の締約国においてのみ租税を課することができる。

(a)　報酬の受領者が当該暦年を通じて合計 183 日を超えない期間当該他方の締約国内に滞在すること。

(b)　報酬が当該他方の締約国の居住者でない雇用者又はこれに代わる者から支払われるものであること。

(c)　報酬が雇用者の当該他方の締約国内に有する恒久的施設又は固定的施設によって負担されるものでないこと。

（以下略）

Question77【外国人社員が１年未満のビザで入国した場合の取扱い】

弊社では、オーストリア人社員Ｇを採用し、雇用契約により２年間の予定で弊社の本店に勤務させることにしました。Ｇは入国に際して６か月の査証（ビザ）で入国したため、先頃、１回目のビザの更新を行っていますが、Ｇはいつの時点から居住者となるのか教えてください。

要 点

1. 査証（ビザ）と居住形態の判定との関係
2. 推定居住者・非居住者の判定基準
3. 結論

Answer

1 査証（ビザ）と居住形態の判定との関係

在留期間が３か月又は６か月という査証（ビザ）を所有している場合であっても、ビザの更新を行うことにより日本に滞在する期間を実質的に延長することができるなど、居住形態の判定の要素である住所あるいは居所の有無とは必ずしも一致するものではなく、居住形態の判定に際して、ビザに記載された在留期間等は判断要素の一つにすぎません。

所得税法では、居住者とは「国内に住所を有し又は現在まで引き続いて１年以上居所を有する個人をいう」としています（所法２①三）。つまり、所得税法は、居住者に当たるかどうかの基準をあくまでも「住所」や「居所」で判定することとしているということです。

2 推定居住者・非居住者の判定基準

そして、「住所を有する場合」に該当するものとして、所令14条（この規定は外国人が来日したときの判定基準となります。）は、国内において継続して１年以上居住することを通常必要とする職業を有するなどの事情がある場合には、国内に住所があるものと推定するとしています。原則、当該

外国人は居住者として我が国の課税に服することとなります。

　「職業を有している」場合には、契約などで在留期間があらかじめ1年未満であることが明らかなケースを除き、「継続して1年以上居住するもの」として扱われます（所基通3－3）。

　すなわち、明示的な契約がなければ、職業がある場合には国内に住所があるものと推定されることとなります。推定規定なので反証があれば推定が取り消されることになります。

3　結論

　オーストリア人社員Gの場合、貴社との雇用契約に基づき2年間勤務するために入国したのですから、「国内において継続して1年以上居住することを通常必要とする職業を有している場合」に該当し、国内に住所を有する者と推定されます。

　したがって、たとえ6か月のビザで入国したとしても、入国した日から居住者となります。

　なお、居住期間の計算に当たっては、入国した日の翌日が起算日となります。

【関係法令】

　所得税法
第2条（定義）　この法律において、次の各号に掲げる用語の意義は、当該各号に定めるところによる。
　一、二　（略）
　三　居住者　国内に住所を有し、又は現在まで引き続いて1年以上居所を有する個人をいう。

　所得税法施行令
第14条（国内に住所を有する者と推定する場合）　国内に居住することとなつた個人が次の各号のいずれかに該当する場合には、その者は、国内に住所を有する者と推定する。

　一　その者が国内において、継続して1年以上居住することを通常必要と
　　する職業を有すること。
　二　その者が日本の国籍を有し、かつ、その者が国内において生計を一に
　　する配偶者その他の親族を有することその他国内におけるその者の職業
　　及び資産の有無等の状況に照らし、その者が国内において継続して1年
　　以上居住するものと推測するに足りる事実があること。
（以下略）

所得税基本通達
3－3（国内に居住することとなった者等の住所の推定）　国内又は国外にお
　いて事業を営み若しくは職業に従事するため国内又は国外に居住すること
　となった者は、その地における在留期間が契約等によりあらかじめ1年未
　満であることが明らかであると認められる場合を除き、それぞれ令第14条
　第1項第1号又は第15条第1項第1号の規定に該当するものとする。

Question78【非居住者である社外取締役に支給する報酬等の取扱い】

　弊社の米国居住の社外取締役に対して支払う役員報酬について、どのような取扱いになるのか御教示願います。また、将来、退職金を支払う場合の課税関係についても教えてください。

要　点

1．国内源泉所得となる役員報酬の原則
2．国内源泉所得となる退職金
3．結論

Answer

1　国内源泉所得となる役員報酬の原則

　国内の役員として行う勤務に基づき受ける報酬は、国内源泉所得となります。内国法人の役員として国外において行う勤務に基づく場合も同様に、国内源泉所得となります（所法161①十二イかっこ書）。

　しかし、国内源泉所得税として取り扱われない例外があります。

　まず一つには「内国法人の役員として、国外において使用人として常時勤務を行う場合の当該役員としての勤務」に基づく報酬の取扱いです。具体的には、「取締役シカゴ支店長」として勤務する場合などが、これに該当するとされています（所基通161－42）。

　この場合の判断のポイントは、「内国法人の役員として」「国外において使用人として常時勤務」です。「米国居住の社外取締役」は非常勤取締役と思われますが、この社外の者が貴社の例えば米国支店の使用人として常時勤務していると判断できるケースはまれであると考えます。

　二つ目の例として、支店ではなく、当該役員として国外の子会社に常時勤務する場合であっても、現地の特殊事情（例えば、現地法人でないと供されない銀行業など）により、法人として活動はしているものの、実態は内国法人の海外支店であるにすぎず、その勤務が内国法人の命令に基づくも

のであり、その内国法人の使用人としての勤務であると認められる場合には、実態としてその海外支店の長として常時勤務する者に対し支払う報酬は、国内源泉所得としないとされています（所基通161-43）。

　しかし、非居住者である内国法人の役員が、その内国法人の非常勤役員として海外において情報の提供、商取引の側面的援助等を行っているに過ぎない場合においては、使用人として常時勤務と判断される国外源泉所得には該当しないとされていることに注意を要します（所基通161-42例示）。

2　国内源泉所得となる退職金

　所法30条1項に規定する退職所得とは、退職手当、一時恩給その他の退職により一時に受ける給与及びこれらの性質を有する給与（退職手当等）に係る手当をいいます。

　この退職手当等のうち、その支払を受ける者が居住者であった期間に行った勤務その他の人的役務提供に基因する支払で、内国法人の役員として非居住者であった期間に行った勤務その他人的役務（当該勤務その他の人的役務提供を行う者が非居住者であった期間に行ったもの）を含みます（所法161①十二ハ、所令285③）。

　なお、退職所得については、支給対象となった勤続年数のうちに占める居住者としての勤続年数に対応する部分が国内源泉所得となります（所基通161-41）。

　退職給与を非居住者として受ける場合には、選択課税制度があります。退職給与全体を居住者での受け取りとして計算した税額と非居住者に対する国内源泉所得に係る課税の税額とを比較して、前者（すなわち、退職給与全体を居住者として計算した税額）が後者の20.42％（復興特別所得税を含む。以下同じ。）の税額より少ない場合には、少ない方の税額（所法171）を選択する制度です。

3　結論

　役員報酬については、非居住者であっても国内源泉所得として20.42％で源泉徴収されます。

　退職所得については、非居住者として受給する場合、居住者が受ける退職所得に対する課税額との税負担の不均衡を避けるため選択課税制度があります。

　租税条約の適用に当たっては、非居住者である役員に支払う「退職金」についての明文の規定はありませんが、給与の一形態（退職に基因して支払われる給与）であることから、年金条項やその他の所得条項（明示なき所得条項）の適用ではなく、役員報酬条項が適用されます。

　日米租税条約15条では、役員報酬については、法人の所在地国で課税できることとされており、米国の居住者である役員甲に支払う退職金については、所得税法の規定に従って課税されることとなります。

【関係法令】

> 所得税法
> 第30条（退職所得）　退職所得とは、退職手当、一時恩給その他の退職により一時に受ける給与及びこれらの性質を有する給与（以下この条において「退職手当等」という。）に係る所得をいう。
> （以下略）
>
> 第161条（国内源泉所得）　この編において「国内源泉所得」とは、次に掲げるものをいう。
> 一～十一　（略）
> 十二　次に掲げる給与、報酬又は年金
> 　イ　俸給、給料、賃金、歳費、賞与又はこれらの性質を有する給与その他人的役務の提供に対する報酬のうち、国内において行う勤務その他の人的役務の提供（内国法人の役員として国外において行う勤務その他の政令で定める人的役務の提供を含む。）に基因するもの
> 　ロ　（略）
> 　ハ　第30条第1項（退職所得）に規定する退職手当等のうちその支払を受ける者が居住者であつた期間に行つた勤務その他の人的役務の提供（内国法人の役員として非居住者であつた期間に行つた勤務その他の政令で定める人的役務の提供を含む。）に基因するもの

（以下略）

第164条（非居住者に対する課税の方法）（略）
2　次の各号に掲げる非居住者が当該各号に掲げる国内源泉所得を有する場
　合には、当該非居住者に対して課する所得税の額は、前項の規定によるも
　ののほか、当該各号に掲げる国内源泉所得について第3節（非居住者に対
　する所得税の分離課税）の規定を適用して計算したところによる。
　一　（略）
　二　恒久的施設を有しない非居住者　第161条第1項第8号から第16号ま
　　でに掲げる国内源泉所得

第169条（分離課税に係る所得税の課税標準）　第164条第2項各号（非居
　住者に対する課税の方法）に掲げる非居住者の当該各号に定める国内源泉
　所得については、他の所得と区分して所得税を課するものとし、その所得
　税の課税標準は、その支払を受けるべき当該国内源泉所得の金額（中略）
　とする。
（以下略）

第170条（分離課税に係る所得税の税率）　前条に規定する所得税の額は、
　同条に規定する国内源泉所得の金額に100分の20（中略）の税率を乗じて
　計算した金額とする。
　（注）第161条第1項第8号及び第15号については100分の15

第171条（退職所得についての選択課税）　第169条（課税標準）に規定す
　る非居住者が第161条第1項第12号ハ（国内源泉所得）の規定に該当する
　退職手当等（第30条第1項（退職所得）に規定する退職手当等をいう。以
　下この節において同じ。）の支払を受ける場合には、その者は、前条の規定
　にかかわらず、当該退職手当等について、その支払の基因となつた退職（そ
　の年中に支払を受ける当該退職手当等が2以上ある場合には、それぞれの
　退職手当等の支払の基因となつた退職）を事由としてその年中に支払を受
　ける退職手当等の総額を居住者として受けたものとみなして、これに第30
　条及び第89条（税率）の規定を適用するものとした場合の税額に相当する
　金額により所得税を課されることを選択することができる。

第212条（源泉徴収義務）　非居住者に対し国内において第161条第1項第4号から第16号まで（国内源泉所得）に掲げる国内源泉所得（中略）の支払をする者（中略）は、その支払の際、これらの国内源泉所得について所得税を徴収し、その徴収の日の属する月の翌月10日までに、これを国に納付しなければならない。

（以下略）

所得税法施行令

第285条（国内に源泉がある給与、報酬又は年金の範囲）　法第161条第1項第12号イ（国内源泉所得）に規定する政令で定める人的役務の提供は、次に掲げる勤務その他の人的役務の提供とする。

一　内国法人の役員としての勤務で国外において行うもの（当該役員としての勤務を行う者が同時にその内国法人の使用人として常時勤務を行う場合の当該役員としての勤務を除く。）

二　居住者又は内国法人が運航する船舶又は航空機において行う勤務その他の人的役務の提供（国外における寄航地において行われる一時的な人的役務の提供を除く。）

2　（省略）

3　法第161条第1項第12号ハに規定する政令で定める人的役務の提供は、第1項各号に掲げる勤務その他の人的役務の提供で当該勤務その他の人的役務の提供を行う者が非居住者であつた期間に行つたものとする。

所得税基本通達

161-41（勤務等が国内及び国外の双方にわたって行われた場合の国内源泉所得の計算）　非居住者が国内及び国外の双方にわたって行った勤務又は人的役務の提供に基因して給与又は報酬の支払を受ける場合におけるその給与又は報酬の総額のうち、国内において行った勤務又は人的役務の提供に係る部分の金額は、国内における公演等の回数、収入金額等の状況に照らしその給与又は報酬の総額に対する金額が著しく少額であると認められる場合を除き、次の算式により計算するものとする。

$$給与又は報酬の総額 \times \frac{国内で行った勤務又は人的役務の提供の期間}{給与又は報酬の総額の計算の基礎となった期間}$$

（注）

1　国内において勤務し又は人的役務を提供したことにより特に給与又は報酬の額が加算されている場合等には、上記算式は適用しないものとする。

2　法第161条第1項第12号ハに規定する退職手当等については、上記の算式中「給与又は報酬」とあるのは「退職手当等」と、「国内において行った勤務又は人的役務の提供の期間」とあるのは「居住者であった期間に行った勤務等の期間及び令第285条第3項《国内に源泉がある給与、報酬又は年金の範囲》に規定する非居住者であった期間に行った勤務等の期間」と読み替えて計算する。

161−42（内国法人の使用人として常時勤務を行う場合の意義）　令第285条第1項第1号かっこ内に規定する「内国法人の使用人として常時勤務を行なう場合」とは、内国法人の役員が内国法人の海外にある支店の長として常時その支店に勤務するような場合をいい、例えば、非居住者である内国法人の役員が、その内国法人の非常勤役員として海外において情報の提供、商取引の側面的援助等を行っているにすぎない場合は、これに該当しないことに留意する。

161−43（内国法人の役員が国外にあるその法人の子会社に常時勤務する場合）　内国法人の役員が国外にあるその法人の子会社に常時勤務する場合において、次に掲げる要件のいずれをも備えているときは、その者の勤務は、令第285条第1項第1号かっこ内に規定する内国法人の役員としての勤務に該当するものとする。

⑴　その子会社の設置が現地の特殊事情に基づくものであって、その子会社の実態が内国法人の支店、出張所と異ならないものであること。

⑵　その役員の子会社における勤務が内国法人の命令に基づくものであって、その内国法人の使用人としての勤務であると認められること。

日米租税条約

第15条（役員報酬）

　一方の締約国の居住者が他方の締約国の居住者である法人の役員の資格で取得する役員報酬その他これに類する支払金に対しては、当該他方の締約国において租税を課することができる。

Question79【弊社の非居住者役員に対する報酬を居住者として源泉徴収した場合の是正の方法】

　弊社の非常勤役員Ｉ（韓国人）は、日本非居住者であるにもかかわらず、弊社の事務的ミスで月々の報酬について居住者として源泉徴収をしておりました。また年間報酬が2,000万円を超えておりましたので、確定申告を行い、結果、過納額となり、税金の還付を受けております。

　さらに、居住者として給与所得の源泉徴収票（給与支払報告書）を発行していることから、翌年には住民税の通知があり、特別徴収しておりました。

　こうした手続的な誤りについて、どのような手続きを経れば、源泉所得税及び住民税の還付を受けることができるのでしょうか。教えてください。

要　点
....

1．非居住者であることの証明に必要な書類
2．源泉所得税の誤納還付請求
3．所得税確定申告の是正
4．住民税の還付手続き
5．まとめ

Answer

この一連の手続きの是正方法について要点を記すと、次のとおりです。

1　非居住者であることの証明に必要な書類

　まず、役員Ｉが、日本で非居住者であること（このことは、Ｉが韓国で居住者であること）の証明が必要となります。次のような資料を基に、韓国の居住者（日本で非居住者）であることの確認を、税務当局に受け

ることが必要です。

① 　旅券から、日本での滞在日数の確認

② 　韓国における住民票及び住民登録番号

③ 　韓国での住所としての住宅・マンション等の所有及び居住状況

④ 　Ｉの家族の韓国での居住状況

⑤ 　日本滞在中の居住の状況

⑥ 　「家族関係証明書」（日本の戸籍謄本に代るものです。）

2　源泉所得税の誤納還付請求

　源泉徴収の誤りですので、貴社を所轄する税務署に対し、貴社が「源泉所得税の誤納還付請求書」を提出します。

　この時に必要な添付書類は、次のとおりです。

① 　正当な非居住者に対する支払調書

　　当初、居住者として発行した源泉徴収票（給与支払報告書）が誤りであったことから、正当な「非居住者等に支払われる給与、報酬、年金及び賞金の支払調書」を改めて作成して、提出する必要があります。

② 　誤ったことによる貴社の正しい納付額の明細と還付される税額

　　支給人員、支給総額、納付額の月々の明細と還付される税額の一覧表です。

③ 　当該誤納期間に係る「給与所得等の所得税徴収高計算書」（いわゆる「納付書」）のコピー

3　所得税確定申告の是正

　貴社の所轄する税務署から源泉所得税の誤納還付を受けたことによる非居住者であることの確認を受けた後、役員Ｉの所轄税務署に対し、所得税確定申告の是正申告が必要です。

　是正方法としては、Ｉが日本の居住者として確定申告していたことから、居住者としての所得金額がゼロであり、還付金額はゼロであることの正しい非居住者に係る「支払調書」を添付して、所得税の修正申告書を提出す

ることになります。更に、「居住形態等に関する確認書」（**Question**83 参照）の提出が必要となります。

　この場合、Ⅰ本人は非居住者であることから、「納税管理人」の届出を併せて提出する必要があります。

4　住民税の還付手続き

　日韓租税条約では、住民税も対象税目であり、住民税についても双方居住者は認められず日本非居住者扱いとなります。

　そこで、税務署に所得税確定申告書（修正）を提出しますと、自動的に市・区町村役所に連絡が行きますが、時間がかかります。その前に、所轄市・区町村役所に赴き、誤った源泉徴収票と正しい支払調書の写しを持参して、いきさつを説明することによって、スムーズに住民税の還付が受けられるでしょう。

　還付を受けるに当たっては、役員Ⅰに還付（実際はⅠの個人口座に振込み）するのか、特別徴収している貴社に還付するのか選択することとなります。

　なお、住民登録がありますと、地方税法の適用に当たっては、一義的には日本居住者とされ、税金還付の必要性を改めて検討することとなることに留意が必要です。

　また、Ⅰが日本で不動産（マンション等）を保有していますと均等割りを納付する必要があります。

5　まとめ

　誤って源泉徴収をしますと、是正するに当たっては、多くの事務量を要しますので、非居住者に対する源泉徴収には、十分に注意が必要となります。

　源泉徴収に係る税の納付及び還付の債権債務の関係は、受給者と会社との関係となり、受給者は会社を通じて税務署に還付請求をすることとなります。源泉徴収についての会社、受給者、税務署の三者の法律関係は複雑です。この点からの誤りない源泉徴収が大切です。

令和4年分　給与所得の源泉徴収票

支払を受ける者	住所又は居所		（受給者番号）
			（役職名）
		氏名	（フリガナ）

種　　別	支　払　金　額	給与所得控除後の金額（調整控除後）	所得控除の額の合計額	源泉徴収税額
	内　　千　　円	千　　円	内　　千　　円	内　　円

（源泉）控除対象配偶者の有無等		配偶者（特別）控除の額	控除対象扶養親族の数（配偶者を除く。）			16歳未満扶養親族の数	障害者の数（本人を除く。）		非居住者である親族の数
有　　従有	老人	千　　円	特　定	老　人	その他		特　別	その他	
			人 従人　内　　人	従人　　人	従人　　人	人	内　　人	人	人

社会保険料等の金額	生命保険料の控除額	地震保険料の控除額	住宅借入金等特別控除の額
内　　千　　円	千　　円	千　　円	千　　円

（摘要）

生命保険料の金額の内訳	新生命保険料の金額	円	旧生命保険料の金額	円	介護医療保険料の金額	円	新個人年金保険料の金額	円	旧個人年金保険料の金額	円
住宅借入金等特別控除の額の内訳	住宅借入金等特別控除適用数		居住開始年月日（1回目）	年　月　日	住宅借入金等特別控除区分（1回目）		住宅借入金等年末残高（1回目）			円
	住宅借入金等特別控除可能額	円	居住開始年月日（2回目）	年　月　日	住宅借入金等特別控除区分（2回目）		住宅借入金等年末残高（2回目）			円

（源泉・特別）控除対象配偶者	（フリガナ）		区分	配偶者の合計所得		円	国民年金保険料等の金額	円	旧長期損害保険料の金額	円
	氏名				基礎控除の額	円	所得金額調整控除額	円		

控除対象扶養親族	1	（フリガナ）		区分	16歳未満の扶養親族	1	（フリガナ）		区分	
		氏名					氏名			
	2	（フリガナ）		区分		2	（フリガナ）		区分	
		氏名					氏名			
	3	（フリガナ）		区分		3	（フリガナ）		区分	
		氏名					氏名			
	4	（フリガナ）		区分		4	（フリガナ）		区分	
		氏名					氏名			

未成年者	外国人	死亡退職	災害者	乙欄	本人が障害者		寡婦	ひとり親	勤労学生	中途就・退職				受給者生年月日			
					特別	その他				就職 退職	年	月	日	元　号	年	月	日
											4						

支払者	住所（居所）又は所在地	
	氏名又は名称	（電話）

（受給者交付用）01

令和　　年分　非居住者等に支払われる給与、報酬、年金及び賞金の支払調書

支払を受ける者	居所又は所在地					
	氏名又は名称			個人番号又は法人番号		

区　　　分	計 算 の 基 礎	支 払 金 額	源 泉 徴 収 税 額
		千　　　　　円	千　　　　　円

納税管理人	住所又は居所		氏　名	

退職所得控除額	勤 続 年 数	就 職 年 月 日	退 職 年 月 日
万円	年	年　　月　　日	年　　月　　日

(摘要)

支払者	住所(居所)又は所在地				
	氏名又は名称	（電話）	個人番号又は法人番号		

整　理　欄	①		②

○「個人番号又は法人番号」欄に個人番号（12桁）を記載する場合には、右詰で記載します。

339

令和　　年分　非居住者等に支払われる給与、報酬、年金及び賞金の支払調書

支払を受ける者	居所又は所在地					
	氏名又は名称			個人番号又は法人番号		

区　　　分	計 算 の 基 礎	支 払 金 額	源 泉 徴 収 税 額
		千　　　　　円	千　　　　　円

納税管理人	住所又は居所		氏　名	

退職所得控除額	勤 続 年 数	就 職 年 月 日	退 職 年 月 日
万円	年	年　　月　　日	年　　月　　日

(摘要)

支払者	住所(居所)又は所在地				
	氏名又は名称	（電話）	個人番号又は法人番号		

整　理　欄	①		②

○「個人番号又は法人番号」欄に個人番号（12桁）を記載する場合には、右詰で記載します。

339

⑤ 給与支払報告書（個人別明細書）

※						※ 種　別	※　整 理 番 号	※

支払を受ける者	※区分			（受給者番号）
	住所			（個人番号）
				（役職名）
			氏名	（フリガナ）

種　　　別	支 払 金 額	給与所得控除後の金額 （調整控除後）	所得控除の額の合計額	源 泉 徴 収 税 額
	内　　千　　円	千　　円	千　　円	内　　千　　円

（源泉）控除対象配偶者の有無等		配偶者（特別）控除の額	控除対象扶養親族の数 （配偶者を除く。）						16歳未満扶養親族の数	障害者の数 （本人を除く。）				非居住者である親族の数
有	従有	老人	千　　円	特　定		老　人		その他			特　別		その他	
				人	従人	内　　人	従人	人	従人	人	内　人	人	人	人

社会保険料等の金額	生命保険料の控除額	地震保険料の控除額	住宅借入金等特別控除の額
内　　千　　円	千　　円	千　　円	千　　円

（摘要）

生命保険料の金額の内訳	新生命保険料の金額	円	旧生命保険料の金額	円	介護医療保険料の金額	円	新個人年金保険料の金額	円	旧個人年金保険料の金額	円

住宅借入金等特別控除の額の内訳	住宅借入金等特別控除適用数		居住開始年月日（1回目）	年　月　日	住宅借入金等特別控除区分（1回目）		住宅借入金等年末残高（1回目）	円
	住宅借入金等特別控除可能額	円	居住開始年月日（2回目）	年　月　日	住宅借入金等特別控除区分（2回目）		住宅借入金等年末残高（2回目）	円

（源泉・特別）控除対象配偶者	（フリガナ）		区分		配偶者の合計所得		円	国民年金保険料等の金額	円	旧長期損害保険料の金額	円
	氏名							基礎控除の額	円	所得金額調整控除額	円
	個人番号										

控除対象扶養親族	1	（フリガナ）		区分	16歳未満の扶養親族	1	（フリガナ）		区分	5人目以降の控除対象扶養親族の個人番号
		氏名					氏名			
		個人番号					個人番号			
	2	（フリガナ）		区分		2	（フリガナ）		区分	
		氏名					氏名			
		個人番号					個人番号			
	3	（フリガナ）		区分		3	（フリガナ）		区分	5人目以降の16歳未満の扶養親族の個人番号
		氏名					氏名			
		個人番号					個人番号			
	4	（フリガナ）		区分		4	（フリガナ）		区分	
		氏名					氏名			
		個人番号					個人番号			

未成年者	外国人	死亡退職	災害者	乙欄	本人が障害者		寡婦	ひとり親	勤労学生	中途就・退職					受給者生年月日				
					特別	その他				就職	退職	年	月	日	元	号	年	月	日
												4							

（市区町村提出用） 支払者	個人番号又は法人番号				（右詰で記載してください。）			
	住所（居所）又は所在地							
	氏名又は名称					（電話）		

（摘要）に前職分の加算額、支払者等を記入してください。

源泉所得税及び復興特別所得税の誤納額還付請求書

※整理番号

税務署受付印			
令和　年　月　日	住所又は所在地	〒 電話　　　－　　　－	
	（フリガナ）氏名又は名称		
	個人番号又は法人番号	↑個人番号の記載に当たっては、左端を空欄とし、ここから記載してください。	
税務署長殿	（フリガナ）代表者氏名		㊞

源泉所得税及び復興特別所得税の誤納額の還付を下記のとおり請求します。

還付を受けようとする金　　　額	円	左記の還付される税額は、下記のところで受けとります。
誤納を生じた理由		イ　銀行等　　　　銀　　行　　　本店・本所 　　　金庫・組合　　　出　張　所 　　　農協・漁協　　　支店・支所 　　　　預　金　　口座番号 ロ　ゆうちょ銀行の貯金口座 　　貯金口座の記号番号　　　－ ハ　郵便局等窓口

誤納額の計算内容

所得の種類	年月別	区　分	人　員	支給金額	税　額	納付年月日納付先税務署
		徴収高計算書に記載したもの（A）	人	円	円	．　．
		正当計算によるもの（B）				
		差引（A－B）				税務署

摘要	添付書類	□帳簿書類の写し

税理士署名押印	㊞

※税務署処理欄

	起案	．　．	署　長	副署長	統括官	担当者	整理簿	入　力	通信日付印	確認印
	決裁	．　．							年　月　日	
	施行		（摘要）							
	管理回付									

番号確認	身元確認	確認書類			
	□　済 □　未済	個人番号カード／通知カード・運転免許証 その他（　　　　　　）			

27.06 改正

Question80【外国人役員が1年の半分以上を海外で勤務する場合の取扱い】

　弊社では、この度、米国子会社の取締役 J（米国人）を、弊社のアジア地域の販売を担当する取締役に就任させることにし、Jは今回初めて来日しました。

　Jはアジア地域の販売を担当するため、1年の半分以上を海外で勤務することになりますが、家族は日本の家屋に居住させることにしました。Jは米国にも住居を有し、取締役を兼務する米国子会社に勤務するときは、そこで生活をしています。この場合、Jは日本の非居住者であるとして、支給する役員報酬の源泉徴収を行ってよろしいのでしょうか。

要　点

1．国内法による居住者の判定
2．複数の滞在地がある人（双方居住者）
3．租税条約による居住者の判定
4　非永住者（居住者）の課税
5．結論

Answer

1　国内法による居住者の判定

　居住者とは、「国内に住所を有しているか、又は現在まで引き続いて1年以上国内に居所を有する個人」をいうとされています（所法2①三）。所得税法上、「住所」については特に定義はなされていませんが、民法上の「住所」の概念を借用し、「法に規定する住所とは各人の生活の本拠をいい、生活の本拠であるかどうかは客観的事実によって判定する」こととされています（所基通2-1）。判例においては、「個人の住所は、住居の所在地、職業の場所、配偶者その他親族の住所、資産の所在等に基づき判断すべき」としています（昭和61年9月25日大阪高裁判決）。

　なお、所令14条１項では「国内に居住することとなった個人が次の各号のいずれかに該当する場合には、その者は、国内に住所を有する者と推定する」とあり、同項１号において「その者が国内において、継続して１年以上居住することを通常必要とする職業を有すること」、同２号において「その者が日本の国籍を有し、かつ、その者が国内において生計を一にする配偶者その他の親族を有することその他国内におけるその者の職業及び資産の有無等の状況に照らし、その者が国内において継続して１年以上居住するものと推測するに足りる事実があること」としています。

　職業に従事するため国内に居住することとなった者は、契約などで在留期間があらかじめ１年未満であることが明らかなケースを除き、「継続して１年以上居住するもの」として扱われます（所基通３－３）。

２　複数の滞在地がある人（双方居住者）

　ある人の滞在地が２か国以上にわたる場合に、その住所がどこにあるかを判定するためには、例えば、住居、職業、資産の所在、親族の居住状況、国籍等の客観的事実によって判断することとなります。

　（注）滞在日数のみによって判断するものではないことから、外国に１年の半分（183日）以上滞在していない場合であっても、我が国の居住者となる場合があります。１年の間に居住地を数か国にわたって転々と移動する、いわゆる「永遠の旅人（perpetual traveler）」の場合であっても、その人の生活の本拠が我が国にあれば、我が国の居住者となります。

３　租税条約による居住者の判定

　各国の税法は、必ずしも我が国の税法とは同じではありません。したがって、場合によっては、日本の居住者であると同時に、赴任した国の居住者になるケース（双方居住者）も生じます。

　我が国は、双方居住制度を採っていませんので、我が国の居住者であれば相手国での非居住者となります。

　双方居住者になると、我が国と海外勤務する外国とにおいて、それぞれの国からすべての所得について課税が行われますので、二重課税が生じま

す。このため、租税条約において、我が国と異なる規定を置いている国との二重課税を防止するため、個人、法人を含めた居住者の判定方法を定めています。

⑴　居住形態や国籍など具体的な事実を前提としていずれかの国の居住者とし、その振り分けができない場合には、両国の権限ある当局の合意により解決する方式

　　＜規定条文例＞

　　「……両締約国の権限のある当局は、合意により当該事案を解決する」

　　☞　米国（4③）、韓国（4②）、フランス（4②）、ヴィエトナム（4②）、南アフリカ（4②）、メキシコ（4②）、トルコ（4②）、ノルウェー（4②）、香港（4②）、シンガポール（4②）、マレーシア（4②）

⑵　最初から両国の権限ある当局の合意により解決する方式

　　＜規定条文例＞

　　「……両締約国の権限のある当局は、合意により、この条約の適用上その者が居住者であるとみなされる締約国を決定する」

　　☞　インド（4②）、インドネシア（4②）、カナダ（4②）、中国（4②）、ドイツ（4②）、フィリピン（4②）、バングラディシュ（4②）、ソ連邦（1③）

　　（注）各国名の後の括弧内数字は、各租税条約の条項番号を示しています。

　双方居住者とされた者が、租税条約に規定する協議の申立てをするには、「相互協議申立書」を、納税地の所轄税務署長を経由して国税庁長官に提出しなければなりません（実施特例省令13）。

　相互協議申立ての結果、我が国以外の国の居住者とされた者は、我が国に住所及び居所を有しない者（非居住者）として取り扱われます。したがって、この場合には、所得税法による住所の有無の判定に関する規定は一切適用されることはありません（実施特例法6）。

○　日米租税条約

　日米租税条約４条には、租税条約上の居住者の定義が記載されています。その、３項には「双方居住者」がどちらの国の居住者になるかの判定順序が規定されています。

　　ａ．当該個人は、その使用する恒久的住居が所在する国の居住者とみなされます。双方に使用する恒久的住居が存在する場合には、その個人は、その人的及び経済的関係がより密接な国（重要な利害関係（人的・経済的）の中心）の居住者とみなされます。

　　　　「重要な利害関係の中心」とは、人的及び経済的関係が最も密接であり、当該個人の事業を行い、あるいは勤務する場所、資産の所在地等が判断の基準となります。

　　ｂ．その重要な利害関係の中心がある締結国を決定できない場合又はその使用する恒久的住居をいずれの締結国内にも有しない場合は、その有する「常用の住居」が所在する国の居住者とみなされます。

　　　　「常用の住居」とは、恒久的住居すなわち常時継続的に使用する住居に該当しないものの、当該住居を使用する頻度、滞在する期間等から総合的に判断してなお当該個人が相当程度の継続性をもって使用する住居と認められるものをいいます。

　　ｃ．その常用の住居を双方の国内に有する場合又はいずれの国にも有さない場合には、個人が国民である国（日本国については日本国の国籍を有し、合衆国においては市民権を有する全ての個人）の居住者とみなされます。

　　ｄ．個人が双方の国の国民である場合又はいずれの国の国民でもない場合には、両国の権限ある当局は、合意により当該事案を解決することとなっています。

4　非永住者（居住者）の課税

　非永住者に該当する場合、国内源泉所得のすべてと国外源泉所得のうち国内において支払われ又は国外から送金された部分が課税対象とされ（所法7①二）、非永住者以外の居住者となる場合、すべての所得が課税対象

とされています（所法7①一）。

5　結論

　ご質問の場合においては、外国人取締役Jは内国法人の取締役であることから、日本での勤務があらかじめ1年未満であることが明らかであるとは認められません。しかも、取締役Jの家族は日本に居住していること、日本には起居する家屋があり生活用動産も日本にあることから、他に特段の事情のない限り、たとえ海外で勤務する期間が1年の半分以上となっても、その住所（生活の本拠）は日本にあると認められること（所基通2-1）、また、日米租税条約4条3項(a)においても、「双方に恒久的住居が存在する場合、その人的及び経済的関係がより密接な国（重要な利害関係（人的・経済的）の中心）の居住者とみなされます」とあることから、日本の居住者に該当すると考えます。

　なお、取締役Jの場合は米国籍であり、かつ、今回が初めての来日であるため、過去10年以内において、国内に住所又は居所を有している期間の合計が5年以下となるので、所法2条1項4号により非永住者（居住者）として取り扱われます。

　非永住者となる外国人取締役Jの貴社における勤務に基づいて支給される報酬については、国内払及び国外払のいずれについても国内源泉所得に該当するので、日本で課税されることになりますが、国外の所得については、送金等がない限り課税の対象となりません。

　したがって、貴社が取締役Jに対して、国内において支払う給与（所法28）については居住者としての源泉徴収を行う必要があります（所法183）。

　さらに、取締役Jが米国の子会社から支払を受ける報酬がある場合には、国内に送金された部分が課税の対象となります。この場合、取締役Jは確定申告を行い納付することになります。確定申告に当たって、米国で納付した送金部分の税額について外国税額控除を行うことができますが、日本での外国税額控除額の計算に当たっては、日米租税条約23条3項に基づいて行い、日本の所得税を算出することになります。

【参考】

　『令和３年版　所得税基本通達逐条解説』（大蔵財務協会）p.51 によれ
ば、
「非永住者の課税所得の範囲は、原則として国外源泉所得以外の所得につ
　いては外国に課税を譲歩しつつ、そのうち国内で支払われたもの及び国
　外から送金されたものについては、我が国の課税の範囲とされていた(旧
　法７①二)。

　　平成 26 年度税制改正において、外国税額控除における国外源泉所得
　（法 95 ④）の範囲が明確化されたことに伴い、非永住者の課税所得の範
　囲も、原則として国外源泉所得については外国に課税を譲歩しつつ、そ
　のうち国内で支払われたもの及び国外から送金されたものについては、
　我が国の課税の範囲とする規定の明確化が行われた（法７①二)。これ
　により、非永住者の課税所得の範囲は、「国外源泉所得以外の所得」（＝
　非国外源泉所得）及び「国外源泉所得で国内において支払われ、又は国
　外から送金されたもの」とされたことから、本通達（筆者注：所基通７
　－２）の改正により規定の整備を図ったものである。

　　なお、国外源泉所得に該当しない国外資産の譲渡による所得は、「非
　国外源泉所得」として支払地や送金の有無にかかわらず、非永住者の課
　税所得の範囲に含まれることに留意する。

　　例えば、次ページの表の設例（太枠内）の場合の総所得金額は、表の
　とおりである。」とされています。

1　送金を受領しない場合

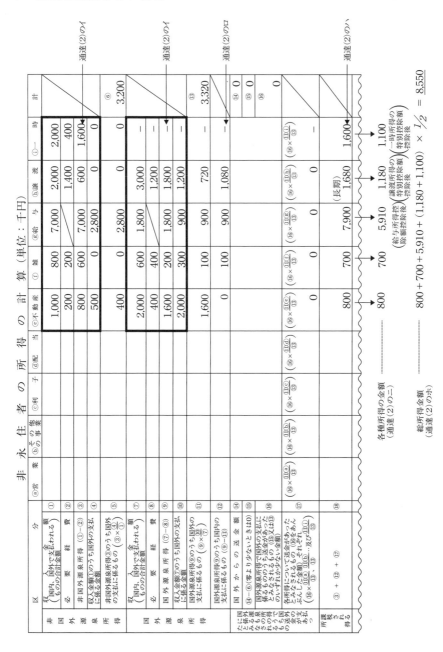

2　送金を受領した場合

非 永 住 者 の 所 得 の 計 算 （単位：千円）

区分		ⓐ営業	ⓑその他事業	ⓒ利子	ⓓ配当	ⓔ不動産	①雑	ⓖ給与	ⓗ譲渡	①一時	計	
非国外源泉所得	収入金額（国内、国外で支払われるものの合計金額）	①					1,000	800	7,000	2,000	2,000		
	必要経費	②					200	200	7,000	1,400	400		
	非国外源泉所得 (①−②)	③					800	600	7,000	600	1,600		
	収入金額①のうち国外の支払に係る金額	④					500	0		0	0		通達(1)
	非国外源泉所得③のうち国外の支払に係るもの (③×④/①)	⑤					500	0	2,800	0	0		通達(2)、(3)
		⑥					400		2,800		0	3,200	
国外源泉所得	収入金額（国内、国外で支払われるものの合計金額）	⑦					2,000	600	1,800	3,000	−		通達(1)
	必要経費	⑧					400	400	1,800	1,200	−		
	国外源泉所得 (⑦−⑧)	⑨					1,600	200	900	1,800	−		
	収入金額⑦のうち国外の支払に係る金額	⑩					2,000	300	900	1,200	−		通達(2)、(3)
	国外源泉所得⑨のうち国外の支払に係るもの (⑨×⑩/⑦)	⑪					1,600	100	900	720	−	3,320	
	国内源泉所得⑨のうち国内の支払に係るもの (⑨−⑪)	⑫					0	100	900	1,080	−		
		⑬											
	国外からの送金額	⑭										5,192	
所得税額に係る	⑭−⑥（零又は少ないときは0）	⑮										1,992	通達(4)
	国外源泉所得で国外の支払に係るもののうち送金があったとみなされる金額（⑮又は⑬のいずれか少ない金額）	⑯										1,992	通達(4)のロ
	国外源泉所得⑨のうち送金があったとみなされる金額（⑯をあん分した金額）それぞれ（⑯×⑪ⓐ/⑪）及び（⑯×⑪ⓑ/⑪…及び⑪①）	⑰	(⑯×⑪ⓐ/⑬)	(⑯×⑪ⓑ/⑬)	(⑯×⑪ⓒ/⑬)	(⑯×⑪ⓓ/⑬)	960	60	540	432	−		通達(2)のハ
	課税される所得 (③+⑫+⑰)	⑱					1,760	760	8,440	2,112	1,600		

各種所得の金額（通達(6)）　 不動産 1,760　雑 760　給与 6,396　譲渡 1,612（長期）　一時 1,100

総所得金額（通達(7)）　 $1,760 + 760 + 6,396 + (1,612 + 1,100) \times \frac{1}{2} = \underline{10,272}$

【関係法令】

所得税法

第2条（定義） この法律において、次の各号に掲げる用語の意義は、当該各号に定めるところによる。

一、二　（略）

三　居住者　国内に住所を有し、又は現在まで引き続いて1年以上居所を有する個人をいう。

（以下略）

第7条（課税所得の範囲） 所得税は、次の各号に掲げる者の区分に応じ当該各号に定める所得について課する。

一　（略）

二　非永住者　第95条第1項（外国税額控除）に規定する国外源泉所得（国外にある有価証券の譲渡により生ずる所得として政令で定めるものを含む。（略））以外の所得及び国外源泉所得で国内において支払われ、又は国外から送金されたもの

（以下略）

第190条（年末調整） 給与所得者の扶養控除等申告書を提出した居住者で、第1号に規定するその年中に支払うべきことが確定した給与等の金額が2,000万円以下であるものに対し、その提出の際に経由した給与等の支払者がその年最後に給与等の支払をする場合（その居住者がその後その年12月31日までの間に当該支払者以外の者に当該申告書を提出すると見込まれる場合を除く。）において、第1号に掲げる所得税の額の合計額がその年最後に給与等の支払をする時の現況により計算した第2号に掲げる税額に比し過不足があるときは、その超過額は、その年最後に給与等の支払をする際徴収すべき所得税に充当し、その不足額は、その年最後に給与等の支払をする際徴収してその徴収の日の属する月の翌月10日までに国に納付しなければならない。

（以下略）

所得税法施行令

第14条（国内に住所を有する者と推定する場合）　国内に居住することとなつた個人が次の各号のいずれかに該当する場合には、その者は、国内に住所を有する者と推定する。

一　その者が国内において、継続して1年以上居住することを通常必要とする職業を有すること。

（以下略）

所得税基本通達

2−1（住所の意義）　法に規定する住所とは各人の生活の本拠をいい、生活の本拠であるかどうかは客観的事実によって判定する。

（注）　国の内外にわたって居住地が異動する者の住所が国内にあるかどうかの判定に当たっては、令第14条《国内に住所を有する者と推定する場合》及び第15条《国内に住所を有しない者と推定する場合》の規定があることに留意する。

3−3（国内に居住することとなった者等の住所の推定）　国内又は国外において事業を営み若しくは職業に従事するため国内又は国外に居住することとなった者は、その地における在留期間が契約等によりあらかじめ1年未満であることが明らかであると認められる場合を除き、それぞれ令第14条第1項第1号又は第15条第1項第1号の規定に該当するものとする。

7−6（送金の範囲）　法第7条第1項第2号に規定する送金には、国内への通貨の持込み又は小切手、為替手形、信用状その他の支払手段による通常の送金のほか、次に掲げるような行為が含まれる。

⑴　貴金属、公社債券、株券その他の物を国内に携行し又は送付する行為で、通常の送金に代えて行われたと認められるもの

⑵　国内において借入れをし又は立替払を受け、国外にある自己の預金等によりその債務を弁済することとするなどの行為で、通常の送金に代えて行われたと認められるもの

日米租税条約

第4条（居住者）

1～2　（略）

3　1の規定により双方の締約国の居住者に該当する個人（2の規定の対象となる合衆国の市民又は外国人である個人を除く。）については、次のとおりその地位を決定する。

(a)　当該個人は、その使用する恒久的住居が所在する締約国の居住者とみなす。その使用する恒久的住居を双方の締約国内に有する場合には、当該個人は、その人的及び経済的関係がより密接な締約国（重要な利害関係の中心がある締約国）の居住者とみなす。

(b)　その重要な利害関係の中心がある締約国を決定することができない場合又はその使用する恒久的住居をいずれの締約国内にも有しない場合には、当該個人は、その有する常用の住居が所在する締約国の居住者とみなす。

(c)　その常用の住居を双方の締約国内に有する場合又はこれをいずれの締約国内にも有しない場合には、当該個人は、当該個人が国民である締約国の居住者とみなす。

(d)　当該個人が双方の締約国の国民である場合又はいずれの締約国の国民でもない場合には、両締約国の権限のある当局は、合意により当該事案を解決する。

　　　この3の規定により一方の締約国の居住者とみなされる個人は、この条約の適用上、当該一方の締約国のみの居住者とみなす。

（以下略）

第23条（二重課税の排除）

1～2　（略）

3　1及び2の規定の適用上、第1条4の規定に従い、合衆国が日本国の居住者である合衆国の市民又は市民であった者若しくは長期居住者とされる者に対して租税を課する場合には、次に定めるところによる。

(a)　日本国は、1の規定に従って行われる控除の額の計算上、合衆国が合衆国の市民又は市民であった者若しくは長期居住者とされる者でない日

本国の居住者が取得した所得に対しこの条約の規定に従って課すること
ができる租税の額のみを考慮に入れるものとする。

(b) (a)に規定する所得に対する合衆国の租税の計算上、合衆国は、(a)の規
定に従って控除を行った後の日本国の租税を合衆国の租税から控除する
ことを認める。そのようにして認められた控除は、(a)の規定に従って日
本国の租税から控除される合衆国の租税の額を減額させないものとする。

(c) (a)に規定する所得は、(b)の規定に従って合衆国が控除を認める場合に
おいてのみ、当該控除を認めるために必要な範囲に限り、日本国内にお
いて生じたものとみなす。

Question81【外国人社員に対するホーム・リーブ費用の負担の取扱い】

　弊社は、外資系内国法人ですが、海外の出向元法人から多くの外国人が出向して勤務しております。これらの社員に対しては、１年半ごとに１回程度、出身国へ帰国する際に要する費用を弊社が負担しています。また、本人が帰国せず、家族を日本に呼び寄せる場合にも、その費用を弊社で負担することとしています。

　これらの費用の取扱いについて教えてください。

要　点

1．ホーム・リーブ費用の負担の取扱い
2．ホーム・リーブ費用の源泉所得税及び法人税の取扱い
3．本人の一時休暇帰国に代えて家族を本国から呼び寄せた場合の費用の取扱い
4．ホーム・リーブ期間の国内源泉所得の期間計算するに当たっての取扱い
5．結論

Answer

1　ホーム・リーブ費用の負担の取扱い

　海外出向元法人から国内出向先法人に出向してきた者（出向者：一般に外国人派遣社員（エクスパッツ又はエキスパッツ）と呼んでいます。）にあっては、本国を離れ社会慣習等の異なる地に勤務していることから、出向先法人では当該出向者に対して本国（出向元法人）に一時休暇帰国を認め、その帰国のための飛行機代等費用を負担しているところです。

　この場合の課税関係としては、当該費用の①法人税法上の取扱い及び②源泉所得税の取扱いがどうかといった点があります。さらには、③国内源泉所得を計算する上で、当該一時帰国日数をどのように扱うのかといった点があります。

2　ホーム・リーブ費用の源泉所得税及び法人税の取扱い

　国内で長期間（筆者注：おおむね２年以上）引き続き勤務している外国人に対して、使用者が就業規則等により相当の勤務期間（おおむね１年以上の期間）を経過するごとに休暇帰国を認め、その帰国のために必要な旅行費用（生計を一にする配偶者その他の親族に係る支出を含みます。）を支給する場合、支給される金品のうち、国内とその旅行の目的とする国（原則として、その者又はその者の配偶者の国籍又は市民権の属する国をいいます。）との往復運賃で、その旅行に係る運賃（航空機等の乗継地においてやむを得ない事情で宿泊した場合の宿泊料を含みます。）・時間・距離等の事情に照らし最も経済的かつ合理的と認められる通常の旅行経路及び方法によるものに相当する部分については、課税しなくて差し支えないこととされています（昭和50年１月16日直法６－１、以下「ホーム・リーブ通達」といいます。）。

　したがって、上記の通常必要と認められる範囲の支給であれば、法人税法上は旅費交通費として損金計上でき、当該本人に対しても給与としての源泉所得税の課税はされないこととなります。

　しかし、通常必要と認められている範囲を超えていますと、その超えた部分に係る支給については、法人税法上の給与（役員であれば、定期同額給与及び事前確定届出給与には該当しないと考えますので損金不算入給与）処理となり、所得税法上の給与として源泉所得税の対象となります。

　なお、この通達は、外国法人の本店等から日本支店等に派遣された者を対象としていることから、例えば、日本において直接雇用された外国人に対しては適用外となり、非課税規定が適用されないことに留意する必要があります。

3　本人の一時休暇帰国に代えて家族を本国から呼び寄せた場合の費用の取扱い

　国内に勤務する外国人社員が、本国への一時休暇に代えて、本国に居住している配偶者及び扶養親族を国内に呼び寄せるための旅費を支給した場合においても、実質的にホーム・リーブしたと同様な労働力の維持回復効

果があると認められることから、当該ホーム・リーブ通達が規定する条件に該当する限りにおいては、外国人社員の勤務の特殊性を考慮し、給与として源泉所得税を課税しなくて差し支えないとされている模様です。

したがって、当該旅費相当額について国内出向先が費用負担しても、旅費として損金経理されることになるものと考えます。

4　ホーム・リーブ期間の国内源泉所得の期間計算するに当たっての取扱い

海外法人から国内法人への出向者は、所得税法上の非永住者に該当する場合が多いと思われます。

この場合、当該出向者が国外において役務提供した場合の国内源泉所得と国外源泉所得の区分計算をどのようにするか、この時にホーム・リーブ期間をどう扱うかといった検討すべき点があります。

⑴　先ず、非居住者の給与所得についての国内源泉所得計算については、所基通161-41で次のように定めているところであり、非永住者についても同様な日数計算によっているところであると思われます。

$$\text{国内源泉所得} = \text{給与又は報酬の総額} \times \frac{\text{国内において行った勤務期間}又は人的役務の提供期間}{\text{給与又は報酬の総額の}計算の基礎となった期間}$$

⑵　次に、ホーム・リーブ期間を日数計算の分母・分子に算入するか否かの取扱いですが、ホーム・リーブ費用の会社負担相当とする根拠が業務上の支出とされていることからすると、業務上の休暇、すなわち、勤務期間には分母・分子とも算入しないことが相当と判断されますので、国内源泉所得の計算に当たっては、次の算式によることが相当と考えます。

$$国内源泉所得 = 給与又は報酬の総額 \times \frac{国内において行った勤務期間又は人的役務の提供期間（国内勤務及び海外休暇日数（ホームリーブ日数を除く））}{給与又は報酬の総額の計算の基礎となった期間 - ホーム・リーブの日数}$$

5　結論

　本人が本国に帰国する際に要する費用及び家族を日本に呼び寄せ費用については、通常必要と認められている範囲については、法人税法上も費用に算入でき、本人に対する現物給与課税もないと考えて良いといえます。

【関係法令】

　所得税法

第9条（非課税所得）　次に掲げる所得については、所得税を課さない。

　一〜三　（略）

　四　給与所得を有する者が勤務する場所を離れてその職務を遂行するため旅行をし、若しくは転任に伴う転居のための旅行をした場合又は就職若しくは退職をした者若しくは死亡による退職をした者の遺族がこれらに伴う転居のための旅行をした場合に、その旅行に必要な支出に充てるため支給される金品で、その旅行について通常必要であると認められるもの

（以下略）

【個別通達】

　国内において勤務する外国人に対し休暇帰国のため旅費として支給する金品に対する所得税の取扱いについて（昭和50年1月16日直法6−1）

　標題のことについて、下記のとおり定めたから、これによられたい。

　なお、この取扱いは、今後処理するものについて適用するものとする。

（趣旨）

　本国を離れ、気候、風土、社会慣習等の異なる国において勤務する者について、使用者が、その者に対し休暇帰国を認め、その帰国のための旅行の費

用を負担することとしている場合があるが、その休暇帰国はその者の労働環境の特殊性に対する配慮に基づくものであることに顧み、使用者がその旅行の費用に充てるものとして支給する金品については、強いて課税しないこととするのが相当と認められるからである。

記

　使用者が、国内において長期間引続き勤務する外国人に対し、就業規則等に定めるところにより相当の勤務期間（おおむね1年以上の期間）を経過するごとに休暇のための帰国を認め、その帰国のための旅行に必要な支出（その者と生計を一にする配偶者その他の親族に係る支出を含む。）に充てるものとして支給する金品については、その支給する金品のうち、国内とその旅行の目的とする国（原則として、その者又はその者の配偶者の国籍又は市民権の属する国をいう。）との往復に要する運賃（航空機等の乗継地においてやむを得ない事情で宿泊した場合の宿泊料を含む。）でその旅行に係る運賃、時間、距離等の事情に照らし最も経済的かつ合理的と認められる通常の旅行の経路及び方法によるものに相当する部分に限り、課税しなくて差支えない。

Question82【外国人社員の子女が通学するインターナショナルスクールに対する寄附金】

弊社は外資系内国法人で、外国親会社から多くの外国人の派遣を出向者として受け入れ勤務しています。これらの外国人出向社員の子女の多くがインターナショナルスクールへ通学しています。このインターナショナルスクールでは、奨学金制度を導入しており、規定の寄附をすると学費が免除されるとのことで、この度、弊社でも同校への寄附を行いました。

このような場合には、弊社の外国人出向社員に対し経済的利益があったとして、現物給与課税の対象となるのでしょうか。

要 点
....

1．インターナショナルスクール等の授業料を会社負担している場合の原則
2．一定の寄附金募集に応じた場合の扱い
3．結論

Answer

1　インターナショナルスクール等の授業料を会社負担している場合の原則

国外の出向元法人である親会社から派遣された出向者の子女が通う学校（インターナショナルスクール等）の授業料を会社が負担している例がありますが、このような授業料は、本来、出向者個人が負担すべきものですので、これを内国法人である貴社が負担した場合には、授業料相当額については国内勤務に係る経済的利益とされ、会社が寄附金処理をしたとしても貴社は出向者に係る給与として課税することとなります（法基通9－4－2の2）。

出向者が貴社の役員である場合には、定期同額給与又は事前確定届出給与に該当し、法人として損金経理ができない場合もあります（法法34①一、二）。

2　一定の寄附金募集に応じた場合の扱い

　お尋ねのように、インターナショナルスクール等の一定の寄附金募集に基づいて貴社が学校に対し寄附を行うことにより、通学している子女の授業料が免除される場合があります。

　この場合の授業料が免除されることによる経済的利益については、強いて所得として課税しないこととされています（直審3−68　昭和53年4月6日）。

　その理由は明確化されていませんが、「当該経済的利益の発生の経緯等から見て」とあり、具体的な理由は不分明でありますが、①国を異にして勤務することに伴う必要な経費であり、かつ、②法人が一定額の寄附金を負担したとしても、社員に対する経済的利益と直接的な因果関係があるとはいえない、③企業への社会貢献支出であるとの考えが根底にあるのではないかと思います。

　したがって、例えば、寄附金の額が生徒の数に比例して決定される場合は、寄附金と授業料免除に因果関係が認められ、給与として課税されることとなります。

　なお、この場合のインターナショナルスクール等に支出した金銭は寄附金となりますので、負担した会社においては、寄附金の損金算入限度額超過分は、課税対象となります。

3　結論

　外国人社員の子女が通うインターナショナルスクール等の授業料を会社が負担した場合には、当該外国人社員に対する給与として課税することとなります。

　しかし、特定のインターナショナルスクールの定めた「寄附金募集要項」に基づいて、同スクールに対して貴社が寄附することによって、外国人社員の子女の授業料が無償となっても、それによる経済的利益については課税されないこととなりますが、貴社の負担した金銭は寄附金として取り扱われることとなります（寄附金の損金算入限度額の計算対象となります。）。

【関係法令】

所得税法

第9条（非課税所得） 次に掲げる所得については、所得税を課さない。

一～三 （略）

四 給与所得を有する者が勤務する場所を離れてその職務を遂行するため旅行をし、若しくは転任に伴う転居のための旅行をした場合又は就職若しくは退職をした者若しくは死亡による退職をした者の遺族がこれらに伴う転居のための旅行をした場合に、その旅行に必要な支出に充てるため支給される金品で、その旅行について通常必要であると認められるもの

（以下略）

法人税法

第34条（役員給与の損金不算入） 内国法人がその役員に対して支給する給与（退職給与で業績連動給与に該当しないもの、使用人としての職務を有する役員に対して支給する当該職務に対するもの（中略）を除く。以下この項において同じ。）のうち次に掲げる給与のいずれにも該当しないものの額は、その内国法人の各事業年度の所得の金額の計算上、損金の額に算入しない。

一 その支給時期が1月以下の一定の期間ごとである給与（次号イにおいて「定期給与」という。）で当該事業年度の各支給時期における支給額が同額であるものその他これに準ずるものとして政令で定める給与（同号において「定期同額給与」という。）

二 その役員の職務につき所定の時期に、確定した額の金銭又は確定した数の株式（出資を含む。以下この項及び第5項において同じ。）若しくは新株予約権若しくは確定した額の金銭債権に係る第54条第1項（譲渡制限付株式を対価とする費用の帰属事業年度の特例）に規定する特定譲渡制限付株式若しくは第54条の2第1項（新株予約権を対価とする費用の帰属事業年度の特例等）に規定する特定新株予約権を交付する旨の定めに基づいて支給する給与で、定期同額給与及び業績連動給与のいずれにも該当しないもの（当該株式若しくは当該特定譲渡制限付株式に係る第54条第1項に規定する承継譲渡制限付株式又は当該新株予約権若しくは

当該特定新株予約権に係る第54条の2第1項に規定する承継新株予約権による給与を含むものとし、次に掲げる場合に該当する場合にはそれぞれ次に定める要件を満たすものに限る。）

イ　その給与が定期給与を支給しない役員に対して支給する給与（同族会社に該当しない内国法人が支給する給与で金銭によるものに限る。）以外の給与（株式又は新株予約権による給与で、将来の役務の提供に係るものとして政令で定めるものを除く。）である場合　政令で定めるところにより納税地の所轄税務署長にその定めの内容に関する届出をしていること。

ロ・ハ　略

（以下略）

法人税基本通達

９－４－２の２（個人の負担すべき寄附金）　法人が損金として支出した寄附金で、その法人の役員等が個人として負担すべきものと認められるものは、その負担すべき者に対する給与とする。

【個別通達】

アメリカンスクールの寄附金募集に関する課税上の取扱いについて（直審３−68　昭和53年4月6日）

標題のことについて、学校法人○○○○から別紙2のとおり照会があり、これに対して別紙1のとおり回答したから了知されたい。

（回答の趣旨）

○○○○の定めた「寄附金募集要項」に基づき、同スクールに対して会社等が寄附することによって当該会社等に勤務する役職員等の子女が無償で就学することができる経済的利益については、当該役職員の所得として課税すべきものではあるが、当該経済的利益の発生の経緯等から見て、強いて課税しないこととしたものである。

Question83【外国人社員（非永住者）が受ける国外払いの給与】

　弊社では、この度、ロサンゼルス支店から東京本店に３年間の予定で外国人社員Ｋ（米国人）の派遣を受けました（今回が初めての来日となります。）。Ｋの給与はロサンゼルス支店から米国のＫ名義の口座に直接振り込まれ、それ以外の給与（主として経済的利益部分）については東京本店から受けることになります。

　弊社から支給される給与については源泉徴収していますが、ロサンゼルス支店から支給されている給与の日本における所得税法上の取扱いについて教えてください。

要　点

1. 非永住者（居住者）の課税
2. 結論

Answer

　外国人社員Ｋは、今回が初めての来日であるため、過去10年以内において国内に住所又は居所を有している期間の合計が５年以下となるので、所法２条１項により非永住者（居住者）として取り扱われます。

1　非永住者（居住者）の課税

　居住者は、非永住者と非永住者以外の居住者に二分されており、非永住者に該当する場合、国内源泉所得のすべてと国外源泉所得のうち国内において支払われ又は国外から送金された部分が課税対象とされ（所法７①二）、非永住者以外の居住者となる場合、すべての所得が課税対象とされています（所法７①一）。

　社員Ｋの貴社東京本店における勤務に基づいて支給される給与については、国内払及び国外払のいずれについても国内源泉所得に該当するので、日本で課税されることになります。

　なお、社員Kは非永住者（居住者）であるため、非居住者に適用される「みなす国内払」の適用はなく、ロサンゼルス支店から社員Kに支払われる給与については、源泉徴収の対象とはなりません（所法183①、212②）。

（注）「みなす国内払」とは、非居住者に対する国内源泉所得の支払が国外で行われる場合において、その支払をする者が国内に住所若しくは居所を有し又は国内に事務所、事業所その他これらに準ずるものを有するときは、当該源泉所得が国外で支払われたとしても、国内において支払われたものとみなして所得税の源泉徴収をすることをいいます（所法212①②）。

2　結論

　貴社のロサンゼルス支店から社員Kに支払われる給与については、国外源泉所得とはなりませんが、非居住者に該当しないことから、源泉徴収の対象となりません。したがって、社員Kは東京本社及びロサンゼルス支店から受け取る給与についても、国内源泉所得であることから、合算して日本において確定申告をする必要があります（所法120、所基通121－5⑶）。

（参考）

　非永住者が確定申告書を提出するに当たっては、併せて「居住形態等に関する確認書」の提出を求められます。

【関係法令】

　　所得税法
第2条（定義）　この法律において、次の各号に掲げる用語の意義は、当該各号に定めるところによる。
　一、二　（略）
　三　居住者　国内に住所を有し、又は現在まで引き続いて1年以上居所を有する個人をいう。
　四　非永住者　居住者のうち、日本の国籍を有しておらず、かつ、過去10

年以内において国内に住所又は居所を有していた期間の合計が5年以下
である個人をいう。

（以下略）

第7条（課税所得の範囲） 所得税は、次の各号に掲げる者の区分に応じ当該
各号に定める所得について課する。

一　（略）

二　非永住者　第95条第1項（外国税額控除）に規定する国外源泉所得（中
略）以外の所得及び国外源泉所得で国内において支払われ、又は国外か
ら送金されたもの

（以下略）

第120条（確定所得申告） 居住者は、その年分の総所得金額、退職所得金
額及び山林所得金額の合計額が第2章第4節（所得控除）の規定による雑
損控除その他の控除の額の合計額を超える場合において、当該総所得金額、
退職所得金額又は山林所得金額からこれらの控除の額を第87条第2項（所
得控除の順序）の規定に準じて控除した後の金額をそれぞれ課税総所得金
額、課税退職所得金額又は課税山林所得金額とみなして第89条（税率）の
規定を適用して計算した場合の所得税の額の合計額が配当控除の額を超え
るときは、第123条第1項（確定損失申告）の規定による申告書を提出す
る場合を除き、第3期（その年の翌年2月16日から3月15日までの期間
をいう。以下この節において同じ。）において、税務署長に対し、次に掲げ
る事項を記載した申告書を提出しなければならない。

（以下略）

第183条（源泉徴収義務） 居住者に対し国内において第28条第1項（給与
所得）に規定する給与等（中略）の支払をする者は、その支払の際、その
給与等について所得税を徴収し、その徴収の日の属する月の翌月10日まで
に、これを国に納付しなければならない。

第212条（源泉徴収義務）（略）

2　前項に規定する国内源泉所得の支払が国外において行なわれる場合において、その支払をする者が国内に住所若しくは居所を有し、又は国内に事務所、事業所その他これらに準ずるものを有するときは、その者が当該国内源泉所得を国内において支払うものとみなして、同項の規定を適用する。この場合において、同項中「翌月10日まで」とあるのは、「翌月末日まで」とする。

所得税基本通達

121－5（確定所得申告を要しない規定が適用されない給与所得者）　次に掲げる者については、その年中に支払を受けるべき給与等の金額の合計額が法第121条第1項本文に規定する金額以下である場合であっても、同項の規定は適用されないことに留意する。

（1）、（2）（略）

（3）　国外において給与等又は退職手当等の支払を受ける居住者

居住形態等に関する確認書

Confirmation of the Type of Resident Status, Etc.

(平成 29 年分)

氏　　名 Name (Last, First, Middle)	
住所又は居所 Domicile or residence	
電話番号 Telephone number	
国　　籍 Nationality	
在留カード番号等 Residence Card number or Alien Registration number	

一面

居 住 形 態 等 (Type of Resident Status)

1　下記事項を記入してください。(Please fill out the following items.)

(Year)　(Month)　(Day)

(1)　当初の入国年月日 (Date of original entry into Japan)　　年　　月　　日

(2)　在留資格 (Visa status in Japan)

(3)　在留期間 (Permitted period of stay in Japan)

2　平成29年中に出国しましたか。(Did you leave Japan anytime during 2017?)　☐ (Yes) はい　☐ (No) いいえ

3　2の答えが「はい」の人は下の欄に記入してください。

(If your answer to 2 is "Yes", please fill out the following items.)

(1)　出国の期間 (Period of absence from Japan)　　月　　日〜　　月　　日

　　月　　日〜　　月　　日

　　月　　日〜　　月　　日

(2)　出国の目的 (Purpose of absence from Japan)

4　平成29年中の居住形態による期間区分 (Period of each type of resident status during 2017)

(1)　非居住者期間 (Period of Non-resident Taxpayer)　　月　　日〜　　月　　日

(2)　非永住者期間 (Period of Non-permanent Resident Taxpayer)　　月　　日〜　　月　　日

(3)　永住者期間 (Period of Permanent Resident Taxpayer)　　月　　日〜　　月　　日

5　(1)　4 (2)の非永住者期間があるときは、その期間中に国外に源泉のある所得はありますか。

If you were a Non-permanent Resident Taxpayer during any period of 2017, did you receive any foreign source income during that period?　☐ (Yes) はい　☐ (No) いいえ

(2)　(1)の答えが「はい」の人は下の欄に記入してください。

(If your answer to (1) is "Yes", please fill out the following items.)

①　国外に源泉のある所得の金額 (Amount of foreign source income)　　円

②　①のうち国内で支払われた金額 (Amount of ① paid in Japan)　　円

③　①のうち国外から送金された金額 (Portion of ① remitted to Japan)　　円

住所又は居所を有していた期間の確認表
Confirmation Table of the Period of Resident Status

○ 平成19年1月1日から平成28年12月31日までにおいて国内に住所又は居所を有していた期間を記入してください。

Please fill out the periods during which you have maintained domicile or residence in Japan within the preceding 10 years（2007～2016）.

住所又は居所を有していた期間 (Periods during which you have maintained domicile or residence in Japan)							年数・月数・日数 (The number of years, months and days)		
(Year) 年	(Month) 月	(Day) 日	～	(Year) 年	(Month) 月	(Day) 日	年	月	日
年	月	日	～	年	月	日	年	月	日
年	月	日	～	年	月	日	年	月	日
年	月	日	～	年	月	日	年	月	日
年	月	日	～	年	月	日	年	月	日
年	月	日	～	年	月	日	年	月	日
年	月	日	～	年	月	日	年	月	日
年	月	日	～	年	月	日	年	月	日
年	月	日	～	年	月	日	年	月	日
年	月	日	～	年	月	日	年	月	日
住所又は居所を有していた期間の合計（Total） （注）　年数、月数及び日数をそれぞれ合計し、30日を1月、12月を1年として計算します。 Please add the above number of years, months, days respectively. If the total number of days is over 30, 30 days is calculated as 1 month. If the total number of months is over 12, 12 months is calculated as 1 year.							年	月	日

○ 平成29年において国内に住所又は居所を有していた期間を記入してください。

Please fill out the periods during which you have maintained domicile or residence in Japan during 2017.

住所又は居所を有していた期間 (Periods during which you have maintained domicile or residence in Japan)						年数・月数・日数 (The number of years, months and days)		
(Month) 月	(Day) 日	～	(Month) 月	(Day) 日		年	月	日
月	日	～	月	日		年	月	日
月	日	～	月	日		年	月	日
住所又は居所を有していた期間の合計（Total） （注）　年数、月数及び日数をそれぞれ合計し、30日を1月、12月を1年として計算します。 Please add the above number of years, months, days respectively. If the total number of days is over 30, 30 days is calculated as 1 month. If the total number of months is over 12, 12 months is calculated as 1 year.						年	月	日

（平成29年分）

（注）年号が平成となっていますが、様式は同様です。

Question84【海外子会社を経由して国外において支払う外国人社員（非永住者）の給与の取扱い】

弊社では、この度、ドイツの子会社Y社から3年間の予定で英国人社員Lの派遣を受け入れました（今回が初めての来日となります。）。Lの国内勤務に係る給与、税金及び住宅費等は弊社において計算を行い、かつ、負担することとしています。

Lに支給する給与については、本人からの申し出により、英国にある弊社の100％子会社Y社の口座へいったん振り込み、L本人の国外口座に振り替えられることになっています。

国外の子会社Y社から国外において支払われた社員Lの給与の日本における所得税法上の源泉徴収の取扱いについて教えてください。

要　点

1．源泉徴収義務の有無
2．結論

Answer

英国人社員Lの場合、3年間の予定で派遣されているので居住者となります。

また、今回が初めての来日であるため、過去10年以内において国内に住所又は居所を有している期間の合計が5年以下となるので、所法2条1項4号により非永住者（居住者）として取り扱われます。

非永住者に該当する場合、国内源泉所得のすべてと国外源泉所得のうち国内において支払われ又は国外から送金された部分が、課税対象とされています（所法7①二）。

社員L本人の国外口座に振り込まれた給与相当額は、Lの国内勤務に基づいて支給される給与ですので、国内源泉所得に該当することとなります。

1　源泉徴収義務の有無

　所法6条では「第28条第1項に規定する給与等の支払をする者その他第4編第1章から第6章までに規定する支払をする者は、この法律により、その支払に係る金額につき源泉徴収をする義務がある」と規定していますが、同法183条1項で「居住者に対し国内において第28条第1項（給与所得）に規定する給与等の支払をする者は、その支払の際、その給与等について所得税を徴収し、その徴収の日の属する月の翌月10日までに、これを国に納付しなければならない。」と規定し、源泉徴収義務を国内において給与等の支払をする者に限定しています。

2　結論

　社員Lの貴社における勤務に基づいて支給される給与については、国内払及び国外払のいずれについても国内源泉所得に該当するので日本で課税されることになります。しかし、国外払の給与については、居住者ですので所得税の源泉徴収は不要となります。

　ところが、ご質問の場合の社員Lの給与等については、貴社が計算し負担することとされており、また、Y社の口座への振込みは本人の申し出によるものであり、その上、英国のY社と社員Lとの間に雇用関係がないのであれば、貴社が社員Lに対して直接支払うべき給与を、社員Lの要望によってY社を経由したにすぎないものと認められます。

　そうすると、貴社からY社を経由して国外で支払われた社員Lの給与は、実質的には、貴社が給与等を国内において支払ったものと認められますので、貴社はY社に送金するつど、源泉徴収を行う必要があります。

　この場合の源泉徴収税の納付期限は、翌月10日となります。

　また、税金及び住宅費等の経済的利益についても、貴社が本人に代わって負担した時に給与等として源泉徴収を行う必要があります。

【関係法令】

所得税法

第2条（定義） この法律において、次の各号に掲げる用語の意義は、当該各号に定めるところによる。

　一、二　（略）

　三　居住者　国内に住所を有し、又は現在まで引き続いて1年以上居所を有する個人をいう。

　四　非永住者　居住者のうち、日本の国籍を有しておらず、かつ、過去10年以内において国内に住所又は居所を有していた期間の合計が5年以下である個人をいう。

（以下略）

第6条（源泉徴収義務者） 第28条第1項（給与所得）に規定する給与等の支払をする者その他第4編第1章から第6章まで（源泉徴収）に規定する支払をする者は、この法律により、その支払に係る金額につき源泉徴収をする義務がある。

第7条（課税所得の範囲） 所得税は、次の各号に掲げる者の区分に応じ当該各号に定める所得について課する。

　一　（略）

　二　非居住者第95条第1項（外国税額控除）に規定する国外源泉所得（中略）以外の所得及び国外源泉所得で国内において支払われ、又は国外から送金されたもの

（以下略）

第28条（給与所得） 給与所得とは、俸給、給料、賃金、歳費及び賞与並びにこれらの性質を有する給与（中略）に係る所得をいう。

（以下略）

第183条（源泉徴収義務） 居住者に対し国内において第28条第1項（給与所得）に規定する給与等（中略）の支払をする者は、その支払の際、その給与等について所得税を徴収し、その徴収の日の属する月の翌月10日までに、これを国に納付しなければならない。

Question85【外国人社員（非永住者）が海外出張期間中にその出張先で支給された給与に係る税金の外国税額控除の取扱い】

　弊社では、米国子会社の社員M（米国人）を3年間の予定で弊社（東京本社）に出向させています（今回が初めての来日）。

　この度、米国人社員Mは弊社韓国支店に9か月間の出張勤務を命じられ単身赴任しました。当該期間中の給与については韓国支店が勤務対価として負担し、支給していました。税金については、韓国において所得税が課せられ、納付しました。韓国から日本への送金等の事実はありません。

　社員Mは韓国支店の給与を含めて日本において確定申告を行う必要がありますか。その場合、外国税額控除を適用することができるのでしょうか。

要　点

1. 非永住者（居住者）の課税
2. 居住者判定
3. 外国税額控除の適用について
4. 結論

Answer

　米国における出向制度はともかく、日本における出向制度は、貴社以外の社に改めて出向させる場合には、貴社に出向してきた社員Mは、貴社との出向契約を終了し、一旦、米国子会社に帰任した上で改めて他社に出向することとなっています。

　ご質問の場合は、貴社の韓国支店勤務ですので、社内異動（転勤）であると考えられます。

　米国人社員Mの貴社韓国支店における勤務に基づいて支給される給与については、国外源泉所得に該当することになります。

（注）役員の場合の支店勤務の取扱いについては**Question**78を参照願います。

また、社員Mは非永住者（居住者）であるため、非居住者に適用される「みなす国内払」の適用はなく、韓国支店から社員Mに支払われる給与については、源泉徴収の対象とはなりません（所法183①、212②）。

（注）「みなす国内払」については**Question**83参照。

1　非永住者（居住者）の課税

社員Mの場合、米国人であること、かつ今回が初めての来日であるため、過去10年以内において、国内に住所又は居所を有している期間の合計が5年以下となりますので、所法2条1項4号により非永住者（居住者）として取り扱われます。

非永住者に該当する場合の国内源泉所得のすべてと国外源泉所得のうち国内において支払われ又は国外から送金された部分が課税対象とされています（所法7①二）。

2　居住者判定

日本の居住者判定は住所又は1年以上の居所を有する者ですので、社員Mは日本来日時から居住者となります。その中での韓国支店に9か月の勤務で家族は日本居住であることから、日本居住者として判断されるでしょう。

一方、韓国所得税法で、韓国国内勤務に基づく勤労の対価として9か月の給与に対して課税されることとなります。

なお、韓国所得税法での居住者規定は、住所又は183日以上の居所を有する者となっており、9か月（270日）ですと、双方居住者の問題もでてくることとなります。

3　外国税額控除の適用について

非永住者が日本居住期間中に国外源泉所得の一部又は全部を国内で受領するか、国内に送金していれば、国外源泉所得についても日本において課税されることになり、国外源泉所得に課された外国税額を一定の限度額の

範囲で外国税額控除の対象とすることができます（所法95、所令222）。

　しかしながら、社員として韓国支店勤務による給与は国外源泉所得に該当し、韓国支店勤務期間中が日本における居住期間に含まれるとしても、非永住者期間であり、日本に送金等がされない限り、日本で課税される国外源泉所得がないことになります。したがって、二重課税の排除を目的とする外国税額控除の適用もないことになります。

4　結論

　貴社の社員Mの韓国支店勤務に基づいて支給される給与については、国内源泉所得とはなりませんので、貴社において源泉徴収を行う義務はありません。また、韓国で支給された給与（国外源泉所得）について日本で確定申告を行う必要はなく、国外所得がないことから、外国税額控除の適用を受けることもできません。

　（注）社員Mが、日本人である場合には居住者（永住権）に該当しますので、韓国支店勤務に基づく給与を日本で確定申告し、外国税務控除の適用を受けることとなります。

【関係法令】

> 所得税法
> 第2条（定義）　この法律において、次の各号に掲げる用語の意義は、当該各号に定めるところによる。
> 　一、二　（略）
> 　三　居住者　国内に住所を有し、又は現在まで引き続いて1年以上居所を有する個人をいう。
> 　四　非永住者　居住者のうち、日本の国籍を有しておらず、かつ、過去10年以内において国内に住所又は居所を有していた期間の合計が5年以下である個人をいう。
> （以下略）
>
> 第7条（課税所得の範囲）　所得税は、次の各号に掲げる者の区分に応じ当該各号に定める所得について課する。

　一　（略）

　二　非永住者　第95条第1項（外国税額控除）に規定する国外源泉所得（中略）以外の所得及び国外源泉所得で国内において支払われ、又は国外から送金されたもの

（以下略）

第95条（外国税額控除）　居住者が各年において外国所得税（中略）を納付することとなる場合には、第89条から第93条まで（税率等）の規定により計算したその年分の所得税の額のうち、その年において生じた国外所得金額（中略）に対応するものとして政令で定めるところにより計算した金額（以下「控除限度額」という。）を限度として、その外国所得税の額（居住者の通常行われる取引と認められないものとして政令で定める取引に基因して生じた所得に対して課される外国所得税の額、居住者の所得税に関する法令の規定により所得税が課されないこととなる金額を課税標準として外国所得税に関する法令により課されるものとして政令で定める外国所得税の額その他政令で定める外国所得税の額を除く。以下この条において「控除対象外国所得税の額」という。）をその年分の所得税の額から控除する。

（以下略）

第183条（源泉徴収義務）　居住者に対し国内において第28条第1項（給与所得）に規定する給与等（以下この章において「給与等」という。）の支払をする者は、その支払の際、その給与等について所得税を徴収し、その徴収の日の属する月の翌月10日までに、これを国に納付しなければならない。

（以下略）

第212条（源泉徴収義務）　（略）

2　前項に規定する国内源泉所得の支払が国外において行なわれる場合において、その支払をする者が国内に住所若しくは居所を有し、又は国内に事務所、事業所その他これらに準ずるものを有するときは、その者が当該国内源泉所得を国内において支払うものとみなして、同項の規定を適用する。この場合において、同項中「翌月10日まで」とあるのは、「翌月末日まで」とする。

（以下略）

所得税法施行令

第222条（控除限度額の計算）　法第95条第1項（外国税額控除）に規定する政令で定めるところにより計算した金額は、同項の居住者のその年分の所得税の額（同条の規定を適用しないで計算した場合の所得税の額とし、附帯税を除く。）に、その年分の所得総額のうちにその年分の調整国外所得総額の占める割合を乗じて計算した金額とする。

（以下略）

韓国所得税法

第1条の2（定義）　①　この法律において使用する用語の意味は、次のとおりとする。

⑴「居住者」とは、国内に住所を置き、又は183日以上の居所を置く個人をいう。

⑵「非居住者」とは、居住者でない個人をいう。

（以下略）

日本・韓国租税条約

第15条（給与所得）

1　次条及び第18条から第21条までの規定が適用される場合を除くほか、一方の締結国の居住者がその勤務について取得する給料、賃金その他これらに類する報酬に対しては、勤務が他方の締約国内において行われない限り、当該一方の締約国においてのみ租税を課すことができる。勤務が他方の締約国内にいて行われる場合には、当該勤務から生ずる報酬に対しては、当該他方の締約国において租税を課すことができる。

（以下略）

Question86【外国人社員の年末調整】

　弊社では、X国の子会社Xに勤務する外国人社員Nを、この４月から３年間、日本本社に勤務させています。扶養控除等申告書を提出させ、月々の給与の支払に際しては源泉徴収を行ってきましたが、今年の年末調整に当たって、X国の子会社で支払われた１月から３月までの給与は収入金額に含める必要はないのでしょうか。

要　点

1．年末調整の対象者
2．年の中途で非居住者が居住者となった場合の税額の計算
3．結論

Answer

1　年末調整の対象者

　来日外国人が国内において、継続して１年以上居住することを通常必要とする職業を有する場合、その者は国内に住所を有する者（居住者）と推定されます（所令14①）。

　所法190条に規定する年末調整は、本年最後の給与の支払をするときにおいて「給与所得者の扶養控除等申告書」を提出している居住者のうち、本年中の給与等の収入金額が2,000万円以下の者を対象に行うこととされています。

2　年の中途で非居住者が居住者となった場合の税額の計算

　所法102条によると、その年12月31日に居住者である者でその年において非居住者であった期間を有するものに対する所得税は、居住者であった期間内に生じた所法７条１項１号に掲げる所得を基礎として計算することとされており、年末調整の場合もこれと同様の方法により、税額を計算することになります。

したがって、年の中途において居住者となった者については、その居住者となった日から 12 月 31 日までの間に支給期が到来する給与について年末調整を行うことになります。

3　結論

外国人社員Nは居住者であることから、扶養控除等申告書の提出を受け、年末調整を行う必要があります。

また、X国の子会社で支払われた給与は国外源泉所得ですので、年末調整の対象となる給与の収入金額に含める必要はありません。この場合、例えばX国で、3月分の給与を、4月に居住者であるNに日本で支払った場合については、全額居住者に対する給与とされますので、年末調整に含める必要があります。ご注意ください。

（注）国外居住扶養親族に係る扶養控除対象とするための具備書類については **Question**87 を参照願います。

【関係法令】

> 所得税法
>
> 第 102 条（年の中途で非居住者が居住者となつた場合の税額の計算）　その年 12 月 31 日（その年の中途において死亡した場合には、その死亡の日）において居住者である者でその年において非居住者であつた期間を有するもの又はその年の中途において出国をする居住者でその年 1 月 1 日からその出国の日までの間に非居住者であつた期間を有するものに対して課する所得税の額は、前 2 章（課税標準及び税額の計算）の規定により計算した所得税の額によらず、居住者であつた期間内に生じた第 7 条第 1 項第 1 号（居住者の課税所得の範囲）に掲げる所得（非永住者であつた期間がある場合には、当該期間については、同項第 2 号に掲げる所得）並びに非居住者であつた期間内に生じた第 164 条第 1 項各号（非居住者に対する課税の方法）に掲げる非居住者の区分に応ずる同項各号及び同条第 2 項各号に掲げる国内源泉所得に係る所得を基礎として政令で定めるところにより計算した金額による。

第190条（年末調整） 給与所得者の扶養控除等申告書を提出した居住者で、第1号に規定するその年中に支払うべきことが確定した給与等の金額が2,000万円以下であるものに対し、その提出の際に経由した給与等の支払者がその年最後に給与等の支払をする場合（その居住者がその後その年12月31日までの間に当該支払者以外の者に当該申告書を提出すると見込まれる場合を除く。）において、第1号に掲げる所得税の額の合計額がその年最後に給与等の支払をする時の現況により計算した第2号に掲げる税額に比し過不足があるときは、その超過額は、その年最後に給与等の支払をする際徴収すべき所得税に充当し、その不足額は、その年最後に給与等の支払をする際徴収してその徴収の日の属する月の翌月10日までに国に納付しなければならない。

（以下略）

所得税法施行令

第14条（国内に住所を有する者と推定する場合） 国内に居住することとなつた個人が次の各号のいずれかに該当する場合には、その者は、国内に住所を有する者と推定する。

一 その者が国内において、継続して1年以上居住することを通常必要とする職業を有すること。

二 その者が日本の国籍を有し、かつ、その者が国内において生計を一にする配偶者その他の親族を有することその他国内におけるその者の職業及び資産の有無等の状況に照らし、その者が国内において継続して1年以上居住するものと推測するに足りる事実があること。

（以下略）

Question87【外国人社員の国外居住親族に係る扶養控除等の適用】

　弊社のＸ国の子会社に勤務する外国人社員Ｏが、この４月から４年間の予定で、居住者として日本本社で勤務しております。社員Ｏは家族をＸ国に置いて、単身で日本本社に赴任しています。

　この度、社員Ｏから「給与所得者の扶養控除等（異動）申告書の提出を受け、その中で社員Ｏの妻は控除対象配偶者となっています。Ｘ国に居住する社員Ｏの妻ら家族を、配偶者控除及び扶養控除対象と判断する上でのポイントを教えてください。

要　点

1．外国人社員の国外居住親族に係る扶養控除等の適用の概要
2．親族関係書類とは
3．送金関係書類とは
4．上記２及び３の提出（提示）時期
5．給与所得者の扶養控除等（異動）申告書等の記載について

Answer

1　外国人社員の国外居住親族に係る扶養控除等の適用の概要

　給与等の源泉徴収及び給与等の年末調整において、非居住者である親族（以下「国外居住親族」といいます。）に係る扶養控除、配偶者控除、障害者控除又は配偶者特別控除（以下「扶養控除等」といいます。）の適用を受ける居住者は、その国外居住者親族に係る「親族関係書類」や「送金関係書類」（これらが外国語で作成されている場合には、その翻訳文を含みます。）を源泉徴収義務者に提出し、又は提示する必要があります。

2　親族関係書類とは

　次の①又は②のいずれかの書類で、国外居住親族が居住者の存続であることを証するものをいいます。

① 戸籍の附表の写しその他の国又は地方公共団体が発行した書類及び国外居住親族の旅券（パスポート）の写し

② 外国政府又は外国の地方公共団体が発行した書類（国外居住親族の氏名、生年月日及び住所又は居所の記載のあるものに限られます。）

3 送金関係書類とは

次の書類で居住者がその年において国外居住親族の生活費又は教育費に充てるための支払を必要の都度、各人に行ったことを明らかにするものをいいます（その書類が外国語で作成されている場合には、その翻訳文を含みます。）。

① 金融機関（この中には、資金決済に関する法律2条3項に規定する資金移動業者も含まれます。）の書類又は写しで、その金融機関が行う為替取引により居住者から国外居住親族に支払をしたことを明らかにする書類

② いわゆるクレジットカード発行会社の書類又はその写しで、国外居住親族がそのクレジットカード発行会社が交付したカードを提示等してその国外居住親族が商品等を購入したこと等により、その商品等の購入等の代金に相当する額の金銭等をその居住者から受領し、又は受領することとなることを明らかにする書類

なお、上記2及び3の書類については、国外居住親族の旅券の写しを除いて原本の提出又は提示が必要となります。おって、3の送金関係書類については、原本に限らずその写しの提出又は提示も認められています。

4 上記2及び3の提出（提示）時期

① 給与所得者の扶養控除等（異動）申告書
「親族関係書類」は扶養控除等（異動）申告書提出時、「送金関係書類」は年末調整を行う時

② 給与所得者の配偶者控除等申告書
「親族関係書類」及び「送金関係書類」ともに、配偶者控除等申告

書の提出時（年末調整を行う時）

③ 従たる給与についての扶養控除等（異動）申告書

扶養控除等（異動）申告書提出時

④ 公的年金等の受給者の扶養親族等申告書

扶養親族等申告書提出時

なお、給与関係の場合、給与所得者の扶養控除等（異動）申告書を提出する際には、非居住者である配偶者については、「親族関係書類」を給与等の支払者に提示又は提出した場合には、給与所得者の配偶者控除等申告書を提出の際に、「親族関係書類」を給与等の支払者に提示する必要はありません。

おって、確定申告において、国外居住親族に係る扶養控除等の適用を受ける場合、確定申告書に「親族関係書類」及び「送金関係書類」を添付し、又は確定申告書の提出の際に提示する必要があります。ただし、給与所得者の扶養控除等（異動）申告書、給与所得者の配偶者控除等申告書、従たる給与についての扶養控除等（異動）申告書、公的年金等の受給者の扶養親族等申告書を提出時に提出又は提示したこれらの書類については、確定申告書に添付又は提示する必要はありません。

5 給与所得者の扶養控除等（異動）申告書等の記載について

① 給与所得者の扶養控除等（異動）申告書の記載

イ 「非居住者である親族」欄には、源泉控除対象配偶者又は控除対象扶養親族が国外居住親族に該当する場合には「○」を記載します。

ロ 「生計を一にする事実」欄には、その年に国外居住親族へ送金等をした金額の合計額を記載します。なお、非居住者である配偶者に係る、配偶者控除又は配偶者特別控除を受ける場合には、次の②「給与所得者の配偶者控除等申告書」の記載を参照してください。

② 給与所得者の配偶者控除等申告書の記載

イ 「非居住者である配偶者」欄には、配偶者控除又は配偶者特別控除の適用を受ける配偶者が非居住者に該当する場合には、「○」を

記載します。

ロ 「生計を一にする事実」欄には、その年に配偶者へ送金等をした
金額の合計額を記載します。

6 「国外居住親族に係る扶養控除等の適用について」の令和5年1月の改正（リーフレット参照）

　国外居住親族に係る扶養控除等の適用については、令和5年1月から対象扶養親族ごとに要件が規定されました。例えば、年令30歳以上70歳未満の者にあっては年38万円以上の生活費等の送金が必要となります。

【関係法令】

　所得税法
第2条（定義）　この法律において、次の各号に掲げる用語の意義は、当該各号に定めるところによる。
　一～三十二　（略）
　三十三　同一生計配偶者　居住者の配偶者でその居住者と生計を一にするもの（第57条第1項（事業に専従する親族がある場合の必要経費の特例等）に規定する青色事業専従者に該当するもので同項に規定する給与の支払を受けるもの及び同条第3項に規定する事業専従者に該当するものを除く。）のうち、合計所得金額が48万円以下である者をいう。
　三十三の二　控除対象配偶者　同一生計配偶者のうち、合計所得金額が1,000万円以下である居住者の配偶者をいう。
　三十三の三　（略）
　三十四　扶養親族　居住者の親族（その居住者の配偶者を除く。）並びに児童福祉法（中略）第27条第1項第3号（都道府県の採るべき措置）の規定により同法第6条の4（定義）に規定する里親に委託された児童及び老人福祉法（中略）第11条第1項第3号（市町村の採るべき措置）の規定により同号に規定する養護受託者に委託された老人でその居住者と生計を一にするもの（中略）のうち、合計所得金額が48万円以下である者をいう。
　三十四の二　控除対象扶養親族　扶養親族のうち、年齢16歳以上の者をいう。

三十四の三　特定扶養親族　控除対象扶養親族のうち、年齢19歳以上23歳未満の者をいう。

（以下略）

第6条（源泉徴収義務者）　第28条第1項（給与所得）に規定する給与等の支払をする者その他第4編第1章から第6章まで（源泉徴収）に規定する支払をする者は、この法律により、その支払に係る金額につき源泉徴収をする義務がある。

第22条（課税標準）　居住者に対して課する所得税の課税標準は、総所得金額、退職所得金額及び山林所得金額とする。

（以下略）

第165条（総合課税に係る所得税の課税標準、税額等の計算）　前条第1項各号に掲げる非居住者の当該各号に掲げる国内源泉所得について課する所得税（中略）の課税標準及び所得税の額は、当該各号に掲げる国内源泉所得について、政令で定めるところにより、前編第1章から第4章まで（居住者に係る所得税の課税標準、税額等の計算）、第44条の3（略）、第46条（略）、第60条の4（略）、（第73条から第77条まで（医療費控除等）、第79条から第85条まで（障害者控除等）、第95条（外国税額控除）及び第95条の2（略）を除く。）の規定に準じて計算した金額とする。

所得税法施行令
第14条（国内に住所を有する者と推定する場合）　国内に居住することとなつた個人が次の各号のいずれかに該当する場合には、その者は、国内に住所を有する者と推定する。
一　その者が国内において、継続して1年以上居住することを通常必要とする職業を有すること。
二　その者が日本の国籍を有し、かつ、その者が国内において生計を一にする配偶者その他の親族を有することその他国内におけるその者の職業及び資産の有無等の状況に照らし、その者が国内において継続して1年以上居住するものと推測するに足りる事実があること。

（以下略）

> 　所得税基本通達
>
> 2−47（生計を一にするの意義）　法に規定する「生計を一にする」とは、必ずしも同一の家屋に起居していることをいうものではないから、次のような場合には、それぞれ次による。
>
> (1)　勤務、修学、療養等の都合上他の親族と日常の起居を共にしていない親族がいる場合であっても、次に掲げる場合に該当するときは、これらの親族は生計を一にするものとする。
>
> 　　イ　（略）
>
> 　　ロ　これらの親族間において、常に生活費、学資金、療養費等の送金が行われている場合
>
> （以下略）

※こちらのリーフレットは、令和4年12月までの扶養控除等の適用について説明しています。

国外居住親族に係る扶養控除等の適用について

平成27年9月
（平成30年1月改訂）
国　税　庁

　給与等又は公的年金等の源泉徴収及び給与等の年末調整において、非居住者である親族（以下「国外居住親族」といいます。）に係る扶養控除、配偶者控除、障害者控除又は配偶者特別控除（以下「扶養控除等」といいます。）の適用を受ける居住者は、その国外居住親族に係る「親族関係書類」や「送金関係書類」（これらの書類が外国語で作成されている場合には、その翻訳文を含みます。）を源泉徴収義務者に提出し、又は提示する必要があります。

(注) 確定申告において、国外居住親族に係る扶養控除等の適用を受ける場合にも、「親族関係書類」及び「送金関係書類」を確定申告書に添付し、又は確定申告書の提出の際に提示する必要があります。ただし、給与等若しくは公的年金等の源泉徴収又は給与等の年末調整の際に源泉徴収義務者に提出し、又は提示したこれらの書類については、確定申告書に添付又は提示を要しないこととされています。

◎ 「親族関係書類」とは

　「親族関係書類」とは、次の①又は②のいずれかの書類で、国外居住親族が居住者の親族であることを証するものをいいます。
　① 戸籍の附票の写しその他の国又は地方公共団体が発行した書類及び国外居住親族の旅券（パスポート）の写し
　② 外国政府又は外国の地方公共団体（以下「外国政府等」といいます。）が発行した書類（国外居住親族の氏名、生年月日及び住所又は居所の記載があるものに限ります。）

注意事項

1　親族関係書類は、国外居住親族の旅券の写しを除き、原本の提出又は提示が必要です。
2　②の外国政府等が発行した書類は、例えば、次のような書類が該当します。
　　・戸籍謄本　　・出生証明書　　・婚姻証明書
3　外国政府等が発行した書類について、一つの書類に国外居住親族の氏名、生年月日及び住所又は居所の全てが記載されていない場合には、複数の書類を組み合わせることにより氏名、生年月日及び住所又は居所を明らかにする必要があります。
4　一つの書類だけでは国外居住親族が居住者の親族であることを証明することができない場合には、複数の書類を組み合わせることにより、居住者の親族であることを明らかにする必要があります。必要な書類の組合せについては、5ページの【外国政府等が発行した親族関係書類の組合せ表】を参考にしてください。
5　16歳未満の非居住者である扶養親族（扶養控除の対象とならない扶養親族）であっても障害者控除を受ける場合には、親族関係書類及び送金関係書類の提出又は提示が必要です。

◎ 「送金関係書類」とは

　「送金関係書類」とは、次の書類で、居住者がその年において国外居住親族の生活費又は教育費に充てるための支払を必要の都度、各人に行ったことを明らかにするものをいいます。
　① 金融機関の書類又はその写しで、その金融機関が行う為替取引により居住者から国外居住親族に支払をしたことを明らかにする書類
　② いわゆるクレジットカード発行会社の書類又はその写しで、国外居住親族がそのクレ

1

ジットカード発行会社が交付したカードを提示してその国外居住親族が商品等を購入したこと等により、その商品等の購入等の代金に相当する額の金銭をその居住者から受領した、又は受領することとなることを明らかにする書類

注意事項

1 送金関係書類については、原本に限らずその写しも送金関係書類として取り扱うことができます。
2 送金関係書類には、具体的には次のような書類が該当します。
　① 外国送金依頼書の控え
　　※ その年において送金をした外国送金依頼書の控えである必要があります。
　② クレジットカードの利用明細書
　　※1 クレジットカードの利用明細書とは、居住者（本人）がクレジットカード発行会社と契約を締結し、国外居住親族が使用するために発行されたクレジットカードで、その利用代金を居住者が支払うこととしているもの（いわゆる家族カード）に係る利用明細書をいいます。
　　　　 この場合、その利用明細書は家族カードの名義人となっている国外居住親族の送金関係書類として取り扱います。
　　 2 クレジットカードの利用明細書は、クレジットカードの利用日の年分の送金関係書類となります（クレジットカードの利用代金の支払（引落し）日の年分の送金関係書類とはなりません。）。
3 国外居住親族が複数いる場合には、送金関係書類は扶養控除等を適用する国外居住親族の各人ごとに必要となります。
　　 例えば、国外に居住する配偶者と子がいる場合で、配偶者に対してまとめて送金している場合には、その送金に係る送金関係書類は、配偶者（送金の相手方）のみに対する送金関係書類として取り扱い、子の送金関係書類として取り扱うことはできません。
4 送金関係書類については、扶養控除等を適用する年に送金等を行った全ての書類を提出又は提示する必要があります。
　　※ 同一の国外居住親族への送金等が年3回以上となる場合には、一定の事項を記載した明細書の提出と各国外居住親族のその年最初と最後に送金等をした際の送金関係書類の提出又は提示をすることにより、それ以外の送金関係書類の提出又は提示を省略することができます。
　　 この場合、提出又は提示を省略した送金関係書類については、居住者本人が保管する必要があります。
5 16歳未満の非居住者である扶養親族（扶養控除の対象とならない扶養親族）であっても障害者控除を受ける場合には、親族関係書類及び送金関係書類の提出又は提示が必要です。

◎ 「親族関係書類」及び「送金関係書類」の提出（提示）の時期

1 国外居住親族に係る「給与所得者の扶養控除等申告書」を提出する者は、その申告書を給与等の支払者に提出する際に「親族関係書類」を併せて提出又は提示し、年末調整を行う際に給与等の支払者に「送金関係書類」を提出（提示）する必要があります。
　　 年末調整の際に「給与所得者の配偶者控除等申告書」を提出する場合の「親族関係書類」及び「送金関係書類」の提出（提示）の方法は、下記3を参照してください。
　（注）年の中途で控除対象扶養親族等が出国したことにより、国外居住親族となった場合には、「給与所得者の扶養控除等異動申告書」と併せて「親族関係書類」を提出（提示）する必要があります。
2 国外居住親族に係る「従たる給与についての扶養控除等申告書」又は「公的年金等の受給者の扶養親族等申告書」を提出する者は、これらの申告書を給与等又は公的年金等の支払者に提出する際に「親族関係書類」を併せて提出（提示）する必要があります。
　（注）「送金関係書類」を上記の支払者に提出（提示）する必要はありませんが、確定申告を行う際には、確定申告書に添付するか、又は確定申告書の提出の際に提示する必要があります。

2

3　年末調整の際に、非居住者である配偶者に係る「給与所得者の配偶者控除等申告書」を提出する者は、この申告書を給与等の支払者に提出する際に「親族関係書類」と「送金関係書類」を併せて提出（提示）する必要があります。

　なお、「給与所得者の扶養控除等申告書」を給与等の支払者に提出する際に「親族関係書類」を提出（提示）している場合には、「給与所得者の配偶者控除等申告書」を給与等の支払者に提出する際に別途「親族関係書類」を提出（提示）する必要はありません。

◎　「給与所得者の扶養控除等（異動）申告書」等の記載について

「給与所得者の扶養控除等（異動）申告書」や「給与所得者の配偶者控除等申告書」には、国外居住親族に係る事項を記載する必要があります。

① 給与所得者の扶養控除等（異動）申告書の記載

イ　「非居住者である親族」欄には、源泉控除対象配偶者又は控除対象扶養親族が国外居住親族に該当する場合に「○」を記載します。

ロ　「生計を一にする事実」欄には、その年に国外居住親族へ送金等をした金額の合計額を記載します。

　なお、非居住者である配偶者に係る、配偶者控除又は配偶者特別控除を受ける場合には、次の「② 給与所得者の配偶者控除等申告書の記載」を参照してください。

※　「非居住者である親族」欄は扶養控除等申告書を提出する際に記載し、「生計を一にする事実」欄は年末調整の際に追記してください。

② 給与所得者の配偶者控除等申告書の記載

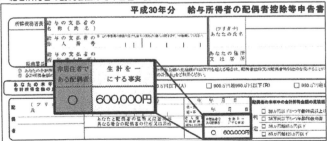

イ　「非居住者である配偶者」欄には、配偶者控除又は配偶者特別控除の適用を受ける配偶者が非居住者に該当する場合に「○」を記載します。

ロ　「生計を一にする事実」欄には、その年に非居住者である配偶者へ送金等をした金額の合計額を記載します。

3

（共通）

> ［Q1］　国外居住親族に係る扶養控除等の制度の概要を教えてください。

［A］
　　居住者が、国外居住親族について扶養控除、配偶者控除、障害者控除又は配偶者特別控除（以下「扶養控除等」といいます。）の適用を受けるためには、給与等又は公的年金等の支払者に下記［Q2］に記載の一定の確認書類（親族関係書類・送金関係書類）の提出又は提示をする必要があります。
　　また、令和5年1月からは、扶養控除の対象となる国外居住親族は、扶養親族（居住者の親族のうち、合計所得金額が48万円以下である者をいいます。以下同じです。）のうち、次の(1)から(3)までのいずれかに該当する者に限られることとされました^(注)。さらに、その国外居住親族について、扶養控除の適用を受けようとする居住者は、給与等又は公的年金等の支払者に下記［Q2］に記載の一定の確認書類（親族関係書類・留学ビザ等書類・送金関係書類・38万円送金書類）の提出又は提示をする必要があります。
(1)　年齢16歳以上30歳未満の者
(2)　年齢70歳以上の者
(3)　年齢30歳以上70歳未満の者のうち、次の①から③までのいずれかに該当する者
　　①　留学により国内に住所及び居所を有しなくなった者
　　②　障害者
　　③　その居住者からその年において生活費又は教育費に充てるための支払を38万円以上受けている者
(注)　この国外居住親族に係る扶養控除の取扱いは、令和5年1月以後に支払を受けるべき給与等又は公的年金等から適用されます。

【参考】
《令和4年12月まで》　　　　　　　　　　《令和5年1月から》

Question88【外国人社員の支払った医療費に係る医療費控除の取扱い】

　フランス人社員Pは、本年6月に弊社パリ支店から3年間の予定で日本の本社勤務となりました。パリ支店勤務中に妻が病気にかかり、Pは5月にパリで約40万円を、また日本に入国した6月直後に約80万円の医療費をそれぞれ支払いました。その後、夏季休暇でフランスに一時帰国中に本人が病気となり、フランスで医療費約60万円を支払っています。これらの金額は医療費控除の対象となるのでしょうか。

要 点

1. 医療費控除の対象となる医療費
2. 日仏社会保障規定
3. 結論

Answer

1　医療費控除の対象となる医療費

　居住者が、自己又は自己と生計を一にする配偶者その他の親族に係る医療費を支払った場合には、一定金額を超える金額について医療費控除の対象となります（所法73、所令207）。

　したがって、医療費控除の適用を受けることができる者は居住者に限られており、1年のうちに居住者期間と非居住者期間の双方がある者については、居住者期間内に支払った医療費の額のみが医療費控除の対象となります。この場合、医療費の支払は国内におけるものに限定されていないので、国外で支払った医療費についても、それが所得税法等に規定する医療費に該当する限り、医療費控除の対象となります（所法73、102、165、所令258③二、所基通165−1）。

2　日仏社会保障規定

　ご質問の中にはありませんが、日本とフランスでは、社会保障協定を結

んでいます。

　この内容は、日本の居住者がフランスの社会保障制度に支払う保険料のうち一定のものについて、所得の金額から控除するものです（実施特例法5の2、日仏租税条約に関する書簡の交換の告示）。

　社会保険料控除の適用を受ける場合には、「保険料を支払った場合等の課税の特例の届出書」等の書類を本人の所轄税務署に提出する必要があります。

　したがって、①フランスでの社会保険料の支払の有無、②フランスで支払った医療費についての補てんの有無についても確認しておくことが必要と考えます。

3　結論

　貴社のフランス人社員Ｐは、入国の日の翌日から非永住者（居住者）に該当するので、その日以後の居住者期間内である6月に日本で支払った医療費約80万円とフランスで支払った約60万円が医療費控除の対象となります。

【関係法令】

> 所得税法
> 第73条（医療費控除）　居住者が、各年において、自己又は自己と生計を一にする配偶者その他の親族に係る医療費を支払つた場合において、その年中に支払つた当該医療費の金額（保険金、損害賠償金その他これらに類するものにより補てんされる部分の金額を除く。）の合計額がその居住者のその年分の総所得金額、退職所得金額及び山林所得金額の合計額の100分の5に相当する金額（当該金額が10万円を超える場合には、10万円）を超えるときは、その超える部分の金額（当該金額が200万円を超える場合には、200万円）を、その居住者のその年分の総所得金額、退職所得金額又は山林所得金額から控除する。
> 2　前項に規定する医療費とは、医師又は歯科医師による診療又は治療、治療又は療養に必要な医薬品の購入その他医療又はこれに関連する人的役務

　の提供の対価のうち通常必要であると認められるものとして政令で定める
　ものをいう。

3　第 1 項の規定による控除は、医療費控除という。

第 102 条（年の中途で非居住者が居住者となつた場合の税額の計算）　その
　年 12 月 31 日（その年の中途において死亡した場合には、その死亡の日）
　において居住者である者でその年において非居住者であつた期間を有する
　もの又はその年の中途において出国をする居住者でその年 1 月 1 日からそ
　の出国の日までの間に非居住者であつた期間を有するものに対して課する
　所得税の額は、前 2 章（課税標準及び税額の計算）の規定により計算した
　所得税の額によらず、居住者であつた期間内に生じた第 7 条第 1 項第 1 号
　（居住者の課税所得の範囲）に掲げる所得（非永住者であつた期間がある場
　合には、当該期間については、同項第 2 号に掲げる所得）並びに非居住者
　であつた期間内に生じた第 164 条第 1 項各号（非居住者に対する課税の方
　法）に掲げる非居住者の区分に応ずる同項各号及び同条第 2 項各号に掲げ
　る国内源泉所得に係る所得を基礎として政令で定めるところにより計算し
　た金額による。

第 165 条（総合課税に係る所得税の課税標準、税額等の計算）　前条第 1 項
　各号に掲げる非居住者の当該各号に掲げる国内源泉所得について課する所
　得税（以下「総合課税に係る所得税」という。）の課税標準及び所得税の額
　は、当該各号に掲げる国内源泉所得について、別段の定めがあるものを除き、
　前編第 1 章から第 4 章まで（居住者に係る所得税の課税標準、税額等の計算）
　（第 44 条の 3（減額された外国所得税額の総収入金額不算入等）、第 46 条（所
　得税額から控除する外国税額の必要経費不算入）、第 60 条の 4（外国転出
　時課税の規定の適用を受けた場合の譲渡所得等の特例）、第 73 条から第 77
　条まで（医療費控除等）、第 79 条から第 85 条まで（障害者控除等）、第 93
　条（略）第 95 条（外国税額控除）及び第 95 条の 2（国外転出をする場合
　の譲渡所得等の特例に係る外国税額控除の特例）を除く。）を除く。）の規
　定に準じて計算した金額とする。

所得税法施行令

第258条（年の中途で非居住者が居住者となつた場合の税額の計算）（略）

2　略

3　第1項第3号の規定により同号に規定する基礎控除その他の控除を行う場合には、これらの控除のうち次の各号に掲げるものについては、当該各号に定める金額を控除する。

一　略

二　医療費控除　その者が居住者期間内に支払つた法第73条第1項（医療費控除）に規定する医療費の金額が第1項第2号に規定する総所得金額、退職所得金額及び山林所得金額の合計額の100分の5に相当する金額（当該金額が10万円を超える場合には、10万円）を超える場合におけるその超える部分の金額（当該金額が200万円を超える場合には、200万円）

（以下略）

所得税基本通達

165-1（年の中途で居住者が非居住者となった場合の税額の計算）　その年12月31日（その年の中途において死亡し又は出国をした場合には、その死亡又は出国の日）において非居住者である者でその年において居住者であった期間を有するもの（中略）に対して課する所得税の額は、法第165条第1項の規定により、法第102条《年の中途で非居住者が居住者となった場合の税額の計算》の規定に準じて計算することに留意する。

租税条約等の実施に伴う所得税法、法人税法及び地方税法の特例等に関する法律

第5条の2の2（保険料を支払つた場合等の所得税の課税の特例）　所得税法第2条第1項第3号に規定する居住者が支払つた又は控除される保険料（租税条約の規定により、当該租税条約の相手国等の社会保障制度（当該租税条約に規定する社会保障制度をいう。以下この項（中略）において同じ。）に対して支払われるもので、我が国の社会保障制度に対して支払われる当該租税条約に規定する強制保険料と同様の方法並びに類似の条件及び制限に従つて取り扱うこととされるものに限る。（中略））については、同法第74条第2項に規定する社会保険料（中略）とみなして、同法（第188条、第

190条及び第196条を除く。）の規定を適用する。この場合において、同法第120条第3項第1号中「に係るもの」とあるのは、「及び租税条約等の実施に伴う所得税法、法人税法及び地方税法の特例等に関する法律第5条の2第1項（保険料を支払つた場合等の所得税の課税の特例）に規定する保険料に係るもの」とする。

（以下略）

保険料を支払った場合等の課税の特例の届出書
保険料を支払った場合等の課税の特例の還付請求書

（平成二十七年分以降用）

税務署受付印

＿＿＿＿＿税務署長

＿＿年＿＿月＿＿日提出

住（居）所	（〒　－　）	電話番号	
氏名	㊞	性別	生年月日　　年　月　日
個人番号		国籍	

1　基本事項

| 国内において役務の提供を開始した日 | 年　　　月　　　日 |

居住形態	居住者	居住者となった日	年　　　月　　　日
	非居住者	当初入国年月日	年・月・日	在留期間	年・月・日　～　年・月・日
		在留資格		相手国の納税者番号	
		相手国の納税地	
		納税管理人	住（居）所 ＿＿＿＿ フリガナ 氏名＿＿＿＿　電話番号＿＿＿＿

2　（特定社会）保険料に関する事項

| 相手国法人との雇用契約 | 日本での就労期間 | 課税の特例を受けることができる事情の詳細 |
| 有・無 | 年月日・～・年月日 | |

（特定社会）保険料	種類		（特定社会）保険料の支払（控除）金額	①	円
	支払（控除）年月日	年　月　日	（特定社会）保険料の上限（計算方法は、裏面を参照してください。）	②	
			特例の対象となる（特定社会）保険料の額（①と②とのいずれか少ない方の金額）	③	
（特定社会）保険料の金額の計算の基礎となった所得	種類	期間 ～	年月日	所得の金額	④	円
				④に対する所得税及び復興特別所得税の源泉徴収税額	⑤	
	支払者	住（居）所又は所在地				
		氏名又は名称				

3　還付に関する事項（実特法第5条の2第5項の規定による還付を受けようとする場合にのみ記入します。）

| 2③×20.42% | ⑥ | 円 | 還付請求金額（2⑤と⑥のいずれか少ない方の金額） | ⑦ | 円 |

還付される税金の受取場所	（銀行等の預金口座に振込みを希望する場合）		（ゆうちょ銀行の口座に振込みを希望する場合）貯金口座の記号番号＿＿＿－＿＿＿
	銀行 金庫・組合 農協・漁協	本店・支店 本所・支所 出張所	（郵便局等の窓口受取りを希望する場合）
	預金種類	口座番号	

| 関与税理士 ㊞ （TEL　－　－　） | 税務署整理欄 | 通信日付印の年月日 年　月　日 | 確認印 | 整理番号 0 | | 一連番号 |
| | | 番号確認　身元確認 | 確認書類 □済　個人番号カード／通知カード・運転免許証 □未済　その他（　） |

Question89【外国人社員の海外勤務期間が明確に決まっていない場合の取扱い】

　弊社では、米国子会社から派遣されて3年目の社員Q（米国人）を9月から弊社の香港支店勤務とする予定でいますが、香港支店勤務期間はどのくらいになるのか決めておりません。

　この場合、社員Qは、出国した日の翌日から日本の非居住者となるのでしょうか。

要　点

1. 居住形態の判定
2. 推定非居住者の判定基準
3. 結論

Answer

1　居住形態の判定

　所得税法において、居住者とは「国内に住所を有し又は現在まで引続き1年以上居所を有する個人をいう」と規定しています（所法2①三）。

　つまり、所得税法では、居住者に当たるかどうかの基準を「住所」や「居所」で判定することとしているということです。しかし、所得税法では「住所」や「居所」を定義していませんから、「住所」や「居所」は、固定概念ではなく借用概念ということです。

　居住者に当たるかどうかの基準となる住所の意義については、民法と同義に解されており、民法22条では、「生活の本拠をその者の住所とする」と規定しており、同法23条で「住所が知れない場合には、居所を住所とみなす」としており、裁判例においても生活の本拠を意味するものと判示されています。また所基通では、住所の意義を、客観的事実に基づき判定される「生活の本拠」としています（所基通2-1）。

　「客観的事実に基づき」とした点については、制度導入時の趣旨として、

仮に「生活の本拠」を主観的な意思に委ねた場合に、定住の意思は必ずしも常に存在するものでないこと、定住の意思は外部からは判断しがたいこと、意思無能力者についての法定住所の定めがない我が国の法制度では住所を決定できなくなる等の問題を避けたものと言われています。

居所とは、一般に生活の本拠とまではいえないが、ある程度継続して住んでいる場所を意味すると解されています。

2　推定非居住者の判定基準

「住所を有しない場合」として、所令15条（我が国の居住者が海外勤務者となる場合を推定した規定です。）では、「国内に住所を有していない者と推定する」として、次のいずれかに該当するものを規定しています。

・国外に継続して1年以上居住することを通常必要とする職業を有すること
・外国国籍又は外国永住権を有し、かつ、国内において生計を一にする配偶者等を有しないこと、その他国内における職業及び資産の有無等の状況に照らし、再び国内に帰り、主として国内に居住するものと推測するに足る事実がないこと

したがって、国外に居住することとなった個人が、国外において継続して1年以上居住することを通常必要とする職業を有することとなった場合には、その者は国内に住所を有しない者との推定を受けることになります。

国外に「職業を有している」場合には、契約などで国外での在留期間があらかじめ1年未満であることが明らかなケースを除き、国外に「継続して1年以上居住するもの」として扱われます（所基通3-3）。

すなわち、明示的な契約がなければ、国外に職業がある場合には国外に住所があるものと推定されることとなります。推定規定なので反証があれば推定が取り消されることになります。

3　結論

貴社の米国人社員Qの場合、香港支店での在留期間が契約等によりあら

かじめ1年未満であることが明らかであるとは認められませんが、支店勤務を命ぜられたことからすると、相当期間継続して勤務することは容易に想像されます。

　したがって、Qは香港において継続して1年以上居住することを通常必要とする職業を有する者として取り扱われ、原則として、出国の日の翌日から非居住者としての課税を受けることになります。

　なお、この扱いは、「推定」規定の適用なので、反証があれば居住者と判断される場合もあります。したがって、判断を明確にする上からも、香港出向期間を明示的に定めておくことが必要と考えます。

【関係法令】

> 民法
> 第22条（住所）　各人の生活の本拠をその者の住所とする。
>
> 第23条（居所）　住所が知れない場合には、居所を住所とみなす。
> 2　日本に住所を有しない者は、その者が日本人又は外国人のいずれであるかを問わず、日本における居所をその者の住所とみなす。ただし、準拠法を定める法律に従いその者の住所地法によるべき場合は、この限りでない。
>
> 第24条（仮住所）　ある行為について仮住所を選定したときは、その行為に関しては、その仮住所を住所とみなす。

> 所得税法
> 第2条（定義）　この法律において、次の各号に掲げる用語の意義は、当該各号に定めるところによる。
> 　一、二　（略）
> 　三　居住者　国内に住所を有し、又は現在まで引き続いて1年以上居所を有する個人をいう。
> （以下略）

　所得税法施行令

第15条（国内に住所を有しない者と推定する場合）　国外に居住することと
　なつた個人が次の各号のいずれかに該当する場合には、その者は、国内に
　住所を有しない者と推定する。
　一　その者が国外において、継続して1年以上居住することを通常必要と
　　する職業を有すること。
（以下略）

　所得税基本通達

2－1（住所の意義）　法に規定する住所とは各人の生活の本拠をいい、生活
　の本拠であるかどうかは客観的事実によって判定する。
　（注）　国の内外にわたって居住地が異動する者の住所が国内にあるかどう
　　　　かの判定に当たっては、令第14条《国内に住所を有する者と推定する
　　　　場合》及び第15条《国内に住所を有しない者と推定する場合》の規定
　　　　があることに留意する。

3－3（国内に居住することとなった者等の住所の推定）　国内又は国外にお
　いて事業を営み若しくは職業に従事するため国内又は国外に居住すること
　となった者は、その地における在留期間が契約等によりあらかじめ1年未
　満であることが明らかであると認められる場合を除き、それぞれ令第14条
　第1項第1号又は第15条第1項第1号の規定に該当するものとする。

Question90【外国人社員（非居住者）の国内に居る妻子に支払われる給与の取扱い】

弊社では、３年前から本社にて勤務する英国人社員Ｒを、弊社のタイ支店に２年間の予定で勤務させることにしたところ、Ｒは妻子を残して９月30日から単身で赴任する予定でいます。10月以降のＲの給与の一部は、本社から日本に残された家族に支払われることになりますが、この日本払いの給与は日本で課税され、弊社にて源泉徴収を行う必要があるのでしょうか。

要　点

1. 非居住者となる時期
2. 非居住者の納税義務
3. 源泉徴収義務
4. 日タイ租税条約
5. 結論

Answer

1　非居住者となる時期

居住者であった者がいつの時点から非居住者となるのかについては、所令15条１項１号及び所基通３－３において明らかにされています。

それらによると「その者が国外において、継続して１年以上居住することを通常必要とする職業を有すること」（所令15①一）となった時であり、国外において事業を営み若しくは職業に従事することとなった者は「国外における在留期間が契約等によりあらかじめ１年未満であることが明らかであると認められる場合を除き」（所基通３－３）、非居住者となることとなっています。

貴社の英国人社員Ｒは辞令により、２年間の予定で、海外支店において勤務するために出国していますから、出国した日の翌日から非居住者とな

ります（所基通2－4「居住期間の計算の起算日」と同様の考え方による）。

2　非居住者の納税義務

　我が国の所得税法では、納税者を居住者と非居住者とに区分し、それぞれの納税義務について規定しています（所法5）。

　非居住者となった社員Rは、所法5条2項の規定により、国内源泉所得を有する場合にのみ納税義務があります。この場合、その対価の支払地が国内・国外のいずれであるかを問わないこととされています。国内源泉所得の範囲については、所法161条に規定されており、その第1項第12号イで「俸給、給料、賃金、歳費、賞与又はこれらの性質を有する給与その他人的役務の提供に対する報酬のうち、国内において行う勤務その他の人的役務の提供（内国法人の役員として国外において行う勤務その他の政令で定める人的役務の提供を含む。）に基因するもの」とあります。

　社員Rに対し貴社が支払う給与の一部は、たとえその支払が日本で行われたとしても、タイで勤務したことに基因して得られた「給与、報酬又は料金」であり、国外源泉所得となりますので日本で課税されることはありません。

3　源泉徴収義務

　非居住者に対して国内源泉所得の支払を行った場合、所法212条では、非居住者に対し、所法161条に規定された所得以外の国内源泉所得（同条1項4号から16号まで）を支払う場合に、その支払をする者に対し、原則として20.42％（復興特別所得税を含む。）の税率による源泉徴収を義務づけています（所法213）。

4　日タイ租税条約

　日タイ租税条約14条（人的役務の報酬）において、「一方の締約国の居住者（タイ）が他方の締約国内（日本）において提供する人的役務について取得する報酬又は所得に対しては、当該他方の締約国（日本）において租税を課することができる。」とありますが、本質問の社員Rは日本国内

では役務提供をしていないことから、日本での課税はないこととなります。

5　結論

　社員Rの場合、本年9月に2年間の予定でタイ支店に勤務することになるため、原則として、出国の日の翌日から非居住者となります。このため、課税の対象は国内源泉所得に限られることになります。したがって、タイ支店での勤務に基づく給与の一部が、日本に居る家族に対して日本国内で支払われた場合であっても、社員Rは日本国内で役務の提供がないことから、日本で課税されることはありません。

　なお、本年1月から出国までの間の給与については、社員Rが出国する際に年末調整が行われ、本年分の税金が精算されることになります（所法190、所基通190−1(2)）。

【関係法令】

　　所得税法
第7条（課税所得の範囲）　所得税は、次の各号に掲げる者の区分に応じ当該
　　各号に定める所得について課する。
　　一、二　（略）
　　三　非居住者　第164条第1項各号（非居住者に対する課税の方法）に掲
　　　げる非居住者の区分に応じそれぞれ同項各号及び同条第2項各号に掲げ
　　　る国内源泉所得
　（以下略）

第161条（国内源泉所得）　この編において「国内源泉所得」とは、次に掲
　　げるものをいう。
　　一〜十一　（略）
　　十二　次に掲げる給与、報酬又は年金
　　　イ　俸給、給料、賃金、歳費、賞与又はこれらの性質を有する給与その
　　　　他人的役務の提供に対する報酬のうち、国内において行う勤務その他
　　　　の人的役務の提供（内国法人の役員として国外において行う勤務その

　　　　他の政令で定める人的役務の提供を含む。）に基因するもの
（以下略）

第190条（年末調整）　給与所得者の扶養控除等申告書を提出した居住者で、
　　第1号に規定するその年中に支払うべきことが確定した給与等の金額が
　　2,000万円以下であるものに対し、その提出の際に経由した給与等の支払者
　　がその年最後に給与等の支払をする場合（その居住者がその後その年12月
　　31日までの間に当該支払者以外の者に当該申告書を提出すると見込まれる
　　場合を除く。）において、第1号に掲げる所得税の額の合計額がその年最後
　　に給与等の支払をする時の現況により計算した第2号に掲げる税額に比し
　　過不足があるときは、その超過額は、その年最後に給与等の支払をする際
　　徴収すべき所得税に充当し、その不足額は、その年最後に給与等の支払を
　　する際徴収してその徴収の日の属する月の翌月10日までに国に納付しなけ
　　ればならない。
（以下略）

　所得税基本通達
190-1（中途退職者等について年末調整を行う場合）　次に掲げる場合には、
　　それぞれの場合に該当することとなった時において法第190条の規定を適
　　用するものとする。
　(1)　（略）
　(2)　給与等の支払を受ける者が海外支店等に転勤したことにより非居住者
　　となった場合
（以下略）

　日タイ租税条約
第14条（人的役務の報酬）
1　　次条から第19条までの規定が適用される場合を除くほか、一方の締約国
　　の居住者が他方の締約国内において提供する人的役務（自由職業を含む。）
　　について取得する報酬又は所得（退職年金及びこれに類する報酬を除く。）
　　に対しては、当該他方の締約国において租税を課することができる。
（以下略）

Question91【外国人社員の帰国後に課税された住民税の取扱い】

　弊社の社員であった英国人Ｓは、本年2月に退職し英国に帰国しました。Ｓの給与に対する所得税については当社で負担することとなっており、帰国時において年末調整を済ませておりますが、帰国後、Ｓに対して、住民税が課されました。この住民税についても、契約により弊社が負担することとなっております。この場合の取扱いについて教えてください。

要　点

1．国内源泉所得となる給与の範囲
2．住民税の取扱い
3．結論

Answer

　貴社社員であったＳは、退職して帰国することから、日本より出国しますと、出国の日の翌日から日本の非居住者となります。

1　国内源泉所得となる給与の範囲

　国内において行う勤務その他の人的役務の提供より受ける報酬等で、次に掲げるものは、非居住者に対する国内源泉所得として源泉徴収の対象とされます（所法161①十二、復興財源法8②)）。

①　俸給、給料、賃金、歳費、賞与又はこれらの性質を有する給与その他人的役務の提供に対する報酬のうち、国内において行う勤務その他人的役務提供（内国法人の役員として国外において行う勤務その他の政令で定める人的役務の提供を含む）に基因するもの

②　所法35条3項に定める公的年金等（政令で定めるものを除く）

③　所法30条1項（退職給与）に規定する退職手当等のうちその支払を受ける者が居住者であった期間に行った勤務その他の人的役務の提

供（内国法人の役員として非居住者であった期間に期間に行った勤務その他政令で定める人的役務の提供を含む。）に基因するもの

　貴社が負担する所得税については、英国人Ｓが国内において勤務することとなった際に、所得税の負担に関する契約が締結されており、英国人Ｓが国内勤務により支払を受ける給与に係る所得税等の税金の負担義務が成立し、納付すべき時期が到来したときに使用者が負担したものと考えられることから、当該所得税は国内源泉所得として課税されます。

2　住民税の取扱い

　住民税については、納税義務者の所得を課税標準としてその翌年に課税する、いわゆる「前年所得課税」となっていますので、ご質問のような状況が生じたものと思われます。

　住民税の課税通知がある時には、既に英国人Ｓは日本では非居住者で、国内での勤務実態がないことから、給与所得には当たらないとの考えもあるかと思いますが、上記1でも述べたように、住民税についても所得税の取扱いと同等に考えるのが相当といえます。

　帰国後の住民税は、本来Ｓが負担すべきところ、雇用に基づく契約により貴社が負担するのですから、我が国の勤務に基因する経済的利益の供与といえます。したがって、所法161条1項12号に規定する国内源泉所得となります。

　なお、現実的には帰国時に、これから納付すべき住民税の額を地方税当局から聴取して給与にグロスアップして税額を計算し、帰国時までに納税することで対応しているようです。ですから、今後は貴社も同様の方法を採られると良いでしょう。

3　結論

　貴社が負担したＳの住民税は、過去における国内勤務の対価と認められますので、所得税法161条1項12号イに掲げる給与に該当することとなり、国内源泉所得に該当します。したがって、源泉徴収（復興特別所得税と合

わせて20.42%）をすることとなります。

　具体的には、その負担額を税引後の手取り金額として、それをグロスアップして貴社が負担する源泉税額を算出する必要があります。

（参考）非居住者に係る住民税グロスアップの計算例

（住民税）　　　　　　　　　　（グロスアップされた
　　　　　　　　　　　　　　　　　　給与相当額）
500,000 ÷（1 － 0.2042）＝　　628,298 円

（給与相当額）　（源泉所得税率）　　（源泉所得税額）
628,298 ×　　20.42%　　＝　　128,298 円

　　　　　　　　　　（納付すべき　　　　　（手取給与額＝
（給与相当額）　　源泉所得税額）　　　負担した住民税相当額）
628,298 －　128,298 円 ＝　　　500,000 円

【関係法令】

> 所得税法
> 第36条（収入金額）　その年分の各種所得の金額の計算上収入金額とすべき
> 　金額又は総収入金額に算入すべき金額は、別段の定めがあるものを除き、
> 　その年において収入すべき金額（金銭以外の物又は権利その他経済的な利
> 　益をもつて収入する場合には、その金銭以外の物又は権利その他経済的な
> 　利益の価額）とする。
> （以下略）
>
> 第161条（国内源泉所得）　この編において「国内源泉所得」とは、次に掲
> 　げるものをいう。
> 　一～十一　（略）
> 　十二　次に掲げる給与、報酬又は年金
> 　　イ　俸給、給料、賃金、歳費、賞与又はこれらの性質を有する給与その
> 　　　他人的役務の提供に対する報酬のうち、国内において行う勤務その他
> 　　　人的役務の提供に対する報酬のうち、国内において行う勤務その他の
> 　　　人的役務の提供（内国法人の役員として国外において行う勤務その他

の政令で定める人的役務の提供を含む。）に基因するもの

（以下略）

第212条（源泉徴収義務）　非居住者に対し国内において第161条第1項第4号から第16号まで（国内源泉所得）に掲げる国内源泉所得（中略）の支払をする者（中略）は、その支払の際、これらの国内源泉所得について所得税を徴収し、その徴収の日の属する月の翌月10日までに、これを国に納付しなければならない。

（以下略）

所得税基本通達

181～223共－4（源泉徴収の対象となるものの支払額が税引手取額で定められている場合の税額の計算）　給与等その他の源泉徴収の対象となるものの支払額が税引手取額で定められている場合には、当該税引手取額を税込みの金額に逆算し、当該逆算した金額を当該源泉徴収の対象となるものの支払額として、源泉徴収税額を計算することに留意する。

（注）　上記の場合には、源泉徴収票又は支払調書に記載する支払金額は税引手取額と源泉徴収税額との合計額となることに留意する。

Question92【海外支店に帰任した外国人社員（非居住者）に海外支店から支払う国内勤務中の賞与】

　Ｘ国の海外子会社Ｘから弊社に出向していた外国人社員Ｔは、Ｘ国の弊社支店に帰任しました。弊社では成果報酬制度を取り入れ、外国人社員Ｔが日本勤務を行うに当たって、利益に貢献した成果の度合いに応じたボーナスを支給する契約をしていました。

　外国人社員Ｔの帰国後の６月になり３月期のボーナス額が確定したので、外国人社員Ｔの勤務先であるＸ国の弊社支店から通常の賞与に合算して支払うことにしました。この支払額についてどのように処理すればよろしいのでしょうか。

要　点

1．国内源泉所得の判定
2．「みなす国内払」と源泉徴収義務
3．結論

Answer

1　国内源泉所得の判定

　貴社に出向していた外国人社員Ｔは母国であるＸ国に帰国していますから、日本を出国した日の翌日から日本の非居住者となります。非居住者に対しては国内源泉所得についてのみ課税が行われます。

　したがって、国内勤務に基づく利益貢献度合いに応じて支給されるボーナスは、日本での勤務を行ったことに基因するものですから、全額国内源泉所得になります。

2　「みなす国内払」と源泉徴収義務

　所法212条2項では「前項で規定する国内源泉所得の支払が国外において行われる場合において、その支払をする者が国内に住所若しくは居所を

有し、又は国内に事務所、事業所その他これらに準ずるものを有するときは、その者が当該国内源泉所得を国内において支払うものとみなして、同項の規定を適用する。」（みなす国内払）と規定し、本来は源泉徴収義務が及ばないとされている国内源泉所得の海外払いについての例外規定を設けています。

　なお、社員Tに対するボーナスの支払額は、社員Tが役員ではありませんので、事前確定届出給与の規定は適用されず、貴社の法人税法上の損金となります。

3　結論

　外国人社員Tに対して、貴社の海外支店から国内源泉所得となる賞与を支払う場合、所法212条2項の規定により「みなす国内払」となり、国内において支払ったものとみなされ、貴社に源泉徴収義務が生じます。貴社は支払った国内源泉所得となる賞与に対して20.42％（復興特別所得税を含む。）の税率で源泉徴収を行い、翌月末日までに納付する必要があります。

【関係法令】

　　所得税法
第212条（源泉徴収義務）（略）
2　前項に規定する国内源泉所得の支払が国外において行なわれる場合において、その支払をする者が国内に住所若しくは居所を有し、又は国内に事務所、事業所その他これらに準ずるものを有するときは、その者が当該国内源泉所得を国内において支払うものとみなして、同項の規定を適用する。この場合において、同項中「翌月10日まで」とあるのは、「翌月末日まで」とする。
（以下略）

Question93【帰国した外国人社員（非居住者）が受ける厚生年金の脱退一時金】

　帰国した外国人社員 U（非居住者）は、この度、厚生年金の脱退一時金を受け取ることになりました。所得税法及び租税条約上の取扱いを教えてください。

　要　点
....
　1．みなし退職所得の判定と源泉徴収
　2．退職所得の選択課税
　3．結論

Answer

　我が国に短期滞在する外国人は、厚生年金又は国民年金の保険料を納付するにもかかわらず、年金給付を受け取ることはほとんどないため、出国後、本人の請求により脱退一時金を支給することとされています。

1　みなし退職所得の判定と源泉徴収

　貴社外国人社員 U の受け取る厚生年金保険法附則 29 条（日本国籍を有しない者に対する脱退一時金の支給）に基づく脱退一時金は、所法 31 条 2 号に掲げる厚生年金保険法に基づく一時金であることから、「みなし退職所得」に該当します。

　所法 161 条 1 項 12 号ハでは、退職所得（みなし退職所得を含む。）のうち、「支払を受ける者が居住者であった期間に行った勤務その他の人的役務の提供に基因するもの」は国内源泉所得であると規定されています。

　厚生年金保険は使用人を被保険者としていることから、その脱退一時金は、一般の退職一時金と同様に「勤務その他の人的役務の提供に基因するもの」とされ、国内源泉所得（12 号所得）となります。

　このため、非居住者に支払われる厚生年金の脱退一時金は、国内に恒久

的施設を有しない非居住者が「退職所得の選択課税」の適用を受ける場合を除き、支給の際に徴収される20.42％（復興特別所得税を含む。以下同じ。）の税率による源泉分離課税となります（所法164②、169、170、212①、213①）。

2 退職所得の選択課税

なお、厚生年金の脱退一時金は、所法31条に定める「退職手当とみなす一時金」に該当し、非居住者の受け取る退職所得となりますので、所法171条の「退職所得の選択課税」を選択することができます。これを選択して確定申告を行うことによって、源泉徴収された所得税の全部又は一部が還付される場合（非居住者としての源泉分離課税の額より、居住者として退職所得の全額を分離課税した額の方が少ない場合）があります（所法173）。

また、厚生年金保険は使用人を被保険者としていることから、その脱退一時金は一般の退職一時金と同様に、租税条約上は給与所得条項又は役員報酬条項を適用することになります。

3 結論

外国人社員Ｕの受け取る厚生年金の脱退一時金は、所法31条1号に掲げる厚生年金保険法に基づく一時金であることから、「みなし退職所得」に該当し、20.42％の税率による源泉分離課税の対象となります。

なお、「退職所得の選択課税」の適用を受ける場合は、居住者であった期間に対応する退職所得に対して20.42％源泉徴収をした後、退職所得を全額居住者であったとして計算した所得金額を確定申告することで、納税額の調整を行うこととなります。

【関係法令】

所得税法
第31条（退職手当等とみなす一時金） 次に掲げる一時金は、この法律の規定の適用については、前条第1項に規定する退職手当等とみなす。
一　国民年金法、厚生年金保険法（中略）、国家公務員共済組合法（中略）、

地方公務員等共済組合法（中略）、私立学校教職員共済法（中略）及び独立行政法人農業者年金基金法（中略）の規定に基づく一時金その他これらの法律の規定による社会保険又は共済に関する制度に類する制度に基づく一時金（これに類する給付を含む。以下この条において同じ。）で政令で定めるもの

（以下略）

第161条（国内源泉所得）　この編において「国内源泉所得」とは、次に掲げるものをいう。

　一〜十一　（略）

　十二　次に掲げる給与、報酬又は年金

　　イ〜ロ　（略）

　　ハ　第30条第1項（退職所得）に規定する退職手当等のうちその支払を受ける者が居住者であつた期間に行つた勤務その他の人的役務の提供（内国法人の役員として非居住者であつた期間に行つた勤務その他の政令で定める人的役務の提供を含む。）に基因するもの

（以下略）

第173条（退職所得の選択課税による還付）　第169条（課税標準）に規定する非居住者がその支払を受ける第171条（退職所得についての選択課税）に規定する退職手当等につき次編第5章（非居住者又は法人の所得に係る源泉徴収）の規定の適用を受ける場合において、当該退職手当等につき同条の選択をするときは、その者は、当該退職手当等に係る所得税の還付を受けるため、その年の翌年1月1日（同日前に同条に規定する退職手当等の総額が確定した場合には、その確定した日）以後に、税務署長に対し、次に掲げる事項を記載した申告書を提出することができる。

（以下略）

Question94【国際線の航空機の外国人パイロットに支払われる給与】

弊社の国際線の航空機にパイロットとして搭乗しているドイツ人Ｖは、ドイツにあるＬ社から日本の航空会社である弊社（Ｊ社）に４年間の予定で派遣された者です。Ｖは家族とともに来日しています（今回が初めての来日）が、給与はＬ社からドイツにあるＤ銀行の口座に振り込まれ、必要なとき日本に送金させています。Ｖの課税関係はどうなるのでしょうか。

要　点

1．国内源泉所得とみなす規定
2．日独租税協定による規定
3．非永住者（居住者）の課税
4．結論

Answer

1　国内源泉所得とみなす規定

国内で行われる勤務又はその他の人的役務の提供に基因する給与、報酬は国内源泉所得に該当するものとして取り扱われています（所法161①十二イ）が、国際線の航空機に搭乗して勤務する場合には、その人的役務の提供地がどこであるのかを判断することは難しく、このため、日本の居住者や内国法人が運航する航空機等において行う勤務又はその他の人的役務の提供は、役務提供地にかかわりなく国内における勤務又はその他の人的役務の提供とみなすこととされています（所令285①二）。

2　日独租税協定による規定

日独租税協定15条（給与所得）３項では、同条１、２項の規定にかかわらず、一方の締結国（日本）の企業が国際運輸に運用する船舶又は航空機において行われる勤務に関する報酬については、その締結国（日本）に

おいて租税を課することができると規定されています。

　したがって、税務条約上も、日本で課税権があることを明確にしています。

3　非永住者（居住者）の課税

　ドイツ人Ｖの場合、今回が初めての来日であるため、過去 10 年以内において、国内に住所又は居所を有している期間の合計が 5 年以下となるので、所法 2 条 1 項により非永住者（居住者）として取り扱われます。

　非永住者に該当する場合、国内源泉所得のすべてと国外源泉所得のうち国内において支払われ又は国外から送金された部分が課税対象とされ（所法 7 ①二）ますが、本事例は、たとえドイツ国内の銀行口座に振り込まれたとしても、国内源泉所得（日本に送金されたことをもって非永住者に係る国外源泉所得に対しての課税ではないということ）に当たりますので、日本に送金する時点での課税への影響はありません。

　なお、非永住者以外の居住者となる場合、すべての所得が課税対象とされています（所法 7 ①一）。

　（参考）

　　本事例は、4 年間の予定で家族とともに赴任しているケースですが、そもそも国際線の航空機の乗務員の居住者・非居住者の判定は困難な面がありますが、所令 14 条、所基通 3 － 3 の規定に基づき判断することになると考えます。

　　本事例のように、国内に継続して 1 年以上居住することを通常必要とする職業を有し、親族、職業、資産等に関して主に国内に居住するものと推測できる場合は、日本居住者と判断されると考えます。

4　結論

　ドイツ人Ｖの場合、日本の航空会社である貴社（Ｊ社）が運航する航空機に搭乗して勤務を行っているので、日本の居住者としてその給与がたとえドイツ国内のＬ社から支払われているとしても、これは日本国内におけ

る勤務の対価として取り扱われ、国内源泉所得として課税されることになります。

　ただし、この場合は国外払の給与となっており、ドイツ人Ｖは居住者（非永住者）であることから、非居住者に対する「みなす国内払」の規定にも該当しませんので、貴社（Ｊ社）における源泉徴収の対象とはなりません。

　したがって、この場合はドイツ人Ｖは確定申告により、給与に係る所得税を計算し納付する必要があります。

【関係法令】

　所得税法
第２条（定義）　この法律において、次の各号に掲げる用語の意義は、当該各号に定めるところによる。
　一〜三　（略）
　四　非永住者　居住者のうち、日本の国籍を有しておらず、かつ、過去10年以内において国内に住所又は居所を有していた期間の合計が５年以下である個人をいう。
（以下略）

第７条（課税所得の範囲）　所得税は、次の各号に掲げる者の区分に応じ当該各号に定める所得について課する。
　一　（略）
　二　非永住者　第95条第１項（外国税額控除）に規定する国外源泉所得（中略）以外の所得及び国外源泉所得で国内において支払われ、又は国外から送金されたもの
（以下略）

第161条（国内源泉所得）　この編において「国内源泉所得」とは、次に掲げるものをいう。
　一〜十一　（略）
　十二　次に掲げる給与、報酬又は年金
　　イ　俸給、給料、賃金、歳費、賞与又はこれらの性質を有する給与その他人的役務の提供に対する報酬のうち、国内において行う勤務その他

　　の人的役務の提供（内国法人の役員として国外において行う勤務その
　　他の政令で定める人的役務の提供を含む。）に基因するもの

（以下略）

　所得税法施行令

第285条（国内に源泉がある給与、報酬又は年金の範囲）　法第161条第1
　項第12号イ（国内源泉所得）に規定する政令で定める人的役務の提供は、
　次に掲げる勤務その他の人的役務の提供とする。

　一　（略）

　二　居住者又は内国法人が運航する船舶又は航空機において行う勤務その
　　　他の人的役務の提供（国外における寄航地において行われる一時的な人
　　　的役務の提供を除く。）

（以下略）

　日独租税協定

第15条（給与所得）

　(1)、(2)　（略）

　(3)　(1)及び(2)の規定にかかわらず、一方の締約国の企業が国際運輸に運用
　　　する船舶又は航空機において行なわれる勤務に関する報酬に対しては、
　　　その締約国において租税を課することができる。

　所得税基本通達

3－3（国内に居住することとなった者等の住所の推定）　国内又は国外にお
　いて事業を営み若しくは職業に従事するため国内又は国外に居住すること
　となった者は、その地における在留期間が契約等によりあらかじめ1年未
　満であることが明らかであると認められる場合を除き、それぞれ令第14条
　第1項第1号又は第15条第1項第1号の規定に該当するものとする。

Question95【外国人社員が非永住者から永住者（居住者）になった場合の取扱い】

　弊社の本店には、米国人社員Ｗが勤務していますが、Ｗの給与は米国支店で支払われています。また、Ｗは１年のうち約60日間、米国支店勤務を命じられて米国に短期出向しています。Ｗは、本年10月１日を以って、過去10年以内において日本に住所又は居所を有していた期間の合計が５年を超えますが、短期出向が９月30日以前である場合と、10月１日以降である場合における、本年分の所得に対する課税関係はどのようになるのか教えてください。

要点

1．居住形態の判定
2．非永住者と永住者の課税範囲の違い
3．結論

Answer

1　居住形態の判定

　米国人社員Ｗは居住者となりますが、日本国籍を有していないことから、過去10年以内において、国内に住所又は居所を有していた期間の合計が５年となる日まで非永住者である居住者に該当することになります。また、その翌日以降は国内に住所又は居所を有していた期間の合計が５年を超えるため、永住者である居住者に該当することとなります。

　なお、「過去10年以内」の期間については、いわゆる初日不算入の原則（国通法10①）によって、判定する日の10年前の同日から判定する日の前日までとなることについて、所基通２−４の２において留意的に明らかにしています。

　また、「非永住者」の判定に当たっての「国内に住所又は居所を有していた期間」の具体的な計算方法については、暦に従って計算すること、1

月に満たない期間は日をもって数えるものとすること、当該期間が複数ある場合はこれらの年数、月数、日数をそれぞれ合計することとされています（所基通2-4の3）。

2　非永住者と永住者の課税範囲の違い

非永住者である居住者の場合、国内源泉所得のすべてと国外源泉所得のうち国内において支払われ、又は国外から送金された部分が課税の対象となります（所法7①二、所基通7-6）。

永住者である居住者に該当する場合、全世界で獲得するすべての所得、海外支店での勤務に基づいて支給される給与をも含めたすべての所得について、課税の対象とされます（所法7①一）。

3　結論

社員Wは、米国への短期出向期間も日本の居住者であるとしての期間計算されるものと考えます。その上で、

(1)　短期出向が9月30日以前の場合

米国人社員Wは、本年9月30日までは非永住者（居住者）に該当するので、米国支店で支払われている社員Wの給与については、国内源泉所得と国外源泉所得の期間の区分け等が必要となります。その上で、国内勤務に基づく給与と国外勤務（短期の出向期間）に基づく給与のうち日本に送金等されたものが課税対象とされることになります。

（注）国内源泉所得と国外源泉所得の期間の区分計算は、**Question**81の**Answer** 4を参照してください。

(2)　短期出向が10月1日以降の場合

本年10月1日以降は永住者（居住者）に該当するので、勤務地がどこであるかにかかわらず社員Wが全世界で獲得するすべての所得が課税対象となります。従って、海外支店での勤務に基づいて支給される給与をも含めたすべての所得について、課税の対象とされます。

【関係法令】

所得税法

第2条（定義） この法律において、次の各号に掲げる用語の意義は、当該各号に定めるところによる。

　一～三　（略）

　四　非永住者　居住者のうち、日本の国籍を有しておらず、かつ、過去10年以内において国内に住所又は居所を有していた期間の合計が5年以下である個人をいう。

　五　非居住者　居住者以外の個人をいう。

（以下略）

第7条（課税所得の範囲） 所得税は、次の各号に掲げる者の区分に応じ当該各号に定める所得について課する。

　一　非永住者以外の居住者　すべての所得

　二　非永住者　第95条第1項（外国税額控除）に規定する国外源泉所得（中略）以外の所得及び国外源泉所得で国内において支払われ、又は国外から送金されたもの

（以下略）

所得税基本通達

2－4の2（過去10年以内の計算） 法第2条第1項第4号に規定する「過去10年以内」とは、判定する日の10年前の同日から、判定する日の前日までをいうことに留意する。

2－4の3（国内に住所又は居所を有していた期間の計算） 法第2条第1項第4号に規定する「国内に住所又は居所を有していた期間」は、暦に従って計算し、1月に満たない期間は日をもって数える。

　また、当該期間が複数ある場合には、これらの年数、月数及び日数をそれぞれ合計し、日数は30日をもって1月とし、月数は12月をもって1年とする。

　なお、過去10年以内に住所又は居所を有することとなった日（以下この項において「入国の日」という。）と住所又は居所を有しないこととなった

日（以下この項において「出国の日」という。）がある場合には、当該期間は、入国の日の翌日から出国の日までとなることに留意する。

7−6（送金の範囲）　法第7条第1項第2号に規定する送金には、国内への通貨の持込み又は小切手、為替手形、信用状その他の支払手段による通常の送金のほか、次に掲げるような行為が含まれる。

(1)　貴金属、公社債券、株券その他の物を国内に携行し又は送付する行為で、通常の送金に代えて行われたと認められるもの

(2)　国内において借入れをし又は立替払を受け、国外にある自己の預金等によりその債務を弁済することとするなどの行為で、通常の送金に代えて行われたと認められるもの

Question96【外国人社員（非居住者）に対する短期滞在者免税の適用】

弊社では、韓国子会社に勤務する韓国人社員Ｘを、弊社の本社で8か月間の研修を受けさせることにし、Ｘは昨年の8月31日に単身で来日しました。社員Ｘの研修期間中の給与については引き続き韓国子会社から支給することにしました。Ｘの本年中の日本での滞在日数は183日を超えていないので、Ｘの本年分の給与については短期滞在者免税の規定の適用を受ける予定ですが、適用することができるでしょうか。

要　点

1．居住形態の判定
2．日韓租税条約での短期滞在者免税の適用
3．結論

Answer

1　居住形態の判定

居住者とは「国内に住所を有しているか、又は現在まで引き続いて1年以上国内に居所を有する個人」（所法2①三）とされています。

所得税法上、「住所」については特に定義はなされていませんが、民法上の「住所」の概念を借用し、「法に規定する住所とは各人の生活の本拠をいい、生活の本拠であるかどうかは客観的事実によって判定する」こととされています（所基通2－1）。判例においては、個人の住所は、住居の所在地、職業の場所、配偶者その他親族の住所、資産の所在等に基づき判断すべき」（昭和61年9月25日大阪高裁判決）とされています。

なお、所令14条では「国内に居住することとなった個人が、次の各号のいずれかに該当する場合には、その者は、国内に住所を有する者と推定する」とあり、同条1項1号において「その者が国内において、継続して1年以上居住することを通常必要とする職業を有すること」、同2号にお

いて「日本の国籍を有し、かつ、国内において生計を一にする配偶者その他の親族を有することその他国内におけるその者の職業及び資産の有無等の状況に照らし、その者が国内において継続して1年以上居住するものと推測するに足りる事実があること」とされています。

「職業を有している」場合には、契約などで在留期間があらかじめ1年未満であることが明らかなケースを除き、「継続して1年以上居住するもの」として扱われます（所基通3−3）。

2　日韓租税条約での短期滞在者免税の適用

日韓租税条約15条2項の規定では、一方の締結国（韓国）の居住者である個人が短期滞在者免税の適用を受けるには、次のいずれの条件をも満たす必要があります。

(a)　報酬の受給者が当該暦年を通じて合計183日を超えない期間、当該他方の締結国内に滞在すること（暦年で183日以内）

(b)　報酬が日本の居住者又はこれに代わる者以外の者から支払われること（滞在地国（勤務を行った国）以外の国の居住者の使用人であること）

(c)　報酬が日本にある恒久的施設又は固定的施設によって負担されるものでないこと（滞在地国で課税所得の計算上損金算入されないこと）

3　結論

韓国人社員Xの場合、研修期間は8か月と決められており、日本での在留期間があらかじめ1年未満であることが明らかであるため、非居住者に該当します。

また、非居住者の場合、課税の対象となるのは国内源泉所得のみとされており、原則として20.42％（復興特別所得税を含む。以下同じ。）の税率による源泉分離課税の方法により課税されることとされています（所法161①十二イ、164②二、169、170、212①、213①）。国内源泉所得が国外で支払われる場合であっても、その支払者が日本国内に住所若しくは居所を有しているか又は事務所、事業所等を有している時には、その支払は国内において支払われたものとみなされ（「みなす国内払」）、20.42％の税率によ

り源泉分離課税されます（所法212②）。

ところで、社員Ｘの場合、暦年でみた各年毎の滞在日数は183日を超えていないなど、上記２のいずれの条件をも満たしていることから、Ｘの日本勤務に基づく給与に対しては日韓租税条約15条２項の短期滞在者免税の規定を優先適用することとなり、韓国に課税権があると考えます。したがって、日本での課税は免除され、社員Ｘは確定申告の必要はありません。

なお、短期滞在者免税の適用を受けるためには、課税当局に「租税条約に関する届出書（短期滞在者の報酬・給与に対する所得税及び復興特別所得税の免除）」（様式７）の提出が必要となりますが、必要とする場合は、みなす国内払に該当する場合とされておりますので、本事例においては、届出の必要はないといえます。

おって、本事例について法人税法の視点から検討してみますと、

① 研修受講は、そもそも国内法人に対する役務提供がなく、国内源泉所得に該当しないこと

② 研修ではなく８か月の短期間勤務とすると、当該役務の提供による対価は国内法人が負担すべきものであること

と考えることができます。したがって、①については特段経理上の仕訳は生じないと考えます。②については、「給与／受贈益」を擬制した経理上の仕訳が必要となってくるかと考えますが、この仕訳が経費処理したとみると、給与を支給したとして源泉所得税の徴収が必要となります。かつ、適用要件を欠き短期滞在者免税の適用はないこととなり、矛盾します。

したがって、短期滞在者免税の要件の１つである負担とは、実質金銭の支出を伴う負担（課税所得計算上、損金算入）と考えるのが相当といえます。

（参考）

質問の韓国子会社ではなく、「韓国支店」である場合、支店で負担した短期滞在者に係る給与については、日本本社において本社経費とされ、一定の基準により支店へ配賦される場合、国外での負担とはされないのではないかとの疑念があるかと思いますが、このような場合でも、本社が短期滞在者に係る給与を個別に負担するものではないと解される場合は、短期

滞在者免税の規定の適用があるものと解されているようです。

【関係法令】

所得税法

第2条（定義）　この法律において、次の各号に掲げる用語の意義は、当該各号に定めるところによる。

一、二（略）

三　居住者　国内に住所を有し、又は現在まで引き続いて1年以上居所を有する個人をいう。

第161条（国内源泉所得）　この編において「国内源泉所得」とは、次に掲げるものをいう。

一〜十一（略）

十二　次に掲げる給与、報酬又は年金

イ　俸給、給料、賃金、歳費、賞与又はこれらの性質を有する給与その他人的役務の提供に対する報酬のうち、国内において行う勤務その他の人的役務の提供（内国法人の役員として国外において行う勤務その他の政令で定める人的役務の提供を含む。）に基因するもの

（以下略）

第164条（非居住者に対する課税の方法）（略）

2　次の各号に掲げる非居住者が当該各号に掲げる国内源泉所得を有する場合には、当該非居住者に対して課する所得税の額は、前項の規定によるもののほか、当該各号に掲げる国内源泉所得について第3節（非居住者に対する所得税の分離課税）の規定を適用して計算したところによる。

一（略）

二　恒久的施設を有しない非居住者　第161条第1項第8号から第16号までに掲げる国内源泉所得

第169条（分離課税に係る所得税の課税標準）　第164条第2項各号（非居住者に対する課税の方法）に掲げる非居住者の当該各号に定める国内源泉所得については、他の所得と区分して所得税を課するものとし、その所得

税の課税標準は、その支払を受けるべき当該国内源泉所得の金額（次の各号に掲げる国内源泉所得については、当該各号に定める金額）とする。
（以下略）

第170条（分離課税に係る所得税の税率）　前条に規定する所得税の額は、同条に規定する国内源泉所得の金額に100分の20（中略）の税率を乗じて計算した金額とする。
　（注）第161条第1項第8号及び第15号に係るものについては100分の15

第212条（源泉徴収義務）　非居住者に対し国内において第161条第1項第4号から第16号まで（国内源泉所得）に掲げる国内源泉所得（中略）の支払をする者（中略）は、その支払の際、これらの国内源泉所得について所得税を徴収し、その徴収の日の属する月の翌月10日までに、これを国に納付しなければならない。

第213条（徴収税額）　前条第1項の規定により徴収すべき所得税の額は、次の各号の区分に応じ当該各号に定める金額とする。
　一　前条第1項に規定する国内源泉所得（次号及び第3号に掲げるものを除く。）　その金額（次に掲げる国内源泉所得については、それぞれ次に定める金額）に100分の20の税率を乗じて計算した金額
（以下略）

所得税法施行令
第14条（国内に住所を有する者と推定する場合）　国内に居住することとなつた個人が次の各号のいずれかに該当する場合には、その者は、国内に住所を有する者と推定する。
　一　その者が国内において、継続して1年以上居住することを通常必要とする職業を有すること。
　二　その者が日本の国籍を有し、かつ、その者が国内において生計を一にする配偶者その他の親族を有することその他国内におけるその者の職業及び資産の有無等の状況に照らし、その者が国内において継続して1年以上居住するものと推測するに足りる事実があること。

所得税基本通達

3 − 3　（国内に居住することとなった者等の住所の推定）　国内又は国外において事業を営み若しくは職業に従事するため国内又は国外に居住することとなった者は、その地における在留期間が契約等によりあらかじめ 1 年未満であることが明らかであると認められる場合を除き、それぞれ令第 14 条第 1 項第 1 号又は第 15 条第 1 項第 1 号の規定に該当するものとする。

日韓租税条約

第 15 条　（給与所得）

1　（略）

2　1 の規定にかかわらず、一方の締約国の居住者が他方の締約国内において行う勤務について取得する報酬に対しては、次の(a)から(c)までに掲げることを条件として、当該一方の締約国においてのみ租税を課することができる。

(a)　報酬の受領者が当該暦年を通じて合計 183 日を超えない期間当該他方の締約国内に滞在すること。

(b)　報酬が当該他方の締約国の居住者でない雇用者又はこれに代わる者から支払われるものであること。

(c)　報酬が雇用者の当該他方の締約国内に有する恒久的施設又は固定的施設によって負担されるものでないこと。

（以下略）

様 式 7
FORM

租 税 条 約 に 関 す る 届 出 書

APPLICATION FORM FOR INCOME TAX CONVENTION

自由職業者・芸能人・運動家・短期滞在者の報酬・給与に対する所得税及び
復興特別所得税の免除
Relief from Japanese Income Tax and Special Income Tax for Recoonstruction on
Income Earned by Professionals, Entertainers, Sportsmen, or Temporary Visitors

この届出書の記載に当たっては、別紙の注意事項を参照してください。
See separate instructions.

（税務署整理欄）
For official use only

適用；有，無

番号 | 身元
確認 | 確認

_____税務署長殿
To the District Director, _____Tax Office

1 適用を受ける租税条約に関する事項；
  Applicable Income Tax Convention
  日本国と_____との間の租税条約第___条第___項____
  The Income Tax Convention between Japan and_____Article____, para.____

2 報酬・給与の支払を受ける者に関する事項；
  Details of Recipient of Salary or Remuneration

氏　　　　　　名　Full name	
住　　　　　　所　Domicile	（電話番号 Telephone Number）
個 人 番 号 （ 有 す る 場 合 の み 記 入 ） Individual Number　(Limited to case of a holder)	
日 本 国 内 に お け る 居 所 Residence in Japan	（電話番号 Telephone Number）
（国 籍 Nationality）　（入国年月日 Date of Entry）	（在留期間 Authorized Period of Stay）　（在留資格 Status of Residence）
下記「4」の報酬・給与につき居住者として課税される国及び納税地(注6) Country where the recipient is taxable as resident on Salary or Remuneration mentioned in 4 below and the place where he is to pay tax (Note6)	（納税者番号　Taxpayer Identification Number）
自由職業者、芸能人又は運動家の場合（短期滞在者に該当する者を除く。）：日本国内の恒久的施設又は固定的施設の状況 In case of Professionals, Entertainers or Sportsmen (other than Temporary Visitors) : Permanent establishment or fixed base in Japan □有(Yes)　，□無(No) If "Yes",explain:	名　称　Name	
	所 在 地 Address	（電話番号 Telephone Number）
	事業の内容 Details of Business	
短期滞在者の場合：以前に日本国に滞在したことの無及び在留したことのある場合にはその入出国年月日等 In case of Temporary Visitors: Particulars on previous stay □有(Yes)　，　無(No) If "Yes",explain:	（以前の入国年月日） Date of Previous Entry	（以前の出国年月日） Date of Previous Departure	（以前の在留資格） Previous Status Residence

3 報酬・給与の支払者に関する事項；
  Details of Payer of Salary or Remuneration

氏　名　又　は　名　称　Full name	
住所 (居所) 又は本店 (主たる事務所) の所在地 Domicile (residence) or Place of head office (main office)	（電話番号 Telephone Number）
個 人 番 号 又 は 法 人 番 号 （ 有 す る 場 合 の み 記 入 ） Individual Number or Corporate Number (Limited to case of a holder)	
日本国内にある事務所等 Office, etc. located in Japan	名　　称 Name	（事業の内容 Details of Business）
	所 在 地 Address	（電話番号 Telephone Number）

4 上記「3」の支払者から支払を受ける報酬・給与で「1」の租税条約の規定の適用を受けるものに関する事項（注7）；
  Details of Salary or Remuneration received from the Payer to which the Convention mentioned in 1 above is applicable (Note 7)

提供する役務の概要 Description of Services performed	役 務 提 供 期 間 Period of Services performed	報酬・給与の支払期日 Due Date for Payment	報酬・給与の支払方法 Method of Payment of Salary, etc.	報酬・給与の金額及び月額・年額の区分 Amount of Salary, etc. (per month, year)

5 上記「3」の支払者以外の者から日本国内における勤務又は人的役務の提供に関して支払を受ける報酬・給与に関する事項（注8）；
  Others Salaries or Remuneration paid by Persons other than 3 above for Personal Services performed in Japan (Note 8)

【裏面に続きます (Continue on the reverse) 】

6　その他参考となるべき事項（注9）；
　　Others (Note 9)

　私は、この届出書の「4」に記載した報酬・給与が「1」に掲げる租税条約の規定の適用を受けるものであることを、「租税条約等の実施に伴う所得税法、法人税法及び地方税法の特例等に関する法律の施行に関する省令」及び「復興特別所得税に関する省令」の規定により届け出るとともに、この届出書(及び付表)の記載事項が正確かつ完全であることを宣言します。

In accordance with the provisions of the Ministerial Ordinance for the Implementation of the Law concerning the Special Measures of the Income Tax Act, the Corporation Tax Act and the Local Tax Act for the Enforcement of Income Tax Conventions and the Ministerial Ordinance concerning Special Income Tax for Reconstruction, I hereby submit this application form under the belief that the provisions of the Income Tax Convention mentioned in 1 above is applicable to Salary etc., mentioned in 4 above and also hereby declare that the statement on this form (and attachment form) is correct and complete to the best of my knowledge and belief.

Date＿＿＿＿＿　年　　　月　　　日

報酬・給与の支払を受ける者
Signature of the Recipient of Salary or Remuneration ――――――――

○　代理人に関する事項　；　この届出書を代理人によって提出する場合には、次の欄に記載してください。
　　Details of the Agent　；　If this form is prepared and submitted by the Agent, fill out the following columns.

代理人の資格 Capacity of Agent in Japan	氏名（名称） Full name		納税管理人の届出をした税務署名 Name of the Tax Office where the Tax Agent is registered
□　納税管理人　※ Tax Agent □　その他の代理人 Other Agent	住所（居所・所在地） Domicile (Residence or location)	（電話番号 Telephone Number）	税務署 Tax Office

※　「納税管理人」とは、日本国の国税に関する申告、申請、請求、届出、納付等の事項を処理させるため、国税通則法の規定により選任し、かつ、日本国における納税地の所轄税務署長に届出をした代理人をいいます。

※　"Tax Agent" means a person who is appointed by the taxpayer and is registered at the District Director of Tax Office for the place where the taxpayer is to pay his tax, in order to have such agent take necessary procedures concerning the Japanese national taxes, such as filing a return, applications, claims, payment of taxes, etc., under the provisions of Act on General Rules for National Taxes.

○　適用を受ける租税条約が特典条項を有する租税条約である場合；
　　If the applicable convention has article of limitation on benefits
特典条項に関する付表の添付　□有Yes
"Attachment Form for Limitation on Benefits Article attached"
□添付省略 Attachment not required
（特典条項に関する付表を添付して提出した租税条約に関する届出書の提出日　年　　　月　　　日）
Date of previous submission of the application for income tax convention with the "Attachment Form for Limitation on Benefits Article"

Question97【外国人社員（永住者）の国外払給与】

　米国人社員Ｙは弊社の本店に勤務して本年で９年目となります。この間、本店勤務が続いておりましたが、本年１月から８か月間にわたってＹを米国子会社のＺ社に派遣し、派遣中の給与についてはＺ社から本人に直接支給することとしました。本年末、弊社では自社が支払った給与のみを対象にＹの年末調整を行いました。米国子会社のＺ社から支払われたＹの給与を申告する必要はあるのでしょうか。

要　点

1．居住形態の判定
2．永住者の課税範囲
3．結論

Answer

1　居住形態の判定

　日本国籍を有していない居住者の場合、過去10年以内において、国内に住所又は居所を有していた期間の合計が５年となる日までは、非永住者である居住者に該当することになります。また、その翌日以降は国内に住所又は居所を有していた期間の合計が５年を超えるため、永住者である居住者に該当します（所法２①四）。

　なお、「過去10年以内」の期間については、いわゆる初日不算入の原則（通則法10①）によって、判定する日の10年前の同日から判定する日の前日までとなることについて、所基通２－４の２において留意的に明らかにしています。

　また、「非永住者」の判定に当たっての「国内に住所又は居所を有していた期間」の具体的な計算方法については、暦に従って計算すること、１月に満たない期間は日をもって数えるものとすること、当該期間が複数ある場合はこれらの年数、月数、日数をそれぞれ合計することとされていま

す（所基通2－4の3）。

2　永住者の課税範囲

　永住者である居住者に該当する場合、全世界で獲得するすべての所得、海外支店での勤務に基づいて支給される給与をも含めたすべての所得について課税の対象となります（所法7①一）。

　一方、非永住者である居住者の場合、国内源泉所得のすべてと国外源泉所得のうち国内において支払われ、又は国外から送金された部分のみが課税の対象となります（所法7①二、所基通7－6）。

3　結論

　米国人社員Yの場合、今回の米国子会社への派遣期間が8か月であり、あらかじめ1年未満であることが明らかであるので、Z社に派遣されていた期間中も引き続き日本に住所を有する者（居住者）として取り扱われることになります（所令15①一、所基通3－3）。

　したがって、過去10年以内において、国内に住所又は居所を有していた期間の合計が5年を超えるため、永住者である居住者に該当します。永住者（居住者）であるYに対しては、すべての所得（全世界所得）が課税の対象とされます。このため、米国での勤務に基づいて、Z社から支給される給与（国外源泉所得）についても課税の対象とされるので、Yは貴社の給与とZ社の給与を合算して確定申告を行う必要があります（所法120、所基通121－5(3)）。

　ただし、派遣期間中Z社から受け取る給与に対し、米国においても課税され所得税等を納付することになる場合には、確定申告に際して外国税額控除を適用して、二重課税を調整することとなります（所法95、所令222）。外国税額控除の適用を受けるに当たっては、確定申告書に「外国税額控除に関する明細書」を添付する必要があります。

【関係法令】

所得税法

第7条（課税所得の範囲） 所得税は、次の各号に掲げる者の区分に応じ当該各号に定める所得について課する。

一 （略）

二 非永住者 第95条第1項（外国税額控除）に規定する国外源泉所得（中略）以外の所得及び国外源泉所得で国内において支払われ、又は国外から送金されたもの

（以下略）

第95条（外国税額控除） 居住者が各年において外国所得税（外国の法令により課される所得税に相当する税で政令で定めるものをいう。中略）を納付することとなる場合には、第89条から第93条まで（税率等）の規定により計算したその年分の所得税の額のうち、その年において生じた国外所得金額（略）に対応するものとして政令で定めるところにより計算した金額（以下「控除限度額」という。）を限度として、その外国所得税の額（居住者の通常行われる取引と認められないものとして政令で定める取引に基因して生じた所得に対して課される外国所得税の額、居住者の所得税に関する法令の規定により所得税が課されないこととなる金額を課税標準として外国所得税に関する法令により課されるものとして政令で定める外国所得税の額その他政令で定める外国所得税の額を除く。中略）をその年分の所得税の額から控除する。

（以下略）

第120条（確定所得申告） 居住者は、その年分の総所得金額、退職所得金額及び山林所得金額の合計額が第2章第4節（所得控除）の規定による雑損控除その他の控除の額の合計額を超える場合において、当該総所得金額、退職所得金額又は山林所得金額からこれらの控除の額を第87条第2項（所得控除の順序）の規定に準じて控除した後の金額をそれぞれ課税総所得金額、課税退職所得金額又は課税山林所得金額とみなして第89条（税率）の規定を適用して計算した場合の所得税の額の合計額が配当控除の額を超えるときは、第123条第1項（確定損失申告）の規定による申告書を提出す

る場合を除き、第3期（その年の翌年2月16日から3月15日までの期間
をいう。以下この節において同じ。）において、税務署長に対し、次に掲げ
る事項を記載した申告書を提出しなければならない。
（以下略）

所得税法施行令

第15条（国内に住所を有しない者と推定する場合）　国外に居住すること
となつた個人が次の各号のいずれかに該当する場合には、その者は、国内に
住所を有しない者と推定する。

一　その者が国外において、継続して1年以上居住することを通常必要と
する職業を有すること。

（以下略）

第222条（控除限度額の計算）　法第95条第1項（外国税額控除）に規定す
る政令で定めるところにより計算した金額は、同項の居住者のその年分の
所得税の額（同条 の規定を適用しないで計算した場合の所得税の額とし、
附帯税を除く。）に、その年分の所得総額のうちにその年分の調整国外所得
総額の占める割合を乗じて計算した金額とする。

（以下略）

所得税基本通達

2－4の2（過去10年以内の計算）　法第2条第1項第4号に規定する「過
去10年以内」とは、判定する日の10年前の同日から、判定する日の前日
までをいうことに留意する。

2－4の3（国内に住所又は居所を有していた期間の計算）　法第2条第1項
第4号に規定する「国内に住所又は居所を有していた期間」は、暦に従っ
て計算し、1月に満たない期間は日をもって数える。

また、当該期間が複数ある場合には、これらの年数、月数及び日数をそ
れぞれ合計し、日数は30日をもって1月とし、月数は12月をもって1年
とする。

なお、過去10年以内に住所又は居所を有することとなった日（以下この
項において「入国の日」という。）と住所又は居所を有しないこととなった

た日（以下この項において「出国の日」という。）がある場合には、当該期間は、入国の日の翌日から出国の日までとなることに留意する。

3−3（国内に居住することとなった者等の住所の推定） 国内又は国外において事業を営み若しくは職業に従事するため国内又は国外に居住することとなった者は、その地における在留期間が契約等によりあらかじめ1年未満であることが明らかであると認められる場合を除き、それぞれ令第14条第1項第1号又は第15条第1項第1号の規定に該当するものとする。

7−6（送金の範囲） 法第7条第1項第2号に規定する送金には、国内への通貨の持込み又は小切手、為替手形、信用状その他の支払手段による通常の送金のほか、次に掲げるような行為が含まれる。
(1) 貴金属、公社債券、株券その他の物を国内に携行し又は送付する行為で、通常の送金に代えて行われたと認められるもの
(2) 国内において借入れをし又は立替払を受け、国外にある自己の預金等によりその債務を弁済することとするなどの行為で、通常の送金に代えて行われたと認められるもの

121−5（確定所得申告を要しない規定が適用されない給与所得者） 次に掲げる者については、その年中に支払を受けるべき給与等の金額の合計額が法第121条第1項本文に規定する金額以下である場合であっても、同項の規定は適用されないことに留意する。
(1)、(2) （略）
(3) 国外において給与等又は退職手当等の支払を受ける居住者

外国税額控除に関する明細書（居住者用）
（令和２年分以降用）

（　　　　年分）　　　　　　　　　　氏　名＿＿＿＿＿＿＿＿＿＿＿＿＿＿＿

1　外国所得税額の内訳

○　本年中に納付する外国所得税額

国　　名	所得の種類	税種目	納付確定日	納　付　日	源泉・申告 (賦課)の区分	所 得 の 計 算 期 間	相 手 国 での 課 税 標 準	左 に 係 る 外 国 所 得 税 額
			・　・	・　・		・　・ ・　・	(外貨　　　　) 　　　　　円	(外貨　　　　) 　　　　　円
			・　・	・　・		・　・ ・　・	(外貨　　　　) 　　　　　円	(外貨　　　　) 　　　　　円
			・　・	・　・		・　・ ・　・	(外貨　　　　) 　　　　　円	(外貨　　　　) 　　　　　円
計								Ⓐ　　　　円

○　本年中に減額された外国所得税額

国　　名	所得の種類	税種目	納　付　日	源泉・申告 (賦課)の区分	所 得 の 計 算 期 間	外国税額控除の計算 の基礎となった年分	減額されるこ ととなった日	減 額 さ れ た 外 国 所 得 税 額
			・　・		・　・ ・　・	年分	・　・	(外貨　　　　) 　　　　　円
			・　・		・　・ ・　・	年分	・　・	(外貨　　　　) 　　　　　円
			・　・		・　・ ・　・	年分	・　・	(外貨　　　　) 　　　　　円
計								Ⓑ　　　　円

Ⓐの金額がⒷの金額より多い場合（同じ金額の場合を含む。）

Ⓐ　　　　円	－	Ⓑ　　　　円	＝	Ⓒ　　　　円	▶ 5の「⑬」欄に転記します。

Ⓐの金額がⒷの金額より少ない場合

Ⓑ　　　　円	－	Ⓐ　　　　円	＝	Ⓓ　　　　円	▶ 2の「⑩」欄に転記します。

2　本年の雑所得の総収入金額に算入すべき金額の計算

前 3 年 以 内 の 控 除 限 度 超 過 額			
年　　分	⑦　前年繰越額	⑩　⑦から控除す べきⒹの金額	⑨　⑦－⑩
年分（3年前）	円	円 Ⓖ	円
年分（2年前）		Ⓗ	
年分（前　年）		Ⓘ	
計		Ⓔ	

G、H、Iの金額を4の
「⑦前年繰越額及び本年
発生額」欄に転記します。

本年中に納付する外国所得税額を超える減額外国所得税額		
本 年 発 生 額	Ⓓに充当された前3年 以内の控除限度超過額	雑所得の総収入金額に算入 す る 金 額 （⑩－Ⓔ）
⑩　　　　円	Ⓔ　　　　円	Ⓕ　　　　円

雑所得の金額の計算上、
総収入金額に算入します。

○この明細書は、申告書と一緒に提出してください。

3 所得税及び復興特別所得税の控除限度額の計算

所 得 税 額	①	円
復興特別所得税額	②	
所 得 総 額	③	
調 整 国 外 所 得 金 額	④	
所得税の控除限度額（①×④/③）	⑤	
復興特別所得税の控除限度額（②×④/③）	⑥	

- 2の⑦の金額がある場合には、その金額を総所得の総収入金額に算入して申告書により計算した税額を書きます（詳しくは、控用の裏面を読んでください）。
- 「①」欄の金額に2.1%の税率を乗じて計算した金額を書きます。
- 2の⑦の金額がある場合には、その金額を総所得の総収入金額に算入して計算した所得金額の合計額を書きます（詳しくは、控用の裏面を読んでください）。
- 2の⑦の金額がある場合には、その金額を含めて計算した調整国外所得金額の合計額を書きます。
- → 4の「㋑」欄及び5の「⑦」欄に転記します。
- → 4の「㋺」欄及び5の「⑧」欄に転記します。

4 外国所得税額の繰越控除余裕額又は繰越控除限度超過額の計算の明細

本年分の控除余裕額又は控除限度超過額の計算

控除限度額	所 得 税（3の⑤の金額）	㋑	円	控除余裕額	所 得 税（㋑ー㋷）	㋥	円
	復興特別所得税（3の⑥の金額）	㋺			道 府 県 民 税（㋭＋㋬＋㋣ー㋥と㋬のいずれか少ない方の金額）	㋠	
	道 府 県 民 税（㋑×12%又は6%）	㋩			市 町 村 民 税（㋣ー㋠）と㋭のいずれか少ない方の金額	㋡	
	市 町 村 民 税（㋑×18%又は24%）	㋥			計（㋥＋㋠＋㋡）	㋦	
	計（㋑＋㋺＋㋩＋㋥）	㋭					
外 国 所 得 税 額（1の©の金額）		㋬		控除限度超過額（㋬ー㋭）		㋷	

前3年以内の控除余裕額又は控除限度超過額の明細等

年分	区分	控除余裕額 ㋐前年繰越額及び本年発生額	控除余裕額 ㋑本年使用額（㋐ー㋑）	控除限度超過額 ㋒前年繰越額及び本年発生額	控除限度超過額 ㋓本年使用額（㋒ー㋓）	所得税の控除限度額等
年分（3年前）	所得税	円	円	© 円	円	翌年1月1日時点の住所 □指定都市 □一般市
	道府県民税					
	市町村民税					
	地方税計					
年分（2年前）	所得税	円	㋖	円		翌年1月1日時点の住所 □指定都市 □一般市
	道府県民税					
	市町村民税					
	地方税計					
年分（前年）	所得税		①			翌年1月1日時点の住所 □指定都市 □一般市
	道府県民税					
	市町村民税					
	地方税計					
合計	所得税	㋗		㋘		
	道府県民税					
	市町村民税					
	計	㋙		㋚		
本年分	所得税	㋛		㋜		
	道府県民税					
	市町村民税	㋝				
	計	㋞		㋟		

5 外国税額控除額等の計算

所得税の控除限度額（3の⑤の金額）	⑦	円	所法第95条第1項による控除税額（⑪と⑬とのいずれか少ない方の金額）	⑭	円
復興特別所得税の控除限度額（3の⑥の金額）	⑧		復興財確法第14条第1項による控除税額（⑫と（⑬ー⑭）とのいずれか少ない方の金額）	⑮	
分配時調整外国税相当額控除後の所得税額（※）	⑨	「分配時調整外国税相当額控除に関する明細書」の2の④の金額	所法第95条第2項による控除税額（4の㋗の金額）	⑯	
分配時調整外国税相当額控除後の復興特別所得税額（※）	⑩	「分配時調整外国税相当額控除に関する明細書」の3の④の金額	所法第95条第3項による控除税額（4の①の金額）	⑰	
所得税の控除可能額（⑦の金額又は⑨とのいずれか少ない方の金額）	⑪		外 国 税 額 控 除 の 金 額（⑭＋⑮＋（⑯又は⑰））	⑱	
復興特別所得税の控除可能額（⑧の金額又は⑩とのいずれか少ない方の金額）	⑫		分配時調整外国税相当額控除可能額（※）	⑲	「分配時調整外国税相当額控除に関する明細書」の4の⑦の金額
外 国 所 得 税 額（1の©の金額）	⑬		外 国 税 額 控 除 等 の 金 額（⑱＋⑲）	⑳	

（※）分配時調整外国税相当額控除の適用がない方は記載する必要はありません。

申告書第一表「税金の計算」欄の「外国税額控除等」欄（申告書Aは㊸～㊹、申告書Bは㊺～㊼）に転記します。同欄の「区分」の□の記入については、控用の裏面を読んでください。

Question98【外国人社員（非永住者）が国外にある不動産を譲渡した場合の取扱い】

　ドイツ人社員Ｚは弊社の本店に勤務（初めての日本勤務）して５年目となります。Ｚは本年中にドイツに所有する別荘をドイツ人居住者に譲渡する予定ですが、相手方の事情から来年の譲渡となることも予想されます。日本居住が５年目である場合と５年超である場合における課税関係がどうなるのかを教えてください。

要　点

1. 居住形態の判定
2. 非永住者と非永住者以外の居住者（永住者）の課税範囲
3. 土地・建物等の議渡に対する課税関係
4. 国外に所在する土地建物等の譲渡についての分離課税の適用可否
5. 結論

Answer

1　居住形態の判定

　日本国籍を有していない居住者の場合、過去10年以内において、国内に住所又は居所を有していた期間の合計が５年となる日まで、非永住者に該当することになります。また、その翌日以降は国内に住所又は居所を有していた期間の合計が５年を超えるため、永住者に該当します（所法２①四）。

　なお、「過去10年以内」の期間については、いわゆる初日不算入の原則（通則法10①）によって、判定する日の10年前の同日から判定する日の前日までとなることについて、所基通２－４の２において留意的に明らかにしています。

　また、「非永住者」の判定に当たっての「国内に住所又は居所を有していた期間」の具体的な計算方法については、歴に従って計算すること、１月に満たない期間は日をもって数えるものとすること、当該期間が複数あ

る場合はこれらの年数、月数、日数をそれぞれ合計することとされています（所基通2－4の3）。

2　非永住者と非永住者以外の居住者（永住者）の課税範囲

　非永住者である居住者の場合、国内源泉所得のすべてと、国外源泉所得のうち国内において支払われ、又は国外から送金された部分が課税の対象となります（所法7①二、所基通7－5）。永住者である居住者に該当する場合、全世界で獲得するすべての所得、海外支店での勤務に基づいて支給される給与をも含めたすべての所得について課税の対象とされます（所法7①一）。

3　土地・建物等の譲渡に対する課税関係

　海外にある不動産の譲渡による所得は、国外源泉所得に該当します（所法161①三）。したがって、日本で課税されるか否かについては、外国人の日本国内における居住形態により異なります（所法7①）。

　なお、日独租税協定では「不動産の譲渡から生じる収益に対しては、当該不動産が存在する締結国において租税を課すことができる」と規定されており（日独租税協定13①）、ドイツ国内にある不動産を売却した場合には、ドイツで課税を受けることになります。

⑴　非永住者以外の居住者（永住者）

　　永住者の場合は、通常の日本人と同様にすべての所得が課税対象となりますので、ドイツ国内にある不動産の譲渡益についても課税されます（所法7①一）。この譲渡益について不動産の所在地国であるドイツでも課税される場合には、ドイツで課された所得税については日本での確定申告に際して、外国税額控除の対象とすることができます（所法95、日独租税協定23②）。

⑵　非永住者である居住者

　　非永住者の場合は、国内源泉所得及び国外源泉所得で国内において支払われ、又は国外から送金されたものが課税の対象とされます（所法7①二）。ドイツの不動産の譲渡益について、不動産の所在地国であるド

イツでも課税された上、日本に送金等があり、日本でも課税される場合には、ドイツで課税された所得税のうち日本でも課税されることとなった部分に相当するものは、日本での確定申告の際に外国税額控除の対象とすることができます（所法95、日独租税協定23②）。

4　国外に所在する土地建物等の譲渡についての分離課税の適用可否

永住者が国外に所在する土地・建物等の不動産の譲渡をした場合、当該不動産の譲渡所得の計算に当たっては、租税特別措置法上の特例が適用されることから、当該不動産の所有期間に応じて、分離課税の長期譲渡所得又は短期譲渡所得として、申告分離課税の方法の選択により、確定申告することができます（措法31、32等）。

非永住者の場合の国外所得については、所得発生に対する課税ではなく、国内において支払われるか、又は国内に送金されない限り課税の対象とならないことから、送金等された金銭と資産を形成する所得の種類との同一性及び所得発生時期との同一性（送金時課税）は保持されないことから申告分離課税の方法の選択は単純には採れないと考えます（所基通7－3）（非永住者に係る課税標準の計算―送金を受領した場合の計算に基づき国外所得の所得種類区分を先ず行って分離課税適用可否の検討になると考えます（この点についての詳細な解説書は未だ見つかりません））。

5　結論

(1)　日本居住5年目までに譲渡した場合

ドイツ人社員Ｚの場合、過去10年以内において、国内に住所又は居所を有していた期間の合計が5年となる日までは非永住者に該当することになり、ドイツに所在する不動産の譲渡による所得（国外源泉所得）のうち国内において支払われ、又は国外から送金されたものが課税の対象とされます。なお、ドイツで課税された所得税のうち日本でも課税されることとなった部分に相当するものは、日本での確定申告の際に外国税額控除の対象とすることができます。

(2)　日本居住5年超で譲渡した場合

　　その翌日以降は国内に住所又は居所を有していた期間の合計が5年を超えるため永住者に該当し、すべての所得が課税対象となりますので、ドイツに所在する不動産の譲渡益についても国内で課税されます。なお、この譲渡益について不動産の所在地国であるドイツでも課税される場合には、ドイツで課された所得税については日本での確定申告に際して、外国税額控除の対象とすることができます。

（参考）

　　非居住者である場合には、国内源泉所得のみが課税の対象とされるので、国外源泉所得であるドイツの不動産の譲渡益については課税されません（所法7①三）。

【関係法令】

> 所得税法
> 第7条（課税所得の範囲）　所得税は、次の各号に掲げる者の区分に応じ当該各号に定める所得について課する。
> 　一　非永住者以外の居住者　すべての所得
> 　二　非永住者　第95条第1項（外国税額控除）に規定する国外源泉所得（国外にある有価証券の譲渡により生ずる所得として政令で定めるものを含む。以下この号において「国外源泉所得」という。）以外の所得及び国外源泉所得で国内において支払われ、又は国外から送金されたもの
> 　三　非居住者　第164条第1項各号（非居住者に対する課税の方法）に掲げる非居住者の区分に応じそれぞれ同項各号及び同条第2項各号に掲げる国内源泉所得
>
> 第95条（外国税額控除）　居住者が各年において外国所得税（外国の法令により課される所得税に相当する税で政令で定めるものをいう。以下この項及び第9項において同じ。）を納付することとなる場合には、第89条から第93条まで（税率等）の規定により計算したその年分の所得税の額のうち、その年において生じた国外所得金額（国外源泉所得に係る所得のみについ

て所得税を課するものとした場合に課税標準となるべき金額に相当するものとして政令で定める金額をいう。）に対応するものとして政令で定めるところにより計算した金額（以下この条において「控除限度額」という。）を限度として、その外国所得税の額（居住者の通常行われる取引と認められないものとして政令で定める取引に基因して生じた所得に対して課される外国所得税の額、居住者の所得税に関する法令の規定により所得税が課されないこととなる金額を課税標準として外国所得税に関する法令により課されるものとして政令で定める外国所得税の額その他政令で定める外国所得税の額を除く。以下この条において「控除対象外国所得税の額」という。）をその年分の所得税の額から控除する。

（以下略）

日独租税協定

第13条（譲渡収益）

(1) 第6条(2)に定義する不動産の譲渡から生ずる収益に対しては、当該不動産が存在する締約国において租税を課することができる。

（以下略）

第22条（二重課税の除去）

日本国以外の国において納付される租税を日本国の租税から控除することに関する日本国の法令の規定に従い、日本国の居住者がこの協定の規定に従ってドイツ連邦共和国において租税を課される所得をドイツ連邦共和国内において取得する場合には、当該所得について納付されるドイツの租税の額は、当該居住者に対して課される日本国の租税の額から控除する。ただし、控除の額は、日本国の租税の額のうち当該所得に対応する額を超えないものとする。

Question99【日本で勤務した外国人社員が帰国後にゴルフ会員権を譲渡した場合の取扱い】

米国人社員Aは米国法人の日本支社に8年間勤務していましたが、本年4月末、米国本社勤務を命ぜられ帰国しました。社員Aは帰国後の6月、日本のゴルフ場の会員権を、日本在住の他の米国人社員に譲渡する予定です。この場合の課税関係はどうなるのかを教えてください。Aは今後来日する予定はありませんし、恒久的施設も有してはいません。

要　点

1．居住形態の判定
2．非居住者の課税範囲
3．ゴルフ会員権の譲渡に対する課税関係
4．租税条約の適用
5．結論

Answer

1　居住形態の判定

居住者であった者がいつの時点から非居住者となるのかについては、所令15条1項1号及び所基通3-3において明らかにされています。

それによると「その者が国外において、継続して1年以上居住することを通常必要とする職業を有すること」（所令15①一）となった時であり、国外において事業を営み職業に従事することとなった者は「国外における在留期間が契約等によりあらかじめ1年未満であることが明らかであると認められる場合を除き」（所基通3-3）非居住者となることとなっています。

2　非居住者の課税範囲

我が国の所得税法では、納税者を居住者と非居住者とに区分し、それぞ

れの納税義務について規定しています（所法5）。

　非居住者は、所法5条2項の規定により、国内源泉所得を有する場合にだけ納税義務があります。国内源泉所得の範囲については所法161条に規定されています。

3　ゴルフ会員権の譲渡に対する課税関係

　ゴルフ会員権とは、ゴルフ場を一般の利用者と比較して有利な条件で継続的に利用する権利をいい、株式出資形態と利用権（入会金）形態のものがあります。

　所法161条1項3号は「国内にある資産の譲渡により生ずる所得として政令で定めるもの」と規定し、所令281条1項6号において「国内にあるゴルフ場の所有又は経営に係る法人の株式又は出資を所有することがそのゴルフ場を一般の利用者に比して有利な条件で継続的に利用する権利を有する者となるための要件とされている場合における当該株式又は出資の譲渡による所得」と、また同項7号において「国内にあるゴルフ場その他の施設の利用に関する権利の譲渡による所得」とそれぞれ規定しています。

　したがって、いずれの場合も国内源泉所得となり、国内に恒久的施設を有しない非居住者であっても総合課税の方法により課税されることとされています（所法164①二、所令281①六・七、292の5）。

　所得金額や税額の計算に当たっては、居住者の場合に準じて行うことになります（所法165）。ゴルフ会員権の譲渡による収入金額から取得費等を控除し、更に特別控除額（50万円）を差し引いて所得金額を計算します。取得から譲渡まで5年を超えている場合、いわゆる長期譲渡総合課税の場合には、その所得金額の2分の1が課税対象所得となります（所法22②）。

　なお、ゴルフ会員権の譲渡は、所法161条1項3号に該当する国内源泉所得ですので、譲渡者が支払代金から一定額を源泉徴収する対象とはなっていません。

4　租税条約の適用

　日米租税条約13条7項では、「1（項）から6（項）までに規定する財

産以外の財産の譲渡から生ずる収益に対しては、譲渡者が居住者とされる締約国においてのみ租税を課することができる。」とされていますので、国内に所在するゴルフ会員権の譲渡所得については、日本では課税されないことになると考えます。

　(注)　他の国との間の租税条約には、源泉地国（ゴルフ場の所在地国）課税することとされているものもあります。

5　結論

　米国人社員Ａの場合、本来、日本のゴルフ場の会員権の譲渡による所得は国内源泉所得として課税の対象となりますが、日米租税条約が国内法上優先して適用され、同条約13条7項により、ゴルフ会員権の譲渡益は居住者とされる米国において課税され、日本では課税されないこととなります。

【関係法令】

　所得税法
第161条（国内源泉所得）　この編において「国内源泉所得」とは、次に掲げるものをいう。
　一、二　（略）
　三　国内にある資産の譲渡により生ずる所得として政令で定めるもの
（以下略）

第164条（非居住者に対する課税の方法）　非居住者に対して課する所得税の額は、次の各号に掲げる非居住者の区分に応じ当該各号に掲げる国内源泉所得について、次節第1款（非居住者に対する所得税の総合課税）の規定を適用して計算したところによる。
　一　（略）
　二　恒久的施設を有しない非居住者　第161条第1項第2号、第3号、第5号から第7号まで及び第17号に掲げる国内源泉所得
（以下略）

所得税法施行令

第281条（国内にある資産の譲渡により生ずる所得）　法第161条第1項第3号（国内源泉所得）に規定する政令で定める所得は、次に掲げる所得とする。

一～五　（略）

六　国内にあるゴルフ場の所有又は経営に係る法人の株式又は出資を所有することがそのゴルフ場を一般の利用者に比して有利な条件で継続的に利用する権利を有する者となるための要件とされている場合における当該株式又は出資

七　国内にあるゴルフ場その他の施設の利用に関する権利の譲渡による所得

（以下略）

第292条の5（その他の国内源泉所得についての総合課税に係る所得税の課税標準等の計算）　非居住者の法第165条第1項（総合課税に係る所得税の課税標準、税額等の計算）に規定する総合課税に係る所得税（法第164条第1項第1号ロ及び第2号（非居住者に対する課税の方法）に掲げる国内源泉所得（中略）に係る部分に限る。）の課税標準及び税額につき、法第165条第1項に規定する法の規定に準じて計算する場合には、第292条（恒久的施設帰属所得についての総合課税に係る所得税の課税標準等の計算）の規定の例による。

（以下略）

日米租税協定

第13条（譲渡収益）

1～6　（略）

7　1から6までに規定する財産以外の財産の譲渡から生ずる収益に対しては、譲渡者が居住者とされる締約国においてのみ租税を課することができる。

（以下略）

所得税基本通達

３－３（国内に居住することとなった者等の住所の推定）　国内又は国外において事業を営み若しくは職業に従事するため国内又は国外に居住することとなった者は、その地における在留期間が契約等によりあらかじめ１年未満であることが明らかであると認められる場合を除き、それぞれ令第14条第１項第１号又は第15条第１項第１号の規定に該当するものとする。

Question100【外国人社員に居住者期間と非居住者期間がある場合の所得控除】

　弊社の米国人社員Bは日本本社に18年間勤務していましたが、本年6月末、3年間の予定でシンガポール支店勤務を命じられ、単身で赴任しました。社員Bは、日本に居住している妻と12歳の長女を扶養しており、社会保険料、生命保険料を引き続き支払っています。

　Bは確定申告に当たりどのような所得控除を受けることができるのでしょうか、教えてください。

　なお、Bは3年前から日本国内に貸家を所有しており、現在も家賃収入を得ているので、離日に際して納税管理人の届出書を提出しています。

要　点

1. 居住形態の判定
2. 非居住者の課税範囲と適用される所得控除
3. 納税管理人の届出をした場合の扱い
4. 結論

Answer

1　居住形態の判定

　居住者であった者がいつの時点から非居住者となるのかについては、所令15条1項1号及び所基通3-3において、「その者が国外において継続して1年以上居住することを通常必要とする職業を有すること」(所令15①一) となった時と規定されています。

2　非居住者の課税範囲と適用される所得控除

　非居住者は、所法5条2項1号の規定により、国内源泉所得を有する場合にのみ納税義務があります。国内源泉所得の範囲については所法161条

に規定されています。

　したがって、海外勤務に基づき支給される給与（国外源泉所得）については課税の対象とはされませんが、6月末までの給与については、年末調整することとなります。また、日本国内にある不動産の貸付による対価は、国内源泉所得に該当し（所法161①七）、その賃貸料収入に対し20.42％（復興特別所得税を含む。以下同じ。）の税率による源泉徴収をされた上、総合課税の対象となります（所法164①二、213①一）。

　この場合、非居住者の総合課税に係る課税標準及び税額の計算は、原則として居住者の課税標準及び税額の計算を準用しますが、適用される所得控除は、雑損控除、寄付金控除及び基礎控除に限られています（所法165①）。

　ただし、居住者期間の所得から控除しきれない居住者期間の所得控除がある場合は、控除しきれない額を非居住者期間の所得から控除することができることとされています（所法102、所令258①三、③、所基通165－1）。

3　納税管理人の届出をした場合の扱い

　納税管理人の届出をした場合には、出国するときまでのすべての所得（本事例は給与所得と不動産所得）と、出国してからの不動産所得を合計して、翌年3月15日までに納税管理人を通じて確定申告をし、納税することとなります（措法117①②、措令39①、所法120①）。

　もし、社員Bに対する所得税の予定納税がある場合には、納税管理人を通じて法定納期限までに納付することとなります（所法104①）。

4　結論

　貴社の米国人社員Bの場合、年の中途で居住者から非居住者になりましたが、納税管理人の届出書を提出していますので、居住者期間の所得及び非居住者期間の総合課税の対象となる所得（不動産所得）との合計額を総所得金額として、翌年3月15日までに確定申告を行うことになります。

　なお、申告に際して適用することのできる所得控除は、離日までに支払った社会保険料、生命保険料と、年末調整時に適用した配偶者控除（又は配偶者特別控除）及び基礎控除となり、離日後に支払った社会保険料、生命

保険料は所得控除の対象とはなりません。

　おって、不動産賃貸収入から天引きされていた源泉所得税（20.42％）は、確定申告の際、税額から控除し、精算（源泉徴収額が過大の場合は還付）することとなります。

　　(注)　長女は12歳で16歳未満ですので扶養控除の対象者とはなりません。

【関係法令】

　所得税法

第5条（納税義務者）（略）

2　非居住者は、次に掲げる場合には、この法律により、所得税を納める義務がある。

　　一　第161条（国内源泉所得）に規定する国内源泉所得（次号において「国内源泉所得」という。）を有するとき（同号に掲げる場合を除く。）。

（以下略）

第102条（年の中途で非居住者が居住者となつた場合の税額の計算）　その年12月31日（その年の中途において死亡した場合には、その死亡の日）において居住者である者でその年において非居住者であつた期間を有するもの又はその年の中途において出国をする居住者でその年1月1日からその出国の日までの間に非居住者であつた期間を有するものに対して課する所得税の額は、前2章（課税標準及び税額の計算）の規定により計算した所得税の額によらず、居住者であつた期間内に生じた第7条第1項第1号（居住者の課税所得の範囲）に掲げる所得（非永住者であつた期間がある場合には、当該期間については、同項第2号に掲げる所得）並びに非居住者であつた期間内に生じた第164条第1項各号（非居住者に対する課税の方法）に掲げる非居住者の区分に応ずる同項各号及び同条第2項各号に掲げる国内源泉所得に係る所得を基礎として政令で定めるところにより計算した金額による。

第104条（予定納税額の納付）　居住者（第107条第1項（特別農業所得者の予定納税額の納付）の規定による納付をすべき者を除く。）は、第1号に

掲げる金額から第2号に掲げる金額を控除した金額（以下この章において「予定納税基準額」という。）が15万円以上である場合には、第1期（その年7月1日から同月31日までの期間をいう。以下この章において同じ。）及び第2期（その年11月1日から同月30日までの期間をいう。以下この章において同じ。）において、それぞれその予定納税基準額の3分の1に相当する金額の所得税を国に納付しなければならない。

一　前年分の課税総所得金額に係る所得税の額（当該課税総所得金額の計算の基礎となつた各種所得の金額のうちに譲渡所得の金額、一時所得の金額、雑所得の金額又は雑所得に該当しない臨時所得の金額がある場合には、政令で定めるところにより、これらの金額がなかつたものとみなして計算した額とし、同年分の所得税について災害被害者に対する租税の減免、徴収猶予等に関する法律（中略）第2条（所得税の軽減又は免除）の規定の適用があつた場合には、同条の規定の適用がなかつたものとして計算した額とする。）

二　前年分の課税総所得金額の計算の基礎となつた各種所得につき源泉徴収をされた又はされるべきであつた所得税の額（当該各種所得のうちに一時所得、雑所得又は雑所得に該当しない臨時所得がある場合には、これらの所得につき源泉徴収をされた又はされるべきであつた所得税の額を控除した額）

（以下略）

第161条（国内源泉所得）　この編において「国内源泉所得」とは、次に掲げるものをいう。

一～六　（略）

七　国内にある不動産、国内にある不動産の上に存する権利若しくは採石法（中略）の規定による採石権の貸付け（地上権又は採石権の設定その他他人に不動産、不動産の上に存する権利又は採石権を使用させる一切の行為を含む。）、鉱業法（中略）の規定による租鉱権の設定又は居住者若しくは内国法人に対する船舶若しくは航空機の貸付けによる対価

（以下略）

第164条（非居住者に対する課税の方法）　非居住者に対して課する所得税の額は、次の各号に掲げる非居住者の区分に応じ当該各号に掲げる国内源

泉所得について、次節第1款（非居住者に対する所得税の総合課税）の規定を適用して計算したところによる。
一　（略）
二　恒久的施設を有しない非居住者　第161条第1項第2号、第3号、第5号から第7号まで及び第17号に掲げる国内源泉所得
（以下略）

第165条（総合課税に係る所得税の課税標準、税額等の計算）　前条第1項各号に掲げる非居住者の当該各号に掲げる国内源泉所得について課する所得税（中略）の課税標準及び所得税の額は、当該各号に掲げる国内源泉所得について、別段の定めがあるものを除き、前編第1章から第4章まで（中略）の規定に準じて計算した金額とする。

所得税法施行令
第15条（国内に住所を有しない者と推定する場合）　国外に居住することとなつた個人が次の各号のいずれかに該当する場合には、その者は、国内に住所を有しない者と推定する。
一　その者が国外において、継続して1年以上居住することを通常必要とする職業を有すること。
（以下略）

第258条（年の中途で非居住者が居住者となつた場合の税額の計算）　法第102条（年の中途で非居住者が居住者となつた場合の税額の計算）に規定する政令で定めるところにより計算した金額は、同条に規定する居住者につき次に定める順序により計算した所得税の額とする。
一、二　（略）
三　法第2編第2章第4節（所得控除）の規定に準じ前号の総所得金額、退職所得金額又は山林所得金額から基礎控除その他の控除をして課税総所得金額、課税退職所得金額又は課税山林所得金額を計算する。
（以下略）

所得税基本通達

165-1（年の中途で居住者が非居住者となった場合の税額の計算） その年
12月31日（その年の中途において死亡し又は出国をした場合には、そその
死亡又は出国の日）において非居住者である者でその年において居住者
であった期間を有するもの（中略）に対して課する所得税の額は、法第
165条第1項の規定により、法第102条《年の中途で非居住者が居住者と
なった場合の税額の計算》の規定に準じて計算することに留意する。

Question101【外国人社員が海外勤務になった場合の住宅借入金特別控除】

　弊社の米国人社員Ｃは本社に18年間勤務していましたが、昨年6月末、2年間の予定で香港支店勤務を命じられ、単身で赴任しました。社員Ｃは、一昨年（2年前：平成28年4月1日以後）新築住宅を取得したので、一昨年分の確定申告において住宅借入金等特別控除の適用を受けています。

　今年の確定申告にあたり、非居住者となったＣは昨年分についても引き続き、住宅借入金等特別控除の適用を受けることができるのでしょうか。

要　点

1．住宅借入金等特別控除の適用
2．結論

Answer

1　住宅借入金等特別控除の適用

　住宅借入金等特別控除の適用を受けることのできる者は居住者に限られ、また、その住宅を取得してから6か月以内に居住の用に供した日以後その年の12月31日まで引き続き居住の用に供している年分に限られます（措法41①）。

　しかし、措通41-2(1)では平成28年4月1日以後に住宅を取得した場合には、「その者が、転勤、転地療養その他やむを得ない事情により、配偶者、扶養親族その他その者と生計を一にする親族と日常の起居を共にしないこととなった場合において、その住宅の取得等の日から6か月以内にその家屋にこれらの親族が入居し、その後もその家屋をこれらの親族が引き続きその居住の用に供しており、当該やむを得ない事情が解消した後はその者が共にその家屋に居住することとなると認められるときは、その者がその

家屋を引き続き居住の用に供しているものとする」と取り扱われています。

したがって、海外に単身赴任した者であっても、家族が引き続きその住宅を居住の用に供していれば、その家屋の所有者が引き続き居住の用に供しているものと取り扱われます。したがって、住宅借入金等特別控除は、非居住者期間についても認められることになります。

なお、帰国後居住の用に供した場合には、非居住者期間も引き続き居住の用に供していたものと取り扱われることから、帰国後の年分についても住宅借入金等特別控除の適用を受けることができることとなります。

2 結論

米国人社員Cは、香港支店に転勤した時から非居住者となりますが、Cが2年後に帰国して再び居住者となり、家族とともに自宅に住むことになると認められる場合には、引き続き居住の用に供しているものと取り扱われることから、非居住者期間となる昨年分以降についても、住宅借入金等特別控除の適用を受けることはできます。

この場合、例えば、令和3年分については、国内に住所又は居所を有する人を納税管理人に定めて納税地の所轄税務署長に届出をし（通則法117）、翌年に納税管理人を通じて確定申告をすることで住宅借入金等特別控除を受けることとなります。しかし、本事例の場合、社員Cが給与所得のみであった場合には国外所得となり、国内での納税がないので、実質、住宅借入金等特別控除額はないこととなります。

【関係法令】

租税特別措置法
第41条（住宅借入金等を有する場合の所得税額の特別控除）　個人が国内において、居住用家屋の新築等（略）買取再販住宅の取得（略）、既存住宅の取得（略）又はその者の居住の用に供する家屋で政令で定めるものの増改築等（略）をして、これらの家屋（略）を平成19年1月1日から令和7年12月31日までの間にその者の居住の用に供した場合（これらの家屋をその新築の日若しくはその取得の日又はその増改築等の日から6月以内にその

者の居住の用に供した場合に限る。）において、その者が当該住宅の取得等に係る次に掲げる借入金又は債務（利息に対応するものを除く。（中略））の金額を有するときは、当該居住の用に供した日の属する年（中略）以後10年間（略）の各年（同日以後その年の12月31日（略）まで引き続きこの居住の用に供している年に限る（略）「適用年」という。）のうち、（略）合計所得金額が2,000万円以下である年については、その年分の所得税の額から、住宅借入金等特別税額控除額を控除する。

租税特別措置法（所得税関係）通達

41－2（引き続き居住の用に供している場合）　措置法第41条第1項、第6項、第10項、第13項及び第16項に規定する「引き続きその居住の用に供している」とは、新築等又は増改築等をした者が現に引き続きその居住の用に供していることをいうのであるが、これに該当するかどうかの判定に当たっては、次による。

⑴　その者が、転勤、転地療養その他のやむを得ない事情により、配偶者、扶養親族その他その者と生計を一にする親族と日常の起居を共にしないこととなった場合において、その家屋をこれらの親族が引き続きその居住の用に供しており、当該やむを得ない事情が解消した後はその者が共にその家屋に居住することとなると認められるときは、その者がその家屋を引き続き居住の用に供しているものとする。

（以下略）

Question102【外国人社員（居住者）の海外支店勤務に係る所得税】

　弊社の米国人社員Ｄ（居住者）は、本社に18年間勤務していましたが、昨年３月から８か月間、シンガポール支店に勤務したところ、その地において当該給与に対して所得税が課せられたので社員Ｄは納付しました。なお、給与はすべて本社（日本国内）で支払っています。この所得税は外国税額控除の対象となるのでしょうか。

要　点
....

　　1．外国税額控除の対象となる外国所得税の範囲
　　2．シンガポール支店の勤務に対する国内支払給与の課税の要否
　　3．日本・シンガポール租税協定
　　4．結論

Answer

1　外国税額控除の対象となる外国所得税の範囲

　居住者が各年において外国所得税を納付することとなる場合、日本と外国との二重課税の調整を図るため、外国税額控除の適用を受けることができますが、その対象となる外国所得税の範囲は、外国の法令により課される所得税で、外国の法令に基づき外国又はその地方公共団体により個人の所得を課税標準として課される税に限られています（所法95①、所令221①）。

　所令221条2項において、次に掲げる外国又はその地方公共団体により課される税は、外国所得税に含まれることとされています。

(1)　超過所得税その他個人の所得の特定部分を課税標準として課される税

(2)　個人の所得又はその特定の部分を課税標準として課される税の附加税

(3)　個人の所得を課税標準として課される税と同一の税目に属する税で、個人の特定の所得につき、徴税上の便宜のため、所得に代えて収入金額その他これに準ずるものを課税標準として課されるもの

(4)　個人の特定の所得につき、所得を課税標準とする税に代え、個人の収入金額その他これに準ずるものを課税標準として課される税

また、外国又はその地方団体により課される税であっても、次に掲げるものは外国所得税に含まれないこととされています（所令 221 ③、222 の 2 ①③④、所基通 95 - 29）。

(1)　税を納付する者が、当該税の納付後、任意にその金額の全部又は一部の還付の請求をすることができる税

(2)　税の納付が猶予される期間を、その税の納付をすることとなる者が任意に定めることができる税

(3)　複数の税率の中から税の納付をすることとなる者と外国若しくはその地方公共団体又はこれらの者により税率の合意をする権限を付与された者との合意により税率が決定された税（当該複数の税率のうち最も低い税率（当該最も低い税率が当該合意がないものとした場合に適用されるべき税率を上回る場合には当該適用されるべき税率）を上回る部分に限る。）

(4)　外国所得税に附帯して課される附帯税に相当する税その他これに類する税

(5)　居住者が金銭の借入れをしている者又は預入を受けている者と特殊の関係のある者に対し、その借り入れられ、又は預入を受けた金銭の額に相当する額の金銭の貸付をする取引（当該貸付に係る利率その他の条件が、その借入れ又は預入に係る利率その他の条件に比し、特に有利な条件であると認められる場合に限る。）

(6)　貸付債権その他これに類する債権を譲り受けた居住者が、当該債権に係る債務者（当該居住者に対し当該債権を譲渡した者（以下「譲渡者」という。）と特殊の関係のある者に限る。）から当該債権に係る利子の支払を受ける取引（当該居住者が、譲渡者に対し、当該債権から生ずる利子の額のうち、譲渡者が当該債権を所有していた期間に対応する部分の金額を支払う場合において、その支払う金額が、次に掲げる額の合計額に相当する額であるときに限る。）

①　当該債権から生ずる利子の額から当該債務者が住所又は本店若しく

　　は主たる事務所を有する国又は地域において当該居住者が当該利子に
　　つき納付した外国所得税の額を控除した額のうち、譲渡者が当該債権
　　を所有していた期間に対応する部分の額

②　当該利子に係る外国所得税の額（租税条約を締結している条約相手国
　　等の法律又は当該租税条約の規定により軽減され、又は免除された当該条
　　約相手国等の租税の額で居住者が納付したものとみなされるものの額を含
　　む。）のうち、譲渡者が当該債権を所有していた期間に対応する部分
　　の額の全部又は一部に相当する額

(7)　所法25条1項各号（配当等とみなす金額）に掲げる事由により交付を
　　受ける金銭の額及び金銭以外の資産の価額に対して課される税（当該交
　　付の基因となった同項に規定する法人の株式の取得価額を超える部分の金額
　　に対して課される部分を除く。）

(8)　所法第95条第4項第1号に規定する国外事業所等から同号に規定す
　　る事業場等への支払につき当該国外事業所等の所在する国又は地域にお
　　いて当該支払に係る金額を課税標準として課される外国所得税の額

(9)　措法9条の8に規定する非課税口座内上場株式等の配当等又は同法9
　　条の9第1項に規定する未成年者口座内上場株式等の配当等に対して課
　　される外国所得税の額

(10)　居住者がその年以前において非居住者であった期間内に生じた所得に
　　対して課されるもの

(11)　外国法人から受ける措法40条の5第1項に規定する剰余金の配当等
　　の額（同項又は同条2項の規定の適用を受けるものに限る。）を課税標準と
　　して課される外国所得税の額（居住者の次に掲げる場合の区分に応じそれ
　　ぞれ次に定める外国法人から受ける同条1項に規定する剰余金の配当等の額
　　の計算の基礎となった当該外国法人の所得のうち当該居住者に帰せられるも
　　のとして計算される金額を課税標準として当該居住者に対して課される外国
　　所得税の額を含む。）

①　措法40条の5第1項各号に掲げる金額を有する場合　同項各号に
　　掲げる金額に係る外国法人

②　措法40条の5第2項2号に掲げる金額を有する場合　同号に掲げ

　　る金額に係る同号の他の外国法人から同項1号に規定する剰余金の配
　　当等の額を受けた外国法人
⑿　外国法人から受ける措法40条の8第1項に規定する剰余金の配当等
　　の額（同項又は同条2項の規定の適用を受けるものに限る。）を課税標準と
　　して課される外国所得税の額（居住者の次に掲げる場合の区分に応じそれ
　　ぞれ次に定める外国法人から受ける同条1項に規定する剰余金の配当等の額
　　の計算の基礎となった当該外国法人の所得のうち当該居住者に帰せられるも
　　のとして計算される金額を課税標準として当該居住者に対して課される外国
　　所得税の額を含む。）
　　①　措法40条の8第1項各号に掲げる金額を有する場合　同項各号に
　　　　掲げる金額に係る外国法人
　　②　措法40条の8第2項2号に掲げる金額を有する場合　同号に掲げ
　　　　る金額に係る同号の他の外国法人から同項1号に規定する剰余金の配
　　　　当等の額を受けた外国法人
⒀　我が国が租税条約を締結している条約相手国等等において課される外
　　国所得税の額のうち、当該租税条約の規定（軽減又は免除に関する規定に
　　限る。）により当該条約相手国等において課することができることとさ
　　れる額を超える部分に相当する金額又は免除することとされる額に相当
　　する金額
⒁　居住者の所得に対して課されるもので租税条約の規定において所法
　　95条1項から3項までの規定による控除をされるべき金額の計算に当
　　たって考慮しないとされるもの
⒂　非永住者が所法7条1項2号に規定する所得以外の所得に対して外国
　　又はその地方公共団体により課されたもの

2　シンガポール支店の勤務に対する国内源泉給与の課税の要否

　　シンガポール支店に勤務することによって得る給与は、国外源泉所得と
　なり、たとえ給与を日本国内本社が支払ったとしても、所得税の源泉徴収
　をする必要はありません。
　　また、社員Dは、シンガポール支店に8か月の勤務で1年以内であるこ

とから、日本国の居住者であることから、「みなす国内払」の規定も該当しないこととなります。

　事例では、当該所得税を社員Ｄが支払ったとありますが、もし、貴社が負担した場合には、当該税金は給与とされ、グロス・アップして社員Ｄの給与とする必要があると考えます。

3　日本・シンガポール租税協定

　租税協定15条（給与所得）において、「一方の締約国（日本）の居住者が他方の締約国（シンガポール）内において勤務が行われる場合には、当該勤務から生ずる報酬に対しては、当該他方の締約国（シンガポール）において租税を課することができる」こととされています。

4　結論

　貴社の米国人社員Ｄは日本に18年間居住し、例え昨年3月から10月までの8か月間シンガポール支店勤務であっても、1年以内の勤務であることから日本国の居住者（永住者）には変わりなく、シンガポール支店勤務の対価である給与を含めて、全世界所得課税となります。したがって、Ｄが外国において給与に対して課され、納付した税は「外国の法令により課される所得税」に該当しますので、計算された一定の限度額の範囲内で外国税額控除の適用を受けることができます。

　なお、外国税額控除を適用するに当たっては、確定申告の際に「外国税額控除に関する明細書」を添付することとなります（**Question**97 参照）。

【関係法令】

> 所得税法
> 第95条（外国税額控除）　居住者が各年において外国所得税（外国の法令により課される所得税に相当する税で政令で定めるものをいう。以下この項（中略）において同じ。）を納付することとなる場合には、第89条から第93条まで（税率等）の規定により計算したその年分の所得税の額のうち、その年において生じた国外所得金額（国外源泉所得に係る所得のみについ

て所得税を課するものとした場合に課税標準となるべき金額に相当するものとして政令で定める金額をいう。）に対応するものとして政令で定めるところにより計算した金額（以下この条において「控除限度額」という。）を限度として、その外国所得税の額（居住者の通常行われる取引と認められないものとして政令で定める取引に基因して生じた所得に対して課される外国所得税の額、居住者の所得税に関する法令の規定により所得税が課されないこととなる金額を課税標準として外国所得税に関する法令により課されるものとして政令で定める外国所得税の額その他政令で定める外国所得税の額を除く。以下この条において「控除対象外国所得税の額」という。）をその年分の所得税の額から控除する。

2　居住者が各年において納付することとなる控除対象外国所得税の額がその年の控除限度額と地方税控除限度額として政令で定める金額との合計額を超える場合において、その年の前年以前3年内の各年（以下この条において「前3年以内の各年」という。）の控除限度額のうちその年に繰り越される部分として政令で定める金額（以下この条において「繰越控除限度額」という。）があるときは、政令で定めるところにより、その繰越控除限度額を限度として、その超える部分の金額をその年分の所得税の額から控除する。

3　居住者が各年において納付することとなる控除対象外国所得税の額がその年の控除限度額に満たない場合において、その前3年以内の各年において納付することとなつた控除対象外国所得税の額のうちその年に繰り越される部分として政令で定める金額（以下この条において「繰越控除対象外国所得税額」という。）があるときは、政令で定めるところにより、当該控除限度額からその年において納付することとなる控除対象外国所得税の額を控除した残額を限度として、その繰越控除対象外国所得税額をその年分の所得税の額から控除する。

（以下略）

所得税法施行令
第222条の2　（外国税額控除の対象とならない外国所得税の額）　（略）
2、3　（略）

4　法第95条第1項に規定するその他政令で定める外国所得税の額は、次に
掲げる外国所得税の額とする。
一　居住者がその年以前の年において非居住者であつた期間内に生じた所
得に対して課される外国所得税の額
二　外国法人から受ける租税特別措置法第40条の5第1項（居住者の外国
関係会社に係る所得の課税の特例）に規定する剰余金の配当等の額（同
項又は同条第2項の規定の適用を受けるものに限る。）を課税標準として
課される外国所得税の額（居住者の次に掲げる場合の区分に応じそれぞ
れ次に定める外国法人から受ける同条第1項に規定する剰余金の配当等
の額の計算の基礎となつた当該外国法人の所得のうち当該居住者に帰せ
られるものとして計算される金額を課税標準として当該居住者に対して
課される外国所得税の額を含む。）
イ　租税特別措置法第40条の5第1項各号に掲げる金額を有する場合
同項各号に掲げる金額に係る外国法人
ロ　租税特別措置法第40条の5第2項第2号に掲げる金額を有する場合
同号に掲げる金額に係る同号の他の外国法人から同項第1号に規定
する剰余金の配当等の額を受けた外国法人
（以下略）

所得税基本通達
95-3　（外国税額控除の適用時期）　法第95条第1項又は第2項《外国税額
控除》の規定による外国税額控除は、外国所得税を納付することとなる日
の属する年分において適用があるのであるが、居住者が継続してその納付
することが確定した外国所得税の額につき、実際に納付した日の属する年
分においてこれらの項を適用している場合には、これを認める。
（注）　上記の「納付することとなる日」とは、申告、賦課決定等の手続に
より外国所得税について具体的にその納付すべき租税債務が確定した
日をいう。

95-29　（非永住者の外国税額控除の対象となる外国所得税の範囲）　非永住
者が法第7条第1項第2号《課税所得の範囲》に規定する所得以外の所得

に対して外国又はその地方公共団体により課された税は、法第95条の対象とされる外国所得税には該当しないのであるから、当該税については同条の規定の適用はないことに留意する。

日本・シンガポール租税協定

第15条（給与所得）

1　次条、第18条及び第19条の規定が適用される場合を除くほか、一方の締約国の居住者がその勤務について取得する給料、賃金その他これらに類する報酬に対しては、勤務が他方の締約国内において行われない限り、当該一方の締約国においてのみ租税を課することができる。勤務が他方の締約国内において行われる場合には、当該勤務から生ずる報酬に対しては、当該他方の締約国において租税を課することができる。

（以下略）

**Question103【外国人社員（居住者）が米国で課された所得税の外国税
　　　　　　額控除の対象範囲】**

　弊社の米国人社員Ｅ（居住者）は米国の市民権を有しており、米国
法人からの配当収入について米国で確定申告をして所得税を納付しま
した。

　米国法人からの配当収入については、その受取時においては日米
租税条約の規定に基づき、10％の税率で源泉徴収されていましたが、
米国における確定申告においては、市民権課税の税率36％が適用さ
れました。

　この場合、Ｅが日本において確定申告をする際に、外国税額控除の
対象となる外国所得税の範囲はどのようになるのか、教えてください。

要　点

1．日米租税条約によって、外国税額控除の対象となる外国所得税の
　範囲
2．結論

Answer

1　日米租税条約によって、外国税額控除の対象となる外国所得税の範囲

　米国においては、米国市民に対し、米国に居住しているか否かにかかわ
らず、その者のすべての所得に対して課税を行う、いわゆる市民権課税が
行われます。この結果、日本の居住者である米国市民は、日本の居住者と
して日本において全世界所得課税を受けると同時に、米国においても全世
界所得課税を受けることになり、二重課税の状態となります。

　そこで、日米租税条約23条3項においては、米国市民である日本の居
住者に対する日本における外国税額控除の適用に当たって考慮すべき外国
所得税は、その者のすべての所得に対する米国の所得税額（米国市民権課
税による税額）ではなく、その者の米国内に源泉のある所得に対する米国

の所得税額（日本の居住者で、米国からみて非居住者に該当することとなる者に対して課される税額に相当する額）となることが明らかにされています。

この租税条約の規定を踏まえて、外国税額の対象となる外国税額には、所令222条の2第4項5号の「居住者の所得に対して課されるもので租税条約の規定において所法95条1項から3項までの規定による控除されるべき金額の計算に当たって考慮しないものとされるもの」は、外国所得税に含まれないこととされています。

2　結論

社員Eは、日本国居住者であるので、全世界所得が課税対象となり、米国法人からの配当収入についても確定申告する必要があります。

外国税額控除の対象となる外国所得税額は、米国における非居住者に該当することとなる者に対して課される税額に相当する額（日米租税条約において規定されている限度税率10％）のみとなります。

（注）双方居住者が生ずる例は、日米間に限らず他の国との関係にもあるかと考えます。この場合に、日米租税条約第23条のように租税条約で規定されていない場合での外国税額控除の対象範囲は未だ確定した解釈はなされていないのではと筆者は思っています。

【関係法令】

所得税法
第95条（外国税額控除）　居住者が各年において外国所得税（外国の法令により課される所得税に相当する税で政令で定めるものをいう。中略）を納付することとなる場合には、第89条から第93条まで（税率等）の規定により計算したその年分の所得税の額のうち、その年において生じた所得でその源泉が国外にあるものに対応するものとして政令で定めるところにより計算した金額（中略）を限度として、その外国所得税の額（居住者の通常行われる取引と認められないものとして政令で定める取引に基因して生じた所得に対して課される外国所得税の額、居住者の所得税に関する法令の規定により所得税が課されないこととなる金額を課税標準として外国所

得税に関する法令により課されるものとして政令で定める外国所得税の額その他政令で定める外国所得税の額を除く。中略）をその年分の所得税の額から控除する。

（以下略）

所得税法施行令

第222条の2（外国税額控除の対象とならない外国所得税の額）（略）

2～3　（略）

4　法第95条第1項に規定するその他政令で定める外国所得税の額は、次に掲げる外国所得税の額とする。

一～四　（略）

五　居住者の所得に対して課される外国所得税の額で租税条約の規定において法第95条第1項から第3項までの規定による控除をされるべき金額の計算に当たつて考慮しないものとされるもの

（以下略）

日米租税条約

第23条（二重課税の排除）

1～2　（略）

3　1及び2の規定の適用上、第1条4の規定に従い、合衆国が日本国の居住者である合衆国の市民又は市民であった者若しくは長期居住者とされる者に対して租税を課する場合には、次に定めるところによる。

(a)　日本国は、1の規定に従って行われる控除の額の計算上、合衆国が合衆国の市民又は市民であった者若しくは長期居住者とされる者でない日本国の居住者が取得した所得に対しこの条約の規定に従って課することができる租税の額のみを考慮に入れるものとする。

(b)　(a)に規定する所得に対する合衆国の租税の計算上、合衆国は、(a)の規定に従って控除を行った後の日本国の租税を合衆国の租税から控除することを認める。そのようにして認められた控除は、(a)の規定に従って日本国の租税から控除される合衆国の租税の額を減額させないものとする。

(c)　(a)に規定する所得は、(b)の規定に従って合衆国が控除を認める場合においてのみ、当該控除を認めるために必要な範囲に限り、日本国内において生じたものとみなす。

Question104【外国人非常勤役員（非居住者）が国内にある不動産を譲渡した場合の取扱い】

　韓国人Gは、弊社の非常勤役員（非居住者）ですが、この度、役員Gが日本国内に有していた土地と、弊社が所有している土地とを交換することとしました。等価交換を予定しており、金銭の収受はありませんので、非居住者に対する土地の譲渡の対価の支払がないとして、所得税の源泉徴収10.21％（復興特別所得税を含む。）は必要ないと考えますが、いかがでしょうか。

要　点
1. 非居住者の国内源泉所得
2. 譲渡の意義
3. 交換規定の適用関係
4. 結論

Answer

1　非居住者の国内源泉所得

　国内にある土地若しくは土地の上に存する権利又は建物及びその附属設備若しくは構築物の譲渡による対価は、国内源泉所得に当たります（所法161一の三）ので、その対価の支払者は、100分の10の税率（復興特別所得税を含めると10.21％）で、対価から源泉徴収し納税する必要があります（所法212①、213①二）。

　ただし、譲渡による対価が1億円以下で、当該土地等を自己又はその親族の居住の用に供するために譲り受けた場合には、所得税の源泉徴収は要しないこととされています（所令281の3）。

　この規定は、「個人の居住用」という要件ですので、譲受者が法人（貴社）の場合には適用されないこととなります。なお、非居住者が国内にある不動産を譲渡したことによる国内源泉所得は、確定申告の対象となります。

2 譲渡の意義

土地の「譲渡」とは、通常の売買に限らず、交換、競売、公売、代物弁済、財産分与、収用及び法人に対する現物出資など有償無償を問わず、所有する資産の所有権を移転させる一切の行為を含みますので、本事例の交換も譲渡となります。

したがって、交換資産の時価が譲渡価額となります。

3 交換規定の適用関係

所得税法58条の交換の特例には、譲渡者が非居住者であっても適用があります。したがって、交換譲渡資産及び交換取得資産の双方が日本国内の資産で所得税法58条に定める要件を満たす場合には、非居住者が行った交換譲渡についても「交換の特例」が適用されます。

4 結論

貴社役員Gの所有土地と貴社所有の土地の交換であっても、貴社は、役員Gの土地を時価で譲り受けたことになりますので、その対価相当額(時価)の10.21%(復興特別所得税を含む。)の所得税を源泉徴収して納税する必要があります。

役員Gは、本件土地の譲渡が所得税法58条の特例の適用を満たしていれば、確定申告に当たって、特例を適用して申告をするとよいでしょう。

【関係法令】

> 所得税法
> 第58条(固定資産の交換の場合の譲渡所得の特例) 居住者が、各年において、1年以上有していた固定資産で次の各号に掲げるものをそれぞれ他の者が1年以上有していた固定資産で当該各号に掲げるもの(交換のために取得したと認められるものを除く。)と交換し、その交換により取得した当該各号に掲げる資産(以下この条において「取得資産」という。)をその交換により譲渡した当該各号に掲げる資産(以下この条において「譲渡資産」という。)の譲渡の直前の用途と同一の用途に供した場合には、第33条(譲

渡所得）の規定の適用については、当該譲渡資産（取得資産とともに金銭その他の資産を取得した場合には、当該金銭の額及び金銭以外の資産の価額に相当する部分を除く。）の譲渡がなかつたものとみなす。

一　土地（建物又は構築物の所有を目的とする地上権及び賃借権並びに農地法（中略）第2条第1項（定義）に規定する農地の上に存する耕作に関する権利を含む。）

（以下略）

第161条（国内源泉所得）　この編において「国内源泉所得」とは、次に掲げるものをいう。

一～四　（略）

五　国内にある土地若しくは土地の上に存する権利又は建物及びその附属設備若しくは構築物の譲渡による対価（政令で定めるものを除く。）

（以下略）

第164条（非居住者に対する課税の方法）　非居住者に対して課する所得税の額は、次の各号に掲げる非居住者の区分に応じ当該各号に掲げる国内源泉所得について、次節第1款（非居住者に対する所得税の総合課税）の規定を適用して計算したところによる。

一　恒久的施設を有する非居住者　次に掲げる国内源泉所得

イ　（略）

ロ　第161条第1項第2号、第3号、第5号から第7号まで及び第17号に掲げる国内源泉所得（同項第1号に掲げる国内源泉所得に該当するものを除く。）

（以下略）

第165条（総合課税に係る所得税の課税標準、税額等の計算）　前条第1項各号に掲げる非居住者の当該各号に定める国内源泉所得について課する所得税（中略）の課税標準及び所得税の額は、当該各号に定める国内源泉所得について、別段の定めがあるものを除き、前編第1章から第4章まで（居住者に係る所得税の課税標準、税額等の計算）（第44条の3（減額された外国所得税額の総収入金額不算入等）、第46条（所得税額から控除する外

国税額の必要経費不算入）、第60条の4（外国転出時課税の規定の適用を
受けた場合の譲渡所得等の特例）、第73条から第77条まで（医療費控除等）、
第79条から第85条まで（障害者控除等）、第95条（外国税額控除）及び
第95条の2（国外転出をする場合の譲渡所得等の特例に係る外国税額控除
の特例）を除く。）の規定に準じて計算した金額とする。
（以下略）

第212条（源泉徴収義務）　非居住者に対し国内において第161条第1項第
　4号から第16号まで（国内源泉所得）に掲げる国内源泉所得（中略）の支
　払をする者は、その支払の際、これらの国内源泉所得について所得税を徴
　収し、その徴収の日の属する月の翌月10日までに、これを国に納付しなけ
　ればならない。
（以下略）

第213条（徴収税額）　前条第1項の規定により徴収すべき所得税の額は、
　次の各号の区分に応じ当該各号に定める金額とする。
　一　（略）
　二　第161条第1項第5号に掲げる国内源泉所得　その金額に100分の10
　　の税率を乗じて計算した金額
（以下略）

所得税法施行令

第281条の3（国内にある土地等の譲渡による対価）　法第161条第1項第
　5号（国内源泉所得）に規定する政令で定める対価は、土地等（国内にあ
　る土地若しくは土地の上に存する権利又は建物及びその附属設備若しくは
　構築物をいう。以下この条において同じ。）の譲渡による対価（その金額が
　1億円を超えるものを除く。）で、当該土地等を自己又はその親族の居住の
　用に供するために譲り受けた個人から支払われるものとする。

所得税基本通達

161－17（自己又はその親族の居住の用に供するために該当するかどうかの判定）　令第281条の3《国内にある土地等の譲渡による対価》に規定する「自己又はその親族の居住の用に供するため」には、土地等を譲り受けた者が事業の用若しくは貸付けの用その他居住の用以外の用に供するため又は他への譲渡のために譲り受けた場合は含まれないのであるが、例えば、当該土地等を譲り受けた後居住の用に供していない場合でも、当該土地等を譲り受ける時の現況において自己又はその親族の居住の用に供するために譲り受けたことについて、合理的な理由があるときはこれに含まれることに留意する。

161－18（譲渡対価が1億円を超えるかどうかの判定）　令第281条の3に規定する土地等の譲渡による対価の金額が1億円を超えるかどうかの判定に当たっては、例えば、当該土地等を居住の用と居住の用以外の用とに供するために譲り受けた個人から支払われるものである場合には、居住の用に供する部分に係る対価の金額及び居住の用以外の用に供する部分に係る対価の金額の合計額により判定することに留意する。

Question105【留学生をアルバイトとして雇用した場合の賃金の源泉徴収】

弊社は、韓国料理専門店を営んでおり、今般、支店開店に伴って韓国人留学生をアルバイトとして雇用することとなりました。日韓租税条約で賃金に対して所得税の源泉徴収を不要とする制度があるとのことですが、詳しく教えてください。

なお、留学生は、大学生と日本語学校の生徒です。

要 点

1. 日韓租税条約
2. 「学生」の範囲
3. 日韓租税条約による届出
4. 結論

Answer

1 日韓租税条約

我が国で締結している租税条約において、国際間の教育・文化等について一層の交流を図る見地から、一定金額以下の人的役務の提供について所得税を免除しているところがあります。

日韓租税条約においても第20条（学生）2項において、勤務による報酬の合計額が年間2万米ドル又は日本円若しくは韓国ウォンによるその相当額を超えない場合には、租税が免除されます。ただし、いかなる場合にも、5年を超える期間については免除を受けることができませんので、ご留意ください。

2 「学生」の範囲

ここでいう「学生」とは、学校教育法1条で定める教育機関に在学する者（実特省令8）ですから、高校、大学、大学院等の生徒は含まれますが、

専修学校制度による専門学校、専修学校、各種学校などは含まれないこととなります。

　日本語学校も、専修学校制度による学校であれば、学校教育法1条による教育機関には該当しないといえます。

3　日韓租税条約による届出

　日韓租税条約20条の適用を受けるためには、留学生は「租税条約に関する届出書（様式8、教授等・留学生・事業等の修習者・交付金等の受領者の報酬・交付金等に対する所得税の免除）」に、在学する学校が発行する在学証明書等を添付して作成し、貴社を経由して所轄税務署に提出することとなります。

　提出時期は、入国の日以後最初に報酬の支払を受ける日の前日までに提出することとなります。

　なお、租税条約に基づく免除の届出書の提出が事後となり、すでに非居住者の20.42％（復興特別所得税を含む。）が課された源泉所得税の還付を受けようとする場合には、上記「租税条約に関する届出書（様式8）」と、「租税条約に関する源泉徴収税額の還付請求書（様式11）」に、在学証明書等の書類を添付して、貴社を経由して所轄税務署に還付請求することとなります（実特省令8③④）。この時には、「租税条約の学生条項を適用した源泉所得税額の還付請求について」の書類の提出を求められます。

4　結論

　貴社が支払う学生アルバイト賃金が年間2万米ドル以下であれば、租税条約の届出を提出することによって免税の取扱いを受けることができます。

　学生とされる大学は学校教育法1条で定める教育機関ですが、日本語学校は専修学校制度に該当するものが大部分であることからすると、日韓租税条約20条（学生）に該当しないこととなりますので免税の取扱いは受けられないこととなります。一度確認されるとよいでしょう。

【関係法令】

日韓租税条約
第20条（学生）

1　専ら教育又は訓練を受けるため一方の締約国内に滞在する学生又は事業修習者であって、現に他方の締約国の居住者であるもの又はその滞在の直前に他方の締約国の居住者であったものがその生計、教育又は訓練のために受け取る給付については、当該一方の締約国の租税を免除する。ただし、当該給付が当該一方の締約国外から支払われるものである場合に限る。

2　1に規定する学生は、交付金、奨学金及び勤務による報酬であって現に滞在している一方の締約国に源泉のあるものについても、当該交付金、奨学金及び勤務による報酬の額の合計が年間2万合衆国ドル又は日本円若しくは韓国ウォンによるその相当額を超えない場合には、当該一方の締約国において租税を免除される。ただし、その者は、いかなる場合にも、継続する5年を超える期間当該免除を受けることはできない。

3　1に規定する事業修習者は、1年を超えない期間現に滞在している一方の締約国において訓練に関連する実務上の経験を習得するために行う勤務から取得する報酬についても、当該報酬の額が年間1万合衆国ドル又は日本円若しくは韓国ウォンによるその相当額を超えない場合には、当該一方の締約国において租税を免除される。

学校教育法
第1条　この法律で、学校とは、幼稚園、小学校、中学校、義務教育学校、高等学校、中等教育学校、特別支援学校、大学及び高等専門学校とする。

実施特例省令
第8条（留学生、事業修習者等の届出等）（略）

2　留学生等は、前項の規定により届出書を提出すべき場合を除くほか、その支払を受ける国内に一時的に滞在して行つた人的役務の対価としての俸給、給料、賃金その他の報酬（租税条約の規定により同項に規定する給付、送金又は交付金等を含めないで計算すべきこととされている場合にあつては、当該給付、送金又は交付金等に該当するものを除く。）につき所得税法第183条、第199条、第204条第1項又は第212条第1項若しくは第2項

の規定の適用がある場合において、当該報酬につきこれらの規定により徴収されるべき所得税について租税条約の規定に基づき免除を受けようとするとき（当該租税条約の規定が当該報酬につき一定の金額を超えないことをも要件としている場合にあつては、当該報酬に係る源泉徴収義務者が一である場合に限る。）は、次の各号に掲げる事項を記載した届出書に前項第8号、第9号又は第10号に掲げる書類を添付して、これを、入国の日（その日が当該租税条約の効力発生の日前であるときは、当該効力発生の日）以後最初にその支払を受ける日の前日までに、当該源泉徴収義務者を経由して、当該源泉徴収義務者の納税地の所轄税務署長に提出しなければならない。

一　当該報酬の支払を受ける者の氏名、国籍、年令、国内における住所又は居所（個人番号を有する者にあつては、氏名、国籍、年令、国内における住所又は居所及び個人番号）、入国の日、在留期間、在留資格及び入国前の住所並びにその者が在学する学校、訓練を受ける施設若しくは事業所又は研究を行う機関の名称及び所在地

二　当該報酬の支払を受ける者が相手国居住者等である個人である場合には、当該報酬に係る租税条約の相手国等における納税地及び当該支払を受ける者が当該相手国等において納税者番号を有する場合には、当該納税者番号

三　当該報酬につき租税条約の規定に基づき所得税の免除を受けることができる事情の詳細

四　当該報酬の支払者の氏名及び住所若しくは居所又は名称及び本店若しくは主たる事務所の所在地

五　当該報酬の支払を受ける者と当該報酬の支払者との雇用契約又は役務提供契約の内容

六　当該報酬の種類、金額、支払方法及び支払期日

七　当該報酬の支払を受ける者が国税通則法第117条第2項の規定による納税管理人の届出をしている場合には、当該納税管理人の氏名及び住所又は居所

八　その他参考となるべき事項

3　留学生等は、所得税法第183条、第199条、第204条第1項又は第212条第1項若しくは第2項の規定の適用がある前項に規定する報酬を2以上

の支払者から支払を受けたことにより同項に規定する租税条約の規定の適用を受けられなかつた場合において、当該報酬につき同法第183条、第199条、第204条第1項又は第212条第1項若しくは第2項の規定により徴収された所得税について、当該租税条約の規定に基づき免除を受けようとするときは、その徴収された所得税の額の還付を請求することができる。

4　前項の規定による所得税の還付の請求をしようとする者は、第2項第1号から第8号までに掲げる事項並びにその還付を受けようとする所得税の額及びその計算に関して必要な事項を記載した還付請求書に第1項第8号、第9号又は第10号に掲げる書類を添付して、これを、当該所得税に係る源泉徴収義務者を経由して、当該源泉徴収義務者の納税地の所轄税務署長に提出しなければならない。

（以下略）

【参　考】

(1)　「学生」とは

　　学生条項の適用がある学生とは「学校教育法第1条に規定する学校の生徒」をいうものと解されます。したがって、一般の大学生は「学生」に該当しますが、専門学校等の就学生は「学生」に該当しないものと考えます。

(2)　「事業修習者」とは

　　事業修習者条項の適用を受ける者は、いわゆる企業内の見習い研修生若しは我が国の職業訓練所（校）又はこれに準ずる訓練施設において訓練、教育を受ける者をいうものと解されます。したがって、専修学校等の就学生はこれに該当しないものと考えます。

(3)　「事業習得者」（日中租税条約では「研修生」）とは

　　事業習得者とは"企業の使用人として又は契約に基づき、当該企業以外の者から高度な職業上の経験等を習得する者"と意義づけれられていますので、専修学校等の就学生はこれに該当しないものと考えます。

（法令出版　源泉所得税相談例集）

様式　8
FORM

租 税 条 約 に 関 す る 届 出 書
APPLICATION FORM FOR INCOME TAX CONVENTION

支払者受付印　税務署受付印

教授等・留学生・事業等の修習者・交付金等の受領者の報酬・交付金等に
対する所得税及び復興特別所得税の免除
Relief from Japanese Income Tax and Special Income Tax for Reconstruction on
Remunerations, Grants, etc., Received by Professors, Students, or Business Apprentices

この届出書の記載に当たっては、別紙の注意事項を参照してください。
See separate instructions.

（税務署整理欄）
（For official use only）

適用；有、無

番号確認　身元確認

＿＿＿＿税務署長殿
To the District Director, ＿＿＿＿＿＿＿＿＿＿＿＿Tax Office
1　適用を受ける租税条約に関する事項；
　Applicable Income Tax Convention
　日本国と＿＿＿＿＿＿＿＿＿＿＿との間の租税条約第＿＿条第＿＿項
　The Income Tax Convention between Japan and＿＿＿＿＿＿＿＿＿,Article＿＿,para.

2　報酬・交付金等の支払を受ける者に関する事項；
　Details of Recipient of Remuneration, etc.

氏　　　　　名　Full name	（電話番号 Telephone Number）
日本国内における住所又は居所　Domicile or residence in Japan	（電話番号 Telephone Number）
個人番号（有する場合のみ記入）　Individual Number (Limited to case of a holder)	
入国前の住所　Domicile before entry into Japan	（電話番号 Telephone Number）
（年齢 Age）（国籍 Nationality）（入国年月日 Date of Entry）（在留期間 Authorized Period of Stay）（在留資格 Status of Residence）	
下記「4」の報酬・交付金等につき居住者として課税される国及び納税地(注6)　Country where the recipient is taxable as resident on Remuneration, etc., mentioned in 4 below and the place where he is to pay tax (Note 6)	（納税者番号 Taxpayer Identification Number）
日本国において教育若しくは研究を行い又は在学し若しくは訓練を受ける学校、事業所等　School or place of business in Japan where the Recipient teaches, studies or is trained	名　Name／所在地 Address　（電話番号 Telephone Number）

3　報酬・交付金等の支払者に関する事項；
　Details of Payer of Remuneration, etc.

氏名又は名称　Full name	
住所（居所）又は本店（主たる事務所）の所在地　Domicile (residence) or Place of head office (main office)	（電話番号 Telephone Number）
個人番号又は法人番号（有する場合のみ記入）　Individual Number or Corporate Number (Limited to case of a holder)	
日本国内にある事務所等　Office, etc. located in Japan	名 Name（事業の内容 Details of Business）／所在地 Address（電話番号 Telephone Number）

4　上記「3」の支払者から支払を受ける報酬・交付金等で「1」の租税条約の規定の適用を受けるものに関する事項；
　Details of Remuneration, etc., received from the Payer to which the Convention mentioned in 1 above is applicable

所得の種類　Kind of Income	契約期間　Period of Contract	報酬・交付金等の支払日　Due Date for Payment	報酬・交付金等の支払方法　Method of Payment of Remunerations, etc.	報酬・交付金等の金額及び月額・年額の区分　Amount of Remunerations, etc. (per month, year).

報酬・交付金等の支払を受ける者の資格及び提供する役務の内容　Status of Recipient of Remuneration, etc., and the Description of Services rendered	

5　上記「3」の支払者以外の者から日本国内における勤務又は人的役務の提供に関して支払を受ける報酬・給料に関する事項（注7）；
　Other Remuneration, etc., paid by Persons other than 3 above for Personal Services, etc., performed in Japan (Note 7)

【裏面に続きます (Continue on the reverse 】

483

6　その他参考となるべき事項（注8）；
　　Others (Note 8)

　　私は、この届出書の「4」に記載した報酬・交付金等が「1」に掲げる租税条約の規定の適用を受けるものであることを、「租税条約等の実施に伴う所得税法、法人税法及び地方税法の特例等に関する法律の施行に関する省令」及び「復興特別所得税に関する省令」の規定により届け出るとともに、この届出書（及び付表）の記載事項が正確かつ完全であることを宣言します。

　　　　　　　年　　　月　　　日
　Date＿＿＿＿＿＿＿＿＿＿＿＿＿

　　報酬・交付金等の支払を受ける者の署名
　　Signature of the Recipient of Remuneration, etc.　＿＿＿＿＿＿＿＿＿＿＿＿＿＿＿＿＿＿＿＿

In accordance with the provisions of the Ministerial Ordinance for the Implementation of the Law concerning the Special Measures of the Income Tax Act, the Corporation Tax Act and the Local Tax Act for the Enforcement of Income Tax Conventions and the Ministerial Ordinance concerning Special Income Tax for Reconstruction, I hereby submit this application form under the belief that the provisions of the Income Tax Convention mentioned in 1 above is applicable to Remuneration, etc., mentioned in 4 above and also hereby declare that the statement on this form (and attachment form) is correct and complete to the best of my knowledge and belief.

○　代理人に関する事項　；　この届出書を代理人によって提出する場合には、次の欄に記載してください。
　　Details of the Agent　；　If this form is prepared and submitted by the Agent, fill out the following columns.

代 理 人 の 資 格 Capacity of Agent in Japan	氏　名　（　名　称　） Full name		納税管理人の届出をした税務署名 Name of the Tax Office where the Tax Agent is registered
□　納税管理人　※ 　　Tax Agent □　その他の代理人 　　Other Agent	住所（居所・所在地） Domicile　　(Residence or　location)	（電話番号　Telephone Number）	税務署 Tax Office

　　※　「納税管理人」とは、日本国の国税に関する申告、申請、請求、届出、納付等の事項を処理させるため、国税通則法の規定により選任し、かつ、日本国における納税地の所轄税務署長に届出をした代理人をいいます。

　　※　"Tax Agent" means a person who is appointed by the taxpayer and is registered at the District Director of Tax Office for the place where the taxpayer is to pay his tax, in order to have such agent take necessary procedures concerning the Japanese national taxes, such as filing a return, applications, claims, payment of taxes, etc., under the provisions of Act on General Rules for National Taxes.

○　適用を受ける租税条約が特典条項を有する租税条約である場合；
　　If the applicable convention has article of limitation on benefits

特典条項に関する付表の添付　　　□有Yes
"Attachment Form for　　　　　□添付省略 Attachment not required
Limitation on Benefits　　　　（特典条項に関する付表を添付して提出した租税条約に関する届出書の提出日　　　　年　　　月　　　日）
Article" attached　　　　　　　Date of previous submission of the application for income tax
　　　　　　　　　　　　　　　convention with the "Attachment Form for Limitation on Benefits
　　　　　　　　　　　　　　　Article"

様 式 11
FORM

租税条約に関する源泉徴収税額の還付請求書

（発行時に源泉徴収の対象となる割引債及び芸能人等の役務提供事業の対価に係るものを除く。）

APPLICATION FORM FOR REFUND OF THE OVERPAID WITHHOLDING TAX OTHER THAN REDEMPTION OF SECURITIES WHICH ARE SUBJECT TO WITHHOLDING TAX AT THE TIME OF ISSUE AND REMUNERATION DERIVED FROM RENDERING PERSONAL SERVICES EXERCISED BY AN ENTERTAINER OR A SPORTSMAN IN ACCORDANCE WITH THE INCOME TAX CONVENTION
この還付請求書の記載に当たっては、裏面の注意事項を参照してください。
See instructions on the reverse side.

（税 務 署 整 理 欄）
For official use only

通信日付印	・ ・
確認印	
還付金；有、無	

| 番号確認 | | 身元確認 | |

支払者等受付印　　税務署受付印

_____税務署長殿
To the District Director, _____ Tax Office

1 還付の請求をする者（所得の支払を受ける者）に関する事項；
Details of the Person claiming the Refund (Recipient of Income)

フリガナ　Furigana 氏　名　又　は　名　称（注5） Full name (Note 5)	（納税者番号　Taxpayer Identification Number）
住所（居所）又は本店（主たる事務所）の所在地 Domicile (residence) or Place of head office (main office)	（電話番号　Telephone Number）
個　人　番　号　又　は　法　人　番　号 （有する場合のみ記入） Individual Number or Corporate Number (Limited to case of a holder)	

2 還付請求金額に関する事項；
Details of Refund

(1) 還付を請求する還付金の種類；（該当する下記の条項の□欄に✓印を付してください（注6）。）
Kind of Refund claimed; (Check applicable box below (Note 6).)

租税条約等の実施に伴う所得税法、法人税法及び地方税法の特例等に関する法律の施行に関する省令第15条第1項
Ministerial Ordinance of the Implementation of the Law concerning the Special Measures of the Income Tax Act, the Corporation Tax Act and the Local Tax Act for the Enforcement of Income Tax Conventions, paragraph 1 of Article 15 ··················

□ 第 1 号 (Subparagraph 1)
□ 第 3 号 (Subparagraph 3)
□ 第 5 号 (Subparagraph 5)
□ 第 7 号 (Subparagraph 7)

に掲げる還付金
Refund in accordance with the relevant subparagraph

(2) 還付を請求する金額；
Amount of Refund claimed
￥　　　　　　　　　円

(3) 還付金の受領場所等に関する希望；（該当する下記の□欄に✓印を付し、次の欄にその受領を希望する場所を記入してください。）
Options for receiving your refund; (Check the applicable box below and enter your information in the corresponding fields.)

受取希望場所 Receipt by transfer to:	銀行 Bank	支店 Branch	預金種類及び口座番号又は記号番号 Type of account and account number	口座名義人 Name of account holder
□ 日本国内の預金口座 a Japanese bank account				
□ 日本国外の預金口座 a bank account outside Japan	支店住所(国名,都市名)Branch Address (Country ,City):			
□ ゆうちょ銀行の貯金口座 an ordinary savings account at the Japan Post Bank			—	
□ 郵便局等の窓口受取を希望する場合 the Japan Post Bank or the post office (receipt in person)			—	—

3 支払者に関する事項；
Details of Payer

氏　名　又　は　名　称 Full name	
住所（居所）又は本店（主たる事務所）の所在地 Domicile (residence) or Place of head office (main office)	（電話番号　Telephone Number）
個　人　番　号　又　は　法　人　番　号 （有する場合のみ記入） Individual Number or Corporate Number (Limited to case of a holder)	

4 源泉徴収義務者の証明事項；
Items to be certified by the withholding agent

(1) 所得の種類 Kind of Income	(2) 所得の支払期日 Due Date for Payment	(3) 所得の支払金額 Amount paid	(4)(3)の支払金額から源泉徴収した税額 Withholding Tax on (3)	(5)(4)の税額の納付年月日 Date of Payment of (4)	(6)租税条約を適用した場合に源泉徴収すべき税額 Tax Amount to be withheld under Tax Convention	(7)還付を受けるべき金額 Amount to be refunded ((4)−(6))
		円 yen	円 yen		円 yen	円 yen

上記の所得の支払金額につき、上記のとおり所得税及び復興特別所得税を徴収し、納付したことを証明します。
I hereby certify that the tax has been withheld and paid as shown above.

年　　月　　日　　源泉徴収義務者
Date _____　Signature of withholding agent _____　印

【裏面に続きます (Continue on the reverse)】

私は、日本国と＿＿＿＿＿＿＿＿＿＿＿との間の租税条約
第＿＿条第＿＿項の規定の適用を受ける上記「4」の所得について源泉
徴収された税額につき、「租税条約等の実施に伴う所得税法、法人税法及
び地方税法の特例等に関する法律の施行に関する省令」及び「復興特別所
得税に関する省令」の規定により還付の請求をするとともに、この還付請
求書の記載事項が正確かつ完全であることを宣言します。

＿＿＿年＿＿＿月＿＿＿日
Date＿＿＿＿＿＿＿＿＿＿＿＿＿

還付の請求をする者又はその代理人の署名
Signature of the Applicant or his Agent＿＿＿＿＿＿＿＿＿

In accordance with the provisions of the Ministerial Ordinance for the Implementation of the Law concerning the Special Measures of the Income Tax Act, the Corporation Tax Act and the Local Tax Act for the Enforcement of Income Tax Conventions and the Ministerial Ordinance concerning Special Income Tax for Reconstruction, I hereby claim the refund of tax withheld on the Income of 4 above to which subparagraph＿＿＿of paragraph＿＿＿of Article＿＿＿of Income Tax Convention between Japan and＿＿＿＿＿is applicable and also hereby declare that the above statement is correct and complete to the best of my knowledge and belief.

○ 代理人に関する事項 ; この届出書を代理人によって提出する場合には、次の欄に記載してください。
Details of the Agent ; If this form is prepared and submitted by the Agent, fill out the following columns.

代 理 人 の 資 格 Capacity of Agent in Japan	氏 名 （ 名 称 ） Full name		納税管理人の届出をした税務署名 Name of the Tax Office where the Tax Agent is registered
□ 納税管理人 ※ 　 Tax Agent □ その他の代理人 　 Other Agent	住所（居所・所在地） Domicile (Residence or location)	（電話番号 Telephone Number）	税 務 署 Tax Office

※ 「納税管理人」については、「租税条約に関する届出書」の裏面の説
明を参照してください。

※ "Tax Agent" is explained on the reverse side of the "Application Form for Income Tax Convention".

────────── 注 意 事 項 ──────────

還付請求書の提出について

1　この還付請求書は、還付を請求する税額の源泉徴収をされた所得の支
払者（租税特別措置法第9条の3の2第1項に規定する利子等の支払の
取扱者を含みます。以下同じです。）ごとに作成してください。

2　この還付請求書は、上記1の所得につき租税条約の規定の適用を受け
るために定める様式（様式1～様式3、様式6～様式10及び様式
19）による「租税条約に関する届出書」（その届出書に付表や書類を添
付して提出することとされているときは、それらも含みます。）ととも
に、それぞれ正副2通を作成して所得の支払者に提出し、所得の支払者
は還付請求書及び租税条約に関する届出書の正本をその支払者の所轄税務署長に提
出してください。

3　この還付請求書を納税管理人以外の代理人によって提出する場合に
は、その委任関係を証する委任状をその翻訳文とともに添付してくださ
い。

4　この還付請求書による還付金を代理人によって受領することを希望す
る場合には、この還付請求書にその旨を記載してください。この場合、その
代理人が納税管理人以外の代理人であるときは、その委任関係を証する
委任状及び還付請求をする者（所得の支払を受ける者）のサイン証明書
または印鑑証明書を、これらの翻訳文とともに添付してください。

還付請求書の記載について

5　納税者番号とは、租税の申告、納付その他の手続を行うために用いる
番号、記号その他の符号でその手続をすべき者を特定することができるも
のをいいます。支払を受ける者の居住地である国に納税者番号に関する
制度が存在しない場合や支払を受ける者が納税者番号を有しない場合に
は納税者番号を記載する必要はありません。

6　還付請求書の「2(1)」の条項の区分は、次のとおりです。

□第1号・・・　租税条約の規定の適用を受ける人的役務の対価として
の給与その他の報酬を2以上の支払者から支払を受ける
ため、その報酬につき「租税条約に関する届出書」を提出
できなかったこと又は免税の金額基準が設けられている
租税条約の規定の適用を受ける株主等の対価の支払を受け
るため、その対価につき「租税条約に関する届出書」を
提供できなかったことに基因して源泉徴収をされた税額
について還付の請求をする場合

□第3号・・・・・・　第1号及び第5号以外の場合で、租税条約の規定の適
用を受ける所得につき「租税条約に関する届出書」を提
出しなかったことに基因して源泉徴収をされた税額につ
いて還付の請求をする場合

□第5号・・・・・・　特定社会保険料を支払った又は控除される場合におい
て、当該給与又は報酬につき源泉徴収をされた税額につ
いて還付の請求をする場合

□第7号・・・・・・　租税条約の規定が遡及して適用されることとなったた
め、当該租税条約の効力発生前に支払を受けた所得につ
き既に源泉徴収をされた税額について還付の請求をする
場合

──────────INSTRUCTIONS──────────

Submission of the FORM

1　This form must be prepared separately for each Payer of Income who withheld the tax to be refunded (including Person in charge of handling payment of Interrest or other payment who prescribed in paragraph 1 of Article 9-3-2 of the Act on Special Measures Concerning Taxation; the same applies below).

2　Submit this form in duplicate to the Payer of Income concerned together with the "Application Form for Income Tax Convention" (Forms 1 to 3, 6 to 10 and 19) prepared in duplicate for the application of Income Tax Convention to the income of 4 above (including attachment forms or documents if such attachment and documents are required). The Payer of the Income must certify the item in 4 on this form and then file the original of each form with the District Director of Tax Office for the place where the Payer resides.

3　An Agent other than the Tax Agent must attach a power of attorney together with its Japanese translation.

4　The applicants who wishes to receive refund through an Agent must state so on this form. If the Agent is an Agent other than a Tax Agent, a power of attorney and a guarantee of signature or seal-impression of the applicant (recipient of income) must be attached together with their Japanese translations.

Completion of the FORM

5　The Taxpayer Identification Number is a number, code or symbol which is used for filing of return and payment of due amount and other procedures regarding tax, and which identifies a person who must take such procedures. If a system of Taxpayer Identification Number does not exist in the country where the recipient resides, or if the recipient of the payment does not have a Taxpayer Identification Number, it is not necessary to enter the Taxpayer Identification Number.

6　The distinction of the provisions of the item 2 (1) on this form is as follows:

□Subpara.1・・・　For the refund of tax on salary or other remuneration for personal services withheld to the benefits of the Income Tax Convention which was withheld due to the failure to file the "Application Form for Income Tax Convention" because there are more than two Payers of Income. Alternatively, regarding the payment of stockholder value entitled according to the benefits of the Income Tax Convention, which provides an exemption amounts standard, the failure to file the "Application Form for Income Tax Convention" for the value.

□Subpara.3・・・　For the refund of tax on income entitled to the benefits of the Income Tax Convention which was withheld due to the failure to file the "Application Form for Income Tax Convention" in cases other thanSubpara.5.

□Subpara.5・・・　For the refund of tax which was withheld at the source from wages or remuneration with which designated insurance premiums were paid or from which said premiums are deducted.

□Subpara.7・・・　For the refund of tax withheld on income paid before the coming into effect of Income Tax Convention when the Convention became applicable retroactively.

（参考）

租税条約の学生条項を適用した源泉所得税額の還付請求について

1 租税条約の定めによる留学生免税とは

　　所得税法上、留学生が居住者となる場合には、一般の日本人学生のアルバイト賃金と同様の方法で源泉徴収され、非居住者である場合には、賃金の20%の税率で源泉徴収されます。
　　しかし、日本と締結した租税条約のなかには、「専ら教育を受けるために日本に滞在する学生が生計のために受け取る給付について、日本の租税を免除する。」というものもあります。

2 留学生免税が適用される「学生」とは

　　「学校教育法第1条に規定する学校の学生」と規定されています。

　　※　幼稚園、小学校、中学校、高等学校、大学、高等専門学校、盲学校、ろう学校、養護学校をいいます。
　　※　同法第82条の2に定める専修学校(高等専修学校、専門学校を含む。)、第83条に定める各種学校の学生には適用されません。

3 国別の要件等（下記以外の国については個別にご相談してください。）

　（1）大韓民国（第20条第2項）　　　　　　　　　　　　　　　　　該当・非該当
　　　① 専ら教育を受けるため日本に滞在する学生　　　　　　　□・□
　　　② 現在又は日本に滞在する直前に大韓民国の居住者　　　□・□
　　　③ 日本における勤務の報酬の額の合計が年間二万合衆国ドル相当額以下で　□・□
　　　　 継続する5年を超えていない

　（2）中華人民共和国（第21条）　　　　　　　　　　　　　　　　　該当・非該当
　　　① 専ら教育を受けるため日本に滞在する学生　　　　　　　□・□
　　　② 現在又は日本に滞在する直前に中華人民共和国の居住者　□・□
　　　③ 生計、教育のために受ける給付　　　　　　　　　　　　□・□

　（3）フィリピン共和国（第21条）　　　　　　　　　　　　　　　　該当・非該当
　　　① 来日した時点でフィリピンの共和国の居住者　　　　　　□・□
　　　② 日本国内の大学等において勉学をするため日本国内に一時的に滞在　□・□
　　　③ 日本国内で提供する人的役務により取得する所得で　　　□・□
　　　　 年間1,500合衆国ドル相当額以下、かつ、引き続き5年を超えない

　　※ 上記の要件をすべて満たしていなければ、還付の対象とはなりません。

4 還付請求書の提出手順等

　（1）用意するもの
　　　① □ 租税条約に関する届出書(様式8)正副2部【※記入項目1、2、裏面を記入】
　　　② □ 租税条約に関する源泉徴収税額の還付請求書(様式11)正副2部【※記入項目1、2、裏面を記入】
　　　③ □ 在学証明書(入学年月が記載されていない場合は、それが確認できるものを添付)
　　　④ □ 日本語学校等に通学していた場合には、入学と卒業年月が確認できるもの
　　　⑤ □ パスポートの写し(本人の氏名、発行年月日、日本に入国する前から現在までの在留資格等部分)
　　　⑥ □ 外国人登録証の写し(表裏両面)
　　　⑦ □ 源泉徴収票(原本)

　（2）手続
　　　① 上記の書類等を勤務先へ提出し、(1)の①②に受付印を押印してもらう。
　　　② 上記(1)①の記入項目3および4を記入してもらう。
　　　③ 上記(1)②の記入項目3および4を記入してもらい証明印を押印してもらう。
　　　④ 勤務先の管轄税務署へ提出する。

　　※ 還付対象期間等については、裏面検討表で必ず確認してください。

※　還付対象期間等検討表

請求者氏名		給与支給日
		毎月 　　日

パ ス ポ ー ト 発 行 年 月 日	（平成・令和　）年　　　月　　　日
租 税 条 約 に 関 す る 届 出 書 提 出 年 月 日	（平成・令和　）年　　　月　　　日

西暦／和暦	在留資格の状況	学校等の状況	勤務状況等	還付対象期間及び金額	確定申告書提出状況等
年 （平・令　年）					有 無　　税務署
年 （平・令　年）					有 無　　税務署
年 （平・令　年）					有 無　　税務署
年 （平・令　年）					有 無　　税務署
年 （平・令　年）					有 無　　税務署
年 （平・令　年）					有 無　　税務署
年 （平・令　年）					有 無　　税務署
年 （平・令　年）					有 無　　税務署
年 （平・令　年）					有 無　　税務署
	還　付　金　額				□ 還付請求書

注意事項 ： 大学在学中に得た給与等が免税対象です。

（記載例）

請求者氏名	○　　△□	給与支給日
		毎月 15 日

パ ス ポ ー ト 発 行 年 月 日	2019 （令和 元 ）年 3 月 20 日
租 税 条 約 に 関 す る 届 出 書 提 出 年 月 日	2022 （令和 4 ）年 3 月 2 日

西暦／和暦	在留資格の状況	学校等の状況	勤務状況等	還付対象期間及び金額	確定申告書提出状況等
2020 年 （令和 2 年）	3/28 就学 ↓	4/1 ○○日本語学校入学	8/25 △△株式会社　勤務		有 無　税務署
2021 年 （令和 3 年）	3/31 4/1 留学 ↓	4/1 □□大学入学		↑4/15 19,700円	有 無　税務署
2022 年 （令和 4 年）	3/31 4/1 留学			↓1/15 1,500円 2/15給与からは、 届出書により免税	有 無　税務署

【参考資料】

国税における新型コロナウイルス感染症拡大防止への対応と申告や納税などの当面の税務上の取扱いに関するFAQ　　　　　　　（国税庁）

〈所得税に関する取扱い〉

> 問11. 《日本から出国できない場合の取扱い》〔令和2年10月23日追加〕
>
> 　私は、外国法人に転職し、現地で勤務する予定（1年以上）でしたが、今般の新型コロナウイルス感染症の世界的拡大に伴い日本から出国することができず、当分の間、国内の住所地において外国法人の業務に従事（在宅勤務）しています。外国法人から支払われる給与については、源泉徴収がされていませんが、所得税は課されないのでしょうか。
>
> 　なお、この外国法人は、国内に事務所等を有していません。

○　国内に住所を有し、又は現在まで引き続いて1年以上居所を有する個人は、居住者に該当します（所得税法2条1項3号）。また、居住者が勤務先から受け取る給与、賞与などは給与所得（所得税法28条）に該当し、所得税の課税対象となります。

○　ご質問について、あなたは、国内に所在する住所地において外国法人の業務に従事しているとのことですので、法令に規定する「国内に住所を有する個人」と認められるため、居住者に該当します。

　したがって、あなたが外国法人から受け取る給与については、（本来の勤務地が国外であるか否かにかかわらず、）給与所得として確定申告書の提出及び納税が必要となります。

※　日本に事務所等を有しない外国法人があなたに支払う給与については、国内において支払われるものではありませんので源泉徴収の対象とはなりません。

※　国内で勤務する予定であった個人が国外から日本に入国できずにその国

外の住所地において勤務（在宅勤務）している場合には、その個人は、引き続き非居住者となります（問11-2参照）。

※　確定申告書の提出が必要な方が年の中途で日本から出国をして非居住者となる場合には、その出国までに確定申告を済ますか、その後の税務手続（確定申告など）を行うために納税管理人を定める必要があります（所得税法127条、国税通則法117条）。

問 11-2.《海外の関連企業から受け入れる従業員を海外で業務に従事させる場合の取扱い》〔令和2年10月23日追加〕
　当社（内国法人）は、海外親会社から従業員を受け入れることとなりましたが、今般の新型コロナウイルス感染症の世界的拡大に伴う移動制限を踏まえて、この従業員は、海外において当社の業務に従事させています。
　この従業員に対して当社から支払う給与について、源泉徴収は必要でしょうか。

○　居住者とは、国内に住所を有し、又は現在まで引き続いて1年以上居所を有する個人をいい（所得税法2条1項3号）、非居住者とは、居住者以外の個人をいいます（所得税法2条1項5号）。

○　非居住者が日本国内において行う勤務に基因する給与は、国内源泉所得として所得税の課税対象となります（所得税法161条1項12号イ）。また、非居住者に対して国内において国内源泉所得の支払をする者は、その支払の際に所得税（及び復興特別所得税）の源泉徴収をする必要があります（所得税法212条1項等）。このため、非居住者に対して国外源泉所得の支払をする場合は、源泉徴収の必要はありません。

○　ご質問について、貴社が海外親会社から受け入れる従業員は、日本国内に住所等を有していないと認められるため、非居住者に該当します。また、非居住者である従業員が海外において行う勤務に基因する給与は、国内源泉所得に該当しませんので所得税の課税対象とならず、貴社がこ

の従業員に対して支払う給与については、源泉徴収を行う必要はありません。

（参考）役員として受け入れる場合の取扱い

　海外親会社の従業員等を貴社の役員として受け入れる場合には、その取扱いが異なる場合がありますので、ご注意ください。

　具体的には、非居住者である内国法人の役員がその法人から受ける報酬は、その役員が、その内国法人の使用人として常時勤務を行う場合（海外支店の長等として常時その支店に勤務するような場合）を除き、全て国内源泉所得となります（所得税法 161 条 1 項 12 号イ、所得税法施行令 285 条 1 項 1 号）。

　したがって、非居住者である役員に対して支払う報酬については、一定の場合を除き国内源泉所得として所得税の課税対象となり、その支払の際に 20.42％の税率により源泉徴収が必要となります（所得税法 161 条 1 項 12 号イ、213 条 1 項 1 号等）。

※　国外で勤務することとなった個人が日本から国外に出国できずにその国内の住所地において勤務（在宅勤務）している場合には、その個人は、引き続き居住者となります（問 11 参照）。

問 11-3.《一時出国していた従業員を日本に帰国させない場合の取扱い》
〔令和 2 年 10 月 23 日追加〕

　当社（内国法人）は、これまで従業員を海外現地法人に派遣（3 か月）してきましたが、今般の新型コロナウイルス感染症の世界的拡大に伴う移動制限を踏まえて、この派遣期間が終了した後も当分の間、従業員を日本に帰国させることなく、引き続き現地において、当社の業務に従事させています。

　この従業員には、当社から給与を支払っていますが、このような場合、派遣期間中に支払った給与に関する源泉徴収の手続と何か変更点はありますか。

　なお、この従業員は、通常は日本国内で家族と暮らしており、帰国後も同様です。

○　国内に住所を有し、又は現在まで引き続いて1年以上居所を有する個人は、居住者に該当します（所得税法2条1項3号）。また、居住者が勤務先から受け取る給与、賞与などは給与所得（所得税法28条）に該当し、所得税の課税対象となります。

○　ご質問について、この従業員は、現在、一時的に海外に滞在していますが、国内に住所を有していると認められるため、居住者に該当します。
　　したがって、貴社が居住者である従業員に対して支払う給与については、これまでと同様に所得税を源泉徴収する必要があります（所得税法183条）。

問11-4.《海外に出向していた従業員を一時帰国させた場合の取扱い》
〔令和2年10月23日追加〕

　当社（内国法人）は、海外現地法人に従業員を出向（1年以上）させていましたが、今般の新型コロナウイルス感染症の世界的拡大に伴い、従業員を日本に一時帰国させており、現在、この従業員は、日本で海外現地法人の業務に従事しています。

　この従業員には、出向先である海外現地法人からの給与のほか、現地との給与水準の調整等を踏まえ、当社から留守宅手当を支払っています。

　このような一時帰国者については、租税条約の適用により所得税が課されない場合があると聞きましたが、当社がこの従業員に支払う留守宅手当について源泉徴収は必要でしょうか。また、この従業員は、日本で申告をする必要があるでしょうか。

　なお、給与の支給形態は、帰国後も変更はなく、海外現地法人は、日本国内に支店等を有していません。

○　居住者とは、国内に住所を有し、又は現在まで引き続いて1年以上居所を有する個人をいい（所得税法2条1項3号）、非居住者とは、居住者以外の個人をいいます（所得税法2条1項5号）。また、非居住者が日本国内において行う勤務に基因する給与は、国内源泉所得として所得

税の課税対象となり（所得税法 161 条 1 項 12 号イ）、非居住者に対して国内において国内源泉所得の支払をする者は、その支払の際に所得税（及び復興特別所得税）の源泉徴収をする必要があります（所得税法 212 条 1 項等）。

○　一方で、所得税法において課税対象となる場合であっても、その給与所得者の居住地国と日本との間に租税条約等があり、非居住者である給与所得者が、その租税条約等において定める要件（以下の【短期滞在者免税の要件】）を満たす場合には、所定の手続を行うことで日本において所得税が免税となります。

【短期滞在者免税の要件】

　　次の 3 つの要件を満たすこと。

　①　滞在期間が課税年度又は継続する 12 か月を通じて合計 183 日を超えないこと。

　②　報酬を支払う雇用者等は、勤務が行われた締約国の居住者でないこと。

　③　給与等の報酬が、役務提供地にある雇用者の支店その他の恒久的施設によって負担されないこと。

　※　この要件は一般的なものであり、個々の租税条約等によってその要件が異なりますので、適用される租税条約等を確認する必要があります。

【内国法人が支払う一時帰国している期間の留守宅手当について】

○　非居住者である従業員が日本に一時帰国した場合であっても、この従業員は日本国内に住所等を有していないと認められるため、引き続き非居住者に該当します。また、この非居住者である従業員に対して貴社から支払われる一時帰国している期間の留守宅手当については、日本国内において行う勤務に基因する給与と認められるため、国内源泉所得として所得税の課税対象となります。

○　その上で、貴社から支払われる一時帰国している期間の留守宅手当に
　ついては、上記【短期滞在者免税の要件】の②の要件を満たしませんの
　で、短期滞在者免税の適用はなく、非居住者に対する給与としてその支
　払の際に20.42％の税率により源泉徴収が必要となります（所得税法
　213条1項1号等）。

　　なお、この一時帰国している期間の留守宅手当は、源泉徴収のみで課
　税関係が終了する仕組みとなっています（所得税法164条2項2号）。

【海外現地法人が支払う給与について】

○　海外現地法人がこの非居住者である従業員に支払う一時帰国している
　期間の給与については、日本国内において行う勤務に基因するものと認
　められるため、国内源泉所得として所得税の課税対象となります。この
　給与については、国内において支払われるものではありませんので、給
　与の支払の際の源泉徴収は不要ですが、海外現地法人から国内源泉所得
　である給与の支払を受けたこの従業員は、その給与について、日本にお
　いて確定申告書の提出及び納税が必要となります（所得税法172条1項、
　3項）。

　　ただし、この給与が、上記【短期滞在者免税の要件】を満たす場合に
　は、所得税は課されないこととなります。

【参考文献】

源泉徴収のあらまし		国税庁
改正税法のすべて		大蔵財務協会
中小企業のための非居住者の源泉所得税対策	滝口 博志・ 井上 健二 著	大蔵財務協会
事例でわかる国際源泉課税（第3版）	牧野 好孝 著	税務研究会出版局
非居住者等のための租税条約ガイドブック	久川 秀則 著	大蔵財務協会
改訂新版 源泉国際課税の実務	松上 秀晴 編	大蔵財務協会
Q&A 外国人の税務（四訂版）	橋本 秀治 岡部 行輝 共著 原 武彦	税務研究会出版局
Q&A 海外勤務者に係る税務	川田 剛 編	税務研究会出版局
海外勤務者をめぐる税務（平成17年版）	三好 毅 著	大蔵財務協会
年末調整のしかた（令和3年版）	谷本 雄一 編	大蔵財務協会
源泉所得税質疑応答集〈平成17年版〉	小畑 孝雄 編	大蔵財務協会
非居住者の税務事例Q&A	小沢 進 著	中央経済社
所得税基本通達逐条解説（令和3年版）	樫田 明 今井 慶一郎 佐藤 誠一郎 木下 直人　共編	大蔵財務協会
ストックオプションのすべて	太陽ASG 監査法人 編著	税務研究会出版局
外国人の税務と手続き	岡部 行輝 著	税務研究会出版局
Q&A 個人をめぐる国際課税	野口 雅史 著	新日本法規
海外勤務者・来日外国人の給与実務 ダブルガイド	あいわ税理士法人 社会保険労務士法 人大野事務所	中央経済社
外国人役員・従業員の税務・ 社会保険・労働保険 七訂版	川井 久美子 田原 和洋　共著	中央経済社
海外勤務者の税務と社会保険・給与Q&A	藤井恵 著	清文社

【著者紹介】

吉川　保弘 （よしかわ　やすひろ）

1973 年　中央大学商学部卒

東京国税局調査一部特官付調査官・主査、国際情報専門官（移転価格調査担当）、税大研究部教授、調査情報部門統括官（移転価格調査担当）、課税第一部主任訟務官（国際課税班担当）、税大研究部主任教授、四谷税務署長を経て、現在、税理士、聖学院大学大学院客員教授、駿河台大学非常勤講師、日本大学法科大学院兼任講師、東京税理士会税務会計学会国際部会委員を歴任。

《主な著書》

「国際課税質疑応答集」（法令出版）

《主な論文》

「外国税額控除制度とタックスヘイブン税制を巡る諸問題」、「トランスファープライシングと我が国の規制税制」、「同族会社の国際的租税回避を巡る諸問題」、「過少資本税制の理念と課題」、「事前確認制度の現状と課題」、「我が国の移転価格税制を巡る諸問題」、「海外子会社への出向社員が引き起こす所得移転の問題」　等

永田　金司 （ながた　きんじ）

1970 年　中央大学商学部卒

東京国税局法人課、国税庁法人税課企画専門官、渋谷税務署法人税担当副署長、東京国税局国税訟務官、東京国税局特別国税調査官、東京国税不服審判所部長審判官、武蔵野税務署長、新宿税務署長を経て、現在、税理士。割りばし輪ゴム鉄砲創作研究家として各地でボランティア活動を行っている。

《主な著書》

「韓国相続税実務詳解 ―日韓相続法の交差―」「税務調査の実際と対応～行動経済学からの視点で～」（以上、法令出版）、「Ｑ＆Ａ　宗教法人をめぐる税務実務」、「図解による重要点解説『出向・転籍における税務実務』」、「週刊『税のしるべ』連載『オーナーが税理士に聞く一言』『納税者が困っている税務あれこれ』」（以上、大蔵財務協会）、「韓国進出企業のための租税免税制度詳細解説」（国際税務研究会）、「図解による韓国相続税・贈与税『国際税務』」、「税務調査指摘事項への対応策『税務ＱＡ』」（以上、税務研究会）、「親子で楽しむ割ばし輪ゴム銃工作」「１膳から作る割りばし輪ゴム鉄砲」（以上、ナナロク社）、韓国資産課税実務教科書、「大人のこだわりホビー　割りばし輪ゴム鉄砲製作教本」（以上、クオン）

非居住者税制と
源泉徴収質疑応答集【第四版】

令和5年1月5日　印刷
令和5年1月20日　発行

著　者　　吉　川　　保　弘

　　　　　永　田　　金　司

発行者　　鎌　田　　順　雄

発行所　　法令出版株式会社

〒162-0822
東京都新宿区下宮比町2−28−1114
TEL03(6265)0826　FAX03(6265)0827
http://e-hourei.com

印　刷：モリモト印刷㈱